国家开发银行资助

中共中央党校2011年度一般项目

俄罗斯：
走向新型现代化之路

左凤荣 著

商务印书馆
The Commercial Press

2014年·北京

图书在版编目(CIP)数据

俄罗斯:走向新型现代化之路 / 左凤荣著. —北京:商务印书馆,2014
ISBN 978-7-100-10597-2

I. ①俄… II. ①左 III. ①现代化—历史—研究—俄罗斯 IV. ①K512.0

中国版本图书馆 CIP 数据核字(2014)第 144883 号

**所有权利保留。
未经许可,不得以任何方式使用。**

俄罗斯:走向新型现代化之路
左凤荣 著

商 务 印 书 馆 出 版
(北京王府井大街36号 邮政编码 100710)
商 务 印 书 馆 发 行
北京瑞古冠中印刷厂印刷
ISBN 978-7-100-10597-2

2014年6月第1版　　开本 880×1230　1/32
2014年6月北京第1次印刷　印张 13⅛
定价:35.00元

目 录

前言 ··· 1

第一章 俄国传统的现代化之路 ······························ 9
  一、俄国现代化的特点 ·· 9
  二、苏联以工业化代替现代化 ······························ 18
  三、片面现代化的后果 ······································ 26

第二章 苏联改革开启向新型现代化转型之门 ············ 39
  一、政治民主化成了大势所趋 ······························ 40
  二、走向市场经济之路 ······································ 63
  三、融入世界，不再做挑战者 ······························ 81
  四、联盟解体打断转型进程 ································ 94

第三章 新俄罗斯向现代化转型的激进之路 ··············· 106
  一、在激烈斗争中确立新的政治体制 ···················· 107
  二、以私有化与市场经济为导向的经济转型 ··········· 124
  三、叶利钦第二任期存在的严重问题 ···················· 136
  四、叶利钦时期国家转型的成果 ·························· 148

第四章 普京对俄国现代化之路的探索 ····················· 153
  一、寻找符合国情的现代化之路 ·························· 154
  二、建立垂直权力体系，实现国家稳定 ················· 161
  三、完善政党体制，建立现代政党制度 ················· 170
  四、努力营造市场经济环境 ································ 177

第五章　梅德韦杰夫的全面现代化战略 ·················· 186
　一、梅普共治，推进俄国的现代化 ····················· 186
　二、金融危机的冲击与俄国现代化问题的突显 ········· 191
　三、梅德韦杰夫的全面现代化理念 ····················· 197
　四、梅德韦杰夫推进现代化的举措 ····················· 205

第六章　普京重返克里姆林宫，再次引领俄国的现代化 ··· 215
　一、普京重返克里姆林宫，继续推进俄国的现代化 ····· 216
　二、顺应现代社会的发展，完善政治体制 ·············· 225
　三、调整经济发展思路，为现代化增添动力 ············ 239
　四、突出国防与军事工业的现代化 ····················· 247
　五、坚持以人为本，保障民生是现代化的主要目的 ····· 252
　六、努力构建现代多民族国家 ·························· 256
　七、俄罗斯现代化面临的问题与挑战 ··················· 268

第七章　俄罗斯现代化进程中的海洋战略 ················ 274
　一、俄罗斯海洋战略的历史回顾 ························ 275
　二、俄罗斯海洋战略目标 ······························· 279
　三、俄罗斯海洋战略的主要内涵 ························ 298
　四、俄罗斯实施海洋战略的重要举措 ··················· 313
　五、俄罗斯海洋战略面临的挑战 ························ 326

第八章　新型现代化背景下的俄罗斯外交与中俄关系 ····· 331
　一、大国外交战略与全方位的外交政策 ················· 331
　二、以实现现代化为出发点发展与各国的关系 ·········· 350
　三、俄罗斯现代化外交面临的挑战 ····················· 358
　四、中俄关系迎来新机遇，实现快速发展 ·············· 374

结束语 ·· 402

参考文献 ··· 407

前　言

　　关于什么是现代化的问题，学者们进行过许多深入的研究，给出的定义也各不相同。中国现代化研究专家、北京大学已故教授罗荣渠先生在《现代化新论》一书中归纳了世界各国学者关于现代化的解释，他认为："从历史的角度来透视，广义而言，现代化作为一个世界性的历史过程，是指人类社会从工业革命以来所经历的一场急剧变革，这一变革以工业化为推动力，导致传统的农业社会向现代工业社会的全球性的大转变过程，它使工业主义渗透到经济、政治、文化、思想各个领域，引起深刻的相应变化。"[①] 也就是说，现代化体现的是人类社会的发展进步，并不仅限于生产领域。但长期以来，人们在谈到现代化时，实际上"把高度发达的工业社会的实现作为现代化完成的一个主要标志也许是合适的"。[②] 美国著名学者亨廷顿也认为，"现代化是一个多层面的进程，它涉及到人类思想和行为所有领域里的变革"。[③] 中国科学院中国现代化研究中心主任何传启总结道，"虽然在经典现代化理论中，不同领域和不同学者对现代化的解释不尽相同，但是，大

---

　　① 罗荣渠：《现代化新论——世界与中国的现代化进程》，商务印书馆2009年，第17页。

　　② 同上书，第18页。

　　③ 塞缪尔·P.亨廷顿：《变化社会中的政治秩序》，王冠华等译，三联书店1989年，第30页。

家普遍接受现代化的两个基本内涵,它们与现代化的基本词义大体一致。(1)指发达国家16世纪特别是工业革命以来发生的深刻变化;(2)指发展中国家在不同领域追赶世界先进水平的发展过程。现代化是一个历史过程,包括从传统经济向现代经济、传统社会向现代社会、传统政治向现代政治、传统文明向现代文明的转变等"。[①] 俄国的现代化,显然是第二种。在俄语中,现代化一词(Модернизация)与"时髦"、"时兴"(Мода)是同根词,现代化的本义应该是追求最时兴的东西,走在时代的前列。

在历史上,俄罗斯不是一个引领时代潮流的国家,在俄国崛起于东欧平原之时,欧洲已经相当发达了。因此,俄国现代化的特点是"赶超"西方发达国家,这种"赶超"又是极其片面的。对缺少理性的俄罗斯人来说,"赶超"的主要是技术层面的东西——先进的工业和强大的军队。而对于现代社会层面的东西,诸如法治、民主、人权与自由、与市场经济相适应的多元思想等,他们却很少触及。俄国自认为是有欧洲文化传统的国家,其东正教与基督教同根同源,在与欧洲发达国家的比较中,俄国的落后推动其努力追赶欧洲。俄国的有识之士也是从西方文明和文化中为专制落后的俄国寻找启蒙的曙光。但是,俄国从来都没有完全认同或效仿过西欧发达国家。当俄国在应对外部挑战时遇到了麻烦,感觉落后了,便求助于西方,努力向西方学习,学习他们的"船坚炮利";当他们感觉到自己已经强大起来了,便更多地强调俄国的特色,强调国家的欧亚属性。因此,幅员辽阔的俄国与发达的西欧始终处于若即若离的状态,这种状态恰恰制约了俄国的发

---

① http://www.cas.cn/jzd/jzd/kyzt/wgdxdhyj/200208/t20020821_1033046.shtml.

展与进步。

俄国一直把现代化的中心定在工业化,而不是社会的全面现代化上。富国强兵是俄国和苏联现代化的共同追求,人民的生产和生活需要被置于次要甚至被忽略的地位。这也符合俄国扩张传统的需要,一部俄国的历史就是一部不断扩大领土的历史。开疆拓土,建立军事强国,直至帝国,赶超西方,与西方强国争雄,是俄国从不放弃的战略目标。一切努力都围绕着建立重工业和军事工业来进行,国家靠行政手段动员民众为此做出牺牲,其结果是国家膨胀了,而民众瘦弱了。因为以动员型经济为基础的工业化,要求有高度集中、经济任务严格服从于政治目的的动员体制,这就造成了俄国官僚队伍的庞大和权力的高度集中,这种情况加剧了俄国现代化的片面性。

在彼得一世以前的数百年,俄国始终被排挤在欧洲主流的政治、经济、思想和文化生活之外,虽然公元988年基辅罗斯大公弗拉基米尔接受了基督教(希腊正教),但是东正教与西方的基督教不同的是,它完全依附于皇权,并极力为皇权服务。俄国既未受到文艺复兴的熏陶,也未受过启蒙运动的洗礼,当西欧资本主义大力发展,农奴制在西欧各国消失之时,俄国却出现了农奴制的再版,14—15世纪农奴制悄悄地在中东欧国家兴起。俄国是农奴制延续时间最长、表现形式最为野蛮的国家。1807年,拿破仑在华沙公国(1815年后称波兰王国)颁布宪法,废除农奴制,农民获得了人身自由。同年,普鲁士政府废除农奴制。1848年,奥地利政府废除农奴制。俄国的农奴制却一直延续到1861年。在俄国现代化进程中,农奴制始终是主要障碍,这不仅因为农奴制的存在阻碍了劳动力的自由流动,更重要的是长期保留农奴制，绝大多数居民处于受奴役的状态，使人们缺少对法制国家、个人自由、捍卫免遭任何外来暴力压制的个人权利的必要性的认识，缺少对个人应享有的自由和公民权利的追求，这为俄国专制主义的发展和国家政权的无限扩张提供了土壤，同时也为俄国的现代化道路设置了障碍。1917年，布尔什维克掌握政权后，为俄国的现代化注入了更加浓厚的意识形态色彩。苏联的社会主义被认为是资本主义替代物，苏联的现代化被定性为不同于资本主义的另一种现代化道路。极端意识形态化在苏联现代化进程中起着特别重要的作用。在国家社会经济落后，无法满足人民日益增长的物质和文化需要的情况下，苏联的宣传部门动用一切力量去激发民众的政治热情、爱国情感和对未来美好生活的期待。其目的是依靠精神的力量，特别是民众的自我牺牲精神来保证国家的强大。为了动员民众，当局采取了许多措施，既要用崇高的理想激发民众的爱国热情，又要用粗暴的甚至镇压手段强迫他们付出劳动。在苏联现代化的过程中，一直高举着社会平等的旗帜，向民众描绘社会主义的美好前景。但是，几十年过去了，与西方相比，苏联国家强大了，取得了战胜法西斯和世界超级大国的辉煌，但民众依然贫穷。人们发现，当局给他们描绘的美好蓝图只是海市蜃楼。当幻想破灭之时，苏联社会便发生了全面危机。

俄国现代化进程告诉人们，走向现代化是人类发展的大趋势，这一历史步伐是难以阻挡的。同时也警示人们，拒绝与现代性相关的世界基本趋势保持一致，其后果是严重的。由于俄国现代化的片面性，片面强调国家的作用，完全泯灭了个人的主动性与创造性，从而使社会发展失去了重要的推动力，同时助长了庞大、平庸而无效率的官僚机构，造就了按权力和社会地位分配社会财富的特权阶层,产生了更大的社会不公平,引起了民众的普遍反感。苏联曾想开辟一条不同于西方的现代化之路,宣称代表人类社会的发展方向,但其现代化模式严重背离了社会主义理念中追求公平公正,向着自由王国前进的价值追求,社会并没有随着技术的进步而变得更加公平,更谈不上人全面自由发展,苏联的社会主义也因此失去了吸引力。

在衡量一种现代化方式是否成功时,不能只看几项指标,集中力量办的几件大事,更应该看这些措施是否惠及百姓,是否具有可持续性,是否在推动社会向自由王国前进。俄国和苏联工业化的历史证明,单纯以工业化为核心"赶超"西方,不可能成功,其结果是国家发展的大起大落,没有可持续性。历史已经做了结论,现今的俄国人否定了苏联的现代化道路和发展模式,开始遵循现代化自身的规律,使现代化渗透到经济、政治、文化、思想各个领域,推进社会的全面进步。

俄罗斯的现代化进程从彼得大帝的改革到1991年苏联解体,长路漫漫300年,俄罗斯始终难以走出历史的怪圈。1992年新俄罗斯通过一系列激进改革措施,打破了原苏联的政治经济体制,重新接续被布尔什维克打断的效仿西方的现代化进程,接受了民主、自由、平等、多元等价值观,又开始了新一轮追赶西方发达国家的进程。在20世纪90年代,俄罗斯经历了剧烈震荡,国家经济实力下降了一半,人民的生活水平急剧下降,贫富分化严重,社会很不稳定。直到2000年普京当政后,俄罗斯才走上了稳定发展之路。

普京当政的八年,主要是处理和消化苏联解体的后果,俄罗斯的经济增长也主要是恢复性增长,到2007年俄罗斯才恢复到苏联解体前的水平。此后，俄罗斯才有条件考虑未来的发展道路，在结束第二届任期前，普京提出了《俄罗斯2020年前的发展战略》，这一战略未及施行，俄罗斯再次遭受到了世界金融危机的打击，俄罗斯成为世界受经济危机影响最大的国家之一。

2008年9月开始影响俄罗斯的世界金融危机使俄罗斯领导人深刻认识到了自身的问题，在克服经济危机的过程中，俄罗斯从2009年5月起启动了新一轮现代化战略。2009年5月梅德韦杰夫下令成立经济现代化和技术发展委员会，并将节能、核技术、航天通信、生物医疗和战略信息技术确立为五大支柱产业。同年11月，梅德韦杰夫在总统国情咨文中首次提出了"全面现代化"的理念。与俄国现代化传统不同，此次俄罗斯的现代化是在民主的框架下进行的，俄罗斯在探索如何走新型的现代化道路。

梅德韦杰夫新的现代化理念与俄国历史上的现代化之路有明显的区别，最重要的区别在于：不仅要实现经济的现代化，更要实现政治的现代化，要在发挥民众主动性和创造性的基础上实现现代化，国家要充分尊重公民的民主权利，为他们创造性的发挥创造条件。但是，梅德韦杰夫的这些理念，未必适合在俄罗斯这块土壤上生存，特别是他没有以往总统那么大的权力。

为了实现新的"全面的现代化"，梅德韦杰夫也采取了很多新举措，除了经济领域外，梅德韦杰夫特别注意政治领域，在可能做到的方面，给予一些小党以一定的空间；大力整顿吏治，反对腐败。梅德韦杰夫还提出要与西方国家结成现代化联盟。梅德韦杰夫未能在总统的职位上继续推进其现代化战略，2012年3月的总统选举使普京重返克里姆林宫。

普京第三次出任俄罗斯联邦总统，梅德韦杰夫提出来的"全面现代化"战略能否继续成为疑问。普京任总统以来的事实表明，俄罗斯会坚持走这种新型的现代化之路。普京与梅德韦杰夫的理念不同，他是一个国家主义者和威权主义者，更强调发挥国家的作用，但是，形势比人强，普京所面对的俄罗斯已经不是他前两任所面对的俄罗斯了，世界也在发生变化，因此，普京也不得不改变。他继续了梅德韦杰夫倡导的政治民主化之路，采取了不少措施缓解民众对政治参与度不高的不满，给了反对派一定的活动空间，降低建立新政党的门坎，恢复了地方行政长官的直选。在经济领域，普京坚持了对国有企业的私有化，减少国家对经济的干预。与梅德韦杰夫不同的是，普京更强调发展军事工业，希望通过振兴军事工业来带动整个经济的现代化，能否成功，还有待观察。在外交上，普京也不再强调与西方国家建立现代化同盟，而强调加强与原苏联地区国家的合作，特别是要在俄白哈统一经济空间的基础上建立欧亚经济联盟，同时，他也重视与亚太国家，特别是与中国的合作。

梅德韦杰夫提出俄罗斯现代化新战略以来，我国学术界很重视对这一问题的研究，出现了一批论文（由于时间短，尚没有相关专著问世），其中重要的有：陆南泉：《当今俄罗斯经济现代化的迫切性与面临的主要难题》，李新：《俄罗斯经济现代化战略评析》，关雪凌、刘可佳：《俄罗斯经济现代化：背景、布局与困境》，冯绍雷：《俄罗斯：重新现代化》，程伟、殷红：《梅德韦杰夫"去斯大林化的现代化"评析》，陈玉荣：《俄罗斯"现代化外交"评析》，庞大鹏：《俄罗斯的政治现代化》等，这些文章分析了梅德韦杰夫提出的现代化战略的背景、俄罗斯现代化战略的布局和面临的困境，学者们普遍对俄罗斯走新型现代化战略的思路给予肯定，同时也认为这是一条艰辛之路，面临着许多困难和问题，也充满着变数。学者们关注的重点在经济领域，也注意到了当今俄罗斯的经济现代化与历史上所走的现代化之路的不同。俄罗斯如何在新的条件下推进国家的现代化，是一个需要长期关注和研究的问题。

本书比较系统地梳理了俄罗斯现代化问题的来龙去脉，重点分析了苏联剧变以来俄罗斯向新型现代化之路转轨的历程和遇到的问题，研究了梅德韦杰夫全面现代化的理论与实践，分析了普京第三次入主克里姆林宫后的政策调整。本书还系统考察了学术界关注较少的新俄罗斯构建现代民族国家的问题，研究了现代化背景下的海洋战略，研究了俄罗斯在实现国家现代化进程中如何发展与中国的关系。

本书是中共中央党校 2011 年度一般项目《俄罗斯的现代化战略及其对中俄关系的影响研究》的成果。需要说明的是，本成果的部分内容曾在《俄国现代化的曲折历程》中发表，鉴于那本书不再版和保持本书内容的完整，经过充实修改又放入本书。还有一个需要说明的问题是"俄国"、"俄罗斯"名词的使用。在俄语语境下，当今的俄罗斯在接续被十月革命打断的历史传统，因此，把现在的俄罗斯称为"俄国"更恰当。但在中国媒体中，习惯把十月革命前的俄国称"俄国"，把当今的俄国称"俄罗斯"。本书尊重了当今俄罗斯人的意愿和中国人的习惯，更多地把当今的俄罗斯称"俄国"，也称"俄罗斯"。

第一章 俄国传统的现代化之路

在中国人眼里,俄国是个西方国家,是一个相对落后的西方国家。18世纪初彼得一世的改革,开启了俄国现代化的进程。虽然彼得一世的改革还谈不上从传统农业社会向现代工业社会的演进,但正是彼得大帝让俄国认识到了自己的落后,并开始在许多方面效仿西方发达国家。在彼得大帝改革的年代,尼德兰和英国已经完成了资产阶级革命,资本主义的生产关系已经确立,而在俄国依然保存着落后的封建农奴制生产关系,贵族地主居于支配地位。如果说西欧国家现代化伴随的是封建制度的崩溃、劳动力从对土地的依附中解放出来,俄国现代化呈现的则是相反的进程,彼得一世开启的俄国现代化进程与俄国农奴制的强化奇妙地结合在一起了;如果说西方资本主义国家的崛起与发展同时伴随着宪政改革和政治民主化,俄国走的则是加强中央集权和个人专制之路。虽然1861年俄国的农奴制改革使俄国朝着农奴可以变成自由民的方向前进了一大步,但其政治和社会现代化的进程并未完成。

一、俄国现代化的特点

俄国的现代化进程呈现的是大起大落的特点。1725年彼得去世后，俄罗斯则经历了一段政权更迭频繁，发展缓慢的时期，直到1762年叶卡捷琳娜二世当政。叶卡捷琳娜二世之后，有过无所作为的保罗时期，亚历山大三世的反动时期，有过战胜拿破仑的辉煌，开疆拓土的成功，也遭受过不止一次的失败。俄国始终没有成为一个现代国家，而是被封建主义的残余束缚着，被列宁称为"军事封建帝国主义"。俄国现代化进程的特点表现在：

第一，俄国的迅速发展都是与伟大的统治者的名字紧密联系在一起的：彼得大帝、叶卡捷琳娜二世、亚历山大二世等。欧美国家的崛起是社会前进、经济发展、思想进步的自然结果，一般是由内部自下而上自发的渐变过程，是资本主义私有制和自由市场相结合的结果，资产阶级在现代化进程中起着主导作用。俄罗斯走的则是另外一条道路。俄国的统治者利用强有力的国家机构和行政手段，推动国家的发展与进步。国家及其领导人起着决定性的作用。为了使俄国强大，彼得恨不能生出三头六臂，把一切西方先进的技术都学到手。1762年，叶卡捷琳娜二世开始执政，她继承了彼得的事业，俄国又进入了快速发展期。叶卡捷琳娜二世当政长达34年，她强化了贵族控制农奴的权力，在非俄罗斯地区推行俄罗斯化政策，废除了乌克兰的统领制度，取消了乌克兰与波罗的海地区的自治。她继续了彼得大帝开疆拓土的事业，通过三次瓜分波兰，夺得了原波兰境内的立陶宛、库尔兰、西白俄罗斯、西乌克兰等地共计46万平方公里的土地（占波兰领土的62%）。从土耳其手里夺得了克里米亚，打通了黑海出海口，使俄国的版图从1642万平方公里扩大到1705万平方公里。叶卡捷琳娜二世野心勃勃地说：如果让她活到200岁，整个欧洲就都是俄国的了。正因为推动俄国走现代化道路的动因主要是应对外部世界的挑战，国家在现代化进程中起着决定性的作用，是现代化进程的发起者和领导者，因此，俄国现代化进程常常取决于当政者的见识与能力，与广大民众关系不大。长此以往，也养成了民众对国家的依赖心理，国民缺少自主意识。

第二，推动俄国走上现代化道路的动因，并非国内社会经济发展的需要，主要是开疆拓土和应对外部的压力，与俄国扩张遭遇的挫折相联系，是为了应对外部世界的挑战。1700年纳尔瓦战役的惨败令彼得一世清醒地意识到俄国落后的状况，他毅然抛弃俄罗斯守旧自大、闭塞因循的传统，仿效西方先进的经济、文化制度，实施自上而下的重大变革。

克里米亚战争失败后，俄国进行了顺应社会发展潮流的多方面改革。沙皇亚历山大二世颁布了一系列法令：1861年2月19日发布了废除农奴制和解放农奴的法令；1863年6月18日批准了《大学章程》，恢复了大学自治，教授委员会有权独立解决教学、科研和人员聘用等重大问题；1864年6月14日颁布了《关于初等国民学校条例》，允许社会团体和个人创办小学；1864年1月1日颁布了《关于省和县地方自治机构的法令》，开始了地方自治机构的改革；1870年6月18日，批准了《城市条例》，建立由选举产生的城市杜马，其享有地方自治机关的权限，凡年满25岁的纳税人都可参加城市自治；1864年11月20日，批准了新的《司法章程》，确立了司法制度的原则：无等级审判、原告和被告双方的律师进行公开辩论，建立公开的、独立于行政的、有陪审员的审判制度，法官和陪审员由各等级选举产生，取消了事前检查的书报检查制，书刊出版后如果违反了法律，将受到惩处；

1873年1月1日颁布《全国义务兵役条例》，实行普遍义务兵役制，凡年满20岁的男性公民不分等级，均应服兵役，但家中的唯一供养人可免服兵役。这些改革表明，俄国开始向现代社会艰难而缓慢地演进，不同等级的公民实现了在法律面前的平等。但是，这一改革并未触及君主专制制度本身，贵族实际上仍处于优势地位，由于改革的不彻底性，俄罗斯现代化进程中不平等和不公平现象突出。1881年沙皇亚历山大二世被刺杀，俄国进步的脚步停了下来，历史又开始倒退。

改革依然没有给广大农民带来幸福。农民在获得人身自由和份地时，被迫缴纳远远高于当时土地市场价格的赎金，支付赎金是一场掠夺，它夺走了农民多年积累的资金，阻碍了农业经济按市场原则改组的过程，使俄国农村长期处于贫困状态。1861年改革不仅没有废除中世纪的村社组织，反而加强了村社的经济职能。农民赎买份地，地主不是同农民而是同村社签订契约，村社在成员中定期重新分配土地，1893年12月14日法令规定，没有村社的同意，农民不得把自己的土地变成私有财产，而村社很少同意，因为有人离开村社，其赋税负担则转给了其他成员。到20世纪初，在1.38亿俄亩的农民土地中，有83%是由村社掌握的。这种制度虽然使脆弱的农民经济能够生存下来，但限制了个人的积极性和创造性，也遏制了劳动力的自由流动。①

专制制度的落后性限制了俄国资本主义的发展，直接导致了俄国在1904—1905年日俄战争中惨败，强大的俄国被小小的日本打败令举国震惊，社会矛盾再次激化，俄国爆发了革命。

---

① Зубов А. Б. (под. ред.) История России, XX век, 1894—1939, Москва: Астрель, АСТ., 2009, С.69.

在民众的压力下，俄国不得不进行了改革，在政治民主化的道路上迈出了极不情愿的一步。沙皇尼古拉二世于1905年8月6日颁布了由内务大臣布留根主持制定的《国家杜马宪章》、《国家杜马选举法》，10月17日正式颁布开始宪政进程的《10月17日宣言》，表示要进一步发展普选法原则，召开国家杜马，任何法律未经国家杜马认可不得生效。从1906至1917年俄国一共历经四届杜马，俄国学者把这一时期的政治体制说成是"杜马君主制"。

俄国的改革进程再次启动。斯托雷平在杜马的支持下进行了农业改革，其核心是让农民成为独立的生产者，鼓励建立农民独立的个体经济和田庄。到1917年成功地从村社中退出的农户大概占农户的1/3，产生了不少于130万个独立田庄和20万个庄园，占全部土地的22%。斯托雷平的土地改革使俄国农村出现了多种经营方式，村社内部也在发生变化。到第一次世界大战前，地主已经把一半的土地出售给这些农民，不少退社的贫苦农民由于缺乏农具和资金，也不得不把土地以低价出卖给富农。这一改革使俄国农村公社开始瓦解，农民阶层开始分化，农村商品经济得以发展，推动着俄国农业从传统向现代的转变。

第三，"赶超"西方强国始终是俄罗斯发展的目标，这种"赶超"又是片面的，重经济轻政治。彼得一世在社会文化方面进行了影响深远的改革，他试图使俄罗斯抛弃传统的价值观念和生活方式，接受文明开化的西方文化的熏陶。他大力发展文化教育事业，努力消除俄罗斯人的愚昧，主持创办俄国历史上第一所世俗学校，第一座图书馆，第一个博物馆，第一份报纸，第一座公共剧院和第一个印刷所。彼得一世改革的最成功之处在于他通过改革打破了俄罗斯人长期形成的闭塞守旧的思维方式和价值观念，为封闭的俄罗斯文化注入了新鲜血液，使其深深地打上了西方文化的烙印。俄罗斯文化开始呈现出开放的特征，从而为俄国现代化的启动创立了必要的前提条件。但是，彼得并未触及俄国的农奴制，反而加强了中央集权和皇权。他明确表示：皇帝就是专制君主，服从于他是上帝的旨意；上帝把人民委托给皇帝，因而皇帝只对上帝负责；皇帝的周围，只能有顾问和圣旨的执行者，只有皇帝才有权做出抉择。[1]

1762年开始执政的叶卡捷琳娜二世，继承了彼得大帝的事业，俄国又进入了快速发展期。叶卡捷琳娜二世当政长达34年，在这一时期既有风行欧洲的"开明君主制"，又有震撼世界的法国大革命。她表面上尊崇主张实行开明君主专制的法国启蒙思想家，把伏尔泰等人的著作当成床头必备之书，与伏尔泰、狄德罗、达兰贝尔等通信。她还出16000卢布买下了穷困的狄德罗的藏书，并宣布在狄德罗去世前，他可以继续使用这些图书，每年狄德罗还能得到一万银币。但在这些表象的背后，她仍坚持封建专制，自由、平等、博爱在俄国根本没有立足之地。1775年7月，从俄土战争中班师的军队，以突袭的方式摧毁了第聂伯河下游的扎波罗热哥萨克营地，解除了哥萨克的武装，把他们编入正规军队，去充当俄国对外战争的炮灰。她疯狂仇恨法国大革命，千方百计地帮助波旁王朝。

专制独裁的体制保证了俄罗斯帝国有强大的政权和强大的军

---

[1] 参见 Б. Б. 卡芬加乌兹、Н. И. 巴甫连科主编：《彼得一世的改革》，郭奇格等译，商务印书馆1997年；拉伊夫《独裁下的嬗变与危机：俄罗斯帝国二百年剖析》，蒋学祯等译，学林出版社1996年。

队,却不能保证人民有幸福的生活,国家还停留在中世纪的黑暗中,许多有识之士在继续探寻俄国现代化的新路。19世纪初,沙皇亚历山大一世曾想效仿拿破仑,他让御前顾问(事实上的首相)斯佩兰斯基提交了一份彻底的宪政改革计划,题为《国家法典绪论》。这一宪政改革计划的实质是专制君主的无限权力要受到宪法的限制,实行立法、行政和司法三权分立,建立一个以各级杜马为基础的宪政系统:乡或镇立法会议(杜马)选举县立法会议议员,县立法会议议员选举出省立法会议议员,后者则选举出帝国立法会议(国家杜马)或国民议会的成员。模仿拿破仑法国的国务委员会设立国务会议,由沙皇任命的成员组成,协助沙皇开展立法工作。参政院享有司法权,行政权归各大臣委员会和各部大臣。皇帝仍握有很大权力,可以随时召集和解散国家杜马,批准或驳回法律,任命和罢免大臣。1810年10月成立了国务会议。但是,其他改革并没有持续下去,斯佩兰斯基本人也被贬黜。①但斯佩兰斯基的改革思想并未湮灭,1861年后许多改革措施可以从中找到其影子。

俄罗斯崛起过程中最大的教训是对社会成员的主动性发挥不够,始终在强化国家政权和坚持专制制度,在引进西方先进技术的同时,对西方先进的制度借鉴不多,对实行法治、民主、尊重个人权利与自由的主张与人物进行镇压,如:残酷镇压了十二月党人的起义。专制主义的发展和国家政权的无限扩张,成为俄国现代化道路的障碍。这在1861年以后俄国向现代国家演进的过程中表现得最为明显。

---

① 参见陶惠芬:《俄国近代改革史》,中国社会科学出版社2007年,第146—155页。

俄国的发展是与持续不断的战争联系在一起的,国家发展的重点始终是军事工业。但由于当时的俄国是以私有制为基础的社会,在市场经济发展的条件下,不受国家控制的部门也在发展,农业和轻工业的进步也比较明显。1900年俄国用于购买农业机器和工具的资金只有2800万卢布,1913年则达到1.09亿卢布,其中从国外购买了4900万卢布的农机具,其余则是俄国自己制造的。1912年俄国使用了57.3万吨人工肥料,粮食的平均产量从1900年到1914年增加了25%,播种面积从20世纪初到1914年增加了14%,其中在北高加索增加了47%,在西伯利亚增加了71%。矿物肥料的生产增加了6倍,农业机器的生产增加了4.5倍。从1908年至1912年大麦的产量增加了62%,玉米增加了45%,小麦增加了37.5%,甚至在歉收的1908和1912年,俄国出口的小麦也占世界市场的11.5%,而在丰收的1909—1910年,俄国出口的小麦占世界市场的40%。从1906年开始,谷物收获量不是像以前那样每年增加30万吨,而是增加150万吨,1913年谷物收获量达到创纪录的8850万吨,这一年俄国的谷物收获量比美国高30%。[①]1900年到第一次世界大战爆发,俄国出现了"经济史上的黄金时代"。俄国生产的小麦、大麦、黑麦和燕麦的产量稳居世界第一,土豆的产量仅次于德国居世界第二位,牲畜——牛、马、山羊、绵羊的头数仅次于美国,居世界第二位,到1914年已经逼近美国的水平,猪的头数在美国、德国和英国之后居世界第四位。[②]俄国的"农业革命"

---

① *Зубов А. Б.*（*под. ред.*）История России, XX век, 1894—1939, C. 218.
② 同上。

在和平地改造着生活，使那些贫穷、无文化的农民变成富有的、有教养的、自由的土地所有者。

经过20年的发展，到第一次世界大战前，俄罗斯帝国的人口增加了32%，达到1.732亿。1914年，俄国的国民收入占世界总量的7.4%，在美国、德国、英国之后居世界第四位；俄国的铁路长度仅次于美国，居世界第二位。俄国的工业更是获得了大发展，其增长速度年均超过9%，1908—1913年俄国的工厂数量增加了1/3。1913年与1893年相比，钢和铁产量增长12倍，达405万吨，生铁增长3倍，达460万吨，铜增长4倍，达3280万吨，采煤增长5倍，达3830万吨，出产石油900万吨，糖增长了3倍，达147万吨，加工棉花增长6倍，达41.6万吨。俄国重要的工业部门是纺织、金属加工、食品和木材。1911年有纱锭850万支和织机22万台，俄国的纺织工业仅次于英国、美国和德国，居世界第四位。俄国的糖业、酿酒、面粉业发达，不仅供应国内市场，还大量出口，1911—1912年出口糖达50万吨。俄国从出口原木发展到出口锯材，林产品的贸易额则从1904年的1320万卢布增长到1913年的16490万卢布。俄国的对外贸易窗口也由此打开，其主要贸易伙伴是德国和英国，俄国向世界市场提供粮食、畜产品、林产品和纺织品，从国际市场购买机器和设备、纺织原料和其他原材料。尽管俄国盛产煤和石油，但由于俄国工业发展太快，自己生产的燃料不够，还需要进口矿石和石油。① 这些数字说明，俄国在国际市场已占有一席之地，也已跻身于世界强国之列。

---

① Зубов А. Б. (под. ред.) История России, XX век, 1894—1939, С. 230—232.

但是，俄国并没有建立起保证持续发展的体制，反改革势力和极端势力都很强，1916年斯托雷平被刺。尽管俄国召开了杜马，建立了议会，但俄国仍是个专制国家，沙皇继续享有绝对的权威，资产阶级也不能切实参与国家管理和政策的制定，更不用说广大民众。经济的发展并没有惠及广大民众，从1912年起，俄国工人罢工、农民起义起伏不断，政府通常出动军队进行镇压，这又进一步激化了矛盾，布尔什维克的影响越来越大。1914年尼古拉二世不顾大臣的劝告，决意参加第一次世界大战。战争期间，国家的军事订货使资本家大发战争财，工人的劳动时间延长，劳动强度加大，战争带来的物质和人员损失却要由民众负担。俄国在战争中的失利，加剧了国内矛盾。在俄国面临严重危机、找不到出路之时，布尔什维克在十月革命中一举夺得政权。布尔什维克掌权和解散立宪会议后，中断了俄国式演进型的现代化进程，开创了新的社会主义模式的现代化进程。

二、苏联以工业化代替现代化

十月革命后建立的新政权，试图开辟一条不同于以往的现代化道路。20世纪20年代中期俄共（布）党内围绕工业化的方法、速度和资金来源进行过激烈争论，当时提出了两个方案：一个是托洛茨基的方案（实质与后来斯大林的方案一样），另一个是布哈林、李可夫、托姆斯基、乌格拉诺夫等人主张的方案。两个方案相比，布哈林的更温和，他主张在农业发展的基础上实现工业化，通过经济手段，刺激经济各部门的平衡发展，靠民众对物质利益的关心和积极性的提高来保障国民经济的高速度。托洛茨基的方案则以牺牲农业为代价保障工业的增长，优先发展关键部门，从而能保证整个经济实现飞跃，这个关键部门被他定为是生产机器设备的部门，要实现这个方案则需要强制手段，需要依靠国家的权力，加强对农民的剥削。两种方案相比孰好孰坏，已经由历史给出了答案：虽然苏联没有实践布哈林的方案，但中国的改革开放最初几年走过的道路，其面临的问题和矛盾以及解决这些问题和矛盾使用的方法，与苏联20年代的新经济政策几乎一样。中国通过类似新经济政策的方法，实现了经济的大跨越，已经证明布哈林当初的设想更符合经济规律，也更有成效。斯大林模式虽然取得了不小的成绩，但也使苏联付出了巨大的代价，这种极端片面性的现代化方案显然不是人类的坦途。

斯大林基本上继承了沙皇俄国的传统，实行的是以国家为主导、以发展重工业和国防工业为核心、以赶超西方发达国家为目标的现代化之路。不同的是，斯大林领导的国家比沙皇的国家更有权力，更能动员民众。斯大林片面地把现代化理解和宣传为工业化，为了推进世界革命和埋葬帝国主义，这种工业化的重心又集中体现在重工业和军事工业上。从第一个五年计划到苏德战争爆发，苏联一直坚持高速度发展重工业，特别是军事工业。到1936年宣布建成社会主义时，苏联完成了工业化，从一个农业国变成了一个先进的工业国。1938年，苏联的工业产量已跃居欧洲第一位、世界第二位。苏联依靠国家的力量，利用资本主义经济大萧条的有利时机，以极高的速度建立大型企业，1929—1941年，苏联共建立了近9000家大企业，每年建600—700家，其中只有极少数的食品加工和纺织企业，绝大多数都是机器制造、金属加工等重工业企业。重工业的发展速度比1900—1913年一战前的俄国高 1 至 2 倍。① 苏联从沙俄那里继承来的,就是一个超级军事化的国家,1913 年,俄国的重工业在工业中占 33.3%,第一次世界大战和国内战争更加重了这种不合理的经济结构,虽然在新经济政策时期,轻工业有了很大发展,但到 1928 年重工业占整个工业的比重仍为 39.5%,到第一个五年计划结束时达到 53.4%,二五计划末达到 57.8%,1940 年已达到 61.2%。② 与 1913 年相比,1940 年的工业总产值增长 6.7 倍,其中生产资料生产增长 12.4 倍,而消费品生产只增长了 3.6 倍。③ 苏联的钢铁产量在 1938 年则仅次于美国和德国,成为世界第三大产钢国;1938 年,各大国在世界制造业产量中所占的相对份额:美国为 31.4%,德国为 12.7%,英国为 10.7%,苏联则为 9.0%。④ 苏联经济发展的畸形化已明显显露出来,造成国民经济比例失调,市场商品长期短缺。斯大林的这一传统被后来者所继承。1950 年苏联国民收入中的积累率达到 24%,1964 年达到 27%,1970 年达到 29.5%,1980 年达到 24%,1985 年达到 26%。如果考虑到人为地降低生产资料、军工产品、住房建设等构成积累主要组成部分的价格,积累率接近 40%。⑤ 这样高的积累率在西方国家从未有过。

  如果说第二次世界大战前,苏联处于资本主义的包围之中,

---

① *Тимошина Т. М.* Экономическая история россии,С.267.

② *Кравченко Г. С.* Экономика СССР в годы Великой отечественной войны,Москва,1970,С.31.

③ 苏联科学院经济研究所编:《苏联社会主义经济史》第 5 卷,周邦新译,三联书店 1984 年,第 51 页。

④ 保罗·肯尼迪:《大国的兴衰》,王保存等译,求实出版社 1988 年,第 243、245 页。

⑤ *Вишневский А. Г.* Серпи рубль: Консервативная модернизация в СССР, С.59.

苏联把发展军备放在重要地位，有一定的必然性。第二次世界大战后，人们迫切希望国家把更多的注意力用于民用经济建设，过上和平富裕的生活。但是，人们的期望落空了，由于战争结束后便开始了美苏间的激烈竞争，继之又发生了冷战，苏联仍把注意力放在增强国家的军事实力上，争取在军备上赶超资本主义，与社会主义的宗旨与原则实在不相符。

　　苏联确实成了一个强国，在第二次世界大战中成为战胜德国法西斯的主力，战后成为仅次于美国的超级大国。但是，苏联的社会和公民权利并没有得到尊重和发展。苏联在"赶超"中形成的体制特点是领袖和党包办代替一切，民众只是执行计划的工具。这种体制虽然具有很强的行政动员能力，但却无视人的价值，让许多人付出了不应有的代价。从1928年沙赫特事件开始，苏联政治保卫机关镇压了大量在国家机关、军队、科研院所、工厂中工作的旧军官和旧专家，随着1929年大转变带来的社会剧烈变化，又开始镇压新政策的异议者。1929年6月11日，苏联人民委员会命令建立劳改营，关押刑期在3年以上的犯人，因政治原因被判刑者被关押在亚戈达领导的国家政治保卫总局的劳改营里。在30年代有大项目的地方都建立了多个劳改营。修建贝加尔—阿穆尔铁路、白海—波罗的海运河、伏尔加河—莫斯科河运河、莫斯科地铁、在北方伐木、在科米共和国采煤和石油等，都大量使用犯人的无偿劳动。由于饥饿、劳动强度过大、遭受非人待遇等，1930—1940年劳改营中有50多万人死亡。修建227公里长的白海—波罗的海运河有2.5万人死亡，为了修建伏尔加河—莫斯科河运河，1934年关押了20万人，为了修建贝阿大铁路关押了18万人，死了许多人。在五年计划执行的过程中增长最快的是被关押的人数。从1929年至1939年监狱和劳改营里的人数增加了11倍,达到200万人,根据1939年的统计,200万人中有168.2万人在古拉格的劳改营和专门关押地,35.05万在监狱,此外还有99.05万特殊移民,被剥夺自由者达到了300万。① 苏联的崛起与辉煌,与剥削这些人的无偿劳动紧密相关。

苏联重工业和军事工业的突飞猛进,也是以牺牲人民的生活水平为代价的。在斯大林"贡税论"的指导下,农民向国家交售农产品的价格往往不够运输费用,农民长期过着贫困的生活。工人也不例外,重又恢复了新经济政策时期取消的凭票供应制,直到70年代很多人还生活在工棚里。在国家工业化过程中,人民遭受的痛苦和付出的代价大得惊人,正如莫洛托夫所说:"我们的一切成果都是以这么巨大的牺牲换来的。"农业集体化后,1932—1933年出现了大饥饿,其严重程度远远超过1921—1922年,1930—1933年死亡达910万人,其中包括特殊移民(富农)120万人,在集中营死亡的10万人,1933年大饥荒死亡的650万人,因生活条件恶化死亡的130万人,还有20万人逃到了中国。② 斯大林之后的领导人,也曾想解决人民的生活问题,但因不肯放弃国防工业优先的方针,效果不佳,苏联的国民始终没有过上与其大国地位相称的生活。

人民群众与国家政权相隔离,公民对政府的政策没有任何影响,对干部没有任何制约。党和国家的权力集中在少数干部手中,干部是由党的组织任命的,且没有任期,用斯大林的话说,"必须

---

① *Зубов А. Б.* (*под. ред.*) История России, XX век, 1894—1939, С. 902—903.
② *Зубов А. Б.* (*под. ред.*) История России, XX век, 1894—1939, С. 901.

挑选工作人员，把善于执行指示、能够理解指示、能够把这一些指示当作自己的东西并且善于贯彻这些指示的人安置在各种工作岗位上。否则，政策就会失去意义，就会变成空谈。因此，登记分配部的工作……具有重大的意义……必须严格审查每个工作人员"。① 各级官员走向领导岗位并没有经过选举，跟他们服务的对象无关，公民对他们没有任何制约。赫鲁晓夫时期曾经想搞干部轮换和任期制，冲击了苏联长期实行的领导职务终身制。1961年10月，在苏共二十二大通过的新党章中确定了干部更新制度。新党章的第二十五条规定："在选举党的机关的时候，应遵守经常更换其成员同时又保持领导的继承性的原则。在每次例行选举的时候，苏共中央委员会及其主席团成员至少更换1/4。主席团委员一般最多只能连续当选三届。某些党的活动家，由于他们享有公认的威信，具有高度的政治品质、组织者品质和其他品质，可以在更长的时期内连续选入领导机关。在这样的情况下，有关的候选人在不记名（秘密）投票方式下至少须有3/4的参加者投票赞成方可当选。加盟共和国共产党中央、边疆区委员会、州委会的成员在每次例行选举时至少更换1/3；党的专区委、市委、区委、基层党组织的党委会或支委会的成员至少更换一半。同时，这些党的领导机关的成员可以连续当选，但最多不得超过三届。基层党组织的书记可以连续当选，但最多不得超过两届。全体大会、代表会议、代表大会根据政治品质和业务能力，可以更长期地将某一工作人员选入领导机关。在这种情况下，至少须有参加投票的3/4的共产党员投票赞成，方可当选。由于期满而不再是党的

---

① 《斯大林全集》第5卷，人民出版社1953年，第171—172页。

领导机关成员的党员，可以在以后选举时重新当选。"① 这一规定意味着，党的各级干部再不能把自己的职务看成是毕生占有的职业和终身享有的特权。这在国际共运史上是一个创举。干部更新制度可以使那些年纪较轻，又具有较高专业知识和文化水平的干部脱颖而出。但是，苏共这一干部更新制度本身也存在一些问题，引起了一些人的不满和反对。赫鲁晓夫个人的好恶决定着某人在中央委员会、主席团和中央书记处的去留，任何成员都难以在这里长期呆下去，他们觉得缺乏政治上的稳定感。因此，他们普遍产生了对赫鲁晓夫的厌恶、反感和不信任。1964 年 10 月赫鲁晓夫被不满其统治的同僚以宫廷政变的方式搞下台，勃列日涅夫时期是苏联官员的天堂，他中止了赫鲁晓夫的改革，干部特权制和终身制得到大发展，各级干部只要不升迁和不犯大错误，都可以在自己的职位上终老。由于各级干部都有一定的特殊待遇，他们的权力来源于上级的任命，这种状况使得阿谀逢迎、溜须拍马之风盛行，唯上级命令、指示是从，经常对普通群众、普通党员的要求视而不见。

斯大林式的现代化是落后国家通过政治力量整合全社会的资源、快速现代化的一种方式，这种方式确实可以在短期内取得很大成功，然而，从历史发展来看，代价过大，且难以持久。从人类历史发展来看，任何国家的现代化都是成果合理地分配到社会各个阶层，实现经济开放、政治民主和文化资源共享的过程，斯大林的现代化道路恰恰背离了这一历史发展大势，最终归于失败。

斯大林之后的苏联领导人虽然有过改革，但都是治标不治

---

① 《苏联共产党第二十二次代表大会主要文件》，人民出版社 1961 年，第 457 页。

本，仍然把维持强大国家的重心放在军事和国防上，苏联只有一个经济部门是持续繁荣的，那就是军事工业综合体。经过几十年的"赶超"，苏联取得的最大成绩是在军备上赶上和超过了西方国家。1967年苏联有洲际弹道导弹570枚，美国有1054枚，到1979年美国仍然是1054枚，苏联增加到了1409枚，超过了美国。在此期间，美国军队从350万人减少到206万人，苏联军队却从368万人增加到419万人。苏联的资源40%被用在了与美国保持军事力量平衡上。[①] 在80年代初，"苏联每年生产的坦克数量比美国多3.5倍，装甲运输车比美国多4倍，火炮比美国多8倍，核潜艇比美国多2倍。在国防军事工业工作的工人，美国是220万人，而苏联在这些年份达500万—800万人"。[②]

斯大林的现代化奠定了苏联片面性发展的基础，只是几项工业指标的繁荣，无法推动整个社会的全面发展与进步。从经济与社会的角度看，苏联的发展只重经济而忽视了社会，虽然斯大林理论上宣称苏联的社会是和谐和无矛盾社会，实际上苏联的社会矛盾很尖锐，只是采用镇压手段予以压制而已。从经济的发展看，苏联的经济是严重畸形的，轻工业和农业长期处于落后状态，只有重工业（包括军事工业）一枝独秀。从经济与政治的关系看，苏联的经济靠的是政治上的集权，违背了人类社会随着经济的发展政治宽松、民众解放的发展之路。随着时间的推移，斯大林模式的正面效应逐渐减弱，负面效应日益增强，总体上看越来越阻碍现代化进程。

---

① *Геллер М，Некрич А. История россии*（1917—1995），Т.2，С.222.
② *Дмитренко В. П.*（*отв. ред.*）История России，XX век，С.582.

三、片面现代化的后果

苏联现代化模式的核心是强国强军,扩大苏联的势力范围和影响。在朝着这一目标前进的滚滚车轮面前,个人的幸福、尊严、自由和政治权利,都被辗得荡然无存,顺之则昌,逆之则亡。与这种快马加鞭的赶超型现代化战略相适应,苏联建立了行政命令式的管理体制,造就了一支享有特权的官僚队伍,从而形成了斯大林模式的社会主义。其经济特征是:单一的公有制,苏联只允许存在国有和集体所有两种所有制,个人无权拥有生产资料;对经济生活实行无所不包的计划,由政府集中管理经济和进行资源配置,企业基本没有自主权,只是完成国家计划的工具;致力于建立独立于世界市场之外的国民经济体系,对外贸易由国家垄断,与世界市场相隔绝,苏联的产品不受世界市场的检验,对世界市场基本没什么影响;排斥商品和市场,否定价值规律,违背经济自身发展的规律。苏联的现代化模式带来了许多问题。

一是进一步加强了国家权力和官僚政治。苏联现代化进程中最大的问题是迷信国家的力量而忽视了民众的创造性力量,人民成了国家计划的工具,没有任何自主性,这也注定了苏联式现代化道路行不通。正如俄国学者所总结的:"社会主义的经济基础——国有制与集中的管理和对所有经济领域的计划结合在一起,并为党的机关的难以置信的力量所强化,甚至还有克格勃和军队,让人觉得这种经济体制是巩固和强大的,确实在世界上找不到一种能动摇它的力量。但是在 1989—1991 年社会主义到处像纸房子一样崩溃了。破坏的力量原来是可以找到的，而且这一力量早就在'现实社会主义'的社会内部和经济中存在。在'军事共产主义'、工业化、集体化和战争中，也就是说，在紧张和动员的时期，这种力量无法表现出来，只是在战后和平发展的条件下，各种内部矛盾、'制度'的一切腐朽性和无生命力才表现出来。但是，在我国这并没有得到科学地深入思考和分析。"①

从1929年开始，苏联建立了计划经济体制，全国从上到下听命于国家计划委员会编制的计划，所有人的工作就是完成这些计划。企业作为生产的主体，变成了完成计划的工具。对管理者而言，最重要的业绩不是提高企业的经济效益，生产更多物美价廉有竞争力的商品，而是完成上级规定的任务。苏联共产党变成了国家权力机关，决定着国家大大小小的一切事务，工会、共青团，甚至苏维埃都成了苏共执政的工具，"政治体制已变成了完全官僚化的、自我封闭的系统，已把全国几乎所有居民都排除和隔离于政治领域之外。以一种奇特的方式确定了党在我国社会的政治体制中的作用"。② 随着时间的推移，斯大林逐渐把党和国家的权力从集体领导转到了他个人手中，党实际上也成了斯大林的工具和摆设。

斯大林之后的领导人虽然有过一些改革，但没有根本改变这一体制，官僚机构膨胀，官员队伍庞大。在勃列日涅夫时期，任

---

① Кудров В. Крах советской модели экономики, Москва: Московский общественный научный фонд, 2000, С. 5.
② 安德兰尼克·米格拉尼扬:《俄罗斯现代化之路——为何如此曲折》，徐葵等译，新华出版社2002年，第108页。

人唯亲、裙带关系特别突出。以前党的工作人员、国家工作人员和经济界领导人大多数都来自业务能力表现突出的普通民众,但1970—1980年代,精英的增补都要通过特殊的选拔和培养干部的系统:高级党校、团校、工会学校、社会科学学院、国际关系学院,而进入这些学校只能靠有影响的官僚的推荐。评定直接取决于领导们个人喜好和政治考虑,业务素质很少被考虑,正直性和原则性通常最有可能成为升迁的障碍,许多地区同乡关系和裙带关系发展,长官的子女和其他亲属独立生活后一开始就处于特殊的地位。拉希多夫在乌兹别克斯坦当政20多年,该共和国的党、政、经和政法部门全部都是他的亲信,仅在乌兹别克斯坦共产党中央机关,他的亲属就达14人之多。

社会主义本应开辟一条不同于资本主义的现代化道路,避免资本主义在现代化进程中给民众带来的痛苦。做到这一点的重要条件就是让广大民众能够监督和制约权力机关,马克思赞赏巴黎公社使国家政权"由高踞于社会之上的机关变成完全服从这个社会的机关"。[①]恩格斯在研究工人政权与工人群众的关系时强调:取得政权的工人阶级为了不再失去自己的统治,"一方面应当铲除全部旧的、一直被利用来反对工人阶级的压迫机器,另一方面还应当保证本身能够防范自己的代表和官吏,即宣布他们可以毫无例外地可以随时撤换"。[②]他们强调的是防范国家政权追求自己的特殊利益,从社会公仆变成社会的主人,苏共则是通过官员的特权公开追求特殊利益,民众对官员没有任何监督与制约的权

---

① 《马克思恩格斯选集》中文第2版,人民出版社1995年,第3卷第313页。
② 同上书,第3卷第12页。

利，由此导致苏联脱离民众需要的现代化战略长期得不到纠正，民众把政权当成异己的力量，在公开反抗难以进行的情况下，通过消极怠工进行消极抵抗，从中不难理解为什么苏联的经济增长呈现出的是逐年下降的曲线。

对于苏联这个经济文化相对落后，又处于资本主义包围的国家来说，为了保障国家安全，在推进国家现代化建设的过程中，客观上需要加强国家政权的建设。但是，苏共在加强政权建设时，由于没有基本的民主观念，而走上了专制的道路。苏联没有权力的分立和制衡，一切权力都集中于一个中心，集中到各级党的机关手中。苏共实行的是等级制官僚的管理体制，最高领导人处于监督之外。"其结果是我们的社会不仅遇到了来自斯大林的全面专制，而且遇到了他的个人迷信。这样的权力体制在各级权力结构中实际上产生了大大小小的个人迷信。各级领导人被认为是掌握了能预见未来的特殊天赋才能的人，有能力作出唯一正确的决定，表达人民群众内心的希望和要求。"① 苏共党内也没有正常的民主体制和民主生活，最高领导人决定一切，而且最高领导人的产生也没有一定的程序，没有政权从一个人的手中自然移交到另一个人手中的正常程序。一旦当上了最高领导人，就变成了万能的上帝，没有民主也没有社会主义。

二是民众被禁锢而失去主动性和创造力。苏联虽然名义上实行的是生产资料公有制，但民众并不享有对生产资料的支配权，一切都按官员的意志行事，根据上面的计划进行生产。劳

---

① 安德兰尼克·米格拉尼扬：《俄罗斯现代化与公民社会》，徐葵等译，新华出版社 2003 年，第 36 页。

动者不能支配自己的劳动成果，因而缺少发展生产的能动性。劳动英雄、生产能手会得到奖励，民众被美好的前景所激励也曾有高涨的社会主义建设热情，但一个社会的发展不能永远寄希望于这种热情。

苏共二十大后，苏联社会一度很活跃，清洗与镇压停止了，在清算斯大林个人崇拜的过程中，人们在探索新的发展道路。苏联人为卫星上天、核电站的建成、人类实现了进入宇宙的梦想而欢欣鼓舞。人们寄希望于勃列日涅夫这些新领导人纠正赫鲁晓夫蛮干的错误，使苏联社会更具发展的活力，生活得更好。但勃列日涅夫开始了重新斯大林化的进程，象征性地在斯大林墓树立了雕像，体制改革被中断，苏联体制的危机加强了。虽然这一时期表面上很稳定，不满的种子却在发芽，矛盾与问题在累积。因为住房条件恶劣、食品不足、工资低、劳动定额高等原因，人们多次公开表示不满，如1969年基辅、斯维尔德洛夫斯克，1972年在第聂伯彼得罗夫斯克，1980年在高尔基城，1981年在陶里亚蒂市，都发生过群众的抗议示威。政府的高压和监控并不能消除人们的不满，人们的反抗采用了其他形式。许多人消极怠工，出工不出力，使苏联的经济发展速度从1970年代中期开始逐年下降，生产计划完不成。犯罪率上升，1978年每10万居民有503人犯罪，而在1966年则是380人。[①]看不到希望的苏联人借用酒精麻醉自己，到1970年代末，苏联酗酒者比1960年代增加了一倍。1978年有近900万酗酒者进过警察局，超过600万人进过醒

---

① *Козлов В. А.* Массовые беспорядки в СССР при Хрущеве и Брежневе（1953-начало 1980-х гг.），С. 444.

酒所。①苏联男子的寿命因此在70年代从66岁下降到了63岁，酒精中毒死亡率达到千分之一（世界平均水平为万分之一）。80%的恶性犯罪与酗酒有关，小偷小摸更是不计其数。"约有90%的旷工与纵饮无度相关。1986年苏联进过麻醉品成瘾学习班的酒鬼人数多达400万之众，每年进醒酒所的人将近900万。"②因酗酒而造成的怠工、旷工而带来的经济损失更是难以统计。1970—1985年工人数增加了1680万人，在工人和服务人员中在20世纪80年代初妇女占51%，甚至在战后初期的1950年这一比例只有47%。全国共有2000万残疾人，2100多万的嗜酒成癖者，530万各种心理疾病者。③

历史发展的潮流是人民自主意识的提高，他们需要的是为他们服务的政党和国家机关，而不是凌驾于其上并代替他们决定一切的"太上皇"。由于民众失去了主动性与创造性，苏联被世界科技革命大潮所淘汰，这也说明没有民主就不会有真正的现代化，没有民主也没有社会主义。

三是经济效率持续低下和结构严重失调。苏联的许多工业部门一直沿用的是粗放型的发展道路，经济结构失衡的问题越来越严重，苏联只有一个经济部门是持续繁荣的，那就是军事工业综合体。居民消费品在工业品中所占的比重呈逐年下降的趋势：1928年占60.5%，1940年占39%，1960年占27.5%，1980年占

---

① Козлов В. А. Массовые беспорядки в СССР при Хрущеве и Брежневе (1953-начало 1980-х гг.), С. 444.

② Гайдар Е. Т. Гибель империи Уроки для современной России. 2-е изд. М.: РОССПЭН, 2007. С. 142.

③ История России. XX век. *Отв. Редактор* В. П. Дмитренко. М., 1998. С. 562.

26.2%,1987年只占24.9%。①商品短缺、排队购物成了苏联的最大特色。赫鲁晓夫拒绝了马林科夫提出的发展消费工业的要求。1959—1965年的七年计划沿用的基本上还是斯大林的思路,建设了5400多个大型企业,其中包括卡拉干达和古比雪夫金属冶炼厂、克列缅丘格尔水电站、别洛亚尔斯克和新沃罗涅什核电站。在20世纪70年代中期苏联的国力达到顶峰,确实是一个令世界胆寒的强国,但苏联的强大主要是军事和国防力量。

农业长期落后的现象没有改变。"自70年代末至80年代初习以为常的短缺已转变为80年代末真正的粮食供应危机,政府无力保证履行资源分配的职责,哪怕是在凭卡定量供应的范围内进行分配——这些正是人们对社会制度失去信任并导致其瓦解的最重要的经济原因。"②20世纪70年代美国农业从业人口占从业人口的2.5%—3%,而苏联占25%。1970年一个苏联农业工人每年生产4.5吨谷物、320公斤肉和2.8吨牛奶,而同时期在美国一个工人每年生产54.7吨谷物、4570公斤肉和11.8吨奶。70年代美国的平均农业劳动生产率是苏联的4至5倍。③1896—1913年,俄国曾是世界上粮食出口最多的国家,经过几十年的社会主义建设,有耕地2.2271亿公顷的苏联却需要大量进口粮食。苏联从1963年开始进口粮食,进口量逐年增加,成了世界上最大的粮食进口国。1907—1913年俄国在世界粮食出口市场中所占份

---

① *Пихоя Р. Г.* Почему распался советский союз? СМ: *Севостьянов Г. Н.* (отв. ред.) Трагедия великой державы: национальный вопрос и распад советского союза, Москва: Изд-во (Социально-политическая мысль), 2005, С. 411.

② *Гайдар Е. Т.* Гибель империи, Уроки для современной России, 2-е изд, Москва: РОССПЭН, 2007, С. 147.

③ *Тимошина Т. М.* Экономическая история россии, С. 349—350.

额为40%左右，1980—1990年苏联在世界粮食进口的份额中占16.4%。1984年苏联从西方购买了4550万吨谷物及其制品，48.4万吨肉及肉制品，超过100万吨的动植物油，以及其他用外汇购买的粮食。为此苏联向境外投放了300吨黄金和通过出卖天然气、石油、木材及其他原料获取的大量外汇。[1]到80年代中期，许多生产民用品的工业部门的技术和组织水平还停留在30年代中期，劳动生产率的增长几近于零，苏联一个单位国民收入消耗的电、燃料、钢铁和其他资源是工业发达国家的1.5—2倍。[2]到80年代中期，苏联人均GDP只相当于美国的37%，处于发展中国家的水平。苏联在农业上投入了大量的人力物力，但拥有2200多万平方公里领土的苏联，却无法为不到3亿的居民提供足够的食物。

20世纪70年代末和80年代初，全世界又开始了被称为"微电子技术革命"的技术革命新阶段，但苏联仍固守原来的发展模式，醉心于生产多少吨钢，出产了多少石油和煤炭。苏联沉醉于出卖资源和原材料，自我感觉良好，没有跟上时代步伐，错过了现代化的大好时机，"到1988年，个人计算机在苏联总共才数万台，与此同时在美国却已有2亿台。莫斯科空间研究院院长承认，为了能找到一台适合研究人员使用的计算机，他不得不购买美国制造而在莫斯科黑市上出售的计算机"。[3]苏联离世界现代化发展的潮流越来越远。

---

[1] Волкогонов Д. А. Семь вождей, кн.2, Москва: Фирма《издательство АСТ》, 1999, C. 267.

[2] Тимошина Т. М. Экономческая история России, Москва, 2000, C. 354.

[3] 沃尔特·莫斯：《俄国史（1855—1996）》，张冰译，海南出版社2008年，第411页。

四是压制消费导致民众生活长期贫困。苏联重工业和军事工业的突飞猛进,是以牺牲人民的生活水平为代价的。苏联在斯大林时期剥夺农民的程度是空前的,如小麦付给集体农庄的是每公担 10 卢布 10 戈比,而卖给居民的价格是 216 卢布;一公斤牛肉,付给农庄的收购价格是 21—55 戈比,零售给居民的价格是 7 卢布 60 戈比;一公升牛奶,国家收购价是 9—14 戈比,出售价是 1—1.5 卢布。1935 年只是粮食采购站就给国家预算提供了税收总数 520 亿卢布中的 200 多亿卢布。工业化意味着农民生活水平的降低。工人也同样背着重负,1929—1935 年实行凭证供给制,根据供给证,纺织工人每月可以得到 1 公斤果仁、500 克肉、1500 克鱼、800 克糖;供给医生、教师、大学生的比这还少。[①] 1929 年,工人每天得到 600 克面包,其家庭成员 300 克,每月 200 克到一公升植物油、一公斤食糖,工人每年得到 30—36 米印花布。[②] 据俄罗斯经济学家巴齐利计算,工人的月平均工资 1913 年可以买 333 公斤黑面包,而在 1936 年只能买 241 公斤,油 21 公斤和 13 公斤,肉 53 公斤和 19 公斤,糖 83 公斤和 56 公斤。在新经济政策时期,工人用于吃饭的钱占其工资的 50%,1935 年则占 67.3%。[③] 住房十分紧张,1913 年,在人口稠密的城市住房就很紧张,人均 7 平方米,1928 年城市居民平均居住面积为 5.8 平方米,1932 年为 4.9 平方米,1937 年为 4.6 平方米,1940 年

---

① Киселев А. Ф., Щагин Э. М.(под. ред.) Новейшая история отечества, Т. 2, С. 27.

② Геллер М, Некрич А. История россии (1917—1995), Т. 1, Москва: МИК, Агар, 1996, С. 239.

③ Геллер М, Некрич А. История россии (1917—1995), Т. 1, С. 298.

为4.5平方米。一五计划决定建造住房6250万平方米,实际只建了2350万平方米,二五计划决定建造7250万平方米,实际只建了2680万平方米。① 住房短缺的后果长期无法消除。苏联的工业化是通过限制需求和降低人民的生活水平实现的,许多人实际上处于半饥饿状态,居民必须认购"工业化债券",1927年居民购买了10亿卢布国债,到1930年中这一数字达到了170亿卢布。② 1913年俄罗斯整个经济发展水平在世界上居第5位,1930年底,苏联国民收入居于世界第二位。但是,食品短缺,票证制度重又开始实行。

第二次世界大战后,苏联成了世界第二号强国,欧洲第一强国,已经不再有安全威胁了,本应该把工作重心转到改善人民生活上来,斯大林仍把工作重心放在了发展核武器、打破美国的核垄断上了,在一个被战争严重破坏的国家发展核武器,开始与西方进行军备竞赛,结果只能是牺牲城乡居民的生活水平。当时苏联65%是农民,为了得到资金,仍然需要榨取农民,不断提高农业税。1948年农业税比1947年提高了30%,1950年比1947年提高了1.5倍。③

在赫鲁晓夫时期,人民的生活确实比斯大林时期受到重视,并有了很大改善。从1960年开始,苏联开始实行七小时和六小时工作制,从1960年10月1日起开始取消赋税,实行了8年制义务教育。苏联政府开始推行"通过为劳动人民服务的公共设施

---

① Геллер М, Некрич А. История россии(1917—1995), Т.2, С.36.
② Тимошина Т. М. Экономическая история россии, С.270.
③ Гайдук И. В., Егорова Н. И., Чубарьян А. О. Сталинское десятилетие холодной войны, С.175.

来提高人民的福利"的方针。国家用于社会保险金、优抚金、助学金、免费教育和免费医疗及其他公共设施的开支,从1958年的2150亿卢布增加到1959年的2300亿卢布。在赫鲁晓夫执政的10年里,工人的平均名义工资从1953年的67.9卢布增长到1964年的98.7卢布,差不多提高了50%。1965年与1960年相比,每千人的电视机拥有量从22台增至67台,电冰箱从10台增至29台,洗衣机从13台增至59台。居民的食品结构也有所改善,10年间的肉需求量增长了70%,鱼需求量增加了29%,油需求量增加了34%。从1956年起实行新的退休制度,为所有在国有经济部门工作的工人、职员提供了物质保障,1959年有2000万人拿到了养老金,比战前的40年代高4倍。① 政府加快了住宅建设,尽管赫鲁晓夫时期建筑的住宅质量不高,后来被称为"赫鲁晓夫的贫民窟",但是,对于缺少住房的人来说,这总比没地方住好。改善居住条件的人,1952年有540万人,1954年有650万人,1956年有780万人,1957年有1010万人,1958年有1150万人,1959年有1260万人,1960年有1200万人,1961年有1130万人,1962年有1120万人,1963年有1100万人,1964年有1030万人。②政府还拨给工厂土地,让工人自行解决食品不足的问题。总之,人民的生活水平有了一定好转。但是,党与民众关系的实质并未改变,仍是统治者与被统治者,领导者与被领导者的关系,民众对国家的政治经济生活没有多少发言权,谈不上对决策有什么影响。在民众与政府出现矛盾和问题时,政府对民众采取的是武力

---

① *Лейбович О. Л.* Реформы и модернизация в 1953—1964 гг., Пермь, 1993, С.154、155、159.

② 《1970年苏联的国民经济》,莫斯科1971年,第545页。

压制的办法。

在勃列日涅夫时期，苏联普通民众的生活水平得到了不同程度的提高，统计数据表明，在勃列日涅夫执政初期的1965年，苏联人的平均工资只有96.5卢布，到了其执政晚期上涨到170卢布。很多苏联人在这段时间内搬进了属于自己的住房，到1980年有1亿人改善了居住条件，购买了像样的家具、服装甚至汽车。但为了维护世界霸权，勃列日涅夫把国家的钱财主要用在了发展既不能吃也不能用的武器上，工人的工资有增长，但国家的日用消费品没增加多少，因而商店门前待购的队伍越来越长。人民的需求与国家经济能力之间的矛盾突出，出现了在边远地区只向几类居民（哺乳妇女、参加过战争的老兵、重病患者）凭票供应某些食品的情况，到80年代初，在大多数地区都如此，只有莫斯科、列宁格勒、加盟共和国的首都和一些有特殊意义的城市，情况好些。平均月工资，1973年苏联是168.14美元，法国是361.64美元，美国是606.51美元。1980年代初，苏联人均消费水平在世界上排名第77位，苏联的医疗保健开支只占国民收入的4%，而在发达国家占10%—12%。[①]

在苏联现代化的过程中，当局一直宣传资本主义总危机和社会主义的美好愿景，但几十年过去了，人们发现，当局给他们描绘的美好蓝图只是海市蜃楼。当幻想破灭之时，苏联社会便发生了经济、政治、社会、精神的全面危机。苏联的教训告诉人们，社会的发展应该是其各个要素的平衡发展，国家的现

[①] 亚·维·菲利波夫：《俄罗斯现代史（1945—2006）》，吴恩远等译，中国社会科学出版社2009年，第170页。

代化也是一个系统工程，更重要的是这个现代化应该是为民众的幸福、人的解放服务的，只注重为国家强盛服务的现代化是不可持续的，建立在压迫和剥削民众基础上的现代化之路是不能长久的。

第二章 苏联改革开启向新型现代化转型之门

经过 70 多年的建设，苏联在与资本主义的竞赛中并没有体现出社会主义制度的优越性，苏共每次代表大会都不厌其烦地重复资本主义发生了总危机，声称苏联才是人类发展的理想之国，但事实却是资本主义在危机中调整政策，焕发了活力，苏联在歌舞升平中掩盖矛盾和问题，结果不是资本主义发生了总危机，而是苏联自身发生了总危机。

苏联的危机实质上是体制的危机，也可以说是苏联社会主义模式的危机。与西方发达资本主义国家相比，苏联在人口、资源、受教育程度等方面并不弱，但苏联的经济发展质量和水平、人民的生活却远远落后于对手。由于苏联的改革走走停停，斯大林模式的弊端并没有得到克服。问题不断积累，到戈尔巴乔夫上台之时，修修补补的改革已经无济于事了。

戈尔巴乔夫开辟了苏联政治民主化、经济市场化之路，但他只是历史使命不自觉的执行者。上任之初，戈尔巴乔夫也想在苏联原来的体制下进行改革，完善现存体制，但此路不通。"加速战略"的失败使戈尔巴乔夫开始对体制进行改革，他想建立一种新的、以民主为基础的社会主义。戈尔巴乔夫被历史的大潮裹挟着前行，最后走上了意识形态多元化、政治民主化和建设市场经济之路。这条路充满了艰难险阻，戈尔巴乔夫犹如一名在惊涛骇浪中驾驶着一条小船的船长，他缺少高超的技术，在没有到达目的地前就翻船了。苏联的解体让戈尔巴乔夫提前结束了自己的政治生涯，其所开启的现代化之路只能由他人去完成了。

一、政治民主化成了大势所趋

戈尔巴乔夫上台之时，苏联处于内外交困的状态，"不能再这样生活下去了！"成了普遍的共识。推动戈尔巴乔夫进行改革的主要动力来源于内部，但外部因素也不可忽视，美国发起的新一轮军备竞赛使苏联的大国地位面临严峻挑战，苏联的体制难以承受新一轮的军备竞赛。与以往苏联的改革不同，当在原体制下进行改革难见成效后，戈尔巴乔夫没有像以往那样退回去，而是向前走，朝经济市场化、政治民主化、发展地方自治的方向走下去，越来越脱离了斯大林体制，开启了另一条现代化之路。可惜的是，在激进势力和保守势力的夹击下，戈尔巴乔夫没有找到依靠的力量，其自上而下的改革以失败告终，苏联也随之解体。

1985年3月11日，在众望所归的情况下戈尔巴乔夫成了苏共历史上第7任党的首脑，他当时是政治局中最能干、最有魄力也最年轻的人，总书记的职位非他莫属。但戈尔巴乔夫的任务是不轻松的，他继承了一个危机四伏的帝国，"在阿富汗和波兰面临着地缘政治的挑战。对苏联摇摇欲坠的经济体制起着支撑的硬通货收入体系，因美国发起的经济战而受到了严重的扭曲并且处于混乱之中。戈尔巴乔夫所面临的经济状况经受不了美国高科技国防建设的冲击,这将迫使他将更多的资源用于军事领域。当他开始为苏联这只航船掌舵时,美国政府高级官员们正在努力扩大美国的优势"。① 许多人认为苏联社会无法变革是因为领导人因循守旧,戈尔巴乔夫的上台,给了人们以新的希望。

改革是从上到下的共识,但如何进行改革,没有现成的方案,只能摸着石头过河。戈尔巴乔夫等苏共领导首先感受到的是苏联经济增长速度下降,经济缺少活力,于是,"加速战略"成了改革最初的方针选择。在1985—1986年实行加速战略时期,戈尔巴乔夫及其领导班子并没有认识到对传统体制进行改革的必要性,其政策措施并未超出以往的实践,仍在强化斯大林—苏联模式,仍想用行政命令的办法解决问题。1986年2月苏共二十七大正式提出了"加速战略",据此制订了宏伟的计划和目标,大会通过的《苏联1986至1990和至2000年经济和社会发展基本方针》规定,在1986—2000年的15年中,国民收入平均增长速度达到4%以上,到20世纪末国民收入翻一番,劳动生产率将增长1.3至1.5倍,国民收入的能源消耗将降低40%,金属消耗量差不多将降低50%,这将意味着向生产集约化、提高质量和效益实现急剧转折。使全民所有制和合作社所有制逐步融合,加大对机械制造业的技术改造和投资力度。其思路仍是加强公有制和重点发展机器制造业。为了实现上述目标,苏联在五年计划中要增加15%的原材料供应,投资要增加30%—40%,需要投入200万个劳动力。而苏联并没有这些资源。② 这个计划再次体现了苏联领导人好大

---

① 彼得·施魏策尔:《里根政府是怎样搞垮苏联的》,殷雄译,新华出版社2001年,第255页。

② Тимошина Т. М. Экономическая история России, Москва, С. 356.

喜功的传统和对斯大林模式的自信。"加速战略"的推行并不顺利，遇到了各级官员的抵制，为了动员民众，给麻木的官员施加压力，戈尔巴乔夫搞了政治民主化。

（一）更多的民主，更多的社会主义

改革是与解放思想紧密联系在一起的，对于苏联这个长期拒绝改革，政治文化保守落后的国家而言，需要新的思想推动改革，为此，在改革之初，戈尔巴乔夫就强调要发扬民主。"加速经济发展的方针不能只归结为经济领域中的改造。它还规定执行积极的社会政策，始终如一地确立社会主义公正原则。加速的战略要求完善社会关系，革新政治机关和意识形态机关的工作方式和方法，加深社会主义民主，坚决消除怠工、停滞不前和保守主义，即消除阻碍社会进步的一切东西。"[①] 戈尔巴乔夫强调要从过去吸取教训，要讲真话，敢于说出 70 年代和 80 年代初出现的消极现象，要让群众积极自觉地参加这项工作。他还提出要克服对商品货币关系所抱的成见，认为否认商品货币关系对提高人们对事业的关心、对提高生产效益的重要意义，就会削弱利用经济核算，造成其他不良后果。

坚持社会主义的原则与目标是戈尔巴乔夫改革的宗旨，列宁的社会主义原则成为苏共新领导改革的重要指针，戈尔巴乔夫在苏共二十七大所作的报告和苏共二十七大确定的方针，重要内容是发展社会主义民主，发展人民的社会主义自治。戈尔巴乔夫强

---

① 《苏联共产党第二十七次代表大会主要文件汇编》，苏群编译，人民出版社 1986 年，第 31 页。

调,"民主,这是新鲜的清洁空气,社会主义社会的机体只有在这种空气中才能朝气蓬勃地生活"。①戈尔巴乔夫强调党是推动社会主义自治发展的主导力量和主要保障,要扩大地方的权力,发挥工会和共青团的作用。戈尔巴乔夫提出,应该更好地利用直接民主的可靠渠道:公民集会、选民的委托、劳动人民的来信、报刊、广播、电视,以及表达舆论、迅速而敏感地反映群众要求和情绪的一切工具。代表大会的决议表示,今后仍将经常关心更有效地利用代表民主制和直接民主制的各种形式,关心不断扩大人民群众参与制定、通过和实施国家决定和其他决定的范围。

戈尔巴乔夫提出的新方针还包括关于公开性的问题,认为"扩大公开性的问题对我们来说是原则性的问题。这是个政治问题。不公开就没有,也不可能有民主、群众的政治创造性和参加管理。……有时在谈到公开性的时候,还会听到这样的呼吁:在谈论我们的缺点和疏漏以及实际工作中不可避免的困难时要谨慎一些。这里只能有一个答复,列宁的答复:共产党人时时处处都要讲真话。……一旦实行公开性,即把国家和社会中所做的一切都置于人民的监督和注视之下,他们确实感到不舒服。因此,我们应当使公开制成为不断起作用的制度"。"苏联人的全部社会政治的和个人的权利与自由应当为扩大和进一步发扬社会主义民主的任务服务。党和国家把加强这些权利和自由以及加强它们的保障看作是自己首要的义务。"②苏联一直实行严格的新闻检查制

---

① 《苏联共产党第二十七次代表大会主要文件汇编》,第73页。
② 同上书,第80—81、81页。

度,几十年来,人们对国内发生的车里雅宾斯克核灾难、新切尔斯克市民骚乱、格鲁吉亚的民族冲突以及潜艇失事等事件一无所知,戈尔巴乔夫要改变这种局面,希望借民众的参与推进改革事业。"公开性意味着要弄清一切阻碍加速的缺点,开展从上而下的批评与自我批评。而改革首先是使经济、社会、政治机制发生结构性和组织性变化,也包括在意识形态领域,目的是加速社会发展。"① 实行公开性政策得到了当时党和国家领导层的支持,雷日科夫认为:"应该向国内的公开性转变,向外部世界开放。我们当中许多人都明白,由于我国历史情况十分复杂,在实施这种变化时要多加小心,权衡利弊,以免国家航船颠覆。"② 俄国学者认为:"在苏联由戈尔巴乔夫开始的自由化没有被社会的多数看作是同过去的社会制度的决裂,而被看作是要确立新的价值尺度和建立另一种性质的制度和关系的过渡。民主化首先被评价为使社会迅速达到西方消费标准的过程。"③

戈尔巴乔夫希望通过政治体制改革促进经济体制改革。苏共中央于1987年1月27—28日召开了中央全会,全会着重讨论了改革和党的干部政策,并根据戈尔巴乔夫的报告通过了《苏共中央关于改革和党的干部政策的决定》。全会提出了使苏联社会进一步民主化的任务,全会提议修改选举法,加盟共和国的各级干

---

① *Согрин В. В.* Политическая история современной России(1985—2001: от Горбачёва до Путина), C. 16.

② 尼·伊·雷日科夫:《大国悲剧——苏联解体的前因后果》,徐昌翰等译,新华出版社2008年,第13页。

③ 弗拉季斯拉夫·伊诺泽姆采夫主编:《民主与现代化:有关21世纪挑战的争论》,徐向梅等译,中央编译出版社2011年,第157页。

部均在党委会的全体会议上用无记名投票方式产生,企业各级领导的选拔与更换也必须通过选举。全会提出必须制定保障公开性的法律。1987年夏天在地方人民代表苏维埃选举中,按照1月中央全会的决议举行了几十年来首次差额选举,允许几个候选人竞争一个位置。结果选民对州、边疆区代表投反对票的人数是以往选举的9倍,当局第一次遇到许多选民不来投票站,其中包括"无故"不到投票站参加选举的情况。9个选区第一次没有搞成选举。① 从中也可以看到苏共在选民中的威信不高。

公开性不可避免地向新闻自由的方向发展,"虽然领导人不断接见各大媒体负责人,试图对报刊登载的内容加以控制,但实际上到1987年底和1988年初已经难以控制。再加上1988年废除了实行达半个多世纪的书报检查制度,取消了报刊保密检查总局的检查职能,这样,大众媒体便完全失去了控制"。② 客观地看,在公开性的条件下很难限制新闻自由。苏联的意识形态和思想领域在发生变化,"在党的思想工作和社会意识中逐渐确立了全人类价值的优先地位,以取代狭隘的阶级利益观,确立了对不同思想的尊重以及观点的多元化。可以证明这一点的,是对罗斯接受基督教1000周年的广泛庆祝,罗斯对基督教的接受,被视为一件对于人类的文化发展具有巨大意义的事件"。③ 在事过20多年后,仍有人对公开性给予了高度评价:"公开性是那个时代百分

---

① Отечественная история: Учебник\Под общ. ред. Р. Г. Пихои. М.: Изд-воРАГС, 2005, С. 669.

② 马龙闪著:"苏联文化政策:从列宁到戈尔巴乔夫",沈志华主编:《一个大国的崛起与崩溃》下册,社会科学文献出版社2009年,第1117—1118页。

③ 泽齐娜等:《俄罗斯文化史》,刘文飞等译,上海译文出版社2005年,第331页。

之一百的成绩,改革的意识形态虽慢,但日益打乱了我们的生活,尤其是我们的经济生活:从救世幻想和市侩习气到正常的农民的健康思维,几个世纪以来支配人们的就是这种思维,但遗憾的是我们在某个时候忘记了。我们为此付出了昂贵的代价。"[1] 正如一位医生所说,对于如何进行改革,走什么样的道路,当时人们并不清楚,"最重要的是,人民不需要那些替我们决定一切事情,告诉人们什么电影可以看,什么书可以读的官僚再坐在那些位置上,人们开始注意在这个国家之外发生的事情,他们要求更公开,他们不仅需要文化放开,而且需要信息放开,第一件事情就是为建立一个开放的社会而进行的公开革命"。[2] 戈尔巴乔夫终于开启了一扇门,一扇他无法掌控的民主化大门。

(二)选择"一切权力归苏维埃"的政治体制改革之路

无论是戈尔巴乔夫,还是大多数苏共领导人,包括支持改革的知识分子,都认为苏联社会主义出现问题是斯大林歪曲了列宁,没有遵循列宁的社会主义建设之路。因此,求教于列宁成了改革初期的主要指导思想。在《改革与新思维》一书中,戈尔巴乔夫专门谈"向列宁请教是改革的思想源泉",号召大家学习列宁晚年的著作。但长期受斯大林社会主义理论熏陶和教育的苏共领导人,并没有抓住列宁晚年思想的要领,仍然搞了强化原有体制的"加速战略"。

---

[1] Николай Петрович Шмелев. Страна к Горбачеву несправедлива. www.ng.ru/ng_politics/2010—04—20/10_unfair.html.

[2] 转引自:戴维·霍夫曼:《寡头:新俄罗斯的财富与权力》,冯乃祥等译,中国社会科学出版社 2004 年,第 61 页。

到 1988 年，由于经济状况不断恶化，根本改革政治体制的问题自然被提了出来。"'加速战略'的破产明显地表明，问题堆积如山的根源在于体制本身，而不在于这种体制的一些工作机制。"①持这种看法的人不在少数。从 1988 年 6 月苏共第十九次代表会议开始，戈尔巴乔夫把民主化、公开性和政治改革提到首位，开始转向对政治体制进行根本改革。进行政治体制改革是许多苏共高级领导人的共识，雷日科夫认为："党的领导核心已经逐渐清醒地认识到：这样下去不行！——这句话后来也成为一句时髦的口号。在进行经济改革的情况下，原先那种畸形的政治体制成了拦路虎，使人生畏，尤其是使我们这些经济学家和实业家生畏。我们很清楚，党的高层领导对经济改革的必要性既没有彻底理解，也没有接受。党（主要指高层领导）一方面拥有至高无上的权力，另一方面又不对全国发生的大事负任何责任。合法的权力机构——最高苏维埃以及各级地方苏维埃则徒有虚名，什么事也解决不了。选举制度越来越成为一种摆设。"②克格勃主席克留奇科夫也认为：苏联的"社会政治体制显得有点太受条条框框的约束，它的巨大潜力丧失自我发挥、自我调节、自我发展的能力。社会主义，作为本质上最需要发扬民主，同时也需要讲法制的社会，却没有使这两方面和谐地结合和有机地统一起来"。③在 1988 年苏共中央二月全会上讨论政治体制改革问题时，苏共中

---

① 亚·尼·雅科夫列夫：《一杯苦酒——俄罗斯的布尔什维主义和改革运动》，徐葵等译，新华出版社 1999 年，第 183 页。

② 尼古拉·雷日科夫：《背叛的历史——苏联改革秘录》，高洪山等译，吉林人民出版社 1993 年，第 239 页。

③ 克留奇科夫：《个人档案（1941—1994）——苏联克格勃主席弗·亚·克留奇科夫狱中自述》，何希泉等译，东方出版社 2000 年，第 736 页。

央便达成了共识,即改革不是改善现有的体制,而是使这个体制有崭新的结构和成分,赋予它新的内容和活力,也就是进行根本性的变革。

戈尔巴乔夫在苏共第十九次代表会议上提出政治体制改革的任务共有七个方面:让千百万劳动人民真正参与国家的管理;为社会自我调节和自治过程开辟最大的空间,为充分发挥公民、权力代表机关、党组织和社会组织、劳动集体的主动性创造条件;自由形成和表现各阶级和社会集团的利益和意志,他们商定和实现苏维埃国家的对内对外政策;为各大小民族的进一步自由发展、在族际主义原则上加强他们的友好和平等合作保障条件;根本加强社会主义法律和法治;明确区分党政部门的职能;建立有效的机制,以保障政治体制能根据国内外形势的变化而自我革新,而政治体制要能在一切生活领域越来越积极地发展和实行社会主义民主与自治原则。[1]戈尔巴乔夫强调多一些民主,多一些社会主义,使劳动者过上美好生活,国家强盛。"政治体制改革的最终目的和我们能在多大程度上实现改革的主要标准是:全面充实人权,提高苏联人的社会积极性。"强调"我们在社会制度的这个关键问题上的哲学根据是《共产党宣言》的著名公式:每个人的自由发展是一切人的自由发展的条件。"[2]戈尔巴乔夫认为,苏联在个人的社会权利方面,虽然也存在一些不足,但总的情况较好;而在关于人的政治权利方面做得不好,没有克服人与政权、与政治疏远的状况,应该通过改革吸收人民参与管理国家事务,应该

---

[1] Горбачев М. С. Избранные речи и статьи. Т 6. М.: Политиздат,1989, С. 353—354.

[2] Горбачев М. С. Избранные речи и статьи. Т 6. М.: Политиздат,1989, С. 354.

提供对任何问题发表自己意见的机会的政治自由。"改革的核心是让人作为主角回到政治进程中去，回到经济中去，回到社会精神领域的发展中去。把业已开始的为克服使人失去生产资料、失去权力、失去文化的变革工作继续下去并进行到底。"① 这些言论表明戈尔巴乔夫对人民盲目迷信。苏联政治体制改革的具体任务是完善权力结构，核心是恢复苏维埃的职能，恢复列宁时代的"一切权力归苏维埃"的原则，任何一个问题，无论是经济的还是社会的问题，不能越过苏维埃加以解决，党的政策——经济政策、社会政策、民族政策——都应当首先经过人民代表苏维埃这个人民政权机构来执行。"政治改革的实质是明确划分党的机关和苏维埃的职权，把权力从共产党的手中转到苏维埃的手中。"② 苏共实际上并不是现代意义上的政党，实质是管理国家的机关，戈尔巴乔夫这样号召划分党和苏维埃的职能，说明他不了解苏联的政治局势。

列宁所设计的作为代表机构的苏维埃要"兼管行政和立法"，议员要亲自工作，亲自执行自己通过的法律，亲自检查实际执行的结果，亲自对自己的选民直接负责。"代表机构仍然存在，然而议会制这种特殊的制度，这种立法和行政的分工，这种议员们享有的特权地位，在这里是不存在的。没有代表机构，我们不可能想象什么民主，即使是无产阶级民主"。③ 列宁这一政治体制构想，

---

① 米·谢·戈尔巴乔夫：《戈尔巴乔夫回忆录》上册，述弢等译，社会科学文献出版社 2003 年，第 477 页。

② Орлов А. С, Георгиев В. А, Георгиева Н. Г, Сивохина Т. А. История России: Учебник-2-е изд., М.: ТК Велби, Изд-во Проспект, 2003, C. 453.

③ 《列宁全集》中文第 2 版，第 31 卷，第 44—45 页。

主要是针对资本主义政治体制的弊端，如官吏成为脱离人民的特殊阶层，立法和行政分立导致无效率等来设计的，目的是使国家行政管理人员从人民的"老爷"变成人民的"公仆"，要使国家机关真正成为高效率的为人民服务的机关。但是，这种既是运动员又是裁判员的体制为后来斯大林等苏共领导人的个人专权提供了体制和机制的保障。列宁试图把"议行合一"与"普遍选举"两条原则结合在一起，以保障人民主权。但是，由于苏联幅员辽阔，居民的文化素质低，这种普选制的苏维埃体制从未出现，尽管在列宁时期苏维埃的权力远比后来大，但实际上起决定性作用的仍是党的各级机关。从斯大林时期开始，苏维埃成了"橡皮图章"，宪法所保障的立法权形同虚设。戈尔巴乔夫要恢复列宁所设想的立法与行政合一的苏维埃全权制，并得到了苏共代表和其他领导人的支持。但戈尔巴乔夫不了解，这一体制并没有解决党与苏维埃的关系问题，没有解决官僚主义和以权谋私的问题，正如米格拉尼扬所说，"在我国政治体制中回复到苏维埃代表大会这样的制度，只不过是对我们过去历史的一种浪漫的崇敬罢了"。[①]

（三）政治体制改革的设计有缺陷，难以成功

苏联新的苏维埃制度由苏联人民代表大会和苏联最高苏维埃、苏联最高苏维埃主席团、苏联最高苏维埃主席和副主席组成。1988年12月，苏联最高苏维埃非常会议通过的苏联宪法修正案规定：苏联人民代表大会是苏联最高国家权力机关，其任期为5年，一年召开两次例会，享有国家全部权力：通过和修改苏

---

① 安德兰尼克·米格拉尼扬：《俄罗斯现代化与公民社会》，第75页。

联宪法，确定国家结构、苏联国界和批准各共和国之间的疆界变更，确定国家的内外政策方针，批准国家计划和发展纲领，选举最高苏维埃成员等。苏联最高苏维埃，是苏联国家权力常设的立法、管理和监督机构，由人代会选举产生，成员为544人，仍由两院——联盟院和民族院——组成，各有代表271人，外加最高苏维埃主席和副主席。普里马科夫院士被选为联盟院主席；乌兹别克斯坦国务活动家拉·尼沙诺夫为民族院主席。最高苏维埃享有立法权，规定苏联人民代表的选举，任命苏联部长会议主席，批准政府组成人员，任命最高法院、人民监察委员会主席、苏联总检察长等重要公职人员。苏联最高苏维埃成立14个专门委员会，涉及国家内政外交各个方面，联盟院和民族院下共设置了8个委员会，这样苏联最高苏维埃总共有22个委员会。法律规定这些委员会享有重要职权：一切国家机关和社会机关、组织和公职人员必须完成这两类委员会提出的要求，向他们提供必要的资料和文件。苏联最高苏维埃虽然变成了常设机关，但其成员却不是固定的，每年有五分之一的成员要更新，也就是说在5年任期内全部轮换完，最高苏维埃成员的这种非任期制和非常任制显然与其承担的无限职能是不相称的，破坏了政策的稳定性与连续性，这种顶层设计极不科学。

苏联最高苏维埃主席团不再像以前那样由最高苏维埃选举产生，而是由国家的高级公职人员组成，他们是：苏联最高苏维埃主席、第一副主席、15名副主席（即各加盟共和国最高苏维埃主席）、联盟院和民族院的主席、苏联人民监察委员会主席、两院常设委员会主席组成。它没有权力通过法律，其主要权限是：召集苏联最高苏维埃会议、筹备代表大会和最高苏维埃会议、协调两院常设委员会和最高苏维埃委员会的活动、协助苏联人民代表行使其职权并保障他们的必要信息，监督苏联宪法的执行并保障各加盟共和国宪法和法律与苏联宪法和法律的一致性，筹备和组织进行全民投票和公决以及全民讨论苏联法律草案和国家生活的其他重要问题。

苏联最高苏维埃主席实际上是国家元首，它由苏联人民代表大会从人民代表中通过无记名投票产生，任期5年。其职权是领导研究应由代表大会和最高苏维埃审议的问题；签署苏联法令，向代表大会和最高苏维埃提出关于苏联国内状况和苏联国内外政策重要问题以及保障苏联国防能力和安全的报告。需要由代表大会和最高苏维埃选举或批准的国家重要领导人的人选由最高苏维埃主席提出候选人。

从以上规定可以看出，在政治体制改革中，苏联原来体制中缺少制约和监督的问题并没有解决。现代政治体制的原则是分权与制衡，"一切权力归苏维埃"的做法显然是不妥的，党集中了一切权力有弊端，苏维埃也不能集中一切权力。

戈尔巴乔夫提出，党要把不属于它的那些权力和职能统统归还给国家政权机关，即实现权力中心从党的机关向苏维埃国家机关的转移。但是，戈尔巴乔夫同时还要"用党的威信来加强作为人民代表机关的苏维埃的作用"，其办法是把同级党委会的第一书记推荐到苏维埃主席的岗位上。戈尔巴乔夫兼任最高苏维埃主席，在自己的手中集中了党和国家的最高权力。这样做的结果是作为国家最高领导人的戈尔巴乔夫陷于繁杂的议会事务中，把越来越多的精力放在最高苏维埃方面，党的决策体系被架空和削弱。苏维埃取代苏共成了新的立法与行政合一的机构，苏维埃成了无所不管的职能部门，内设了五花八门的委员会，极大地制约了行政权力，使许多问题议而不决，难以达成一致。

1989年5月25日，第一届苏联人民代表大会正式开幕。大会是实现"还权于苏维埃"的政治体制改革的一个重要步骤。会议的主要议题是组建最高苏维埃领导机构，启动人民代表大会制度。但代表大会实际上变成了真正的群众大会，代表大会上集合了各种各样的人，提出了各式各样的观点，2200多名代表各抒己见，发表议论、大喊大叫。总理雷日科夫不理解："为什么最高苏维埃的成员们包揽了那么多权力，居然能研究和决定所有问题——从法律的制定，到国民经济的管理，一会儿行使政府职能，一会儿又行使立法职能。我同样不明白，为什么最高苏维埃几乎完全模仿苏共中央的机构设置来设立内部的部门和机构，只不过不叫部或局，而是叫委员会。这些机构所发挥的作用比党的机构更积极，更富有热情。他们使用的也是行政命令手段，而且往往更强硬。遗憾的是，他们的工作远不是那么在行。"[①] 身为政治局委员、政府总理的雷日科夫都不同意这种做法，为什么会这么做，令人费解。

尽管戈尔巴乔夫把选举产生的苏维埃看成是最高权力机关，设想"一切权力归苏维埃"，实际上它只能履行立法机关的职能。在最高苏维埃的活动开始后，戈尔巴乔夫也体会到了这一点，"批准雷日科夫出任苏联部长会议主席一职，演变成了一场就经济战略问题展开的长时间的很有内容的辩论"。"与此同时，开始了对政府组成的漫长的马拉松式的讨论。先讨论的是部长会议副主席

---

① 尼古拉·雷日科夫：《背叛的历史——苏联改革秘录》，第246页。

的人选,有:马斯柳科夫、沃罗宁、阿巴尔金、比留科娃、古雪夫、多古日耶夫、卡缅采夫、拉韦罗夫。随后,谢瓦尔德纳泽公布了一张长长的各部部长、检察院、最高法院各院务委员会委员,以及其他苏联最高苏维埃所属各部门的高级负责人员的名单。""这项议程从6月底一直延续到8月的最后几天,坦率地说,真把大家弄得精疲力竭。雷日科夫在政治局里抱怨,说他根本无法办公,不得不日复一日地干坐在议会的会议上。"① 由于代表都是兼职,许多人同时是各部门和各地区的主要负责人,要求他们把几个月的时间用在开人民代表大会上,自然会影响行政工作。实践证明,戈尔巴乔夫这种大民主并没有起到促进改革的作用。"苏联人民代表大会之后,改革开始滑坡,而且呈现出不可逆转的形势,它的标志完全是破坏性的。"② 戈尔巴乔夫从人民代表大会的实际工作中,切身体会到了把人民代表大会理想化的后果,实际上在人民代表人数的确定和人民代表选举开始后,悲剧性的结果就显现出来了。

作为国家最高权力机关的人民代表大会,不知依据什么,确定由2250名代表组成,其产生方式是:750名代表从地区选区选举;750名代表从民族地区选举(每个加盟共和国32名,每个自治共和国11名,每个自治州5名,每个自治区1名);750名来自全苏的社会团体(苏共推荐100人,代表1900万党员;共青团推荐100人,代表2600万团员;工会推荐100人,代表工会会员),也就是说2/3的代表在居民中通过差额选举产生,1/3

---

① 米·谢·戈尔巴乔夫:《戈尔巴乔夫回忆录》上册,第548、549页。
② 阿·切尔尼亚耶夫:《在戈尔巴乔夫身边的六年》,徐葵等译,世界知识出版社2001年,第352页。

的代表由社会组织推荐。与以往徒具形式的选举相比，这是一大进步，但是这种做法仍然存在许多缺点。有 1/3 的代表不是选举，而是来自于社会组织。规定要选举数目如此众多的人民代表也缺乏根据，为什么是 2250 名而不是别的数字？这显然继承了苏共代表大会的传统，代表们与其说来开会，不如说更像来参加庆典。

苏共推荐的 100 名代表是在 1989 年 3 月 15—16 日的苏共中央全会上确定的，其中包括戈尔巴乔夫、利加乔夫、雅科夫列夫等苏共高级领导人。在选举人民代表时，苏共领导层实际上开始形成界线分明的两派，有 59 票反对雅科夫列夫（47 票反对乌里扬诺夫），这些投反对票的人无疑属于党的保守派的核心；反对利加乔夫的有 78 票，这些反对利加乔夫的人是苏共中央赞成改革的部分。由各社会组织选举 750 名人民代表的做法受到攻击，许多人认为他们是"非人民选举"的代表，是人代会中的保守派，事实并非如此，其中有很多人是很有社会威望的人，也包括反对派人士，其中有：萨哈罗夫、利哈乔夫、扎雷金、拉夫罗夫、格拉宁、波波夫等。

1989 年 3 月从上到下进行了新的国家权力机构——人民代表大会代表的选举。这次人民代表选举同以往的选举相比有两个根本变化：其一，当选的人民代表将拥有独立的政治权力。其二，摈弃了由上级指定候选人进行等额选举的方法，规定实行不受限制的差额选举。苏联历史上第一次差额竞选人民代表的活动刚刚拉开帷幕，就吸引了社会各阶层人士以前所未有的热情积极参与。一方面，参加竞选的不仅有共产党人，而且有主张激进改革的"民主派"及其他形形色色观点的人士；另一方面，选民拥有在代表不同政治观点的候选人之间进行选择的权利。因而，竞选实际上成为各种经济、政治改革主张的竞争，成为在各种经济、政治改革路线中进行选择。从当时的政治力量看，尽管参与竞选者形形色色，但竞争和选择主要在苏共和"民主派"之间展开。当选者除"在册权贵"外，主要是激进派和知识分子的代表，他们的竞选口号主要是"建立民主的社会、实现社会公正、有保障、清洁环境等等。在许多情况下，这样的候选人都在选举中战胜了'官方'的竞争者，这反映了政权的严重危机"。①

戈尔巴乔夫想通过人民代表的选举使共产党通过选举重新获得人民的认同，希望通过差额竞选吸纳社会上支持"改革"的力量进入政权机关。但选举证明社会上潜藏着对苏共极大的不满。这次选举有三个现象值得注意：

第一，在当选代表中，知识分子占到了20%，有88.1%的代表是首次进入国家最高权力机关，缺少从政经验。在俄罗斯的645名代表中，知识分子占28%，党和政府官员占21%，工人占16%，企业管理人员占14%，农民领袖占13%，农民占8%。而在城市地区，知识分子占当选代表的37%。②在俄罗斯联邦有78%的高层领导在选举中落选，有47%的中层领导落选，相反，有72%的知识分子却在这场选举中获胜。③

第二，参加竞选的党员干部，约有20%落选，有30多名苏

---

① *Козодой В. И.* Становление оппозиционных организаций в Сибири (1989—август 1991 г.). Вопросы истории. 2008. No 5, С. 82.

② 大卫·科兹，弗雷德·威尔：《来自上层的革命——苏联体制的终结》，曹荣湘等译，中国人民大学出版社2002年，第134页。

③ 大卫·科兹，弗雷德·威尔：《来自上层的革命——苏联体制的终结》，第133页。

共州委书记与市委书记未能当选,莫斯科市长塞金、市委书记普罗科菲耶夫落选,在列宁格勒州,州委第一书记索洛维耶夫、市委第一书记格拉希莫夫都未被选上,州第二书记、苏维埃执行委员会主席和市计委主席全部落马。

第三,一批激进民主派代表进入了国家最高权力机关。叶利钦没有被列入苏共的 100 名候选人中,他面临抉择:继续当部长还是竞选人民代表,不甘放弃政治前途的叶利钦选择了后者。党不要人民要,叶利钦成了莫斯科人的偶像,在选举时他得了破纪录的 90% 的选票。① 在第二大城市列宁格勒,一些持激进纲领的候选人,如索布恰克、勃尔德列夫、伊万诺夫、德尼索夫等当选。丘拜斯在谈到 1988 年列宁格勒的选举时说:"民主派在彼得堡选举中的胜利让人震惊。民主派击败了党的州委的第一、第二及第三书记!击败了党的市委第一、第二书记!总之,他们击败了所有共产党员。"② 美国驻苏联大使马特洛克在其回忆录中这样描述选举以后民众心态的变化:"有为数不少甚为独断的共产党领导人在大选中惨败,……它传给广大公众的信息是,只要你认真尝试,你就能够在选举中击败官方提名的候选人。……突然间,人们不再惧怕直抒胸臆了。""似乎是一夜之间,每个人都开始对共产党的统治进行最毫不留情的抨击。"③ 叶利钦当选为人民代表,不仅为自己在政治上平了反,

---

① Согрии В. В. Политическая история современной России(1985—2001: от Горбачёва до Путина). М.: Издательство《Весь Мир》, 2001, С. 50.

② 阿纳托利·丘拜斯主编:《俄罗斯式的私有化》,乔木森等译,新华出版社 2004 年,第 10 页。

③ 小杰克·F. 马特洛克:《苏联解体亲历记》上卷,吴乃华等译,世界知识出版社 1996 年,第 245、251 页。

而且也使他成了能向戈尔巴乔夫直接提出挑战的人物。他与苏共逐渐拉开了距离，成了反对派的领袖，苏联历史也因此发生了巨大转折。

到1990年初进行各加盟共和国、州、市和地区选举苏维埃代表时，苏共已经开始分裂，作为制度的设计者，苏共并没有认识到这一选举的重要性，没有积极参与竞争。地方选举没有为苏共等社会组织保留席位，提名也更为自由，只要公民集会达到300人就可推荐一名候选人，已经积累了经验的反对派更加内行，做了更加充分的准备，民众参与热情也更高，在俄罗斯联邦，几乎有7000个候选人在1068个选区参加竞选，97%以上的选区都至少有两个候选人（1989年是49%）。选举的结果是在波罗的海三国、格鲁吉亚反联盟中央的人民阵线取得了胜利，民主俄罗斯及其同盟在俄罗斯联邦取得了很大收获，他们声称在1068个议席中赢得了1/3以上席位。随着局势的发展，叶利钦及其支持者在人代会中的比例在增加。此次选举也表明，多党制已经成了苏共不得不面对的现实。

（四）多党制、总统制变成大势所趋

"一切权力归苏维埃"导致了权力真空。在日益严重的社会、政治和经济危机面前，苏共不得不宣告这一做法行不通，到1990年被迫转向加强行政权力的总统制。

在1990年1月22日召开的政治局会议上，在讨论国内政治气氛时，雷日科夫就认为："我们在实践上已经转向了多党制。看不到另外的路。人民阵线发展成了政治组织。或者我们不承认这一现实，或者与其他政党一道走上广泛的民主制。需要明确做出回答：跟谁斗争和跟谁联合。"① 戈尔巴乔夫、雅科夫列夫、谢瓦尔德纳泽等人基本同意雷日科夫的看法。1990年2月5日至7日召开了苏共中央全会，会议的主题是讨论苏共中央向二十八大提交的纲领性草案——《走向人道的民主的社会主义》，该纲领草案确定了民主化与政治多元化的原则，认为社会的发展不排除再建立若干政党的可能性，"苏共不谋求垄断权，准备同一切拥护革新社会主义社会的人进行对话和合作"。② 1990年2月在苏共中央全会上，戈尔巴乔夫首次公开提出在苏联设立总统制的建议，他说："从战略任务的观点出发并考虑到目前的现实情况，必须在最高领导层里重新进行力量调配，以便保证改革进程的活力，更牢固地保障其不可逆转性……建立总统制的问题提出来了，总统应有一切必要的权力来贯彻改革的政策。"③

1990年3月，苏联第三次"非常"人代会开幕，决定承认多党制和实行总统制。1977年苏联宪法第六条（规定了苏共的领导地位）的存废问题被提到了议事日程。大会代表87%以上都是共产党员，但以1771票赞成、264票反对、74票弃权，完成对苏联宪法第六条修改。会上就要不要设立总统职务和怎样选举总统进行了辩论。1990年3月12日，卢基扬诺夫在大会上作了《关于对苏联宪法进行修改和补充以及设立苏联总统职位》的报告，3月14日第三次人代会通过了"关于设立苏联总统职位并对苏联宪法进行修改和补充"的法律，规定：实行总统制，总统由全民

---

① АГФ, Фонд 10, Опись 2, Союз можно было сохранить. Белая книга. М., АСТ, 2007, С. 126.

② 《苏共中央二月全会文件汇编（1990年2月5—7日）》，世界知识出版社1990年，第31页。

③ 《苏共中央二月全会文件选编（1990年2月5—7日）》，第13—14页。

选举产生，任期5年，连任不得超过两届。总统是国家元首，享有广泛的权力，包括总理、内阁成员、最高法院院长等重要公职人员的提名权，签署苏联法律、宣布实行紧急状态、解决苏联最高苏维埃两院争端等；苏联最高苏维埃只享有立法和监督职能。卢基扬诺夫被选为苏联最高苏维埃主席。苏联在法律上完成了政治体制的转变，其原则是：建立强有力的总统机构、苏共不再是政治体制的核心、实行多党制，苏维埃体制向"强总统、弱议会"的体制转变。

戈尔巴乔夫坚持第一任总统由人代会选出（这与刚刚通过的法律相违背），他的意见占了上风，人民代表奥博连斯基毛遂自荐要与戈尔巴乔夫竞争总统职位，只有800多名代表支持他，他未能被列为候选人。1990年3月15日，戈尔巴乔夫在人代会上以1329对495票当选苏联第一任总统，全票应该是2245张，有不少人弃权。作为唯一候选人的戈尔巴乔夫得票率不到60%。苏联总统的职位实际上并没有保障戈尔巴乔夫的权威和政权的权威。

在实行总统制之时，戈尔巴乔夫并未认真思考相应的国家管理机构问题，只是在当选总统后，戈尔巴乔夫才开始考虑管理机构的设置和人员组成。戈尔巴乔夫建立了一个对之负责的总统委员会，这个委员会由三部分人组成：政府总理和重要部长：雷日科夫、巴卡京、克留奇科夫、马斯柳科夫、谢瓦尔德纳泽、亚佐夫、古边科；不在政府中任职的专职人员：雅科夫列夫、普里马科夫、列文科、博尔金、梅德韦杰夫；以及一些科学家、作家和人民代表：沙塔林、奥西皮扬、拉斯普京、库尔斯、亚林。工作主要由后两部分人做。由于总统委员会人员庞杂、职责不明，他们所负责的领域往往与政府重叠。

行政实权落到了总统委员会的手中，总理及其领导下的部长会议只是执行总统委员会制定的政策，但是，没有政府的配合，总统委员会不能发挥任何作用。对于总统委员会和部长会议的工作，时任部长会议主席的雷日科夫说："当时有两个执行权力机关——总统委员会和部长会议同时产生，更主要的是都在积极地活动。而且两个机关都作出决议、决定、发布命令，这些决议和命令常常引起我和我的副手们的困惑不解。不仅如此，使我本人感到突然的是，这些重复的文件大多同时做出。在我任职的最后一年，我这个沉重痛苦的总理职位一直处于可以想象的与不可思议的、自然的与预谋的一切不幸和大难之中，一切过错都归罪于雷日科夫和他的令人厌恶的部长会议。"① 在改革政策上，雷日科夫与戈尔巴乔夫的分歧也越来越大，在雷日科夫看来，苏联不仅需要强有力的总统，也需要强有力的政府。到1990年11月这个委员会就被取消了。总统委员会取消后，经苏联最高苏维埃批准建立了一个安全会议，参加者有：巴卡京、别斯梅尔特内赫、克留奇科夫、帕夫洛夫、普戈、普里马科夫、亚佐夫、亚纳耶夫。除巴卡京和普里马科夫外，其他人也都是强力部门的领导人，但没有任何有关安全会议的条例，谁也不知道它该干什么。

各共和国也效仿联盟中央实行总统制，导致地方分离主义迅速发展。各共和国民选产生了自己的总统和苏维埃主席，他们不是对联盟中央，而是对本共和国的选民负责。1990年4月24日纳扎尔巴耶夫被共和国最高苏维埃选为哈萨克斯坦第一位总统，

---

① 尼古拉·雷日科夫：《背叛的历史——苏联改革秘录》，第9页。

他的誓词是:"我庄严宣誓忠实地为我们多民族共和国的人民服务,严格遵守哈萨克斯坦社会主义共和国宪法,保障公民的权利和自由,全心全意地履行我被赋予的哈萨克斯坦苏维埃社会主义共和国总统的崇高使命。"这种做法实际上摆脱了中央对地方权力的制约,加剧了地方的分立,加速了苏联解体的进程,正如皮霍亚所说:"联盟总统职位的出现成为各共和国效法的先例。政治主权化获得了强大的推动力。联盟解体进程被赋予了正式的法律框架。"① 这是戈尔巴乔夫没预料到的。

苏联的新体制并不是西方式的三权分立。苏联最高苏维埃没有权威,其通过的法令大多成了一纸空文,关系国家命运的新联盟条约的问题不是在最高苏维埃决定的,而是由戈尔巴乔夫这个苏联总统与各加盟共和国的首脑决定的,最高苏维埃被抛在一边;总统的行政系统也没有多少权威;党的机关已经丧失了权力,政府中的重要成员都不再担任政治局委员,但苏共新领导们仍认为自己应该掌握全权,从干部的任命到政策的制定,因此,经常指责戈尔巴乔夫。戈尔巴乔夫的支持率在1990年下降了一半,叶利钦等人的威信急剧上升。② 苏共的权力被激进民主派人士所填充。

苏联政治体制改革带来的直接后果是社会的全面政治化和无序化,街头政治成风,工人罢工、市民游行给当政者造成了强大的压力,也使政府的经济改革措施难以落实,过热的政治气氛使

---

① 鲁·格·皮霍亚:《苏联政权史(1945—1991)》,徐锦栋等译,东方出版社2006年,第642页。

② 戈尔巴乔夫在1990年1月的支持率为44%,12月则降至21%;73.4%的被调查者支持叶利钦在俄罗斯最高苏维埃主席职位上的工作。转引自:《戈尔巴乔夫—叶利钦政治对抗1500天》,新华出版社1993年,第235页。

人们失去了理性思考的空间，社会激进情绪恶性发展，要求激进改革、一步到位过渡到市场经济的呼声加剧了苏联的经济危机，促进了地方分离主义的发展，也加速了苏联的解体。

二、走向市场经济之路

1987年苏联真正开始走上改革之路。在改革初始阶段，戈尔巴乔夫是排斥市场和私有制的，结果不仅没有解决经济停滞的问题，还带来了更严重的危机，形势迫使戈尔巴乔夫选择了面向市场经济的改革。

（一）计划经济体制下的企业改革失败

1987年6月25—26日苏共中央召开全会，会议的中心议题是经济体制改革。这次会议进行了精心的准备，阿甘别吉扬、阿巴尔金、西塔良、彼特拉科夫、波波夫等经济学家与政府成员一起制定了经济改革构想。经济改革的总思路是：扩大企业自主权，加强对劳动的刺激，提高利润的作用。原则与思路与1965年柯西金的改革基本相同：提高国营企业的经营自主权，主要体现在对利润的支配上。对于通货膨胀、外汇储备下降等问题，并没有切实的措施，对于不合理的价格也没有触及。

会议通过了经济改革的纲领性文件《根本改革经济管理的基本原则》，强调要实现对国家经济管理的根本改革，这是一个真正的革命过程，其实质是从以行政领导方法为主转向经济领导方法，转向以关心利益和通过利益调整进行管理，转向广泛民主化和大力调动人的积极因素。根据这一改革思路，1987年6月30

日苏联最高苏维埃会议正式批准了《苏联国营企业（联合公司）法》。这是苏联第一部有关企业管理的法律，它规定了企业的组织原则、活动原则和法律地位，但这一法律很大程度上是不同政策主张妥协的产物，其内容不协调，且往往是矛盾的：一方面使企业从过去的国家计划的执行者变成了商品生产者，企业内部实行自治，推行完全的经济核算制和自筹资金，可以"独立自主地制订和批准五年计划"，计划被国家订货所取代，企业获得了自行与消费者和供货者达成协议的权利，甚至确定了"协定价格"，1989年苏联的国家计划不存在了①；另一方面又让企业承担社会职能，"企业的活动建立在经济和社会发展的国家计划的基础之上"，不可能完全按照企业本身来经营，企业的计划要根据国家制定的控制数字、国家订货、长期经济定额和限额等来制订。国家订货实际上取代了原来的指令性计划，削弱了企业的经营自主权，企业不可能成为真正的商品生产者。

企业改革的另一个意图是克服工人同管理工作的异化。当时无论是苏共领导人，还是学者们，一个共同的看法是社会主义应该实行公有制，企业法在确定所有制形式上，只有国家所有制和合作社所有制。但以往的公有制使工人处于无权的地位，由官僚垄断管理，现在需要克服这种异化现象，恢复工人对工作、对产品、对生产资料的主人翁感，克服人同管理工作的异化，其办法是工人民主选举企业领导人。而这实际上又把工人理想化了，对于工人而言，付出少回报多的企业就是最好的，他们并不太操心企业的长远发展。企业的管理是个专业性很强的岗

---

① *Кудров В.* Крах советской модели экономики. М.: Московский общественный научный фонд, 2000, С. 115.

位，完全由工人选举并不能保证选出合格的企业领导人，后来的实践也恰恰证明了这一点，当选者往往不是最能干的，而是最会说的。他们利用所赋予的权力提高工资和商品的出厂价格，只顾眼前利益，没有长远目标，甚至不惜牺牲国家利益。"获得自主权的企业迅速提高了职工的工资，1988年工资增长8%，1989年增长达13%……厂长选举制对劳动纪律造成了恶劣的影响，削弱了中央机关运用行政手段调控经济的能力。在既缺乏市场定价机制，又没有硬性财政限制的情况下，这一做法引发了尖锐问题。"[1] 企业工人的货币收入迅速增长，更加剧了消费品的短缺。按照市场规则会有亏损企业关门，这让苏联政府害怕。为了防止企业关门，企业可以从政府得到亏损补贴，他们没有动力根据市场的需求提高生产率。该法没有激励企业降低成本，提高生产率，企业往往利用垄断地位靠提高价格获得高额利润。企业法的意图是好的，戈尔巴乔夫"力求解放生产者的主动精神，扩大生产者自由活动的范围。他想削弱部门对企业的控制。用他的话来说，当时工厂为了在本厂土地上盖一个厕所，也必须征得部长会议的允许；他反复强调必须克服人与企业疏远的现象。他想使企业成为走向市场的一个步骤"。但事实却是："企业法大概成了将经济推向崩溃的第一个推动力。"[2] 原因在于苏联的大企业大多具有垄断的性质，靠提高价格而不是提高生产率和采用新技术，它们可以获得高额利润。

---

[1] Гайдар Е. Т. Гибель империи. Уроки для современной России. 2-е изд. М.: РОССПЭН, 2007, С. 276.

[2] 阿·切尔尼亚耶夫：《在戈尔巴乔夫身边的六年》，徐葵等译，世界知识出版社2001年，第145页。

在企业向完全的经济核算过渡后，改革银行体制问题显得更为迫切。对于银行改革的方向，一些财政专家和银行家主张建立两级体系，上面一级是中央银行，也可以说是"银行的银行"，第二级是商业银行。中央银行负责货币发行、完成国家预算和制定信贷政策，负责财政信贷体系的稳定和货币的汇率。商业银行体系（商业的、合作社的、部门和地区银行）集中直接满足用户的需求。[1]这种主张实际上是按西方市场经济的原则改组银行体系，雷日科夫政府主张进行渐进改革，要在国家的严格监控下走向市场。根据六月全会上通过的《关于完善国家银行体系和加强其在经济效益中作用》的决议所进行的银行体系改革，由苏联国家银行、苏联建设银行、苏联对外贸易银行和储蓄所体系组成。在保持对外经济银行和苏联国家银行主导作用的情况下，工业建设银行、住宅和社会发展银行、农工综合体银行也被纳入这一体系。这一改革实质上是从国家银行分出四个专业银行。10月，苏联部长会议通过《关于改革苏联银行活动和组织结构》的决议，规定所建立的专门银行服务于其所在的部门。实际上只有住宅和社会发展银行是新型银行，它解决社会领域的具体问题，注意加强住宅建设，制定到2000年满足公民住宅需要的纲领。[2]1989年3月31日政府通过《关于国家专业银行转向完全经济核算和自负盈亏》的决定，提出到年底建成新的银行体系，以适应深化经济改革的需要。结果，苏联在很短的时间里建立起了缺少管理的银

---

[1] *Кирсанов Р. Г.* Реформирование банковской системы СССР в годы перестройки. // Российская история. 2010. № 2, С. 65.

[2] *Кирсанов Р. Г.* Реформирование банковской системы СССР в годы перестройки. // Российская история. 2010. № 2, С. 67—68.

行,如1989年1月1日苏联有银行43家,到1990年1月1日达到了224家,1991年1月1日达到了1357家。① 这些银行成了变现和逃避国家监督、抽逃企业资金的工具。

在农业中开始实行集体承包和家庭承包制。1985年11月苏共中央和苏联部长会议通过决议《进一步完善农工综合体管理》,农工综合体成为土地上的唯一主人。1989年开始在农业部门进行改革,1989年3月苏共中央全会决定解散国家农工综合体,放弃对土地过分集权化的管理,终止同个人副业的斗争,确定五种土地经营形式:国营农场、集体农庄、土地联合企业、合作社、农户(农场)经济是平等的。1990年提高农产品收购价格,注销集体农庄和国营农场的债务、补贴等等,投向农工综合体的资金近1000亿卢布。② 但农业问题却越来越尖锐,从1989年起食品短缺严重,苏共不得不动员一切力量来解决粮食问题。

1988年5月26日苏联最高苏维埃通过了《苏联合作社法》③,合作社是苏联公民自愿联合起来从事经营活动和其他活动的社会组织,合作社是法人,享有法人的权利并履行与法人活动有关的义务,具有独立的资产负债表。不仅农业,而且在商业、服务业、饮食业、小商品生产、旅游、医疗保健、法律咨询等方面发展各种形式的合作社。合作社在向国家交过税后,重新计算利润的分配额,合作社工作人员的工资由合作社自主决定。对于合作社法及其实施存在着不同的评价,有人认为:"1988年5月雷日科夫

---

① РГАЭ. Ф. 2324. Оп. 32. Д. 3996 А. Л. 93. 转引自:Гайдар Е. Т. Гибель империи. Уроки для современной России. 2-е изд, С. 278.
② *Тимошина Т. М.* Экономическая история России, С. 363.
③ 全文见《苏联东欧问题译丛》1988年第5期,第90—117页。

在最高苏维埃作了《合作社在国家经济中的作用和苏联合作社法草案》的报告,正是在这个报告中首次对市场的作用做出了原则性评价并具体提出了激进经济改革的方案。这一法律的通过不仅打破了国家所有制的垄断地位,而且还给企业家的活动提供了推动力。许多企业正是从合作社中发展起来的。"[1] 也有人认为:"大多数合作社建立在国营企业内部,它们按照国家固定价格购进产品,经过加工,再以市场价格出售(常常只不过转手倒卖)。在商品短缺和财政不平衡的条件下,这就使得企业领导人和那些监管合作社的人都能获取不菲的收益。许多被列入亿万美元富翁名单的俄罗斯人的财产正来自这一时期。"[2] 曾担任过莫斯科市委书记的普罗科菲耶夫认为:"合作社法"蓄意破坏现行经济制度。这个法律给合作社比给国营企业更多优惠政策。合作社主要是由国家拨款即记账式拨款给合作社,而到了合作社那里马上就变成现金。"新俄罗斯人"马上悟出轻而易举以钱变钱的招数。这个法律为新资本家阶级聚敛财富奠定了基础。[3] 合作社工作人员的工资比国营企业高1—2倍。可以说合作社是在国家经济计划之外的新经济,在当时法律不完善的情况下,确实让一些人钻了空子,但这一法律的通过打破了单一的所有制和计划经济,促使苏联经济朝着市场化的方向发展。到1989年苏联的各类合作社达到19.34万

---

① *Леонид Иванович Абалкин.* Теория социальных альтернатив неизменна. Она определяет логику общественного прогресса. www. ng. ru/ng_politics/2010-04-06/9_theory. html.

② *Гайдар Е. Т.* Гибель империи. Урок для современной России. 2-е изд. М.: РОССПЭН, 2007. с. 276—277.

③ 参见项国兰译:《普罗科菲耶夫论苏联的改革》,www. cctb. net/xszm/20090205 0011. htm.

个，从业人数达485.15万人，产品销售额达403.655亿卢布。①

1988年7月6日苏共中央和苏联部长会议通过《关于扩大全苏列宁共产主义青年团的对外经济活动》，以及1988年8月4日苏联部长会议第956号决议《关于促进全苏列宁共产主义青年团的经济活动》，为共青团精英参与商业活动创造了条件。

1989年4月通过租赁法，当时人们对此寄予很大希望，认为可以提高工人对自己劳动产品的兴趣。根据这一法令，劳动集体可以租赁国家的企业，以便将来可以按象征性的价格买下来。这种形式发展很快，到1992年2月底，有9400家俄罗斯企业被租赁，其工人占总数的8%。② 这项法令为私有化提供了机会，有利于当时的企业领导人以及与之相关的人。

在进行经济体制改革的同时，苏联也对外贸体制进行了改革。苏联开始朝融入世界经济体系的方向发展，"苏联开始表现出对现行国际经济组织——国际货币基金组织、世界银行等等的兴趣。可以说，戈尔巴乔夫拒绝在对外政策中奉行对抗政策，在很大程度上促进了行政命令体制的崩溃"。③ 1986年8月19日苏共中央和部长会议通过"关于完善对外经济联系的措施"，这是战后第一个旨在确立对外贸易原则的官方文件，破除了外贸垄断，20个部和70多个大型经济联合体实行了经济核算，得到了独立走向国外市场的权利。1988年12月政府通过《关于进一步发展国营、合作社及其他组织和企业对外经济活动》的决议，1990年4月生效。建立了自愿贸易注册制度。到1991年，全国有35000家企

---

① 苏联国家统计局资料，转引自《苏联东欧问题译丛》1990年第4期，第127页。
② *Тимошина Т. М.* Экономическая история России, С. 358.
③ *Тимошина Т. М.* Экономическая история России, С. 362.

业获得了在国外销售的权利。① 但存在着审批机构过多、企业竞相压价等问题。

在经济改革中，戈尔巴乔夫没有注意调整苏联极不合理的经济结构。苏联解体后，他曾后悔地说："由于不合理地将结构改革的期限拖延了 3—4 年，结果在经济和政治方面丧失了 1987—1988 年这个改革的最佳时机。这是一个战略性的失误，国内局势从此迅速尖锐化，成功实现改革的条件变得越来越不利了，需要寻求另外一些更具根本性的方法将其继续进行下去。"② 在观念上，戈尔巴乔夫仍然排斥私人所有制，1988 年 11 月戈尔巴乔夫在最高苏维埃会议上批评爱沙尼亚同志说："私有制，很清楚，这是人剥削人的基础，而我们的革命完全是为了消除剥削，把它们完全转交给人民所有。试图恢复私有制意味着后退，这是极其错误的决定。"③ 戈尔巴乔夫仍然相信只有公有制才是社会主义的。实践证明，苏共排斥市场经济和私有制的经济改革是不成功的。

随着改革的推进和思想的活跃，苏联社会上出现了不同于苏共改革思路的改革设想。第一个大规模的讨论是"改革"组织于 1987 年 3 月进行的，其讨论的主题与《国营企业法》相关，在俱乐部的会议上许多知名的经济学家发表演讲，如波波夫作了题为"以经济学家的视角"的报告，达尼洛夫－达尼里扬作了题为"改革的经济问题"的报告，彼特拉科夫作了"经济管理和民主化"

---

① 尼古拉·雷日科夫：《背叛的历史——苏联改革秘录》，第 225 页。

② 米·谢·戈尔巴乔夫：《戈尔巴乔夫回忆录》上册，述弢等译，社会科学文献出版社 2003 年，第 428—429 页。

③ *Филиппов А. В.* Новейшая история России（1945—2006 гг）, www.prosv.ru/umk/istoriya/index.html.

的报告,在很大程度上由于可以自由参加俱乐部的各种改革倡议,"改革"在知识分子阶层获得了广泛共鸣。社会倡议俱乐部、改革社会倡议俱乐部等都集中了许多知名的知识分子,对苏联的现实与历史问题提出了许多看法与主张。丘拜斯、盖达尔等年轻的经济学家日益活跃。1989 年 9 月丘拜斯等人就在向意大利的一次研讨会提交的论文中写道:"从现存的经济结构中进行改革是不可能的事情"。① 一批年轻的经济学家通过对匈牙利、美国等国家的考察,随后又从波兰的"休克疗法"中看到,苏联的经济也需要自由化,需要向市场经济和私有制过渡。

经过 5 年的改革,苏联没有实现第十二个五年计划所规定的目标,不仅没有克服经济的停滞,而且经济状况还继续恶化,从下表中我们可以看到这几年的经济发展情况。

表 1　苏联十二五期间经济情况表 ②

年均增长率	来源	1981—1985	1986	1987	1988	1989	1990
国民收入	苏联统计局	3.5	2.3	1.6	4.4	2.5	−4.0
国民收入	经济学家格·伊·哈宁	0.6	1.3	0.7	0.3	−4.25	−9.0
劳动生产率	苏联统计局	3.4	2.1	1.6	4.8	2.7	−3.0
劳动生产率	经济学家格·伊·哈宁	0.2	1.2	0.8	1.3	−3.95	−8.0

无论是哪个来源的统计,都表明开始改革后,只在 1986—1988 年经济情况稍有好转,从转入政治体制改革后,随着社会秩序的混乱和政治家的争权夺利,经济每况愈下,经济危机日益严峻,1990 年,在 1200 多种基本消费品中有 95% 以上的商品供应经常

---

① 戴维·霍夫曼:《寡头:新俄罗斯的财富与权力》,第 92 页。
② Россия, которую мы не знали, 1939—1993, Хрестоматия. Под ред. М. Е. Главацкого. Челябинск южно-уральское издательство, 1995, С. 126.

短缺，在 211 种食品中有 188 种不能自由买卖。苏联不得不重新实行票证制度，肉、糖、伏特加酒、鸡蛋、黄油、香肠都凭票供应。在这种危急的形势下，戈尔巴乔夫急于找到摆脱危机之路。

（二）走市场经济之路成为大势所趋

在经济危机日益加重的情况下，戈尔巴乔夫的观念也逐渐从市场与计划相结合转向市场经济，1990 年 3 月 6 日，最高苏维埃通过《苏联所有制法》，[①] 肯定了多种所有制形式平等的法律地位。这一法律的颁布取消了生产资料国有制的垄断地位，承认了公民个人财产所有权，确认可以通过对国有资产进行租赁、赎买、股份化改制建立集体所有制，承认国家、集体、公民私人可以组成联营、合营的集体所有制。这一法律为新经济主体财产的合法化提供了制度保障，有利于非国有经济的发展。

此后，戈尔巴乔夫宣布改革应该激进一点，经济改革也应该进展更快些。他让阿巴尔金负责制定新的经济计划，60 名专家在阿巴尔金领导下开始拟定详细的经济改革构想。其计划包括：大部分价格日渐放开，小企业的非国有化、大型企业转变为联合股份公司，失业补偿代替就业保证制度，一些关键的部门，包括燃料、金属、运输等，仍归国家所有，价格由国家制定。这份计划朝市场经济迈了一大步，戈尔巴乔夫仍然犹豫不决。该构想交到总统委员会和联邦委员会，这两个委员会通过决定：要部长会议主席在最高苏维埃会议上作有关报告。

1990 年 5 月 24 日，苏联部长会议主席雷日科夫在第三次苏

[①]《苏联东欧问题译丛》1990 年第 4 期，第 98—105 页。

联最高苏维埃会议上作了《关于国家经济状况和向可调节市场经济过渡的构想》的报告,①提出了向"可调节市场经济"过渡的改革方案。向可调节的市场过渡需要创造的条件包括:必须保障企业作为自由的商品生产者的实际自主权和经济责任;必须有对供求变化作出敏锐反应的价格形成机制;像需要空气一样需要竞争,竞争可以促使降低成本和价格,促进满足消费者的需求并迫使产品生产者设法进行技术革新;生产结构应该符合购买力并且对购买力的细微变化迅速作出反应,不是为生产而生产,而是为消费而生产;需要经济的可靠物质财政平衡,稳定货币制度;必须有对居民进行社会援助的有效制度,特别是在生活条件将明显地和迅速地发生变化的过渡时期;有可靠的法律保障。整个过渡分为三个阶段:第一阶段(1990年底以前),形成市场经济的法律基础。第二阶段(1991—1992年),实行向市场经济过渡的重大步骤和措施,包括改革价格形成机制,实行社会保障体系,实行统一税收制度,进行信贷改革,发展多种所有制形式,调整生产结构,改善消费市场状况。第三阶段(1993—1995年),加速市场机制运转。进一步减少行政限制,加强竞争,实行积极的反垄断政策,加强经济刺激因素,建立新的合理的经济结构,为经济增长和摆脱危机创造现实基础。"到1995年国营企业的比重占30%(按基本财产的价值算),股份企业和其他经济体占25%,租赁企业占20%,合作社占15%。"②这实际上是向市场经济渐进发展的纲领,

---

① 《苏联东欧问题译丛》1990年第4期,第2—20页。

② Леонид Иванович Абалкин. Теория социальных альтернатив неизменна. Она определяет логику общественного прогресса. www. ng. ru/ng_politics/2010-04-06/9_theory. html.

过渡期比较长，但是苏联的局势每天都有新的变化，不允许政府慢慢来，《构想》也缺少明确的措施，特别是在所有制改革问题上。

价格改革是向可调节市场经济过渡的关键环节。雷日科夫反对一次性放开物价，其纲领的最大特点是，在国家统一调控下，首先从价格改革入手全面推进苏联经济向市场经济过渡，他提出的具体计划是从1990年7月1日起提高面包的价格，1991年起集中实行整个价格领域的改革，在提高日用消费品价格的同时，对居民进行补贴。这一方案立即遭到叶利钦等激进派的攻击，他们斥责这一计划是以牺牲人民利益为代价进行经济改革，是反人民的政策。其实，苏联的价格长期扭曲，国家长期把大量资金花费在补贴上，正如阿甘别吉扬指出："国营商店里一公斤肉食大约收款1.80卢布，而国家对这一公斤肉食的补贴多达3.5卢布。食品行业中仅此一项，每年的国家补贴总额就在600亿卢布以上，而整个国家预算也不过是4800亿卢布。"① 转入市场经济不能不触及价格，但要触动价格遇到的障碍实在太大，雷日科夫—阿巴尔金方案在最高苏维埃会议上没有得到支持，社会上也对此纲领进行了激烈的意见交锋，人们担心提价，开始抢购各种商品，社会更加不稳。最高苏维埃要求政府在听取各方面意见的基础上，对方案进行修改，于9月1日前再形成具体计划。

与此同时，在一些共和国，如在波罗的海三国和俄罗斯，也开始制定自己的经济纲领，1990年5月29日叶利钦当选为俄罗斯联邦最高苏维埃主席团主席后，他不理会雷日科夫—阿巴尔金方案，另组班子在俄罗斯政府办公大楼里拟定自己的向市场经济

---

① 阿贝尔·阿甘别吉扬：《苏联改革内幕》，常玉田等译，中国对外经济贸易出版社1990年，第26页。

过渡的计划,即"沙塔林—亚夫林斯基"方案,这个被称为"500天计划"方案的基础是在所有生产要素中确立私有制,其中包括土地,提出一些反垄断和企业私有化的措施,大幅度削减国家开支等,同时要求中央把广泛的权力下放给各个共和国。"500天计划"受到了媒体的热捧。但是该计划遭到雷日科夫—阿巴尔金政府的激烈反对。

作为总统的戈尔巴乔夫并没有完全支持政府的方案,此时戈尔巴乔夫和雷日科夫政府的威信下降,在1990年1月,主要政治家的支持率排名为:戈尔巴乔夫54%,雷日科夫38%,叶利钦12%,但到1990年6月末,戈尔巴乔夫的支持率下降到19%,雷日科夫下降到7%,叶利钦的支持率则上升到40%。[1] 戈尔巴乔夫感觉到没有俄罗斯联邦的参与,苏联政府的方案只会是一纸空文。

1990年7月27日,以叶利钦和西拉耶夫为一方,以戈尔巴乔夫和雷日科夫为另一方,签署合作协议,共同拟定向市场经济过渡的计划。在制定向市场经济过渡的计划时应以俄罗斯联邦的计划为基础,制定该计划的组成人员绝大多数都来自沙塔林小组,来自政府的只有阿巴尔金和亚辛。雷日科夫很不满意,但当时大家都认为应该妥协,如果真能组建共同的班子制定出统一的纲领,对国家也是有利的,雷日科夫签署了这份协议。

1990年8月2日,戈尔巴乔夫颁布了苏联总统《关于制定向市场经济过渡的联盟纲领作为联盟条约的总统令》,纲领起草委员会由沙塔林、阿巴尔金、亚夫林斯基等13人组成,他们拟定的向市场经济过渡的纲领旨在打破原有的经济体制,靠牺牲国

---

[1] 参见《对话》,1990年第9期第25页,转引自罗伊·麦德维杰夫:《苏联的最后一年》,王晓玉等译,社会科学文献出版社2005年,第267页。

家利益而不是百姓的利益向市场经济过渡,要求国家把从人民那里拿来的财产和资源转交给人民,号召每个人不等谁的指示而按自己的利益行事。方案首先要做的是实行广泛的私有化,对财产实行非国家化和民营化,重新分配财产;通过价格形成的自由化使消费市场状况正常化,反对集中提价;减弱政府对经济的干涉,逐步放开价格,进行深刻的结构改革。中央和各共和国没有领导与被领导的关系,尊重各共和国通过的主权宣言,经济一体化应建立在自愿、互利和平等的伙伴关系的基础上。计划明确提出要在500天内分四个阶段为发展市场关系开辟道路和保证在经济和人们生活方面明显改善的改革。雷日科夫明确表示反对这个计划,他认为"500天计划"没有具体内容,没有整顿国民经济所需要的东西,他领导的小组所拟定的政府向市场经济过渡的方案,计划用5年时间完成向市场经济的过渡。政府的方案是先稳定后改革,政府在其中起很大作用。

这样就形成了两个向市场经济过渡的计划:雷日科夫—阿巴尔金政府的计划和沙塔林—亚夫林斯基纲领起草委员会的"500天计划"。戈尔巴乔夫认为"500天计划""以其向市场经济转轨提出的问题之新奇性、独到性及其具体的、实际的研究工作而受到青睐"。但这个计划不够现实。"政府方案尽管传统、平稳、表述和任务都带有不确定性,但也有某些突出的优点:这一方案所制定的向市场经济转轨时对居民的社会保障措施就比较可靠,而且有分量。"[1]在8月30—31日举行的总统委员会和联邦委员会会议上,代表们争吵了两天,没有解决1991年经济到底应该怎么

---

[1] 米·谢·戈尔巴乔夫:《戈尔巴乔夫回忆录》上册,第695页。

搞的问题，出路在于相互妥协。但是叶利钦不想妥协，他决定独立行事。叶利钦把"500天计划"提交俄罗斯联邦最高苏维埃，1990年9月10—11日俄罗斯最高苏维埃赞成沙塔林—雅夫林斯基的计划。

叶利钦的支持者认为政府的纲领不想真正建立市场经济，而"亚夫林斯基的'500天计划'没有这种含糊其辞的毛病。他制定了清晰的建立市场经济的方针，划分了阶段，规定了改革每一阶段的总体措施。按什么顺序，以何种速度实行私有化、自由化，结构、技术和管理的改组，这是最重要的问题。在我看来，'500天计划'提出了极为明智的向市场经济过渡的步骤。先是建立市场基础设施、法律准则和制度，以及发展竞争的条件，然后再逐步实行价格自由化"。[1] 盖达尔认为：500天计划"问题不在于经济方面，这个纲领更确切地说是当时政治的需要，承诺使俄罗斯社会摆脱习惯的轨道和走上市场的幸福"。[2]

在这种情况下，雷日科夫也把他的方案提交苏联最高苏维埃审议，戈尔巴乔夫宣布他倾向于"500天计划"，对雷日科夫提出的纲领不置一词。现今的俄罗斯学者认为："阿巴尔金及支持他的雷日科夫坚决拒绝接受沙塔林—亚夫林斯基纲领作为构想的基础，实际上否定了戈尔巴乔夫和叶利钦原先达成的协议，正是这个纲领应该成为向市场过渡的全联盟纲领的基础。"[3] 雷日科夫

---

[1] O. T. 博戈莫洛夫：《俄罗斯的过渡年代》，张驰译，辽宁大学出版社2002年，第52页。

[2] Гайдар Е. Т. Дни поражений и побед, www.gaidar.org/dni.htm.

[3] 鲁·格·皮霍亚：《苏联政权史（1945—1991）》，徐锦栋等译，东方出版社2006年，第658页。

没有意识到俄罗斯的力量，与叶利钦的对立使政府政策难以推行，在当时各共和国纷纷发表主权宣言的条件下，为了维系联盟，政府应该妥协。实际上这两个计划并不是截然对立的，它们的共同点都是要向市场经济过渡，不同之处在于过渡的方式和时间，特别是关于放开物价的问题。就经济方案本身而言，本来是可以妥协和调和的，主要是经济问题背后的政治对立，叶利钦认为雷日科夫是保守分子，要求政府辞职，雷日科夫也不认同叶利钦。

苏联最高苏维埃并没有认可其中任何一个方案，在9月24日通过的决议中，委托戈尔巴乔夫在上述两个方案的基础上拟订一个向市场经济过渡的统一方案。10月8—9日，苏共中央全会通过了《关于苏联国内形势和苏共向市场经济过渡时期的任务》的决定，主张建立多种所有制形式、多种经济成分的经济，形成市场的基础结构，但文件的重点并不在于向市场经济过渡，"苏共中央的立场一清二楚：需要的不是经济改革，而是政治决议，目的就是'加强同反共产主义、极端主义势力的破坏行为作斗争'"。[①]10月中旬，戈尔巴乔夫向总统委员会和联邦委员会递交了"向市场经济过渡的基本方针"，这是一个折衷方案。戈尔巴乔夫在就该方针致苏联最高苏维埃代表的信中说："行政管理系统遗留下的沉重负担，贯彻经济改革措施的间断和半途而废，经济领导中犯下的错误，以及不尊重客观规律等，共同引发了国家的经济危机。国民经济形势继续恶化，生产规模降低，经济联系中断，分离主义加强，消费品市场和犯罪行为与日俱增，人民生

---

① 鲁·格·皮霍亚：《苏联政权史（1945—1991）》，第664页。

活越来越艰难，人们的劳动积极性下降，丧失对未来的信心，国民经济处在极其危险的境地，旧的行政管理体系已经崩溃，而新的市场条件下刺激经济手段还没有建立起来。现在需要一种建立在社会和谐基础上的、有利于稳定经济形势和加快改革进程的、沿着市场经济道路的、充满活力的新举措。"① 戈尔巴乔夫没有接受"500 天计划"在政治上是失算的，正如切尔尼亚耶夫所说："这个计划所创造的机会在于，可以说，这个经济宣言成了民主改革力量的旗帜。如果您抓住了这面旗帜的旗杆，那么，您就有了继续自己改革路线的'大军'。可是，您从手中放下了它，您就从自己身边推开了社会上政治积极的那部分人中的民主一翼。此外，还有追随叶利钦的所有人。"②

叶利钦等人从戈尔巴乔夫的方案中看到的是对"500 天计划"的否定，是戈尔巴乔夫拒绝与俄罗斯领导人一道向市场经济过渡，俄罗斯政府总理西拉耶夫声明不放弃"500 天计划"。"中央放弃了起初的协定，这激怒了俄罗斯政府，它准备走自己的道路。而戈尔巴乔夫则辞掉了他的顾问——有威信的市场经济学家彼得拉科夫和沙塔林院士，以示抗议。总统着手采取紧急措施，修改宪法，加强并赋予总统机构新的职能，对经济则已无暇顾及。"③ 1990 年 10 月 16 日，叶利钦在俄罗斯最高苏维埃发表声明，声称共和国领导人有三个方案可供选择：第一个方案：俄罗斯宣布不参加执行总统的纲领，分割预算、财产和一切机构，独立实施自己的"500 天计划"。在这种情况下，必

---

① 罗伊·麦德维杰夫：《苏联的最后一年》，第 5 页。
② 阿·切尔尼亚耶夫：《在戈尔巴乔夫身边的六年》，第 448 页。
③ O. T. 博戈莫洛夫：《俄罗斯的过渡年代》，第 63 页。

须建立自己的货币，在共和国的所有边境线上建立自己的海关，建立独立的银行体系和组织对外贸易活动，分割军队和武器装备……当然这是代价很大和复杂的方案；第二个方案：这一方案的基础是真正的联盟。新的内阁（联盟的执行机关）应该建立在平等的基础上，其中一部分候选人由总统推荐，另一部分则由我们激进改革的拥护者提议；第三个方案：如果联盟议会通过现在这个没有前途的纲领，那么只需不到半年的时间，就足以证明所选择的道路是错误的……俄罗斯联邦将准备实施自己的纲领，稳定经济和准备向市场经济过渡，也许已经不是需要"500 天"了，而是人民给我们的天数。[①] 叶利钦要自行其是，等于宣布俄罗斯不再服从中央了，这令戈尔巴乔夫十分气恼。在第二天举行的总统委员会会议上，克留奇科夫、雷日科夫、拉斯普京等多数人主张对叶利钦采取强硬措施，谢瓦尔德纳泽、梅德韦杰夫等人反对与叶利钦对抗，戈尔巴乔夫甚至要取消出访计划，在电视上对叶利钦进行回击，最后在顾问的劝说下，他没有采取与叶利钦对抗的方针。[②]

10 月 19 日，苏联最高苏维埃两院联席会议以 333 票赞成，12 票反对，34 票弃权通过了戈尔巴乔夫提交的名为《稳定国民经济和向市场经济过渡的基本方针的统一方案》，说明代表们希望迅速行动起来，采取措施。该方案规定：有控制地逐步放开物价；逐步实行经济的非垄断化、企业非国有化和私有化；稳定消费品、生产资料和劳动力市场，形成市场机制和市场竞争环境；

[①] *Кацва Л. А.* История России. Советский период（1917—1991）. http://it-n.ru.
[②] 阿·切尔尼亚耶夫：《在戈尔巴乔夫身边的六年》，第 454—457 页。

进行工资改革等，但方案并未规定向市场经济过渡的具体日程和细则，实际上没有多少可操作性。戈尔巴乔夫的妥协没有换来皆大欢喜，各方都不满意。

三、融入世界，不再做挑战者

为了进行改革，戈尔巴乔夫首先改变了对世界的态度。与西方对抗，支援民族解放运动，使苏联把大量财富浪费在国防上，军备竞赛成为苏联经济的沉重负担。为了给改革创造一个良好的国际环境，戈尔巴乔夫改变了苏联长期奉行的外交战略。苏联不再做世界秩序的挑战者，不再与资本主义发达国家争夺第三世界，而是努力融入世界，改变苏联霸权国的形象，与大国和周边国家改善关系。

苏联对外政策的调整始于1986年3月召开的苏共二十七大，这次代表大会不再把世界看成是两种制度进行不可调和斗争的舞台，而强调共同协作，解决全人类的任务，使人类文明能够生存和延续下去。1986年7月28日在符拉迪沃斯托克的讲话中，戈尔巴乔夫提出了苏联对外关系新的行为准则，"不是谋求某些特权和特殊地位，不是出于自私目的，企图以牺牲他人来加强自身安全，以损害别人来寻求好处。我们认为自己的利益在于共同努力，在于在充分尊重每一国人民按照自己的选择而生活并在和平条件下独立自主地解决自身问题的情况下进行合作"。[①] 1987年戈尔巴乔夫在西方和苏联出版《改革与新思维》一书，对国际形

---

① 《戈尔巴乔夫言论选集》，苏群译，人民出版社1987年版，第428页。

势和苏联的外交政策进行了分析与解释,全面系统阐述其对外政策的原则,其核心思想是世界已经发生了很大变化,各国和各民族相互依存性提高,国家之间的关系应该考虑利益均衡,安全应该是相互的,应给各国人民以选择的自由,各国要共同解决当代全球性问题。在核武器时代,战争已经不能被当成达成目的的手段,强调对话与合作,他认为:"为了生存和在阳光下能有一席之地而斗争的人不光是马克思主义者和非马克思主义者,还有许许多多具有其他思想观点的人。现代政治生活是极其丰富多彩的,除相似之处外,在经济关系、政治制度和文化形式的架构上,存在着各种各样的差异。最后,就我们所谈论的话题而言,最本质的问题是,资本主义和社会主义的基本概念本身需要重新考虑"。[1] 俄学者评论说:"这一转折的基础是努力看到世界发展的进程,而苏联国家在这一进程中的位置与作用应该是它事实上的样子,而不是在乌托邦的思想指导下想使它变成的样子。"[2] 戈尔巴乔夫开始正视世界的现实。

戈尔巴乔夫放弃了苏共长期坚持的"帝国主义和无产阶级革命的时代"观,放弃了"资本主义总危机"理论,认识到资本主义已经从上次战争中吸取了教训,调整了相互间的矛盾,可以在非军事化的情况下发展。提出苏联战略的主要目标是"确保苏联人民能够在持久和平与自由的条件下劳动",党在国际舞台上活动的主要方针是"反对核危险、反对军备竞赛、维护和巩固普遍

---

[1] 米·谢·戈尔巴乔夫:《戈尔巴乔夫回忆录》下册,第1241页。

[2] *Нежинский Л. Н. ,Челышев Л. А.* О доктринальных основах советской внешней политики в годы《холодной войны》//Отечественная история. 1995.№ 1. С. 799.

和平","资本主义和社会主义国家之间的对抗只能完全以和平竞赛与和平竞争的形式进行"。①承认世界是一个相互联系、相互依存的整体。从世界是由多种类型的国家构成的这一角度出发,戈尔巴乔夫承认世界是多侧面、多色彩、多变化和充满矛盾的,强调尊重各个国家不同的利益,强调利益均衡。苏共不再把自己的安全建立在损害别国主权与利益的基础上,承认每个民族都有自己的自决权。戈尔巴乔夫否定了斯大林、勃列日涅夫等苏共领导人为了苏联的安全,强行把其他国家纳入自己势力范围的理论,认为"安全的唯一牢固基础,就是承认各个民族和国家的利益,承认它们在国际生活中一律平等。必须把自己的安全同国际社会各成员同样的安全结合起来……决不能靠牺牲别人的安全来求得自己的安全"。与这种新的安全观相联系,戈尔巴乔夫反对军备竞赛,宣布把军事战略建立在防御的基础上,并提出了合理、够用的原则。戈尔巴乔夫还强调国家关系的非意识形态化。与苏联长期强调在意识形态上不能与西方和平共处、坚持社会主义只有一种模式不同,戈尔巴乔夫提出:"苏联对外政策的方针是:寻求相互谅解,对话,把和平共处作为各国关系中的普遍准则确立下来。"②"决不能把意识形态分歧搬进国际关系的领域,让对外政策服从这些分歧,因为意识形态可能是完全对立的,而生存、防止战争的利益才是共同的和最高的。"③

在重新对自身实力和国际环境进行评估的基础上,苏联的对

---

① 辛华编译:《苏联共产党第二十七次代表大会主要文件汇编》,第147页。
② 同上书,第433页。
③ 米·谢·戈尔巴乔夫:《改革与新思维》,岑鼎山等译,世界知识出版社1988年,第123页。

外战略目标发生了根本性的转变，苏联不再谋求充当世界的发号施令者，不再与外部世界对抗，放弃实力政策和争霸政策，使苏联成为国际社会一个正常成员。苏联的对外战略也随之发生了变化，其主要表现在以下几方面：

首先，戈尔巴乔夫明确要求外交要为国内经济建设服务，苏联要改变封闭状态，对外开放。众所周知，苏联的内政常常是为实现对外战略的宏伟目标服务的，外交不计成本与代价，到处插手支持世界革命，而很少考虑国内经济的承受能力。戈尔巴乔夫开始改变这种做法，1986年5月23日，戈尔巴乔夫对苏联外交部工作人员发表讲话，阐述了外交的新方针。他强调，外交应同国家利益密切配合，"外交应当有助于国家的内部发展。苏联外交的任务是保障和平，没有和平，一切就没有意义了。但是，苏联外交还要尽可能为加速苏联社会的社会经济发展创造最有利的外部条件"。[1] "在制定对外政策时，应当更清醒、更广泛地估价具体事实，不要光从自己的利益出发观察一切……不要把坚持某一立场的坚定性变成毫无意义的顽固，不要让人家把苏联代表叫作'不先生'"。[2] 苏联要学习世界其他国家有益的经验。1986年7月戈尔巴乔夫在海参崴发表讲话要使远东地区对外开放，1988年9月他又强调让远东地区参加亚太地区国际分工和经济合作，1988年9月24日，苏联政府宣布，废止1933年开始实行的苏联人进入滨海边疆区需要特殊通行证的制度，外国人也可进入，1988年10月还在这里召开了有30多个国家代表参加的"亚太地

---

[1] 谢瓦尔德纳泽等：《苏联外交反思》，宋以敏选编，世界知识出版社1989年，第2页。

[2] 同上书，第6页。

区对话、和平与安全"国际研讨会。

苏联开始接受国际社会通行的一些价值观,如人权问题。戈尔巴乔夫说:"我们有些外交人员一听到'人权'这个词,就有点噤若寒蝉。……我们能够,也应该自由地同西方讨论这个问题,因为我国在保障人权方面确实做了出色的工作。这不是宣传,而是客观现实。顺便说一下,甚至美国的一些政治学家也承认这一点。"①苏联也无法再回避人权问题了,1986年10月在雷克雅未克会晤时,里根就明确把人权,特别是自由迁出苏联的权利与美国政府提供贷款挂钩,戈尔巴乔夫在会后的记者招待会上回答关于人权问题时说:"我认为,在我们说人权的时候,应该明白,现在这个问题主要是保持和平,回答核威胁对人类的挑战,这是最主要的方面。未来的和平,也就是生存……因此,在我谈到人权的时候,首先是人的生存权,这是第一。第二,关于人的因素。在核世纪(在此我看到刚刚出现新的政治思维)战争的威胁以新的形式提出了人的因素在防止战争中的作用。核战争将终结一切,并不取决于战争从哪开始。"②1987年3月撒切尔夫人访问苏联时,戈尔巴乔夫开始与之讨论实质性的人权问题。撒切尔夫人希望苏联"给人们以个人自由,像我们那样,包括自由迁居国外"。戈尔巴乔夫回应说:"让我们讨论一下自由,看看我们的制度给了什么? 自治,这一点我已经说过了。劳动权,工作保障权,教育平等权,没有民族和各族歧视的生存权,在政府中选派代表和参

---

① 谢瓦尔德纳泽等:《苏联外交反思》,第5—6页。

② Отвечая на вызов времени. Внешняя политика перестройки: документальные свидетельства. По записям бесед М. С. Горбачева с зарубежными деятелями и другим материалам. М.: Издательство 《 Весь Мир 》, 2010. C. 123—124.

加国家管理权。"撒切尔夫人又强调英国人有舆论自由权,在意识形态和人文领域有赫尔辛基协议,而苏联却把监督实行赫尔辛基宣言精神的人投入监狱。现在许多政治监禁者被释放,对此西方表示欢迎。她希望苏联给予犹太人和地区组织以更多权利。戈尔巴乔夫表示苏联将更多地注意解决人权问题,但反对西方借此干涉苏联的内政。苏联将遵守赫尔辛基协议,与西方加强交流,增进相互理解,苏联准备参加推动欧洲进步的一切活动。[①]在1987年4月14日与美国国务卿舒尔茨会谈时,戈尔巴乔夫说,在1987年过去的3个月中,苏联已经允许1500人移居国外,比过去一年多1355人。[②]1991年苏联签署了1966年生效的《公民与政治权利国际条约》中的《选择性协议》,苏联的行为将受据此条约设立的人权委员会的约束。

第二,放弃与美国争霸的目标,退出与美国的军备竞赛,改善与这个世界头号强国的关系。戈尔巴乔夫和谢瓦尔德纳泽当时思考的核心问题是:军备竞赛已经成了苏联经济沉重的负担,苏联经济是不是能够长期承受军备竞赛的负担? 1983年美国总统里根提出"星球大战"计划,有人认为里根"对结束冷战最有贡献的两个战略决定是:北约组织在欧洲部署美国中程导弹,以及美国承诺投入战略防御计划(即"星球大战"计划)。"[③]里根的计划给苏联领导人造成很大的心理压力,苏联如果应战,苏联经

---

① Отвечая на вызов времени. Внешняя политика перестройки:документальные свидетельства. С. 125.

② Отвечая на вызов времени. Внешняя политика перестройки:документальные свидетельства. С. 126.

③ 亨利·基辛格:《大外交》,顾淑馨译,海南出版社1998年,第718页。

济难以承受,确实,"当戈尔巴乔夫控制了权柄和克里姆林宫的所有按钮时,苏联以其不堪重负的经济,已经既无法保持自己第二军事超级大国的地位,也无法保持最后一个世界帝国的头衔了。照彼特拉科夫院士的看法,'我们之所以输掉第三次世界大战,恰恰是因为我们开始认真地进行备战,将国民经济总值的75%—80%都用于军工企业和供养自己在东欧和第三世界的国外客户'。正因如此,要求苏联摆脱军事竞赛的重负、要求摆脱与美国战略瓜分世界这一不可避免之事的新政治思维,绝不是身居'苏联号'原子破冰船操纵台的那个天真外省人、业余政治家浪漫主义幻想的成果,而是完全清醒的、可惜并不令人宽慰的计算的结果"。①戈尔巴乔夫看到与美国进行的军备竞赛无出路,他把改善日益紧张的苏美关系放在十分重要的地位上。

在改善与美国的关系方面,苏联表现得更主动。据谢瓦尔德纳泽回忆,戈尔巴乔夫担任总书记后,曾两次召集苏联著名的核物理学家开会,戈尔巴乔夫提出的问题是:里根的计划是现实的还是幻想?第一次科学家们认为是不现实的,是愚蠢的计划,只是空话,目的是为了吓唬苏联。两个月后,在第二次会议上,这些科学家们说:我们不止一次地研究,起初得出的结论是:这是幻想,不能实现。但是,如果经济允许,虽然不是立即,但还是可能的。虽不能防御整个美国,但可以在一些地区,一些重要城市实现。苏联不能打穿美国的盾牌,美国可以打到克里姆林宫。后来再次召集包括经济学家在内的学者讨论这一问题,学者们指

---

① 安德烈·格拉乔夫:《戈尔巴乔夫之谜》,述弢译,中央编译出版社2005年,第246页。

出：过一段时间，美国人能够建立起这样的防御体系，防御生死攸关的重要目标——大的工业中心、具有战略意义的城市等等。①在这一背景下，"我和戈尔巴乔夫决定：应该不管用什么代价也要找到与美国人的共同语言。与他们达成协议！他们也曾说这种竞赛对他们也不利。我和我的外交部、中央委员会的同事们在几周内制定了与美国人接近的政策"。②正是在苏联人的积极推动下，苏美领导人开始磋商。

1985年11月19日，戈尔巴乔夫与里根的首次会晤在日内瓦举行，戈尔巴乔夫在回忆录中提到与里根的争吵，但尽量把这次会晤描写得缓和些。据谢瓦尔德纳泽说：戈尔巴乔夫与里根单独谈了2个小时，当他们从房间走出来时，看到他们的脸都是红红的，看来他们不仅相互争论，还相互抨击。戈尔巴乔夫要求立即回别墅，并要订飞机立即飞回莫斯科，当谢瓦尔德纳泽提醒他六点钟还有第二次会晤时，他说："没有，飞回莫斯科！跟这样的人，与他这样的领导人没办法打交道。"③在妻子和同事们的劝说下，戈尔巴乔夫才没有中途退场。里根要解决保护人权的问题，在处理地区性冲突方面的相互信任，而后才谈到裁减军备；戈尔巴乔夫的目的是首先推动裁减军备。双方虽然没有达成协议，但苏美两国首脑会晤本身对于缓和国际紧张局势有积极意义，日内瓦会晤成为美苏关系改善的"破冰之旅"。戈尔巴乔夫当政期间，苏美间举行了10次首脑会晤，苏美对话的广度与深度都达到了前所未有的程度，并最终签署了中导条约和削减战略核武器条约。

---

① 《Международная жизнь》. 2006. No 12. C. 143—144.
② 《Международная жизнь》. 2006. No 12. C. 144.
③ 《Международная жизнь》. 2006. No 12. C. 146.

苏美首脑所谈的议题主要有：裁军和安全、地区冲突、人权问题和双边关系。苏联主要关心的是降低军事对抗的水平，美国则更关心苏联的人权和影响，美国显示出了咄咄逼人的进攻态势，正如基辛格所说："里根政府不仅拨款援助真正的民主人士（如波兰的民主人士），也援助阿富汗境内的伊斯兰原教旨主义（这些人又与伊朗串通）、中美洲右派人士，以及非洲的部落军阀。"① 也就是说，只要有利于削弱苏联之事，美国都不择手段地去做（苏联解体后美国尝到这种为了目的不择手段的苦果，"9·11"事件和阿富汗战争就是最好的例子），但戈尔巴乔夫却打算放弃应战，谋求与美国改善关系，以达到最终退出冷战的目的。

第三，改变对共产党和社会主义国家的政策，放弃干涉他国内政和内部事务的做法，给他们以独立自主决定本党和本国事务的权利。戈尔巴乔夫谴责了苏共中央国际部干涉他党内部事务的行为，"我们像对自己的州委那样对兄弟党指手画脚的时代已经过去。他们在什么方面不同意我们的观点，我们可以坚持自己的观点，而不是排斥他们，不搞阴谋活动，不干涉他们的内政"。② 东欧一直是苏联与西方进行冷战的前沿阵地，维护东欧这个势力范围是战后苏联外交的重点。在努力改善与美国紧张关系的同时，戈尔巴乔夫的东欧战略也在悄然发生变化。1985年11月，在戈尔巴乔夫与华约组织和经互会国家领导人会晤时，戈尔巴乔夫传达的信息是他要放弃"勃列日涅夫主义"和把苏联社会主义模式强加于人的做法，每个党和国家的领导人要对本国所发生的事情负责。1986年5月23日，戈尔巴乔夫对苏联外交部工作人员发

---

① 亨利·基辛格：《大外交》，第717页。
② 阿·切尔尼亚耶夫：《在戈尔巴乔夫身边的六年》，第71页。

表讲话,虽然仍说"同社会主义国家的关系应居于优先地位"。但他更强调要用新的方法处理与东欧国家的关系,他认为:"为了保证同社会主义国家关系的新质量,重要的是要克服我们某些外交人员头脑中存在的偏见、骄傲自满和因循守旧的作风。不要认为我们可以教导所有的人。谁也没有给我们这种权利。相反,作为社会主义大家庭内最强大的国家,我们应当谦虚。"① 在 1987 年 11 月出版的《改革与新思维》一书中,戈尔巴乔夫强调:"社会主义国家之间的政治关系的整个体系要严格建立在完全的独立自主的基础之上。这是各个兄弟国家的领导人的共同观点。每个党独立自主、每个党有权自主解决本国的问题、对本国人民负责,这是绝对的原则。"② 各社会主义国家在政治上加强合作,在经济关系上遵循互利和互助的原则。1988 年 3 月,戈尔巴乔夫访问南斯拉夫,在会后发表的公报宣称,苏联将无条件地遵守社会主义国家间平等和互不干涉的原则,并充分尊重社会主义各党及各国独立地决定自身发展道路的权利。③ 6 月 28 日,戈尔巴乔夫在苏共第 19 次代表会议上发表的讲话,更清楚地表明了他反对军事干预东欧事务的立场。在发言中,他说道:"新思维的一个关键问题是关于选择的自由的问题。我们坚信这一原则对于国际关系具有普遍适用性……主权和独立,平等权利和不干涉,正在成为国际关系公认的准则……反对选择的自由意味着将自己置于客观历史进程的对立面。"④ 1988 年 12 月底,戈尔巴乔夫又在联合国大

---

① 谢瓦尔德纳泽等:《苏联外交反思》,第 3 页。
② 米·谢·戈尔巴乔夫:《改革与新思维》,岑鼎山等译,第 144 页。
③ Правда. 19 марта. 1988.
④ 戈尔巴乔夫在苏共第 19 次代表会议上的报告,《真理报》1988 年 6 月 29 日。

会的主题发言中重复了这一立场。戈尔巴乔夫政策的改变,为重新调整苏联与社会主义国家的关系创造了条件。

第四,重新调整对第三世界的政策。苏联对第三世界的政策遇到最棘手的问题是阿富汗战争,在1985年10月7日政治局会议戈尔巴乔夫提出了一项关于"阿富汗决议"的建议,其中心思想是:应该结束这场战争,让阿富汗人自己学会保卫自己的事业。"不管有还是没有卡尔迈勒——我们将坚定地执行这样的路线:在最短期间内撤出阿富汗。"①"现在已经到了该全面研究我们对'第三世界'承担的经济义务的时候了。"② 在处理与第三世界国家关系问题上,苏联也改变了以往与美国对抗的政策而采取合作和共同参与的方针,并以1989年2月苏军全部撤出阿富汗为收缩力量的主要标志,减少了对第三世界国家的干涉和卷入。

1986年5月纳吉布拉取代卡尔迈勒成为阿富汗人民民主党中央委员会总书记,并进行了一些政策调整。在6月26日苏共中央政治局会议上,戈尔巴乔夫说:"阿富汗进入了新阶段,现在是新领导了,下一步怎么办?……我们应该让他们更多地自己承担责任。让他们自主行动的道路已经开通。新的领导也决定这么做……也许在近期内可以撤出5000至10000人,这一进程要进行下去,最终在2—3年内完成撤军。一切应该一揽子解决。大家都要应该想想并提出建议。美国、巴基斯坦肯定会随后进来。但是结果不应该看成是可耻的失败:我们损失了多少小伙子,一切都扔在那儿了。一句话,为了让小伙子不再牺牲,这一

---

① 阿·切尔尼亚耶夫:《在戈尔巴乔夫身边的六年》,第61—62页。
② 谢瓦尔德纳泽等:《苏联外交反思》,第5页。

进程要进行下去。"戈尔巴乔夫要求外交部、克格勃、国防部和多勃雷宁准备建议。① 7月11日政治局会议听取了多勃雷宁关于从阿富汗撤出六个团、8000名人员的建议,大家都表示赞同。7月28日在符拉迪沃斯托克的讲话中,戈尔巴乔夫宣布:苏联愿意把在阿富汗的军队撤回国,"到1986年年底,将有六个团——一个坦克团、两个摩托化步兵团和三个高射炮团——连同它们编制内的技术装备和武器从阿富汗回国"。但他又警告说:"那些鼓励和资助对阿富汗进行不宣而战的战争,而且还从自己境内进行这种战争的人应当明白:如果继续对阿富汗民主共和国进行干涉,苏联是不会置邻国于灾难而不顾的。我们对阿富汗人民的国际主义声援以及苏联的安全利益,都将把这种情况绝对排除掉。"② 11月6日,苏联国防部宣布从阿富汗撤出六个团的任务已经完成。

阿富汗战争使苏联付出了沉重的经济代价,雷日科夫说:"1985年我们为阿富汗付出了26亿卢布,或者说每昼夜花720万卢布。1987年为50.4亿,每昼夜1470万。"③ 戈尔巴乔夫已经认识到派军队到阿富汗是个错误,11月13日,戈尔巴乔夫在苏共中央政治局会议上说:"我们在阿富汗已经打了6年了。如不改变态度,我们还得打20—30年。这给我们影响事态发展的能力罩上了阴影。"戈尔巴乔夫继续说:"一般来说,我们没有解决这一

---

① Отвечая на вызов времени. Внешняя политика перестройки: документальные свидетельства. По записям бесед М. С. Горбачева с зарубежными деятелями и другим материалам. М.: Издательство 《Весь Мир》, 2010. C. 601.

② 《戈尔巴乔夫言论选集》,第437页。

③ 尼古拉·雷日科夫:《背叛的历史——苏联改革秘录》,第206页

问题的办法。我们为什么一方面承认我们的部队没能力控制形势，而另一方面又要无休止地打下去呢？在近期我们要结束这一过程。"①葛罗米柯建议："应当确定一个战略目标。在不很遥远的过去我们还谈论过要封锁阿巴边界和阿伊边界。经验表明，由于当地地形地势的复杂和山区数以百计的通道，使我们无法完全做到。今天要明确指出，这个战略任务就是要把战争结束。"戈尔巴乔夫表示赞同："必须积极行动起来。有两个问题要确定下来。第一，在两年时间内全部完成从阿富汗的撤军。1987年要撤出50%，下一年再撤出50%；第二，应当从阿富汗政治力量的现实分布情况出发，扩大政权的社会基础。"②

1988年2月戈尔巴乔夫宣布苏联将从阿富汗撤军，这是苏联早该采取的行动，但由于戈尔巴乔夫没有弄清阿富汗问题的实质，还想从中得到好处而延误下来了。戈尔巴乔夫在1987年2月23日政治局会议上说："局势很复杂，可以很快撤离阿富汗，什么也不加考虑，派兵行为是前领导的。但我们不能这么做，印度会不安，非洲会不安。我们将无法向本国人民交待。我们上百万士兵去过阿富汗，原来一切都是徒劳。人们为什么去那里？目的是保住纳吉布拉的制度，这是必须的任务。"③戈尔巴乔夫的助手切尔尼亚耶夫的记录更详细些，戈尔巴乔夫在谈到不能立即撤军的理由时

---

① 沈志华总主编：《苏联历史档案选编》，第32卷下册，社科文献出版社2002年，第812、813页。

② A. 利亚霍夫斯基：《阿富汗战争的悲剧》，刘宪平译，社科文献出版社2004年，第286页。

③ В Политбюро ЦК КПСС...По записям Анатолия Черняева, Вадима Медведева, Георгия Шахназарова（1985—1991）. 2-е изд., исправ. и доп. М.：орбачев- Фонд, 2008. C. 145.

说:"如果我们一走了之,而那里将开始屠杀并将建立一个敌视苏联的基地,那我们将无法向本国人民交待。人们会说我们忘记了我们所做的牺牲,忘记了国家的威望。更使我们痛苦的是,我们损失了那么多人,而自己的义务却没有彻底履行。"[1] 延缓从阿富汗撤军并没有让苏联得到它想得到的东西。1987年12月戈尔巴乔夫在华盛顿与里根会谈时还坚持,苏联撤军的一个条件是美国先断绝对阿富汗抵抗战士,也就是对圣战者的援助。直到1988年4月14日,阿富汗纳吉布拉政府与巴基斯坦签订了由苏联、美国予以保证的,解决阿富汗问题日内瓦协议。苏联国防部长亚佐夫签署命令:1988年5月15日至1989年2月15日,撤回驻扎在阿富汗领土上的100300名苏军。阿富汗战争是苏联国内经济困难加剧,社会矛盾激化,苏联在国际上陷于孤立的重要因素,苏联从阿富汗脱身是势所必然,正如当年美国不得不从越南撤军一样。

戈尔巴乔夫改变外交政策,推动了苏联与世界大国关系的缓和,1989年5月中苏关系实现了正常化,1989年12月苏美领导人在马耳他会晤,宣布冷战结束。应该承认,在戈尔巴乔夫当政时期,苏联的国际形象改善了,但由于苏联内部危机严重,对外政策的红利并未被充分利用。

四、联盟解体打断转型进程

苏联解体表现为民族分裂,但其实质是国家体制问题。在斯大林时期形成的中央高度集权的单一制与苏联宪法中规定的联邦制存在严重矛盾,改革联盟体制应该是苏联现代化转型的重要方

---

[1] 阿·切尔尼亚耶夫:《在戈尔巴乔夫身边六年》,第158页。

面,但戈尔巴乔夫在这个问题上行动迟缓。1990年许多加盟共和国发表了主权宣言：1990年3月9日格鲁吉亚、3月11日立陶宛、3月30日爱沙尼亚、5月4日拉脱维亚、6月12日俄罗斯（此后俄境内的卡累利阿、雅库特、科米、巴什基尔、鞑靼、车臣自治共和国也发表了主权宣言）、6月20日乌兹别克斯坦、6月23日摩尔达维亚、7月16日乌克兰、7月27日白俄罗斯。到1990年10月，15个加盟共和国的最高苏维埃都先后发表了《主权宣言》，宣布共和国的主权至高无上，共和国的法律高于联盟的法律，共和国的所有资源归本共和国所有。在这一背景下，戈尔巴乔夫不能再拖延了，才开始着手做革新联盟的工作。

1990年6月12日举行了联邦委员会会议，会议讨论了民族国家结构问题和联盟条约，成立了一个工作组，由所有共和国的代表参加。1990年7月，戈尔巴乔夫在苏共二十八大上宣布"需要一个真正的主权国家联盟"。加盟共和国代表工作组、苏联最高苏维埃、苏联部长会议多次召开会议，讨论这一问题。各加盟共和国的领导人，特别是叶利钦的态度十分重要，没有俄罗斯联邦，戈尔巴乔夫革新联盟的设想根本无法实现。1990年夏，围绕制定向市场经济过渡的经济纲领，戈尔巴乔夫与叶利钦关系改善，他们想使之成为新联盟条约的经济部分，但是，由于叶利钦坚持自己的"500天计划"，拒不接受戈尔巴乔夫的调和方案，雷日科夫也坚持己见，机会又被错过了。

1990年11月，第四次人代会召开前夕，总统委员会的人在起草总统的《关于国内形势与克服社会经济和政治危机局势之措施》的报告时，提出了关于签订经济联盟条约的最初方案，当时包括波罗的海三国都会签订这样一个条约。但是，戈尔巴乔夫拒绝了这一思想，他的理由是如果签署了这项经济条约，很多人会止步于此，不想再签署已经准备好的、大家都宣布签署的联盟条约。① 苏联的经济不是靠市场联系在一起的，新的经济纲领将一些重要的经济职能转归各共和国，"从而导致必须对苏联政治制度，即对苏共中央、苏联最高苏维埃、苏联人民代表大会的地位与作用进行重新审视"。② 该纲领激起了苏共上层、苏联部长会议的反对，一些人指责其为"瓦解苏联"的纲领。苏联失去了在1990年更新联盟的机会。

对于如何改革联邦体制有两种截然对立的主张，一种主张对原体制进行修补，另一种主张对联盟进行根本改造。1990年12月24日第四次人代会通过了《关于新联盟条约的总构想及其签署程序》的决议，决定把现行联盟改组为"自愿平等的主权共和国联盟—民主的联邦制国家"。决定由专门的委员会负责条约的起草工作和决定签署的程序，委员会的成员包括：联邦主体的最高公职人员、苏联最高苏维埃主席和苏联最高苏维埃联盟院主席。这一工作是在戈尔巴乔夫位于莫斯科郊外新奥加廖沃的官邸进行的，1991年初建立了起草新联盟条约草案的专家小组，领导人是苏联科学院副院长库德里亚夫采夫和总统的两个代表：列文科和沙赫纳扎罗夫，参加这一小组工作的有经济学家、法学家、政治学家，各加盟共和国的领导人和自治共和国的领导人参加讨论和做出决定。

起草新联盟条约的工作是在联盟中央与加盟共和国的斗争中进行的，1991年1月立陶宛事件使戈尔巴乔夫认识到，"单单凭

---

① Евгений Примаков. Годы в большой политике М.: 1999, С. 78.
② 鲁·格·皮霍亚：《苏联政权史（1945—1991）》，第656页。

借没有政治权威和道德权威的暴力,既不能使政权稳固,也不能使之持久。戈尔巴乔夫也明白这个道理……戈尔巴乔夫在向反对派的让步中寻找着出路,包括修改苏联宪法、签订新的联盟条约,以削弱过于僵硬的苏联国家中央集权,扩大各加盟共和国的权利"。① 叶利钦等人不断架空联盟中央,为了给联盟的存在提供更有说服力的合法性,戈尔巴乔夫和苏联最高苏维埃产生了举行全民公决的想法,戈尔巴乔夫希望借俄罗斯人占优势和民众的爱国主义情绪,来压制一下民族分离分子和激进派,保住国家统一。最高苏维埃于 1991 年 1 月 16 日通过决定于 3 月 17 日举行全民公决,苏联公民要回答的问题是:"您认为是否有必要保留一个将完全保障所有民族的人权和自由并作为平等主权共和国革新联邦的苏维埃社会主义共和国联盟?"实际上,这一问题本身含有不确定性,被更新的联邦什么样? 如何保障各主权共和国的权利平等? 如何保障每一个民族的人权与自由? 通过什么手段保留联邦? 还有一个如何解释公决的结果的问题,对于那些不参加投票的共和国,全民公决的结果是否有约束力?

俄罗斯领导人批评全民公决的做法,激进派反对举行全民公决。叶利钦认为戈尔巴乔夫搞全民公决的目的,一是为了赋予全国范围内的紧急状态以合法性质,二是为了取得同俄罗斯的独立进行斗争的"合法权利"。②1991 年 2 月 7 日,俄罗斯联邦最高苏维埃通过决议,决定在全民公决票上加上第二个问题:"您是否同意设立全民投票选出的俄罗斯联邦总统职位?"俄罗斯

---

① 罗伊·麦德维杰夫:《俄罗斯向何处去——俄罗斯能搞社会主义吗?》,关贵海等译,当代世界出版社 2003 年,第 51 页。

② 鲍里斯·叶利钦:《总统笔记》,李垂发等译,东方出版社 1995 年,第 26 页。

的目的是巩固自己与中央关系中的主权地位。1991年2月19日叶利钦在苏联电视台发表直播讲话，在阐述完其对重大问题的立场后，叶利钦宣读了一份事先准备好的声明："事情已经非常清楚，戈尔巴乔夫保留'改革'这个词的同时，不愿意进行实质性的改革，他要保存现有体制，保留强硬的中央集权，不给予各加盟共和国特别是俄罗斯以独立自主……我完全不同意总统的立场和政策，我要求他立即辞职。"[①] 2月25日，民主派在莫斯科组织了一场不少于30万人的大规模游行。3月9日，《真理报》刊登了主权国家联盟条约的第一个草案，这将是经过革新的苏维埃联邦的法律基础。草案规定苏联是"主权的联邦制的民主国家，它是根据各平等共和国自愿联合组成的，在条约参加国赋予它的权力范围内行使国家权力"。各共和国有权同外国建立直接的外交、领事、贸易和其他联系，有权同它们互换全权代表，签订国际条约和直接参加国际组织的活动。对这一给了加盟共和国相当大权力的条约草案，叶利钦仍然声明："我们不需要现存的任何形式的联盟，我们不需要这样的中心——庞大的、官僚化的……我们应该摆脱它。改革已经进行了6年，一切让我们相信，我们正在破坏这个体制，我们事实上已经走上了民主的革新，原来这是一个谎言。"[②] 叶利钦摆出了一副要与联盟中央对着干的架势。叶利钦在俄罗斯开始了公开与联盟中央争权的斗争，公然违反苏联的法律和法规，如俄罗斯联邦议会通过了自己的退休法，通过了允许私人拥有生产工具的法令，取消了个人副业税等税种，等等。

---

① 鲍里斯·叶利钦：《总统笔记》，第27页。
② Союз можно было сохранить. Белая книга. М.：ACT. 2007, C. 212.

1991年3月17日，148574606名苏联公民参加了全民公决，占公民总数185647355的80%，其中肯定回答者为113512812人，占76.4%，持否定意见者32303977人，占21.7%，还有2757817张票无效，占1.9%。① 在俄罗斯联邦，有75.4%的公民参加了全民公决，表决的结果是反常的。一方面有71.3%的参加者赞成保留革新的联盟，另一方面有70.8%的人赞成在俄罗斯设立总统职位。俄罗斯的全民公决结果很难说是苏联总统设想的胜利。这一结果实际上提高了叶利钦在选举中胜利的可能性，两个政权中心的关系并没有和平的迹象。

在乌克兰举行全民公决时，有83.5%的公民参加了投票。根据乌克兰最高苏维埃的决议，也加上了一个问题：您是否同意在组成苏维埃主权国家联盟的宣言的序言中写明乌克兰的国家主权？有80.17%的人回答是肯定的，高于赞成保留联盟者（70.2%）。这确定了乌克兰法律高于联盟法律的思想基础，在事实上排除了建立新的联邦制国家时乌克兰完全合乎要求加入的可能性。② 在地位仅次于俄罗斯和乌克兰的哈萨克斯坦，89%的公民参加了投票，对于全民公决的问题，94%的人给予了肯定的回答。白俄罗斯、阿塞拜疆、吉尔吉斯斯坦、乌兹别克斯坦、塔吉克斯坦、土库曼斯坦赞成保留联盟者的比例分别为：82.7%、93.7%、94.6%、93.7%、96.2%和97.9%。③ 从全民公决的结果可以看到，最高支持度来自中亚各共和国，而最低

---

① Хрестоматия по отечественной истории (1946—1995). М.: 1996, С. 351.

② Барсенков А. С., Вдовин А. И. История России. 1938—2002. . М.: 2003, С. 374.

③ Союз можно было сохранить. Белая книга. С. 215—216.

的竟然是俄罗斯和乌克兰。

全民公决与公民投票不同,其结果应该具有强制性的威力,这次全民公决给了政府维护国家统一的全权,政府有权据此采取措施保留联盟,避免国家的分裂。但格鲁吉亚、立陶宛、摩尔达维亚、拉脱维亚、亚美尼亚、爱沙尼亚这六个共和国没有参加全民公决,联盟中央对他们没有办法,这实际上意味着它们已经分离出去了,这个全民公决让人们看到了国家分裂的现实。3月31日格鲁吉亚举行全民投票,90.57%的公民参加了投票,99.08%的人赞成独立,4月9日,格鲁吉亚苏维埃通过了独立宣言。

1991年4月初,戈尔巴乔夫意识到当务之急是想办法保留统一的联盟,4月15日戈尔巴乔夫宣布时间在以天和星期来计算,最重要的任务是"应该就在这个月签署联盟条约,下个月批准"。①4月23日,根据戈尔巴乔夫的倡议,在莫斯科近郊的小村新奥加廖沃,戈尔巴乔夫与俄罗斯联邦、乌克兰、白俄罗斯、乌兹别克斯坦、哈萨克斯坦、阿塞拜疆、吉尔吉斯斯坦、塔吉克斯坦、土库曼斯坦领导人举行会晤,被称为"9+1"会晤,开始讨论新联盟条约的问题,发表了《关于刻不容缓采取紧急措施稳定国内局势和克服危机的共同声明》,指出:在通过新联盟条约和联盟宪法前,采取坚决的措施恢复宪法秩序,在新联盟条约和联盟宪法通过前无条件地遵守法律;近期拿出新联盟条约草案,旨在使各共和国代表团签署这个协议文件;在签署条约后的六个月内苏联人代会通过建立在主权国家联盟基础之上的新宪法;在新

---

① Союз можно было сохранить. Белая книга. С. 224.

宪法通过后准备进行联盟权力机关的选举,在整个过渡时期内使联盟和共和国的权力机构、各级人民代表机构能够有效运行;承认拉脱维亚、立陶宛、爱沙尼亚、摩尔达维亚、格鲁吉亚、亚美尼亚自主决定是否参加联盟条约的问题;联盟和各共和国共同采取一些克服经济和社会危机的措施。① 这个声明是出乎人们预料的,表明戈尔巴乔夫做出了巨大的原则性让步。叶利钦还签署了暂停政治罢工的协议。苏联总统想方设法阻止联盟解体,各共和国知道苏联总统的弱点,努力从中央分得更多的权力,在新的条件下,苏联总统默认了未来联盟的邦联体制,但他们也不能完全忽视全民公决的结果,因此,尽量多使用"统一的联盟国家"、"联邦"等词语。

  1991年5月24日,在新奥加廖沃戈尔巴乔夫主持召开由各加盟共和国和自治共和国领导人参加的会议,讨论新联盟条约的名称、签订条约的主体、建立新联盟的原则、其最高机关的名称、税收和财产所有权问题。提交的草案称"主权社会主义共和国联盟"条约,缩写与原来的国名一致。叶利钦提出应该叫"苏维埃主权共和国联盟",俄罗斯要保持统一,不允许其自治共和国单独签署,俄罗斯拥有独立的内外政策,俄罗斯会向联邦转让相应的职能,中央的最高权力机关形式应该根据各共和国的意愿来确定,中央应该把权力最大限度地赋予地方。如果没有确定地分割财产,俄罗斯将不签署条约,煤矿工业、石油工业、有色金属加工等等转给了共和国,很好,在联盟条约里还应该划分国防和国家安全职能。关于税收,叶利钦反对按比例提供给联盟,认为应

---

① Союз можно было сохранить. Белая книга. С. 224—227.

该根据所需数额提供。① 这些问题解决了,俄罗斯可以签署。其他共和国实际上追随俄罗斯联邦领导人。

1991年6月3日,举行了新联盟条约起草委员会的第二次会议,6月4日卢基扬诺夫向最高苏维埃通报了新联盟条约的起草情况。苏联最高苏维埃中最大的议会党团——"联盟"议会党团对这个条约持否定态度。6月8日,这一议会党团的领导人和该议会党团建立的"联盟"——全联盟人民运动发表《关于签署联盟条约》的声明,对条约草案进行谴责,认为这一条约取消了苏联这个统一国家。对于联盟条约谈判的过程,俄罗斯民族问题专家季什科夫有过一段精彩的评述,他写道:"这是一个戏剧性时期,没有任何得当的专家指导,也没有任何公开性,甚至连个人责任感都没有,而包含着最高政治优先权和历史意义的争论就那么展开了。每个人都是参照他们'自己'本族或议会的'意愿',追求他们自己个人在当时形势下的先见之明和自己的口头准则。这完全是在展示苏联政治文明的一种惊人特征——缺乏法律约束,也没有公民一致同意。"②

1991年6月12日,俄罗斯举行了历史上第一次公民投票直选总统,叶利钦以57.3%的得票率击败雷日科夫等人,当选为俄罗斯联邦总统。俄罗斯的总统选举结果是对中央政权、苏共、俄共的打击,正如历史学家麦德维杰夫所说:"设立俄罗斯总统,并且赋予他很大的权力,这本身就意味着,在苏联国家大厦下埋下了一个巨大的地雷。在俄罗斯即将出现一个新的,与苏共中央没

---

① Союз можно было сохранить. Белая книга. С. 241、242.
② 瓦列里·季什科夫:《苏联及其解体后的族性、民族主义及冲突——炽热的头脑》,姜德顺译,中央民族大学出版社2009年,第98页。

有任何联系,并且基本不依赖于苏联政府和苏联总统的权力中心,出现一个与苏联竞争的国家。"① 叶利钦被民意推上了俄罗斯总统的宝座,同时,在莫斯科和列宁格勒的市长选举中,波波夫当选莫斯科市长,索布恰克当选为列宁格勒市长,激进派在俄罗斯取得了决定性的影响,实际上苏共在俄罗斯联邦已失去了执政地位。

1991年6月15日,苏共中央举行俄罗斯共产党各共和国、边疆区、州党委第一书记会议,舍宁主持,会议讨论了在俄罗斯联邦总统选举中的失败,认为戈尔巴乔夫是罪人,舍宁在总结报告中说:"根据与会者的意见,不容许无视全民公决的结果和苏联第四届人民代表会议的决议,因为全民公决的结果和决议明确规定了新联盟国家的名称——苏维埃社会主义国家联盟及其组建的基本原则。与会者强调指出,只有苏联人民代表大会才有权通过解决这一问题的最终决议。"② 1991年6月17日,联盟条约草案确定,分发给联盟各共和国讨论。同一天,苏联最高苏维埃举行会议,总理帕夫洛夫、国防部长亚佐夫、内务部长普戈、安全委员会主席克留奇科夫在会议上讲话,谴责戈尔巴乔夫,帕夫洛夫要求得到补充权力,得到"联盟"党团的支持。第二天,戈尔巴乔夫宣布不同意帕夫洛夫的报告,也得到了相应的支持。6月21日,在最高苏维埃会议上,戈尔巴乔夫与"联盟"党派决裂,指责他们试图破坏各共和国间的合作,戈尔巴乔夫又与党内保守分子、强硬派对立起来了。

1991年7月12日,苏联最高苏维埃通过《关于主权国家联

---

① 罗伊·麦德维杰夫:《苏联的最后一年》,王晓玉等译,社会科学文献出版社2005年,第46页。

② 转引自鲁·格·皮霍亚:《苏联政权史(1945—1991)》,第712页。

盟条约草案》的决议，基本上同意主权国家联盟条约草案，确定了以戈尔巴乔夫为团长的拥有全权的联盟代表团的组成人员名单，委托联盟全权代表团遵照苏联最高苏维埃各委员会及其成员以及苏联人民代表所提出的意见和建议，对主权国家联盟条约草案加以完善并达成一致意见。由联盟全权代表团同共和国全权代表团商定符合革新的联邦民主国家原则的联盟条约的最后文本。①7月23日，各共和国领导人再次在新奥加廖沃举行会晤，苏联最高苏维埃领导人全部到会，总理、外交部长、国防部长亦到会。卢基扬诺夫说，最后一次讨论关于主权国家联盟条约最后文本的会议仍是非建设性的，有人建议从条约中删除苏维埃社会主义共和国联盟是主权联邦国家的内容，坚持只有一套税收系统。乌克兰代表在会谈中宣布，乌克兰将不会在9月中旬前决定自己与联盟条约的关系问题。15个加盟共和国中只有8个准备签署条约。②最后，参加会谈的各共和国代表决定9月至10月在苏联人代会召开时签署条约，戈尔巴乔夫支持。这一协议的达成标志着新奥加廖沃进程第一阶段工作的完成，尽管未能使所有加盟共和国都留在联盟内，但毕竟这还是多数共和国的联盟。

  1991年7月29—30日戈尔巴乔夫与叶利钦、纳扎尔巴耶夫在新奥加廖沃再次举行秘密会晤，戈尔巴乔夫建议俄罗斯和哈萨克斯坦总统不是在9—10月，而是在8月20日开始签署条约。在交换意见时戈尔巴乔夫接受了共和国领导人关于在财政预算中实行单一的税收体系的建议。戈尔巴乔夫还同意解除总理帕夫洛

---

  ① Союз можно было сохранить. Белая книга. С. 252—254.
  ② 转引自 Барсенков А. С., Вдовин А. И История России. 1938—2002. С. 375.

夫、克格勃主席克留奇科夫、国防部长亚佐夫、内务部长普戈、国家广播电视委员会主席克拉夫琴科、副总统亚纳耶夫的职务，他们三人商定由纳扎尔巴耶夫任总理。叶利钦在谈到新奥加廖沃条约时说："我同戈尔巴乔夫突然都清清楚楚地感觉到，我们二者的利益终于相互一致了，这些角色让我俩完全满意。戈尔巴乔夫保住他最高的职位，我则保住自己的独立。这对于我们二人而言乃是理想的决策。"①戈尔巴乔夫认为他完成了更新联盟这件大事，便度假去了，静待8月20日条约签署这天的到来。

  8月19日保守派发动了政变，使新联盟条约流产。他们想通过政变挽救联盟国家，结果却加速了苏联的解体。尽管此后戈尔巴乔夫做了极大的努力，但叶利钦等人已经决定自行其是。1991年12月8日，俄、白、乌三个加盟共和国的领导人聚集在白俄罗斯的别洛韦日，签署了一纸协议，给苏联画上了句号。随着苏联的解体和戈尔巴乔夫的下台，叶利钦领导俄罗斯开始了向新体制的快速转型。

---

① 鲍里斯·叶利钦：《总统笔记》，第45页。

第三章　新俄罗斯向现代化转型的激进之路

1991年12月苏联解体，叶利钦可以在俄罗斯联邦实施他的改变俄国发展模式的方案了。1990年以来，面临严重的经济危机，苏联高层实际上已经达成了向市场经济过渡的共识，只是在方式方法上存在分歧，政治体制则已转向了多党制和总统制。叶利钦的政策在大的方向上是戈尔巴乔夫改革的延续，但在步骤方法上却不同。从1992年开始，俄政府推行了"休克疗法"的激进式改革，彻底摧毁了苏联的经济体制，实现了改革不被逆转的目标，但没有建立起真正的政治民主和有序的市场经济。在转轨过程中，得利最大的还是原体制下的特权阶层，正如俄国学者所指出的："保障苏维埃体制运行的是共产党的独占地位，它实质上扮演着整合各部门、各行业的小圈子利益的角色。苏联的垮台消灭了苏共，各圈子获得了无限制的行动自由。它们攫取资源并把资产私有化，同时竭力增加行政和预算红利，为新权贵提出了把主导企业和公司转成私有财产的任务。在这种情况下，那种无需严格的游戏规则从而也无需保障其机制的体制，就比那种由稳定的结构和公认的程序来调节的体制更有吸引力。此外，新的统治阶层想尽快摆脱旧的社会制度的残余，即对社会承担的社会责任和家长式的庇护。"① 在无序的转轨中,俄罗斯社会经济和福利指标全面恶化,贫富差距拉大,广大民众生活在痛苦之中。俄国民众对叶利钦失望,激进民主派失去了民众的信任,但人们并不想退回到苏联时期去,这种矛盾使他们既选择右派的总统,又选择左派的议会,在总统与议会激烈冲突的斗争中,俄罗斯走过了动荡不安的十年。

一、在激烈斗争中确立新的政治体制

1990—1991年俄罗斯开始从以一党独存、党政合一、议行合一等为特征的传统政治模式向总统制、多党政治、议会民主、三权分立、自由选举为特征的现代政治体制过渡。苏联解体后,这一进程加速发展,但伴随着更为激烈的斗争。

(一)国家体制上的尖锐斗争

宪法规定俄罗斯联邦人民代表大会是国家最高权力机关,也是一个全权的机关。1991年6月改行总统制后,又规定总统是俄罗斯联邦最高公职人员和俄罗斯联邦执行权力领导人。二者职责并不明确。苏联解体后,激进民主派的精英从议会转到了行政权力机关,掌握着实际权力,在叶利钦周围的重要人物有:国务委员会秘书和第一副总理布尔布利斯,总统办公厅主任彼得罗夫,总统顾问洛博夫、莫尔沙科夫、伊柳辛、波尔托拉宁,主张实行"休克疗法"的年轻人,其中有绍欣、卢波欣、费奥多罗夫、沙赫赖、

---

① 弗拉季斯拉夫·伊诺泽姆采夫主编:《民主与现代化:有关21世纪挑战的争论》,徐向梅等译,中央编译出版社2011年,第159页。

丘拜斯、盖达尔等,他们是坚定的西方派,要按照西方模式改造俄罗斯社会。但是,在俄罗斯联邦人民代表大会——议会中则是原共产党势力占了优势,他们与叶利钦等人在国家发展道路和权力分配上存在严重的意见分歧。民主派明确否定过去苏联社会主义的理论与实践,主张建立以自由、民主、人权为基础的民主的公民社会,以西方式立法、执行、司法三权分立为基础的法制国家;经济上否定公有制和计划经济。中派、左派则反对激进改革,主张加强国家调控,注重社会保障的市场经济,在现行宪法的基础上进行政治体制改革,建立国家权力体制,建立议会制民主共和国,反对执行权力凌驾于立法权之上。于是,叶利钦和以哈斯布拉托夫、鲁茨科伊为首的议会之间爆发了严重的冲突,现行俄罗斯的政治体制是在这一冲突中确定下来的。

哈斯布拉托夫是个学者,他于1942年生于车臣首府格罗兹尼市,毕业于莫斯科大学法律系,在莫斯科普列汉诺夫经济学院任教授,还是俄罗斯科学院通讯院士,1990年走向政坛。哈斯布拉托夫不是叶利钦的亲信,能成为叶利钦的副手,完全是当时各派政治力量妥协与斗争的结果。叶利钦提名沙赫赖当自己的副手,但保守派不同意,最后,只能选择一位既为反对派所接受,也为激进派所容忍的人物,最后选中了哈斯布拉托夫。1991年6月叶利钦当选俄罗斯联邦总统后,哈斯布拉托夫接替叶利钦成了俄罗斯联邦最高苏维埃主席。在与戈尔巴乔夫争夺权力的斗争中,哈斯布拉托夫与叶利钦是一条战线上的战友,当共同的对手被战胜后,叶利钦建立超级总统制的做法,遭到了议会的反对。围绕建立总统制还是议会制共和国的问题,双方进行了一场生死较量。

1990年6月12日俄罗斯通过主权宣言后,制定新宪法、重建国家体制的问题便提上了日程。苏联解体后,新俄罗斯建立怎样的国家权力体制的问题更显迫切。叶利钦不断要求议会给他补充权力,使总统的行动不受议会的制约;哈斯布拉托夫领导的议会则要捍卫自己的权力,在政府的组成、国家经济改革方针的制定上有自己的发言权,他要建立一个以议会制为核心的共和国,认为必须加强议会的权力,限制总统的权力。

双方的对立是从经济政策的分歧开始的。1992年1月1日,政府一次性放开物价,造成了全体人民的"休克",在物价飞涨、通货膨胀的打击下,人民几十年的积蓄顷刻间化为乌有,70%居民的生活跌入贫困线以下,社会矛盾尖锐。人民的不满情绪激烈,议会要求政府辞职。叶利钦则力保以盖达尔为核心的政府,为了缓和群众的不满,他免去了盖达尔兼任的财政部长职务,只让其担任第一副总理,对其他人事也略有变动,但叶利钦坚决不辞去兼任的政府总理一职,也反对撤销1991年10月议会赋予他的特殊权力。在1992年12月召开的俄罗斯联邦第七次人代会上,反对派决心把盖达尔政府赶下台。鲁茨科伊公开说,要稳定俄罗斯的政治经济形势,必须解除盖达尔、布尔布利斯、波尔托拉宁、科济列夫、丘拜斯等人的职务。有人在报上公开要求叶利钦辞职,说他没有能力引导俄罗斯走出危机。

1992年6月21日,鲁茨科伊领导的俄罗斯人民党、沃尔斯基领导的俄罗斯工业家和企业家联合会等政党和组织组建了"公民联盟",成为叶利钦政权的建设性反对派。他们反对休克疗法,反对私有化方针和政府推行的亲西方的外交政策,哈斯布拉托夫是公民联盟的支持者。这样,俄罗斯政坛便出现了两大政治势力的对峙:一个是叶利钦的激进民主派,另一个是公民联盟,斗争的焦点是经济改革的方针和总统与议会权力的划分,俄罗斯联邦最高苏维埃,即人民代表大会的常设机关,成了他们斗争的主战场。

12月4日,在第七次人代会的会场上竟然出现了双方大打出手的场面,总统—政府派的代表冲上主席台与反对派的代表打成一团。盖达尔的报告未获通过,会议以623:193票通过一项决议,认为"政府的经济改革的形式和方法不符合多数公民的利益,导致产生了消极的社会经济后果"。为了能保住盖达尔政府,叶利钦同意由人代会任命国防、安全、外交、内务四个要害部门的部长,但议会不妥协,没有通过盖达尔的总理提名。最后,在宪法法院院长佐尔金的调节下,双方达成妥协,由切尔诺梅尔金出任政府总理。

切尔诺梅尔金毕业于古比雪夫工学院,担任过天然气加工厂的厂长、苏联天然气工业部部长等职,1989年起任国家天然气工业康采恩理事会主席,1992年5月起任副总理。叶利钦接受了议会选择的总理,但在组成新内阁时,并没有把公民联盟的领导人吸收进来,舒梅科、费奥多罗夫、丘拜斯、沙赫赖仍是副总理,巴兰尼科夫为安全部长、格拉乔夫仍是国防部长、科济列夫还是外交部长,叶林为内务部长,盖达尔当上经济改革咨询与鉴定委员会主席,波尔托拉宁被任命为联邦新闻中心主任。

总统—政府派与议会的斗争并没有因新政府的诞生而终止,妥协与和解都不能解决问题,斗争愈演愈烈,最后发展到了势不两立的地步。与此同时,共产党人也在恢复元气,重建组织,他们于1992年10月成立了"俄罗斯救国阵线",这一阵线的领导骨干有巴布林、久加诺夫等人,叶利钦的反对派中又多了一个以前共产党人为首的"左翼"反对派。1993年2月13日，俄罗斯共产党在莫斯科近郊召开了隆重的重建大会，在8月事变中被捕的卢基扬诺夫、亚纳耶夫、克留奇科夫、舍宁以及利加乔夫等人出席。俄共有比较完备的基层组织，人数达50多万，是俄罗斯第一大党。

1993年是俄罗斯政治斗争最为尖锐的一年，出现了总统与议会"双重政权"的局面，双方都宣称自己掌握最高权力，他们互相指责、互相撤销对方通过的命令、法规，叶利钦决心与立法机关斗争到底。他发布总统特别治理命令，宣布在解决政权危机前实行总统特别治理：在新的选举前，人代会和最高苏维埃做出的取消和暂停总统及政府决定的任何决定都不具有法律效力，提出于4月25日就是否信任总统问题举行全民公决。副总统鲁茨科伊和安全会议秘书拒绝签署，宪法法院则宣布叶利钦的命令破坏了宪法规定的分权原则，是违反宪法的。

叶利钦想通过总统治理，加强自己的权力，把自己的对手打倒，却事与愿违。促使鲁茨科伊、哈斯布拉托夫、宪法法院院长佐尔金等人联合起来。在随后召开的第九次非常人代会上，哈斯布拉托夫想迫使叶利钦做出让步，遭到拒绝，他想通过启动弹劾程序，把叶利钦赶下台，但赞成罢免总统的提案有617票支持，离获得通过还差67票，赞成撤换哈斯布拉托夫的有268票。叶利钦态度有所缓和，强调举行全民公决和通过新宪法。在全民公决的内容上，议会与总统也经过激烈的争论，最后，人代会以621:223票通过了举行全民公决的决议，确定4月25日举行公决，题目是：

1.您是否信任俄罗斯联邦总统鲍里斯·叶利钦？

2. 您是否赞成俄罗斯联邦总统和政府自 1992 年以来实施的社会政策？

3. 您是否认为必须提前举行俄罗斯联邦总统选举？

4. 您是否认为必须提前举行俄罗斯联邦人民代表选举？

全民公决的结果是，参加投票者占选民总数的 64.2%，其中 58.7% 的人对叶利钦表示了信任，53% 的人赞成总统和政府的社会政策，另外两个问题未获通过，但要求提前进行议会选举的人数（占 43.1%，4620 万人）明显高于要求提前进行总统选举的人数（占 31.7%，3400 万），叶利钦的支持者比 1991 年总统选举时多。[①] 这个结果表明，人们不愿把自己的希望寄托在派别林立、斗争不断的最高苏维埃上，不相信夸夸其谈的哈斯布拉托夫能带领他们走出危机，他们更希望有一位强有力的"好沙皇"，全民公决的结果使总统的地位进一步巩固了。这个结果也意味着议会与总统还将并存，并继续他们之间的斗争。哈斯布拉托夫说这次公决没有表明谁是胜利者，叶利钦则说公决的结果表达了公民对总统和政府的信任，说明人民支持 1992 年以来的彻底改革的政策，这是人民给他的新授权，他将不辜负人民对改革政策的信任，他声称在人民对总统表示了信任后，议会成了"非法机构"，议会必须顺应民意，支持总统的改革方针。

全民公决后，议会与总统的斗争进入了决战阶段，斗争的核心是制定什么样的新宪法，总统和议会都向全民公布了自己的宪法草案。叶利钦的宪法草案所要建立的是超级总统制共和国，取消了副总统职位，议会的草案则要建立一个议会制共和国。在两

---

① *Зубов А. Б.*（*под. ред.*）История России. XX век：1939—2007，Москва：Астрель，АСТ. 2009，С. 597.

大权力机关进行"文斗"时，街头发生了"武斗"。1993年五一节，政府和反对派的支持者在示威游行过程中在加加林广场发生了流血冲突。在叶利钦看来，结束宪法危机、政权危机的最佳方案是解散俄罗斯人民代表大会，重新选举新的议会，通过全民投票通过新宪法草案。

方针已定的叶利钦开始着手行动，他解除了副总统鲁茨科伊负责的农业改革、与犯罪和营私舞弊作斗争的职务，解除巴兰尼科夫俄罗斯联邦内务部部长的职务，再次任命盖达尔为第一副总理，加强对新闻媒体的控制。准备就绪后，叶利钦于9月21日发表告人民书和总统令，宣布终止俄罗斯人民代表大会和最高苏维埃的立法、管理和监督职能；将建立最高立法机关——俄罗斯联邦会议（由联邦委员会和国家杜马两院组成），在此之前，按总统令和政府的决定办事；定于1993年12月11—12日举行议会选举。①

叶利钦的命令立即遭到哈斯布拉托夫等人的反击。当晚最高苏维埃通过决议，宣布叶利钦是在搞政变，他的命令无效，任命鲁茨科伊为代总统，宪法法院也做出了总统的决定不符合俄罗斯联邦基本法的裁定。9月22日凌晨，最高苏维埃向俄罗斯人民、军队、国际社会发出呼吁，解除叶利钦的职务。鲁茨科伊发布"总统令"：解除安全部长戈卢申科、内务部长叶林、国防部长格拉乔夫、奥斯坦基诺国家电视广播公司主席布拉金的职务，由巴兰尼科夫、杜纳耶夫、阿洽洛夫、拉祖特金等人接替他们。俄罗斯出现了名副其实的双重政权。

---

① 格·萨塔罗夫等:《叶利钦时代》，高增训等译，东方出版社2002年，第429—431页。

9月23日议会派的638名人民代表聚集在议会所在地白宫召开了第十次,也是最后一次人代会,他们明确表示支持最高苏维埃领导人的路线,态度很强硬。叶利钦签署总统令,规定:人民代表可以一次性领取一年的工资,可以保留已经分给他们的住房和恢复以前的工作,可以继续在国家高干医院就医,可以以优厚的待遇退休等等,但代表们并不买账。叶利钦想通过经济手段和平解决冲突的努力没有成功。议会不断发布没有实际效力的声明、决定,叶利钦下令围困白宫,对其断水断电,但是,人民代表并不屈服,他们受到最高苏维埃保卫局武装人员和一些左派、民族主义武装的保护,双方进行着武装对峙。他们对宪法法院和社会各界要求调停、妥协的呼吁置之不理。形势空前紧张。

10月3日,情况发生了变化。劳动俄罗斯等左派政党组织了数万群众的集会,他们声讨叶利钦、支持议会,会后,有数千名群众响应劳动俄罗斯的号召,去解放被围困的"白宫",他们突破警戒线,解除了对"白宫"的围困,他们热烈欢呼自己的胜利,鲁茨科伊和哈斯布拉托夫在"白宫"二楼的阳台上向群众发表演说,呼吁他们去攻打市政府和电视台。响应哈斯布拉托夫号召的人占领了市政府和电视台的一些楼层,致使电视台晚7时30分的节目停播。得到消息的叶利钦急调一架直升飞机从别墅飞回克里姆林宫的办公室,立即签发命令,鉴于在莫斯科发生了由极端分子制造的骚乱,从3日下午起在莫斯科实行紧急状态。

双方在东正教会的斡旋下于4日凌晨进行了一次谈判,但互不让步,没有达成协议。4日7时,叶利钦调到莫斯科的军队向"白宫"发起了进攻,T-72型坦克向白宫开炮。在震耳的炮声中,第一届俄罗斯人民民主选举产生的议会完成了自己的历史使命。哈斯布拉托夫、鲁茨科伊、巴兰尼科夫、杜纳耶夫、阿恰洛夫、马卡绍夫、安皮洛夫等一大批人被捕入狱。在这场冲突中,到底有多少人伤亡至今不清楚,根据不同的估计,有180—1000人死亡,其中包括来看热闹的和途经此地者,数百人受伤。① 急救中心主任科斯托马罗娃提供的数据:"由于莫斯科10月3—4日的冲突,截至10月6日14时共伤亡691人,其中123人死亡,467人住院,101人门诊治疗。"② 但没有一名人民代表伤亡。叶利钦炮轰"白宫",埋葬了苏维埃和人民代表大会制度。

(二)通过新宪法,确立超级总统制

1993年12月12日,俄罗斯就新宪法草案进行全民公决,参加这次投票的选民只有选民总数的54.8%,其中58.4%的人赞成新宪法,41.6%的人则投了反对票。新宪法把俄罗斯政坛斗争的结果固定下来,确立了总统制政体。

1993年宪法确立了俄罗斯政治体制的基础和原则。其指导思想是:彻底否定苏联的政治体制,引进西方的政治模式,反对垄断权力,提供多种选择。其基本原则是:民主与法制的原则,人民是权力的唯一来源,全民公决和自由选举是公民行使权力的最高直接体现;人权与自由的原则,承认人的权利与自由;思想与政治多元化原则,意识形态多样性,思想与言论的自由,承认政治多元化与多党制;三权分立的原则;保护私有制,公民拥有财

① *Зубов А. Б.* (*под. ред.*) История России. XX век: 1939—2007, С. 600.
② 转引自:格·萨塔罗夫等:《叶利钦时代》,高增训等译,东方出版社2002年,第444页。

产权；联邦制原则，所有联邦主体一律平等。以俄罗斯帝国的国徽为新俄罗斯的国徽，恢复国家杜马这一名称，意在表明新俄罗斯是俄国的继承者，接续1917年以前俄国的传统。

新宪法规定："俄罗斯联邦国家的权力由俄罗斯联邦总统、联邦会议（联邦委员会和国家杜马）、俄罗斯联邦政府、俄罗斯联邦法院行使"，全民无记名投票选举总统，参加选举的选民不超过选民总数半数则选举无效。简单多数票者当选，如果每位候选人的得票率都没超过半数，前两名再选。"凡年满35岁，在俄罗斯联邦定居10年以上的俄罗斯联邦居民，可以当选为俄罗斯联邦总统。"总统的任期由原来的五年改为四年，总统不受侵犯，总统连任不超过两届。总统是国家元首、是俄罗斯联邦宪法和公民权利和自由的保障，还是国家武装力量的最高统帅，总统拥有决定国家内外政策的基本方向、经国家杜马同意后任命政府总理、主持政府会议、作出政府辞职决定；有权向联邦委员会提出宪法法院和最高法院法官人选及总检察长人选；向国家杜马提出任命或解除国家银行行长职务；有权组成并领导联邦安全委员会和总统办公厅；有权任命武装力量最高统帅部；有权签署并颁布联邦法律，发布命令或指示；有权否决杜马通过的法律，确定国家杜马的选举、解散国家杜马、决定全民公决等权力。

议会是立法机关，只行使立法和监督职能，由联邦委员会和国家杜马组成。联邦委员会由89个联邦主体各派一名代表机关代表和一名执行权力机关代表组成；杜马由450名代表组成。前者的职权是：批准联邦主体间的边界变更，决定是否在境外动武，确定总统的选举和罢免；任命最高法官和总检察长。后者的权力是：通过联邦法律，批准总统对政府总理的任命；任免中央银行行长,宣布大赦,决定对政府的信任,罢免总统等。杜马选举采用比例代表制,共450个席位,得票超过5%的政党瓜分225个席位,另外225名代表在选区直接选出。议员薪金、医疗保障和日常生活保障与部长相同,在杜马大楼和自己的选区有单独的办公室,有个人专车与设备完善的住房,每月有相当于两个月工资的选区工作费,用来雇5名以上的工作人员,还有豁免权等特权。

司法权由宪法法院、最高法院、最高仲裁法院、检察院独立行使,法律面前人人平等。

1993年宪法所确立的政治体制一个明显的特点是总统权力大,议会很难监督总统,总统令有法律效力。总统直接任命政府,政党权力受到限制,议会多数党也不一定能参加政府,政党只能在议会中活动,并不能影响政府。总统拥有否决权,议会通过的法律,总统不签署则不能生效。被总统否决的法律,两院有2/3以上赞成才能通过。第一届杜马在半年内通过44项法案,有34项都未能生效。总统有权解散议会,议会很难监督政府。在总理人选三次被否决后,总统有权解散议会,杜马对政府不信任,第一次总统可以不理睬,第二次总统可以解散议会,或解散政府。国家杜马一旦被解散,俄罗斯联邦总统就应确定选举日期,以便新选出的国家杜马能在上届国家杜马解散时起不迟于四个月内开始工作。但是,在杜马新成立的一年内、杜马对总统提出指控而联邦委员会还没有做出决定前、国家处于紧急状态时、总统任期届满的前半年,总统都不能解散国家杜马。

议会有权力罢免总统,但执行起来比较难。国家杜马需要向联邦委员会提交由最高法院出具的总统确有犯罪迹象的结论书,以及宪法法院出具的证实总统叛国或犯有其他严重罪行的符合规定程序的结论书,联邦委员会才能罢免总统。国家杜马关于提出指控的决定和联邦委员会关于罢免总统职务的决定,必须在不少于 1/3 的国家杜马代表提议并在国家杜马成立的专门委员会做出结论的情况下,经两院各 2/3 代表表决同意后才能通过。联邦委员会关于罢免总统职务的决定应在国家杜马提出指控总统后不迟于三个月内做出,如果联邦委员会未能在这期间做出决定,对总统的指控则视为被驳回。实际上议会的权力是有限的,很难对总统进行监督。

俄罗斯总统权力之大,超过了美国总统和法国总统,例如,俄罗斯总统有立法倡议权,可提出修改宪法建议,而美国宪法修正案须由国会提出建议,法国的法律创议权只属总理和议员;俄罗斯总统可作出政府辞职的决定,而法国总统只能根据总理提出的政府辞呈才能免除其职务;俄罗斯总统在杜马三次否决总统提出的总理人选后,可解散杜马,而美国总统在任何情况下都无权解散参众两院,法国总统只在征询总理和议会两院议长意见后,方可宣布解散国民议会。可以说,俄罗斯的政治体制是超级总统制,叶利钦戏称自己为"沙皇鲍里斯"。但与沙俄时期和苏联时期相比,还是有很大进步的。首先,明确了最高权力交接的程序,规定了如何获得和保持权力;第二,基本上确立了相互制约的权力分立体制,总统的权力毕竟是法律权力,而不是苏共中央总书记至高无上的权力;第三,体现了法治精神,有助于建立一个在政治权力、职能和规模上都受到宪法制约的有限政府,司法权力首先是宪法法院的权力,对总统权力有抑制作用。第四,这也是当时现实的需要,在俄罗斯,民主传统、公民社会和成熟的政党体系都还没有形成,需要相对集权的总统作为稳定、民主和秩序的保障。总之，1993年宪法及其确立的俄罗斯宪政制度标志着新俄罗斯的政治体制确立了，尽管这一过程是艰难的，但宪政制度的建立对于实现国家的长治久安具有极其深远的历史意义。

（三）叶利钦艰难赢得连任

1993年宪法通过后，俄罗斯政治制度进入了发展、巩固和完善阶段，尽管各派分歧仍很严重，但都是在宪法和法律的框架下进行的。

1993年12月议会的选举结果出乎叶利钦等民主派的预料，在444名国家杜马的代表中，包括"俄罗斯选择"、统一和谐党和"亚博卢"联盟在内的民主派代表有164人，包括自由民主党、俄共、农业党在内的反对党有代表182人，持中间立场的代表98人。农业党负责人雷布金被选为杜马主席。在杜马23个委员会主席中，反对派议员党团占9个，其中自民党5个，共产党2个，农业党2个；民主派议员党团占据9个，其中"俄罗斯选择"4个，统一和谐党3个，"亚博卢"联盟2个；中间派议会党团占5个。自由民主党成了议会第一大党，刚刚重建10个月的俄共成了议会第三大党。在全联邦选区杜马代表的选举中，自民党、共产党和农业党三个反对派竞选联盟得票率为43.04%，得到联邦选区225个席位中的112席，而民主派联盟得票率仅为29.97%，得到78席，比前者低13.07个百分点，少34个席位。这种力量对比表明，俄罗斯仍将是一个右派总统与左派议会并存的社会，其政坛的斗争没有也不会平息，激进民主派的激进改革方针继续遭到议会的反对，这也说明俄罗斯向新型模式的转轨并不轻松。叶利钦希望各派政治力量能够消除分歧，达成共识，保障政策稳定，起草了《社会和睦条约》，1994年4月28日各党派的代表在克里姆林宫签署了这一条约，但俄共领导人久加诺夫和亚博卢联盟领导人亚夫林斯基没有签署。

议会选举所反映的社会情绪和议会内的力量对比，迫使叶利钦免去了盖达尔和舒梅克的第一副总理的职务，免去了沙赫赖和绍欣的副总理职务，切尔诺梅尔金总理明确反对休克疗法，推行比较稳健的经济改革方针，温和改革派的力量在政府中超过了激进民主派。但叶利钦牢牢地控制着外交和国防等强力部门，而且叶利钦有权主持政府会议，修改政府的经济方针。当议会拒绝通过第二阶段私有化计划时，叶利钦签发了继续实施私有化的总统令。由于政府改革方针的温和化，"俄罗斯选择"、"亚博卢"联盟等民主派不断对政府发难，要求切尔诺梅尔金政府辞职。俄罗斯的民主派阵营开始分化。

由于切尔诺梅尔金领导的政府所奉行的温和经济政策比较得民心，切尔诺梅尔金的威望在1994年第二个季度超过了叶利钦，同年10月，叶利钦对政府进行了一次大刀阔斧的改组，解除了切尔诺梅尔金的一些得力助手的职务，而把自己的人安插其中，从而加强对政府的控制。叶利钦的爱将丘拜斯被提升为第一副总理，负责经济、财政等要害部门，他的密友、天然气工业总公司副总经理巴比切夫当上了政府办公厅主任。

为了迎接1996年总统大选，1995年5月17日，《俄罗斯联邦总统选举法》出台，规定"选举联合组织、选举联盟或者由100名以上选民组成的倡议小组有权提名总统候选人"。同时还要求，每个被提名的总统候选人必须征得100万名以上选民的签名支持，在每个联邦主体征集到的选民签名不得超过所征集选民签名总数的 7%。

1995 年 12 月国家杜马的选举结果令叶利钦紧张，俄共得票率高达 22.31%，稳居第一，在杜马中占了 157 席，占议会席位的 35%，比在上届杜马中的席位增加了一倍半，俄罗斯自民党位居第二，得票率比俄共低了一半，而切尔诺梅尔金组建的政权党"我们的家园—俄罗斯"计划得 20%—30% 的选票，实际上得票率只有 10.13%。盖达尔领导的"俄罗斯民主选择—民主联合派"甚至未能进入议会。议会中的左翼政党控制着 230 个议席，达到了简单多数，在杜马 28 个委员会中左派人士占据了 14 个委员会的主席职务，俄共中央主席团成员谢列兹尼奥夫当选为杜马主席。叶利钦的反对派占据了优势，"然而，共产党的胜利并未能使它们在杜马以外明显地扩大影响。宪法发挥了应有的作用。在一个尚未形成政党制度的国家里，宪法是预防由纯粹的议会主义引发的最危险的曲折的缓冲器"。①

叶利钦身体欠佳，在杜马选举前迟迟没有宣布参选下届总统，但杜马选举的结果再次激发了叶利钦的斗志，他要确保俄罗斯发展方向不可逆转，正如他自己所说的："只要还存在'红色'与'白色'冲突的威胁，我作为一个人和一个公民的义务，我作为一个立于改革源头的政治家的义务，就是团结社会的所有健康力量和防止可能发生的震荡乃至国内战争……我们应该尽其所能，力争使我们俄罗斯人和我们的国家不会被代表过去的红色车轮轧死。"②叶利钦从杜马选举中看到人民反对激进的经济改革和

---

① 格·萨塔罗夫等：《叶利钦时代》，高增训等译，东方出版社 2002 年，第 672 页。
② 列昂尼德·姆列钦：《权力的公式——从叶利钦到普京》，徐葵等译，新华出版社和中国财政经济出版社 2000 年，第 515—516 页。

过分亲西方的外交政策，为了稳固自己的地位，争取在总统大选中连任，叶利钦再次对政府进行了改组。他解除了副总理沙赫赖、外交部长科济列夫、主张私有化的第一副总理丘拜斯、总统办公厅主任菲拉托夫、国家财产管理委员会主任别利亚耶夫、不管部部长特拉夫金、交通部长叶菲莫夫等人的职务，激进民主派被逐出了政府。叶利钦任命了被称为人民资本家的伏尔加汽车制造厂总经理卡丹尼科夫为政府第一副总理，接替丘拜斯，主张奉行全方位外交政策的普里马科夫当上了外交部长，叶利钦在政府中的"亲信"只剩下了国防部长格拉乔夫。

叶利钦在这次总统选举中取胜的历程是艰难的，叶利钦为此使出了浑身解数，甚至不顾心脏病冒险跳舞。在第一轮投票中，叶利钦的得票率仅为 35.28%，而俄共主席久加诺夫的得票率与之接近，达到了 32.04%。在关键的第二轮投票中，叶利钦的得票率仅为 54.4%，久加诺夫也获得了 40.7% 的选票，还有 4.9% 的选民反对他们两个。[①] 尽管久加诺夫没有当上总统，但他得到了 3010 万张的选票，这也不是一个小数目，说明俄共的影响很大。

叶利钦能再次入主克里姆林宫，原因是多方面的。首先，他利用了自己掌权的优势，调整了内外政策。针对俄罗斯人对苏联解体的不满，叶利钦加快了独联体一体化的进程；他许诺尽快补发拖欠的工资和养老金，增加对中小城市、西伯利亚和远东的拨款。他所控制的大众宣传媒介，极力制造恐共舆论，电视台反复播放 20 世纪 30 年代农业集体化和大清洗的恐怖镜

---

① *Зубов А. Б.* (*под. ред.*) История России. XX век: 1939—2007, С. 612.

头,不少担心俄共会复旧的人把票投向了叶利钦。把俄共和苏联时期的消极现象联系起来,从而获取选票,这是叶利钦获胜的秘诀,也说明民众害怕回到过去。叶利钦自然应该对苏联解体、国家经济危机、社会动荡、俄罗斯沦为二流国家负责。但是,正是这种状况,需要一个强有力的总统,在政治斗争的漩涡中,叶利钦闯过了一道道政治难关,他的上司、同事、下属离去了,他却依然保持着自己的权威,人们相信政治斗士叶利钦比久加诺夫更有力量。第二,选举结果表明,尽管人们不喜欢叶利钦,但更不喜欢久加诺夫,也不愿回到苏联时代,正如独立电视台主持人基谢廖夫发现的:"普通民众,工业家,记者,撰稿人都是全心全意支持着叶利钦的。就算叶利钦疾病缠身,犯过许多错误,还酗酒,人们还是觉得选他比选久加诺夫要保险得多。"①第三,新政权培植起来的有产者积极支持叶利钦,特别是寡头们在其中起了重要作用,他们害怕久加诺夫上台。别列佐夫斯基和古辛斯基首先达成了共识,他们认为现在正在进行的是一场没有硝烟的战争,面临回到共产主义社会的危险,古辛斯基认为:"如果不是在此时遇见别列佐夫斯基,叶利钦将不会成为俄罗斯的总统,历史也会就此改变。"②这种说法有些言过其实,但寡头们的支持无疑起了重要作用。别列佐夫斯基还联合了霍多尔科夫斯基、维诺格拉托夫、斯摩棱斯基、波塔宁、弗雷德曼等大财阀,在财政上、宣传上给叶利钦以支持。当时俄罗斯有三家主要电视台:国家电视台、公众电视台和独立电视台,

---

① 转引自戴维·霍夫曼:《寡头:新俄罗斯的财富与权力》,冯乃祥等译,中国社会科学出版社 2004 年,第 343 页。

② 同上书,第 325 页。

别列佐夫斯基和古辛斯基掌握后两家,它们都竭尽全力支持叶利钦,阻止共产党人上台。

1996年总统选举是代表不同发展模式和方向的两大势力的较量,叶利钦的连任是俄罗斯民众对1991年以来俄罗斯发展模式和方向的肯定。此次俄罗斯总统选举尽管竞争激烈,但双方都很遵守政治斗争的"游戏规则",进行的是文明、合法的争夺最高权力的斗争,失败的一方也能平静地接受选举结果,表明了社会的进步。1996年的选举实际上宣告了在转轨问题上斗争的结束,俄罗斯的政治转轨宣告完成,此后要做的是完善这一制度,而不是改变这一制度。

二、以私有化与市场经济为导向的经济转型

1991年12月叶利钦终于把戈尔巴乔夫赶出了克里姆林宫,在严重的经济危机背景下,他开始实施迅速过渡到市场经济的计划,推行了"休克疗法"。从1992年1月1日起,一次性放开物价,由市场供求关系决定商品价格;取消国家的外贸垄断,实现外贸自由;卢布在俄境内可以自由兑换;快速推行私有化政策,规定在1996年前完成私有化。盖达尔、丘拜斯等一批年轻的、有西方经济学知识的人成了领导俄罗斯实现经济转型的骨干,他们幻想在短时间内过渡到市场经济,让俄罗斯人迅速过上西欧人的幸福生活。

(一)"休克疗法",少数人获利

俄罗斯经济体制转变的核心是摧毁国有制和计划经济,实行

非国有化和建立自由市场经济。到1990年,商店空空如也,工人失去了生产的兴趣,拿到卢布什么都买不到。用行政的办法已经很难解决问题。从80年代末苏联实际上就开始了自发性的私有化,"从1988年末至1991年7月底,成千上万家大大小小的国营公司——占俄国最终私有化的公司的2%—3%——就通过这种令人震惊的办法改变了所有权,没有任何法律依据。几十亿美元的国家资产就这样被管理人员偷走了"。[1]如果"让这个过程再继续一两年,那么俄罗斯就会因为对财产进行强行、野蛮的再分配的结果而滑向灾难的边缘"。[2]企业领导人实际上无偿得到了企业的所有权,结果使国家既无资产也无钱,"1991年底自发的私有化已在全国大规模地展开了。实际上这就是盗窃全民的资产。但这种盗窃并不是非法的,因为没有出台非国有化的合法方案。常见的侵吞国有资产的方法有两个。第一个是简单地把国有企业的财产改变为某个新建的股份公司的资产的组成部分。第二个是通过简单的'租赁加赎买'把国有资产变为私人所有"。[3]大规模私有化的准备工作,在1990年就开始了。1990年12月29日,叶利钦签署了《关于加速国有和市有企业私有化的命令》,批准了俄罗斯联邦1992年国有和市有企业私有化的计划纲要。苏联解体后,为了迅速建立起市场经济,俄罗斯政府决定大力推进私有化,制造更多的有产者。

---

[1] 阿尔弗雷德·科赫:《出卖苏维埃帝国》,裘因等译,新华出版社2000年,第1—2页。

[2] 阿纳托利·丘拜斯主编:《俄罗斯式的私有化》,乔木森等译,新华出版社2004年,第11页。

[3] 同上书,第12页。

俄罗斯的私有化是把原属俄罗斯联邦、俄罗斯联邦主体和市政的资产转变为归自然人和法人所有。私有化实际上采用了这样几种形式:

一是进行住宅私有化,居民把自己的住宅变成私有财产,无需付费。

二是小私有化,即把那些小商铺、小吃店、修理店等卖给经营者或承包者。"到1994年9月,共有10.6万个小店,即占总数的83%实现了私有化。小私有化进展迅速,为零售商业的发展奠定了良好的基础。"①

表2 1994年小私有化的成果(单位:万)②

	总数	商业	公共饮食业	服务业
企业数量	10.23	5.77	1.47	2.99
私有化所占比重	71.2%	68.2%	69.7%	77.7%

小私有化确实也造就了一批小商品生产者和工商业者,出现了一批类似南斯拉夫那样的工人集体所有的企业。

三是大众私有化,即对10个部门的2.5万家大中型企业进行股份制改造。这一阶段到1994年6月结束。

大众私有化是通过发放私有化证券进行的。从理论上讲,苏联70多年积累的财富人人有份,况且在急剧通货膨胀的打击下,民众也没有用于购买财产的货币,丘拜斯等市场经济的推动者提出通过向国民发放私有化证券,国民用私有化证券购买企业股票,以达到把国有企业变成私有企业的目的。这一政策

---

① *Зубов А. Б.* (*под. ред.*) История России. XX век: 1939—2007, С. 590.

② *Белоусов Р.* Экономическая история России: XX век. книга V. Москва: Издат, 2006, С. 232.

的主要目的实际上并不是着眼于发展经济，主要是为了政治目的，力图经过私有化，形成新政权的社会基础。正如私有化的设计者丘拜斯所言："就某种意义上说，俄罗斯实行的整个私有化是一种享有优惠政策的私有化。对我们来说，重要的是要获得各种政治力量和社会力量的支持，获得企业经理们、工人们、地方当权派和广大人民的支持。我们需要把上述这些人都变成自己的同盟者。"[①] 实际上是用所有权换取政权，实现从苏联向俄罗斯的和平过渡。

1992年8月私有化证券纲领由叶利钦签署生效，从1992年10月到1993年2月，证券全部发放完毕，每位俄罗斯居民都领到了一张面值1万卢布（当时合100美元）的私有化证券。尽管俄政府呼吁居民不要着急用手中的证券换现金，而应当等着换股票，然而由于股市的混乱与信息不对称，居民很难换到足以保值、增值的股票，由于私有化证券是无记名的，便于转手，相当一部分证券被轻易卖掉"换酒喝了"。1993年1月开始，私有化证券开始下跌，从最高时的90000—10000卢布跌到4000卢布，到2月份则下跌到创纪录的3950卢布。丘拜斯认为"导致私有化证券危机的直接原因有若干个：最高苏维埃对第四套股份制方案的讨论；对私有化的大范围限制；在危机前的2—3个月里许多部门千方百计地将巨大的国有资产项目从私有化中撤出（运输业撤了30%，工业35%，军事工业55%，燃料动力业65%）；一些部门为取消已经通过的实行私有化的命令发起了狂妄的战争。例如，为捍卫波罗的海工厂劳动集体关于工厂私有

[①] 阿纳托利·丘拜斯主编：《俄罗斯式的私有化》，第35页。

化的决定，我们付出了多大的劳动！"① 随着俄罗斯通货膨胀严重，国有资产升值，加上政治斗争，企业折股拍卖工作进展缓慢，实际上证券私有化并没有化掉多少国有资产。据统计：总共收回证券11639.5万张，占总量的80.8%，有五分之一作废。共分掉国有资产注册总值2848.69亿卢布，其中2003.82亿卢布即70.3%是在最后5个月内按大幅调高后的估价卖出去的。到1994年7月1日证券私有化结束时，"超过4000万的俄国居民——占总人口的30%——成了私有化的企业和证券投资基金的主人"。② "在1992年至1994年期间，有2万多家企业实行了股份制，其职工总数占整个产业工人总数的2/3以上。也就是说，这些企业已经不再需要总局、托拉斯管理局和国家部委的监管了，其财产全部改由企业的董事会来管理。"③ 但这种私有化忽略了投资、企业的社会基础、非垄断化等问题，带来了许多消极后果。

私有化法提出了三种股份制方案供企业选择④：按照第一方案，企业职工除可无偿获得企业法定资本25%的优先股（优先分到股息，但无投票权）外，还可按优惠条件购买不超过法定资本10%的有表决权的普通股，可享受7折优惠，企业领导人还可再购买5%有表决权的普通权。第二方案，企业职工可按国家资产委员会规定的价格购买51%的有表决权的股票，成为企业的实际所有者。每个职工都有权随时独自处理自己的股票，这

---

① 阿纳托利·丘拜斯主编：《俄罗斯式的私有化》，第152页。
② 阿尔弗雷德·科赫：《出卖苏维埃帝国》，第11页。
③ 阿纳托利·丘拜斯主编：《俄罗斯式的私有化》，第42页。
④ 参见阿纳托利·丘拜斯主编：《俄罗斯式的私有化》，第35—37页。

是一个对企业职工及其领导者有利的方案。第三种方案，在中等规模的企业中，其领导人有权按很低的价格购买企业40%的股份，条件是企业经理们许诺有能力避免企业破产。选择第二种方案的最多，占70%，选择第一种的约占20%，接受第三种方案的不超过2%的企业。从总的情况看，企业职工和领导人得到了更多的优惠，这种做法也减少了私有化的阻力，一定程度上回应了杜马中左派的"把工厂交给工人"的要求。"当时有不少于29%的企业股份是用私有化证券买走的，这样被私有化的企业有16462家。"①

俄罗斯居民对私有化证券的态度是不同的：13%白白浪费了，26%被换成了货币，30%被交给了证券基金，只有14%被用来购买企业的股票。②许多人不知道如何使用私有化证券。一些头脑灵活的人成立了投资基金、投资公司等，但由于缺少监管，基金公司作弊、诈骗案屡屡出现，许多持券公民被骗。60%的俄罗斯人最后既没有证券，也没有股票，大众私有化并没有建立起人民资本主义。

四是货币私有化。从1994年7月起进入货币私有化阶段。政府将部分国有企业或国家控股的企业实行公开拍卖，人们用货币购买企业的股票。由于市场秩序混乱，政府管理部门失职，腐败成风，资产评估机构职能扭曲，股份制改造成了有权势者瓜分国有资产的一次盛宴。企业经理和部分地方官员或者其他暴发户通过权钱交易，按照大大低于实际价值的价格进行收购。这一阶段的私有化问题最多，少数人通过全权委托银行制、国

---

① *Зубов А. Б.（под. ред.）* История России. XX век：1939—2007，С. 590.
② *Зубов А. Б.（под. ред.）* История России. XX век：1939—2007，С. 590.

有股份委托经营制和承包制、贷款换股票等手段，把国家不愿分散给民众的资产通过权钱交易直接转入了权贵手中，从而造就了寡头经济。

全权委托银行制，即国家中央银行把预算拨款、税款"委托"权贵公司管理，受委托者便利用国家拨款"空手套白狼"，进行投机与放贷。1994年5月24日，联邦政府与波塔宁的奥涅克西姆银行签订委托协议，政府授权该银行作为政府办事机构，从事服务与对外经济关系有关的业务，如开设财政部外汇账户并进行外汇结算、为出口商开设专用账户、执行外贸中的国际结算、用国家的钱在国际外汇与信贷市场、有价证券市场开展业务等。类似的全权委托，是几乎每个寡头都有的特权，他们依靠这种特权从事的实际上是中央银行的金融业务，中央银行以低利率从国家预算中拨款给他们去经营，而他们则按商业银行的高利率贷出这些资金。仅此一项便可无风险地获得100%乃至更高的利润。

抵押拍卖不仅使国有资产在抵押期满后廉价易主，而且在抵押期间经营权也控制在国家特许的"自己人"手里。除了抵押制以外，这一时期国有企业与股份制企业中的国有股也普遍以类似承包制的方式委托私人（通常也是"自己人"）经营。

贷款换股票是寡头们想出来的化公为私的最有创意的方法。1995年的3月30日，波塔宁、霍多尔科夫斯基和斯摩棱斯基向总理切尔诺梅尔金建议，一个联合商业银行准备向政府提供9.1万亿卢布（相当于18亿美元）的贷款，条件是以俄罗斯一些大型企业的股票作为抵押担保。3年后政府还贷，即可收回控股权，否则这些股权即归贷款者。当年俄罗斯的预算需要从私有化中筹集

8.7万亿卢布,但是到3月份,国家财产委员会才拿到微不足道的1400亿卢布。银行家们为政府提供的是一个把全年所有私有化收入筹集起来的方案,[①]这对于困境中的政府来说极具诱惑力,当时政府拖欠着居民的养老金和工资。切尔诺梅尔金不可能拒绝这样的方案,丘拜斯只关心政府能不能拿到现金,他担心银行拿走了股票却不给钱。1995年8月30日,病中的叶利钦签署命令,正式启动贷款换股份方案。这个实施的方案与最初的原始方案相比,无论是原则,还是细则都已变得面目全非了,外国投资者被拒之门外,所有的竞标成为摆设,拍卖不是公开而是秘密进行,银行成为拍卖的组织者同时又是拍卖的买主。在私有化中以抵押拍卖的形式处理大型企业,等于半卖半送,"内部人交易",这成为寡头们占有国有资本的捷径。这些人化公为私的程度从下表中可以看到。

表3 1995年最贵的债转股的股票(单位:百万美元)[②]

公司	拿出的股份数	1995年12月这些股票的价格	当时股票的市场价格	1997年8月1日的市场价格
卢克	5	35	700	15839
尤科斯	45	150	353	6214
苏尔古特	40	88	220	5689
西丹科	51	130	255	5113
西伯利亚石油	51	100	196	4968
诺里尔斯克镍业公司	51	170	333	1890

---

① 戴维·霍夫曼:《寡头:新俄罗斯的财富与权力》,第306—307页。
② Белоусов Р. Экономическая история России: XX век. книга V. Москва: Издат, 2006, С. 250.

1995年11月17日，波塔宁以10万美元获得了"诺里尔斯克镍业公司"38%的股权，而最初的报价是1.7亿美元，1995年该公司的年报收入为33亿美元，利润为12亿美元。1995年12月，霍多尔科夫斯基挂名的公司用1.59亿美元，只超过起拍价900万美元，获得了"尤科斯"石油公司45%的股权，他只用超过起拍价12.5万美元就赢得了"尤科斯"35%的股份。同时，波塔宁用1.3亿美元赢得了西丹科石油公司51%的股份。别列佐夫斯基只用超过起拍价30万美元的价格就获得了西伯利亚石油公司51%控股权。① 古辛斯基没有参与贷款换股权的游戏，但在1996年总统竞选后，俄天然气公司购买了独立电视台公司30%的股权，为他提供了扩张所需的资金，叶利钦还签发命令，准许他全天候占用第四电视频道。1996年12月底，斯摩棱斯基的"首都储蓄银行"以240万美元收购了有1254个分支机构的国家农业银行。② 在权钱交易下，俄罗斯的工业金融集团基本形成了。

表4 俄罗斯金融工业集团的发展情况 ③

	1993	1994	1995	1996	1997	1998	1999
工业金融集团的数量（个）	1	7	28	46	72	77	77
加入工业金融集团企业的数量（个）	19	107	448	711	1121	1200	1232
生产份额（%）	0.3	1.4	6.2	8.1	9.2	9.2	12.9
就业比例（%）	0.1	0.5	2.4	3.7	4.6	4.7	6.8

工业金融集团之间的规模和差异也很大，影响最大的是"七

---

① 戴维·霍夫曼：《寡头：新俄罗斯的财富与权力》，第312、315—316、318页。
② 同上书，第359、360页。
③ 陆南泉：《苏联经济体制改革史论（从列宁到普京）》，人民出版社2007年，第715页。

大寡头"：即别列佐夫斯基、波塔宁、霍多尔科夫斯基、古辛斯基、阿文和弗雷德曼、斯摩棱斯基、阿列克别罗夫领导的集团，他们与政权紧密结合，瓜分了苏联人民几十年创造的财富。这些人成为1996年叶利钦获胜的主要支持力量，叶利钦也投桃报李，给了他们更大的回报，别列佐夫斯基被任命为国家安全会议副秘书。寡头经济的形成除了这种权钱交易外，还与苏联经济的高度垄断性有关，苏联高度垄断性的企业，在私有化的条件下摇身一变就成了私人垄断公司。有专家评论说：私有化没有使国家财产真正落到最有权利得到财产者的手中，也没有落到有能力利用这些财产造福于社会的人的手中，而是落到了早就准备窃取这些财产者的手中。无论是在俄罗斯政府机关中，还是在俄罗斯大亨中，大多数人都是那些在80年代与党政机关和经济机关有密切关系的人，前苏联官员出身者在总统班子里占75%，政府中占74.3%，地方精英中占82.3%，经济精英中占61%。其中，前苏联经济官员在政府中占42.3%，经济精英中占37.7%。[①] 占俄罗斯人口10%的所谓"新贵"的财产来源大多都是不可告人的。这些新贵并不是俄国经济发展的支柱，他们对俄罗斯的命运也不关心。1992—1996年，仅在莫斯科地区，奔驰-500和奔驰-600的销售量就超过了西欧地区10年的销售量；新贵们到国外去购买房地产、股票、证券，或者去旅游，仅1994年他们到国外旅游就花费了70亿美元，比国际货币基金组织1995年向俄罗斯提供的贷款还多。

  私有化改变了原来单一的所有制结构，非国有经济的比重增加。1990年非国有经济占17.4%，1995年上升到了57.8%，

[①] 《消息报》1996年1月10日。

2000年达到了62.2%。由于俄罗斯没有正常的法律环境，法制不健全，公民社会不发达，人们的道德和职业素养不足，公民的市场经济意识弱等多方面因素，俄罗斯进行的是不民主的私有化，建立的也是不民主的资本主义。

（二）经济严重下滑，人民陷入贫困

叶利钦曾经希望俄罗斯很快从困境中走出来，让民众过上富裕的生活。但是，休克疗法实施后，恶性通货膨胀接踵而至，俄罗斯经济开始了长达7年的衰退。

表5　俄罗斯联邦1991—1998年主要宏观经济指标
（按可比价格计算的对上年的百分比）[①]

指标	1991	1992	1993	1994	1995	1996	1997	1998
国内生产总值	95	85.5	91.3	87.4	95.8	94	100	95
工业产值	91	85.3	88	79	97	95	100	95
农业产值	95	91	96	88	92	93	100	87
固定资本投资	85	60	88	76	87	82	102	82
通货膨胀	160	2509	839.9	215.1	131.4	21.8	11	84
失业人数（万）	140	360	420	550	600	600	600	800

表6　叶利钦执政时期俄罗斯的微观数据（1991年为100）[②]

年份	1992	1993	1994	1995	1996	1997	1998	1999
居民总数	99.98	99.8	99.7	99.5	99.2	98.9	98.6	98.1
国内生产总值	79.7	70.9	61.9	59.3	56.7	57.2	54.4	56.1
工业产值	82	70.5	55.8	54.0	51.8	52.9	50.2	54.3

---

① 根据俄罗斯联邦国家统计委员会资料整理。
② Белоусов Р. Экономическая история России: XX век. книга V. C. 276.

续表

农业产值	90.6	87.4	76.9	70.7	67.1	68.1	59.1	61.5
生产投资	56.1	49.4	37.5	33.8	27.7	26.3	23.2	24.3
货币供应量（倍数）		1	2.9	6.7	8.9	11.6	13.5	21.2
零售额	97	98.7	99	92.1	91.6	95.6	92.6	85.3
实际工资	41.3	41.5	38.2	27.5	29.1	30.6	26.6	20.8
失业（增长的倍数）	9.3	10.2	13.3	15.9	15.9	19.1	21.0	21.0

经济不断下滑，货币供应量不断上涨，导致严重的通货膨胀。失业人数大幅度攀升，到1999年达到910万人。①1991—1999年，经济部门的实际工资下降了40%，实际养老金下降了30%，10%的最富有者与10%的最贫困者的收入差距从原来的4.5倍扩大到15.5倍。②人民的各项生活指标下降了40%—50%，生活在极度贫困条件下的人数约占俄罗斯总人口的一半，死亡率大大高于出生率，导致人口锐减300万。犯罪率上升，教育、卫生和文化体系明显恶化，人均消费酒精量明显上升。

在1996年总统选举中，叶利钦承诺要按时发放工资和退休金，补偿人们的存款损失，但是，到了1997年1月，"11%的俄罗斯人实际上是生活在贫困中，月收入平均29万卢布（39美元）。而这有1600万人。还有25%的居民（3400万人）月收入32万卢布（57美元）。半数的居民（7400万人）月收入57到114美元。这样，1.27亿俄罗斯人月收入少于114美元。他们勉强维持"。③

---

① *Белоусов Р. Экономическая история России: XX век.* книга V. С. 277.

② *Согрин В. В.*1985—2005: три превращения современной России. // Отечественная история. 2005. No 3, С. 14.

③ 维克多·安德里亚诺夫、亚历山大·切尔尼亚克:《叶利钦传》（下），周荣广等译，辽宁人民出版社2001年，第581页。

俄罗斯经济只有石油和天然气部门比较繁荣,到1999年底,俄罗斯的石油出口量恢复到了从前的规模,天然气的出口量甚至还超过了从前。到2000年,出口石油和石油制品带来了331亿美元的收入,即人均228美元,而1985年苏联人均才只有46美元。① 与苏联时期不同的是,这些收益都落到了私人,而不是国家手里。

三、叶利钦第二任期存在的严重问题

国家的解体、政治经济的转型,需要一位强有力的领导人,但在赢得1996年总统选举后,叶利钦就病倒了。1996年11月5日,叶利钦做了风险很大的心脏手术,离开克里姆林宫休养了几个月,直到1997年2月才开始正式工作。在此期间有150多万人参加了各种形式的抗议活动,抗议政府不支付工资、养老金和补助金。叶利钦改组了政府,保留了切尔诺梅尔金的总理职务,把丘拜斯和涅姆佐夫任命为副总理,增强了激进派的地位。叶利钦采取灵活姿态,缓和与反对派的矛盾,希望实现社会和睦。从1997年起,俄罗斯经济在多年连续下降后开始回稳,尽管受金融市场动荡的冲击,1998年前两个月国内生产总值仍增长了0.9%。但是,病弱的叶利钦不能容忍切尔诺梅尔金地位的上升,突然宣布解散政府,由此导致了俄罗斯再次出现动荡和危机。

(一)叶利钦随意更换总理,引发信任危机

1998年3月23日,叶利钦借口切尔诺梅尔金政府的改革政

---

① Зубов А. Б. (под. ред.) История России. XX век: 1939—2007, C. 613.

策过于温和，突然命令解散政府，任命刚刚担任燃料和动力部部长4个多月、年仅35岁的基里延科为代总理，令世界大吃一惊。叶利钦对政府进行大换班，换上一位没有担任过副总理职务的年轻人，让许多人不理解。曾在叶利钦身边工作过的人猜测，"总统之所以坚持要罢免切尔诺梅尔金内阁，是因为他感到这件事已经推迟了整整一年时间，由两帮人（切尔诺梅尔金的一帮人和'年轻改革者们'）组成混合体的试验没有取得成功"。叶利钦感到切尔诺梅尔金将成为"头号人物"这是他不能容忍的；他想调整经济政策，"组建新政府实际上是总统为了确保经济改革成功的最后一次尝试"。①

叶利钦解散政府，引发了俄罗斯的又一轮政治危机。议会坚决反对叶利钦对新总理的提名，认为基里延科缺乏经验，难以对付复杂的局势，经过三轮投票，最后为了保住杜马自身，议员们才投了新总理一票。对于叶利钦而言，年轻人容易控制，叶利钦需要一个听话的政府。新政府的权力是有限的，只负责处理日常具体的经济问题，国防、外交、安全等部门的权力并不归政府管辖，而由总统直接掌管，国家经济发展的大政方针也由叶利钦决定。

基里延科1962年出生于苏联阿布哈兹共和国的苏呼米市，毕业于高尔基水利工程学院船舶制造系，担任过高尔基市共青团委第一书记。80年代末，在改革的浪潮中，他成了全苏联第一家经济合作制康采恩的总经理。1991—1992年他参加了为期两年的莫斯科经济学院"金融与银行业务"高级经理培训班。1994年他出任下诺夫哥罗德州"担保"商业银行的董事长，通过国家出资、

---

① 格·萨塔罗夫等：《叶利钦时代》，高增训等译，东方出版社2002年，第919—920页。

个人积蓄和银行贷款的办法帮助许多军人解决了住房问题,他还实施过一项补偿市民因银行破产而损失存款的计划,缓解了人们的不满情绪。两年后,他被当时的州长涅姆佐夫任命为该州的"诺尔西—奥依尔"石油公司总裁,不到一年时间就使该公司扭亏为盈,1997年又在涅姆佐夫的力荐下,出任俄罗斯最大的部——燃料动力部第一副部长,是第一副总理兼该部部长的涅姆佐夫的得力助手,同年11月升任部长,12月,担任国家驻天然气工业公司代表理事会主席。1998年4月24日,在叶利钦的坚决要求下,杜马终于以251票赞成批准了基里延科为政府总理。

叶利钦解散政府,把经济困难归咎于政府,以转移民众对他的注意力。俄罗斯的经济状况很严重,特别是在支付工人的工资和退休金方面,政府多次许诺要还清工资欠款,但不仅旧账没有还,新账又出现了,全国拖欠工资额已高达570亿卢布。叶利钦曾许诺1998年为经济增长年,到年底前还清工资债务,但在国内政治斗争不断、国外经济环境不佳的情况下,这些目标难以达到。"基里延科上台以后,国家除了得到一位衰弱和不受欢迎的总统和衰弱的总统办公厅以外,还得到了一个更加衰弱的政府。"[①]解散切尔诺梅尔金政府后,叶利钦的威望没有上升,反而在下降,罢工的煤矿工人提出了让叶利钦下台的政治主张。左翼反对派俄共加大了向叶利钦发难的力度,俄共中央全会明确提出不再与叶利钦政府进行"建设性协作",而要通过各种合法手段把叶利钦赶下台。在1998年8月21日举行的俄罗斯国家杜马非例行会议上,通过了有关让叶利钦自动辞职和对政府工作不满意案两项决

---

① 格·萨塔罗夫等:《叶利钦时代》,高增训等译,东方出版社2002年,第920页。

定。245名议员投票支持让叶利钦自愿辞职，32票反对。投票支持对政府工作不满意案的议员有246人。上述两项决定都是以超过杜马代表半数票（225票）的票数获得通过的。

　　1998年8月，俄罗斯出现金融危机，这次危机虽然是在亚洲金融危机的背景下出现的，但由于俄罗斯的经济与世界经济的联系并不紧密，俄罗斯的金融危机与亚洲金融危机的关系不大。俄罗斯的危机既是信用危机，也是长期不合理的经济政策造成的经济危机。为了筹措资金，地方大量发行超过偿还能力的债券。还在危机前，各地区就开始不履行还贷义务，许多钱是从外国银行借来的，增加了外国投资者对俄罗斯的不信任。莫斯科市长卢日科夫认为，1998年的经济危机，不是基里延科政府几个月工作造成的，而是一种制度性的危机。[①] 8月14日，叶利钦还说："卢布不会因国内金融市场的波动而贬值"，三天后，俄罗斯政府和中央银行联合宣布调整卢布汇率，美元与卢布的比价从1：6.2扩大到在1：6.2至1：9.5之间自由浮动。在这一背景下，叶利钦再次做出令世人震惊的决定，他于8月23日宣布解除基里延科的政府总理职务，这位俄罗斯历史上最年轻的总理只在总理位置上坐了122天，椅子还没有坐热，就再次成了替罪羊。危机并没有因为总理被解职而好转，到8月28日一美元可以换到13.9卢布。"到1998年8月底，无支付能力开始成为普遍现象。发行农业债券的82个地区中有70个拒绝履行自己的义务，发行本地区有价证券的27个地区中有25个停止支付。"[②]

　　叶利钦重新提名被他解职4个月的切尔诺梅尔金为政府总理，

[①] Российская Газета, 4 Сентября, 1998.
[②] 格·萨塔罗夫等：《叶利钦时代》，高增训等译，东方出版社2002年，第922页。

他在电视讲话中说:"昨天我做出了一个不寻常的决定,任命切尔诺梅尔金来领导政府。5个月前谁也没有想到世界金融危机会给俄罗斯造成如此沉重的打击,也没有想到国家的经济形势会这么艰难和复杂。在这种情况下,当务之急是不发生倒退,要保持稳定。目前特别需要那些被称之为重量级运动员的人出来帮忙。我认为,切尔诺梅尔金的经验和威望是我们很需要的和举足轻重的。我这样做还有另一个想法,就是要保证政权在2000年不失去继承性。"

此举反映了叶利钦反复无常的病态,大大损害了他的威信。杜马坚决不同意切尔诺梅尔金再次出任总理,并要弹劾总统。叶利钦再也不能保持他说一不二的地位了,他只能向杜马妥协,做出了许多让步,如同意根据联合政府原则组成新政府,不解散国家杜马,撤掉俄共讨厌的丘拜斯和涅姆佐夫的职务。但杜马并不买账,在第一次表决时切尔诺梅尔金只得到94张赞成票。杜马一方面要求叶利钦放弃对切尔诺梅尔金的总理提名,一方面提出自己的候选人。叶利钦不改变立场,但同意修改政府法,削弱总统对政府成员的任命权。在9月7日的第二轮投票中,杜马代表再次否决了对切尔诺梅尔金的总理提名。按照俄宪法,叶利钦可以在议会第三次否决后,直接任命切尔诺梅尔金为总理,同时解散议会,但是,左翼反对派已明确表示,国家杜马在对弹劾总统程序进行表决后,才会审议对切尔诺梅尔金的提名问题。权衡利弊后,叶利钦提名外交部长普里马科夫为总理候选人,新政府吸收了俄共等政治力量的代表,叶利钦也明确宣布他不再竞选下届总统,并对新政府放权。

经过这场政治斗争,叶利钦首次向左翼力量做出了让步,俄罗斯的政治体制也发生了一些积极的变化:总理地位上升,根据

《政府法》修正案，普里马科夫拥有了历任总理从未有过的权力，他有权挑选并推荐强力部门的领导人以外的所有政府成员，其中包括副总理、外长等过去一直由叶利钦亲自管理的政府要员，经济决策权也转到了政府手中，政府自俄罗斯独立以来首次摆脱了总统全面控制，开始走出叶利钦的阴影；杜马对总统和政府的制约能力明显增强，在国家政治生活中真正开始发挥举足轻重的作用，修改宪法问题也被提上了日程。普里马科夫上任之初，在政治上的地位比较有利，杜马和总统对他只能给予支持。但是，叶利钦并没有把他看成是"自己"的政府，他不过是总统暂时向议会妥协的过渡性人物。

普里马科夫1929年10月出生于基辅的一个职员家庭，先后毕业于莫斯科东方学院和莫斯科大学研究生院，是经济学博士、苏联科学院院士、有较高知名度的中东问题专家。1985年他出任苏联科学院世界经济和国际关系研究所所长，1988年出任苏共中央国际政策委员会委员，次年4月进入苏共中央委员会，6月当选为苏联最高苏维埃联盟院主席，9月当选为政治局候补委员。"8.19"事件后任国家安全委员会第一副主席，1991年11月被任命为苏联中央情报局局长。苏联解体后，他得到叶利钦的重用，留任原职，1996年1月被任命为外交部长。普里马科夫旗帜鲜明地捍卫俄罗斯的国家利益，在公众中树立了良好的形象。普里马科夫在议会的支持下，起用了一批左派人物参加政府，并对俄罗斯的改革提出了大胆批评，他在一系列经济政策上，特别是结束激进的经济改革、重新评价私有化进程、加强国家对国有资产的管理等政策上与叶利钦相左，同时，也触及了工业集团和金融寡头的利益，当普里马科夫政府帮助叶利钦渡过金融危机的难关后，叶利钦再次解除了其总理的职务。

普里马科夫政府在7个月的时间里,不仅稳定了局势,而且为俄罗斯经济开始走上正轨创造了条件。44个地区的工业生产开始增长,1999年3月,国内生产总值比上年同期增长了1.4%,普里马科夫与莫斯科市长卢日科夫建立了良好关系,许多地方行政领导也开始亲近他。据全俄舆论中心的调查,4月份只有7%的人对总统的工作满意,而满意总理工作的却有64%。结果俄国出现了两个权力中心:一个是总统和他在克里姆林宫的亲信;另一个是政府、卢日科夫、总检察长、国家杜马和联邦委员会的联盟。这是叶利钦不能容忍的。1999年5月12日,叶利钦宣布解散了普里马科夫政府,提名斯捷帕申为代总理。叶利钦频繁更换总理,反映了总统个人集权及其决策的随意性,成为俄罗斯危机的重要根源。

叶利钦以经济问题为名解除普里马科夫的职务,但是,斯捷帕申更不懂经济,斯捷帕申一直在警察机构和保安机构中任职,他曾在不受人欢迎的车臣战争中起过显著作用,任命斯捷帕申本身也有恐吓的因素。不过,斯捷帕申在总理职务上也只呆了不满三个月。8月9日,叶利钦又宣布解除斯捷帕申的职务,任命此前担任俄罗斯联邦安全会议秘书、联邦安全局局长的弗拉基米尔·普京为代总理。

(二)寡头干政,影响政局的稳定

1996年以后,由于身体不好,叶利钦很难正常工作,那些在总统选举中站在叶利钦一边的商业巨头们要求得到回报,希望得到更多的财产和更大的权力,叶利钦越来越受到"寡头"和"家族"的影响，国家处在寡头化时期。

1996年的选举使大众媒体成为强大的政治工具，产生了俄罗斯的"传媒大王"，古辛斯基是代表。以别列佐夫斯基为首的在私有化中暴富的金融寡头，也不满足于经济上的成功，还努力涉足政坛。别列佐夫斯基与叶利钦的小女儿塔季扬娜·季亚琴科（从1997年起正式被任命为总统顾问）关系密切，不断对政局施加有利于自己的影响，"各种迹象显示，别列佐夫斯基和他在克里姆林宫的同盟，主要是季亚琴科和尤马舍夫，策划了一个计划，准备在1998年2—3月撤换切尔诺梅尔金"。① 普里马科夫政府倒台，背后也有别列佐夫斯基的操纵。寡头们让"第四权力"——媒体处于自己的影响之下，利用所掌握的电视台、广播电台和报刊等大众舆论工具，影响社会舆论，进而影响俄罗斯政局，挑选自己的代理人。1999年底普里马科夫和卢日科夫的"祖国—全俄罗斯"党威望上升，他们有意参加2000年的总统选举，但寡头和"家族"不喜欢他们，"尤里·卢日科夫曾提出要求重新审查俄罗斯私有化过程是否完全公正，要求废除一切非法交易；叶夫根尼·普里马科夫则曾要求调查寡头们某些可疑的商业行为"。② 他们利用舆论工具对其进行恶意攻击，别列佐夫斯基利用公众电视台信号覆盖全俄罗斯的优势，通过著名的电视节目主持人多连科，"经常对普里马科夫和卢日科夫二人恶语攻击"③，说卢日科夫贪污受贿，说普里马科夫身体欠佳、行动困难、阴谋策划暗杀谢瓦尔德纳泽等等。在他们的攻击下，普里马科夫和卢日科夫的威信明显下降，

---

① 戴维·霍夫曼：《寡头：新俄罗斯的财富与权力》，第405页。
② 列昂尼德·姆列钦：《权力的公式——从叶利钦到普京》，第612页。
③ 戴维·霍夫曼：《寡头：新俄罗斯的财富与权力》，第469页。

"祖国—全俄罗斯"在1999年杜马选举中得票并不理想，他们也不可能参选总统了。别列佐夫斯基看到普京任代总理后威信上升很快，认为普京可以成为叶利钦的继承者，"别列佐夫斯基为使普京成为俄罗斯下一届领导人，比任何人都付出了更多的努力"。①他出钱资助"团结"党，该党在1999年杜马选举中成为第二大党，别列佐夫斯基自己也在一个选区获得了议员席位。古辛斯基所掌握的电视频道经常对克里姆林宫进行攻击，他跟别列佐夫斯基是对头，支持卢日科夫。叶利钦最亲近的人也在努力把国家财产搞到自己手中，1997年3月叶利钦大女儿的丈夫奥库洛夫当上了俄罗斯民用航空公司的总经理，叶利钦的小女儿塔季扬娜·季亚琴科和她后来的丈夫尤马舍夫都是俄罗斯的有钱人。

尽管"寡头"和"家族"对叶利钦的影响很大，但不能说叶利钦完全听命于他们，重大的决策还是由叶利钦自己做出的。在关系国家未来发展的问题上，叶利钦头脑还是清醒的。

（三）叶利钦选中普京，放心交权

1999年8月16日普京担任总理后，对车臣非法武装进行全力清剿，不向西方让步和妥协，坚决捍卫俄罗斯的民族利益，在经济上也扭转了多年负增长的局面，使国内生产总值有所增长。在短短几个月的时间里，普京的支持率从最初的2%升至50%以上。令人奇怪的是，叶利钦对这位总理威信的上升却很满意，没有再解除他的职务，却考虑要把总统职位让给他。

叶利钦选中普京是经过深思熟虑的，他考察了身边所有的政

---

① 戴维·霍夫曼：《寡头：新俄罗斯的财富与权力》，第479页。

治人物,看中了普京。在普京任总统办公厅副主任时,叶利钦就发现,别人经常对一些很简单的问题措手不及,"普京却能自然而平静地回答,以至于我产生了一种感觉:对于我来讲,还是年轻人的普京已经做好准备去迎接生活中可能遇到的一切,对于任何挑战他都能应付自如"。他也没有像别人那样想办法跟叶利钦"亲近",发表自己对时局的看法。"普京是以自己办事果断、忠于职守而引起总统的注意"①,1998年7月叶利钦任命普京为联邦安全局局长,普京对安全局进行了重组,组建了很有工作能力的班子,让叶利钦很满意。他发现普京很正直,"他随时准备同自己所承担的高位告别,但不做违背自己良心的事。他不急于去完成政治上的大举动,可他总比其他人更清楚地察觉到危险的所在,并且总是提醒我"。②在1999年解除普里马科夫职务时,他就做出了这个决定,但他认为时机不成熟,先把斯捷帕申推了出来。丘拜斯等人反对叶利钦任命普京,叶利钦还是坚信自己的判断。叶利钦的这个决定是高瞻远瞩的,但同时也是冒险的。确实,谁也没想到名不见经传的普京能成功地担当起总理的职责,迅速赢得民众的信任。

1999年年底,俄罗斯举行了议会选举,产生了走向新世纪的立法机构。与前两次杜马选举不同,如果说前两次议会选举的结果反映了社会与现政权的对立,那么此次大选的结果则让叶利钦满意。在这次选举中,成立不到两个半月的新的政权党"团结"取得了令人惊讶的成绩,得到了23.32%的选票,仅比俄共低一

---

① 格·萨塔罗夫等:《叶利钦时代》,第979页。
② 叶利钦:《午夜日记——叶利钦自传》,曹缦西等译,译林出版社2001年,第374—375、329、377页。

个百分点，成为仅次于俄共的第二大议会党团。由名声不佳的基里延科、丘拜斯等年轻改革派组成的右翼力量联盟，不仅取得了进入议会的权力，而且在议会中成为居第4位的政党，取得了8%点多的选票。在克里姆林宫和别列佐夫斯基的进攻和诋毁下，曾经显赫一时的、由普里马科夫和卢日科夫领导的"祖国——全俄罗斯"党在选举中遭到了惨败，选举后，"祖国"与"全俄罗斯"党发生了分裂，雅科夫列夫领导的"全俄罗斯"党投到了普京的麾下。俄共的左翼战线在缩小，俄共和它的同盟者农业党共占有150席，而上届他们占200席。俄共及其支持者已构不成议会的多数，已经没有力量再次发起对政府的进攻，难以再有大的作为。这次杜马选举实际上是2000年总统选举的预演，人们选择成立不到两个半月、没有明确纲领的"团结"党，实际上选的是普京。

叶利钦趁普京在俄罗斯政坛走红、反对派受挫之际，为防夜长梦多，做出了于己、于国家、于普京都有利的决定：辞去总统职务。普京在谈到与叶利钦因此事会晤时说："新年前两三周，鲍里斯·尼古拉耶维奇邀请我到他的办公室，说他决定辞职。这样我将成为代理总统。他注视着我，期待我开口。我默默地坐着，他开始详细地说，他想在今年宣布自己辞职……当他结束谈话时，我说：'您知道，鲍里斯·尼古拉耶维奇，说实话，我不知道是否有所准备，我是否愿意，因为这是相当沉重的。'我不相信我想有这样的命运……他陷入沉思，显然他并不轻松。总的来说，这是一次忧虑的交谈。我没有很认真地对待自己被指定为继承人，而当鲍里斯·尼古拉耶维奇向我通报自己的决定时，我确实没有充分准备。"① 尽管没有准备,但普京并没有辜负叶利钦。

1999年12月31日中午12时,人们正准备迎接新年,电视屏幕上出现了68岁、满头银发、气喘吁吁的叶利钦,人们以为他要发表新年讲话,而听到的却是:"今天,在即将过去的世纪的最后一天,我决定走开。"这着实让世人吃了一惊。叶利钦表示,在他担任总统期间并没有实现他上台时所许下的诺言,他请求俄罗斯人民原谅,他诚恳地表示:"我为你们那些未能实现的梦想请求原谅,我为未能理解大家的希望而请求原谅,我为自己未能把国家领进一个富足文明的未来而请求原谅。"他表示应该让年轻的一代领导国家走向新的世纪。叶利钦叮嘱普京:"珍惜俄罗斯!"叶利钦突然宣布辞去俄罗斯联邦总统的职务,把权力交给了上任只有四个月的年轻总理普京,也使俄罗斯的总统选举提前三个月举行,让其他政党感到措手不及。

叶利钦早已意识到自己已无力再领导一个困难重重的大国走上振兴之路,但他不能轻易离去,他要保证自己所奋斗的成果不会丧失,他要保证自己所开辟的俄罗斯之路不会断裂,为此他费尽苦心挑选接班人。这一接班人既要保证他体面地退出政治舞台,又要保证延续他的政治生命。普京正是叶利钦需要的人,他是一个市场经济和政治民主的拥护者,他曾是索布恰克的得力助手,同时,他又是一个道德感强、清廉、知恩图报之人。担任总理的几个月证明,普京是个能干的政治家。担任总统后他签署的第一道命令是《给予中止行使其全部权力的俄罗斯联邦总统及其家庭成员以保障》,保证叶利钦不被侵犯和追究刑事责任,其住所和

---

① От первого лица: разговоры с Владимиром Путиным. М., 2000, С. 185—186.

交通工具同样不可侵犯，实际上为叶利钦保留了任职时享受的特权和福利待遇，叶利钦可以放心交权。

叶利钦确实让曾经拥护他的人民失望，但人们对他有勇气辞职则普遍持欢迎态度，这也是人们期待已久的事。这次总统易位开创了一个比较好的先例。历史学家麦德维杰夫评论说："叶利钦时代在俄罗斯历史上几乎长达10年时间，最后在1999年末，以自愿辞职的方式结束。俄罗斯20世纪史上这还是第一次没有通过革命的方式、没有流血、没有宫廷政变或者密谋串通，而是在节日礼炮的轰隆声中、在觥筹交错的祝词声中、在五彩烟火的映衬下，一个时代结束了，成为了过去。"① 不管叶利钦犯过多少错误，他最后没有把权力交给亲信，而是交给了普京，体现了一位政治家的责任感，历史证明这是他对国家的重大贡献。

四、叶利钦时期国家转型的成果

俄罗斯的经济转型是在危机的情况下进行的，确实存在着许多问题和不公，但也并非一无是处，在从苏联高度集权的计划经济向市场经济转轨的过程中，许多问题恐怕也是不可避免的。叶利钦基本上还是适应了俄国历史发展的需要，推动俄国社会向文明进步的方向前进了一大步。正如普京在2007年12月接受《时代》周刊记者采访时所说的："无论是叶利钦还是戈尔巴乔夫毕竟做出了我也许不能做到的事情，他们迈出了破坏那种俄罗斯人民已经不能承受的制度的第一步。我不能确信自己敢这样去做。

---

① 罗伊·麦德维杰夫：《普京时代——世纪之交的俄罗斯》，王桂香等译，世界知识出版社2001年，第29页。

戈尔巴乔夫迈出了第一步，叶利钦完成了这一转变，我认为这是历史性的，对俄罗斯和俄罗斯人民非常重要的转变。他们，当然，首先是叶利钦，给俄罗斯带来了自由，这是叶利钦时代无可争辩的历史性成绩。"①

据《独立报》2000年2月9日刊登的全俄社会舆论研究中心的调查，62%的人赞美叶利钦辞职和对此表示满意。对叶利钦执政时代的评价：值得肯定的方面：45%的人认为没什么值得肯定的，认为叶利钦带来了民主、政治自由的占23%；克服了短缺、票证、排队：16%，发展了私人所有制：13%，为能人提供了行动自由：12%，摆脱了共产党人对权力的垄断：10%，破坏了专制体制、改善了与西方的关系：7%，为俄罗斯复兴带来希望：5%，改善了商品与服务的质量：4%，消除了新的战争威胁：3%。否定的方面：经济危机：40%，大量失业：36%，生活条件恶化：34%，1994—1996年的车臣战争：34%，通货膨胀和存款消失：32%，苏联解体：30%，窃取国家财富：28%，犯罪率上升：28%，拖延发放工资：26%，教育和保健体制崩溃：19%，政治不稳定：16%，对未来没有信心：15%，盗窃国家财产：15%，丧失俄罗斯的强国地位：11%，外国人的坏影响：7%，没什么不好的：2%。叶利钦时期是俄国社会激烈转型时期，这一时期在俄国历史上占有重要地位，叶利钦留给后世的值得肯定的方面主要有：

第一，在激烈的经济转型过程中，俄罗斯并没有发生像斯大林大转变时期那样的饥荒，没有出现饿死人的现象，尽管也有抗

---

① 普京:《普京文集（2002—2008）》，张树华等译，中国社会科学出版社2008年，第654页。

议和示威，但都是和平进行的，人们比较理性地看待面临的困难和问题，认同所选定的道路和方向。

第二，叶利钦时期奠定了市场经济的基础。私有化形成了大批独立的商品生产者，许多人不再依赖国家而生存。一次性放开物价，虽然使市场价格飞涨，但在一年内就克服了商品荒，到叶利钦当政的最后几年，俄罗斯大城市与西方已无大的差异，有钱什么都能买到。克服了经济闭关自守的状况，积极融入国际市场，虽然俄罗斯向国际市场主要提供原材料，但毕竟确定了俄罗斯在全球市场中的地位。在转轨的头十年，俄罗斯经济下降了将近一半，但失业率并没有这么高，大概只有12%左右。苏联的经济具有反消费的性质，俄罗斯的经济正在改变这种性质，许多人转向了轻工业和第三产业。1998年以后，俄罗斯经济开始从大萧条中逐渐恢复。1998年后油价狂涨以及趁1998年债务危机之机俄罗斯"赖"掉了大量债务，这些都帮助其经济得以恢复，1999年以后俄罗斯经济开始了长达10年的增长。

第三，叶利钦遵守宪法，保障了国家最高权力的和平交接。叶利钦破坏了苏联的集权体制，他也没有再做专制主义者。1996年，尽管政治形势不利于叶利钦，叶利钦没有把握再次当选总统，大选前，民调很不看好叶利钦，以致总统安全局局长科尔扎科夫建议取消总统大选。不过叶利钦本人没采纳这个建议，他还是遵守了民主政体的原则，如期举行了总统大选。1999年底，被认为视权如命的叶利钦却出人意料地把权力让给了总理普京。对此，俄国历史学家给予了很高的评价，在20世纪俄国的历史上，"只有叶利钦，是自愿提前辞职离开克里姆林宫这个权力中心，把政权移交到他自己钦定的接班人手里。这就是进步。我们可以期待，正是这种权力交接程序，在俄罗斯将成为通常的、平稳的宪法程序。建立一套权力继承的民主办法，目前在俄罗斯已经具有现实的可能性，我们无权放弃他"。①

第四，叶利钦在戈尔巴乔夫推行民主化、公开性，取消书报检查制度的基础上，遵循自由民主的理念，进一步推行自由化改革，"叶利钦保障了出版自由，言论自由、新闻自由、往来自由和组建政治党派的自由，如今俄罗斯已组建了众多的政治党派；民主是无法靠引进建造的，只能是自己成长发展，目前民主的最基本条件在俄罗斯已经产生"。②叶利钦容忍了报刊、电台对他的批评，俄罗斯在政治精神文化活动方面达到了西方式的自由民主标准。当然，由于这一时期的经济危机、社会混乱和法制崩解，严重威胁着居民的生命财产安全，精神文化上的自由民主大打折扣，令人们对走西方民主道路大失所望。

第五，叶利钦作为民选总统，有群众基础和社会基础，人们认可了叶利钦带领他们所走的这条新的现代化之路，俄罗斯人承受风险的能力强于苏联时期。尽管叶利钦时期的转轨给人民带来的痛苦远远超过戈尔巴乔夫的改革，但人们能够承受，人们愿意为未来牺牲现在，忍耐性强。当然，这一时期的工人罢工、民众抗议也很多，这些也促使叶利钦不断修正政策，关注民众的生活。这一时期所进行的产权制度改革使对国家的依赖和平均主义逐渐失去市场，尊重私有财产、财富与社会差别、创业与创新精神的新型社会责任感和价值观基本形成。

总之，叶利钦带领新俄罗斯采取了激进的向市场经济过渡的

---

① 罗伊·麦德维杰夫：《普京时代——世纪之交的俄罗斯》，第36页。
② 同上书，第34页。

政策，大刀阔斧地向原体制发起了冲锋，但这一进程并不轻松，仍然很有力量的俄共在其中扮演了拉后腿的角色。尽管叶利钦的"休克疗法"让经济和民众"休克"了，但也很快医治了商品短缺的问题，为经济的正常发展创造了条件，民众还是认可了其政策的方向，在1996年总统选举中，叶利钦战胜了共产党领导人，继续留在了总统的宝座上。叶利钦彻底埋葬了苏联原来的现代化模式，但他未能让新的模式有效运行，旧的体制被破坏了，新的体制并未真正建立起来，国家职能弱化，当权者利用权力侵吞了人民几十年创造的财富，造成严重的两极分化和社会不公，大部分人生活水平下降，对未来没有信心。在新世纪来临之际，精疲力竭的叶利钦提前结束了总统任期，主动把总统宝座让给了年轻的总理普京，期望年轻的普京去完成他富强俄罗斯的梦想。

第四章　普京对俄国现代化之路的探索

与东欧国家相比，俄罗斯的转型充满更多的矛盾与斗争，以俄共为代表的左派力量比较强大，制约着激进改革。民众的市场经济意识更弱，给很多投机者提供了方便。20世纪90年代，政治斗争激烈，经济下滑严重，国际地位下降，俄罗斯已沦为二流国家。许多人把造成这一切问题的根源归咎于右派崇尚的西方自由主义学说，主张迅速过渡到市场经济的激进主义失去了市场，主张走稳健改革路线的中派主义思潮开始发展起来。普京正是在人们抛弃激进主义、渴望稳定的背景下成为最高领导人的。

普京成为带领俄国人走向新世纪的最高领导人后，迅速扭转了国家衰败的局面。有人说普京是上帝给俄罗斯最好的礼物，像一个神话故事，似乎是上帝不忍心再看到俄国人受苦而给他们送来了一位英雄。实际上，普京的出现恰恰是俄国体制变化的结果，在苏联的体制下不可能发生这样的事。叶利钦破坏了原来的苏共干部体制，使一些名不见经传者走上了政治舞台的中心，普京正是新俄罗斯体制造就的一位政治家。"一位政治领袖如此迅速地产生并且能够得到全国的赞同，这不仅在俄罗斯20世纪史上不曾有过，而且如果不把1789年和1917年的大革命包括在内的话，那么西方民主国家的历史上也不曾有过。"① 普京是新型政治家而不是官僚或政客,他"把自然、富于进取精神、认真、轻松和幽默、健全的理智和坚决果断等新的风格带进了白宫,现在又带进了克里姆林宫"。② 普京迅速成为最受欢迎的政治家,主要有两方面的原因:一是年轻、健康、精力充沛、处事果断、顽强,具有坚定性,受过良好的教育;二是他神秘、不知名,人们对他不了解,是一块"白板",每个人在上面看到了自己想看到的东西,右翼认为他在政治领域会带来正确的转变,左派希望他带来社会公正,爱国力量希望他找到对抗西方阴谋的办法,自由派希望他保持与西方的联系。人们最大的愿望还是希望新总统能够整顿国家的秩序,给人们一个安宁的生活环境。

在执政的 8 年时间里,普京奉行的是新权威主义政策,是以改革为目的的权威主义,其主要做法是加强国家在促进政治民主有序发展和市场经济公平竞争中的作用。在普京的铁腕治理下,俄罗斯的面貌发生了巨大变化,经济实现了高速增长,人民生活有了很大改善,社会秩序实现了稳定,摆脱了国家衰微的局面,重新跻身于世界大国的行列,对世界发挥着重要影响。普京时期是俄罗斯走新型现代化之路的重要时期,普京的成功恰恰证明了不同于苏联的现代化之路是符合民众利益的。

一、寻找符合国情的现代化之路

普京头脑清醒,较为理智地对待苏联和俄罗斯的过去,在总

---

① 罗伊·麦德维杰夫:《普京时代——世纪之交的俄罗斯》,第 38 页。
② 同上书,第 237 页。

结过去苏联七十多年社会主义建设和90年代俄罗斯转型时期经验教训的基础上,确定了将市场经济和民主的普遍原则与俄罗斯具体实际相结合的发展之路。

(一)坚持市场经济和政治民主的方向不动摇

普京没有像叶利钦那样全盘否定苏联的历史,1999年12月30日,他在《独立报》发表《千年之交的俄罗斯》一文,他说:"在即将过去的这个世纪里,俄罗斯有四分之三的时间是在为共产主义原理而奋斗的标志下生活的。看不到这一点,甚至否定这一时期不容置疑的成就是错误的。然而,如果我们不意识到社会和人民在这一社会试验中付出了那种巨大代价,那就更大错特错了。主要的错误是:苏维埃政权没有使国家繁荣,社会昌盛,人民自由。用意识形态的方式搞经济导致我国远远落后于发达国家。无论承认这一点有多么痛苦,但是我们将近70年都在一条死胡同里发展,这条道路偏离了人类文明的康庄大道。"① 他认为俄罗斯目前的困难局面,与苏联时期直接相关,"目前我国经济和社会所遇到的困境,在很大程度上是由于继承了苏联式的经济所付出的代价。要知道,在改革开始之前我们没有其他经济。我们不得不在完全不同的基础上,而且有着笨重和畸形结构的体制中实施市场机制。这不可能不对改革进程产生影响"。"我们不得不为苏联经济过分依赖原料工业和国防工业而损害日用消费品生产的发展付出代价;我们不得不为轻视现代经济的关键部门付出代价,如信息、电子和通讯;我们不得不为不允许产品生产者的竞争付出代价,这妨碍了科学技术的进步,使俄罗斯经济在国际市场上

---

① 普京:《普京文集(2002—2008)》,第5页。

丧失竞争力；我们不得不为限制甚至压制企业和个人的创造性和进取精神付出代价。今天我们正在饱尝这几十年的苦果，既有物质上的，也有精神上的苦果。"[1]但是，普京尊重历史，2000年底，他建议把苏联国歌的旋律作为俄罗斯国歌的旋律，建议将红旗作为俄罗斯武装力量的正式旗帜。他说："如果有人认为不能使用苏联时期的标志，那就等于说，我们的父母虚度了一生，活得毫无意义。我无论如何不能同意这种观点。我国历史上有过砸烂一切的时期。如果我们再一次这样做，世人就会说我们是数典忘祖的人。"[2] "谁要是不为苏联的解体感到遗憾，他就是没有良心，而谁要是希望恢复苏联，他就是没有头脑。"成为普京的名言，反映了他的爱国情怀和现实主义态度。

同时，普京更尊重人民的选择，他赞扬叶利钦在摧毁苏维埃政权过程中做出的贡献。"正是由于叶利钦所具有的政治意愿，正是由于他的努力，才使我国离开了那条会把我们引向历史死胡同的路。而且，所有这一切都并不是在镇压、动荡、产生新的受害者的情况下实现的，这与共产党时期我国经历的情况是完全不同的。""即将过去的百年中的鲜明的例子就是，共产主义尝试的失败，以市场经济、民主、尊重人权和自由的原则为基础的体制在全球范围扎下了根。"[3]普京认为："90年代初向民主和市场经济的过渡得到了俄罗斯公民们最积极和最坚决的支持，他们做出了最终的选择，我想再次强调这一点，他们是义无反顾地选择了自由。我以为，这是俄罗斯人民的巨大和现实的成就，是我们国家在20

---

[1] 普京：《普京文集（2002—2008）》，第4页。
[2] 转引自《光明日报》2000年12月8日。
[3] 《俄罗斯研究》2001年第3期，第22页。

世纪取得的最伟大的成就之一。"[1] 在政治纲领和目标上，普京是叶利钦事业的继承者，但他对叶利钦的激进做法持批评态度，他认为俄罗斯不再需要激进的变革，需要的只是不断改良和完善。对于俄罗斯所选定的通往市场和民主的道路，普京充分肯定，他庆幸俄罗斯"终于走上了全人类都在走的主干道。正如世界经验令人信服地证明，只有这条道路可以使经济迅速发展，可以提高人民的生活水平。除此之外没有别的选择"。[2] 对于使俄罗斯走向复兴和繁荣的战略，普京明确表示："这个战略应依据市场和民主改革过程中所创造的一切好的经验，并且只能用渐进的、逐步的和审慎的方法实施；实施时既要保证政治稳定，又不能使俄罗斯人民的各个阶层和群体生活水平下降。"[3] 在担任总统的8年时间里，普京正是这么做的。

普京走上政治舞台是从与自由主义的激进改革派共事开始的，而且他一直同他们保持着较好的关系。当选总统后，普京继续进行以市场经济为导向的改革，把目标定为：俄罗斯的民主发展、建立文明的市场和法制国家，最主要的是提高人民的生活水平。在2000年5月7日就职典礼上，普京表示："我们相信自己的力量，相信我们能够真正改造和改变国家。我们想，我们的共同目标是让我们的俄罗斯成为自由的、繁荣的、富裕的、强大的文明国家，成为公民为其自豪和受世界尊敬的国家。"[4] 在2000年国情咨文中，普京强调"只有民主的国家才能确保个人与社会之

---

[1] 普京：《普京文集（2002—2008）》，第93页。
[2] 同上书，第4页。
[3] 同上书，第6页。
[4] 同上书，第63页。

间利益的平衡,使个人主动精神与全民族的任务并行不悖"。[①]"没有民主,不彻底纳入世界进程,今天我们便不能想象俄罗斯会有成功的未来。"[②] 普京强调俄罗斯的民主有自己的民族特色,要符合本国的历史传统和国情。

普京所强调的自由民主与苏联解体之初自由派所强调的自由民主有很大不同,后者曾经想照搬西方的自由民主和市场经济,普京则强调:"只有将市场经济和民主制的普遍原则与俄罗斯的现实有机结合起来,我们才会有一个光明的未来。"[③] 普京认为俄罗斯人重要的传统意识是国家观念,"在我国,国家及其体制和机构在人民生活中一向起着极为重要的作用。对于俄罗斯人来说,一个强大的国家不是什么异己的怪物,不是要与之做斗争的东西,恰恰相反,它是秩序的源头和保障,是任何变革的倡导者和主要推动力"。[④] "在俄罗斯,集体活动向来比个体活动重要,这是事实;而专制作风在俄罗斯社会根深蒂固这也是事实。大多数俄罗斯人不习惯通过自己个人的努力奋斗改善自己的状况,而习惯于借助国家和社会的帮助和支持做到这一点。需要很长的时间才能改掉这种习惯。"[⑤] 要振兴国家必须保持社会稳定,在政治上加强中央权力,普京强调,国家复兴和发展的关键在于国家政治领域,需要一个强有力的国家政权体系,建立一个民主、法治、有行政效率的国家政权体系。普京时期现代化模式总的思路是在经济和社会领域建立完整的国家调控体系,在加强国家政权的条件下完

---

① 普京:《普京文集(2002—2008)》,第 82 页。
② 同上书,第 518 页。
③ 同上书,第 6 页。
④ 同上书,第 9 页。
⑤ 同上书,第 9—10 页。

善民主机制和市场体制。经过 90 年代初自由化经济改革的失误，俄罗斯领导人、学者已经意识到在发展市场经济的过程中，国家的调控作用是必不可少的。因此，普京的政策得到了广泛的拥护。

（二）改变国家发展战略，注重改善民生

从俄国现代化历史进程看，基本上走的都是国防优先的道路，民众要服从和服务于国防的需要，当权者强调的是"国富民强"，实践的结果却是"国强民弱"。普京改变了这一发展战略，坚持优先解决人民的生活问题，先富民再富国，要让人民"有尊严地生活！"普京奉行的原则是："恢复俄罗斯不能以人为代价，不能以人的生活条件的进一步恶化为代价。""俄罗斯应该成为生活最有吸引力的国家。我深信，我们是能够做到这一点的，不是为了所谓的美好未来而牺牲现在，恰恰相反，是要日复一日地改善人们的福祉。"[1] 普京把提高居民的免费医疗水平，让人们买得起房，受到良好的教育，提高寿命和出生率，降低死亡率，作为重要的目标。

普京在其政策性宣言《千年之交的俄罗斯》中强调，"人处在领先地位。正是人，人的高度教育水平、职业素养、业务和社会积极性成为社会发展和前进的主要动力"。[2] 普京强调为人的发展创造条件，解决人民的生活问题是主要任务，在此，普京改变了俄国历史上外交目标高于内政的传统，强调外交要为经济的恢复和发展服务，奉行收缩外交，不再承担过多的国际责任。上任之初，普京把改善和发展与西方发达国家的关系放在重要地位，

---

[1] 普京：《普京文集（2002—2008）》，第 673、677 页。

[2] 同上书，第 1 页。

以期得到西方的资金和技术,早日摆脱经济困局。他相信新的世纪不再进行意识形态的战争,而是生活质量、国家的富裕和进步程度的竞赛。在2003年的国情咨文中普京提出,用10年的时间实现经济翻番、消除贫困和实现军队现代化的目标。

普京改变了叶利钦时期大规模私有化的政策,2004年以来,俄罗斯各主要行业开始重新国有化,国有和地方政府所有的企业从2001年的36.7万家增加到2006年的41.3万家。俄罗斯政府在能源、军工、飞机、汽车、造船、核能、银行、重型机械、矿产开发、海洋和航空运输等每个重要领域都建立起了大型国有控股公司。[①]普京利用国家掌握的经济力量,切实把解决民生问题放在了首位,2005年秋,他提出了以强化社会福利保障为核心的四大国家工程:高质量的教育、高效益的农业、现代化的医疗和普及型适用住房建设,第一副总理梅德韦杰夫亲自抓这一工作。"在2006年联邦预算里,用于教育和农业的总开支将增加三分之一以上,在卫生保健领域里增加60%,在住房领域里增加三倍。"[②]2007年俄罗斯国家预算为国家四大工程拨款就达2060亿卢布,比2006年增加了54.1%,而后的3年内,还将以不低于50%的标准提高预算单位工资,公务员人均工资计划提高15%,退休金标准将计划提高20%以上。[③]由于实行了积极的医疗保障和鼓励生育等人口发展政策,俄罗斯人口状况逐年改善,平均预期寿

[①] 李新:《对俄罗斯经济两次转型的认识》,《俄罗斯学刊》2014年第1期,第37页。

[②] 普京:《普京文集(2002—2008)》,第217页。

[③] 李中海主编:《普京八年:俄罗斯复兴之路(2000—2008)经济卷》,经济管理出版社2008年,第75页。

命持续提高,俄罗斯人的预期寿命在普京执政期间提高了5年,人口下降的势头得到一定程度的遏制,2007年新出生的人口数比过去15年的总和还多。

民众从普京的经济改革和调整中得到了实惠,人民的生活水平在8年里有了很大提高。1999年居民的实际收入仅为1991年的40%,拖欠工资和养老金现象严重,有的企业欠工资甚至达两年之久,俄罗斯有30%的居民处于贫困状态。到2005年贫困人口下降到17.7%,2006年下降至15.3%,2007年减至14%。"2000—2007年,居民实际收入增长了150%。同时,失业率和贫困水平均下降了50%。"① 据俄罗斯统计局2007年8月提供的数据,莫斯科人的平均月工资比2001年上涨了3倍,而物价上涨幅度则不到1倍。2007年俄罗斯居民的实际收入增长了10.4%,实际工资增长了16.2%。民众的富裕既是社会稳定的基础,也是俄罗斯经济持续快速增长的根基,俄罗斯经济增长的质量连年好转,一系列宏观经济指标有较大改善,很大程度上是内需拉动的结果。普京时代俄罗斯经济的增长,确实是富民的增长。

二、建立垂直权力体系,实现国家稳定

普京1999年12月31日接任总统之时,俄罗斯的政治、经济、军事、外交和社会领域无一不是问题成堆、危机四伏。普京上任后,加大了整顿社会秩序的力度,出台了一系列有利于国家统一、社会稳定、经济发展的改革措施,在这些措施中最重要的就是加

---

① 李中海主编:《普京八年:俄罗斯复兴之路(2000—2008)经济卷》,第23页。

强中央的权威,发挥国家在促进政治民主化和市场经济中的作用。俄罗斯转轨的实践证明:"在国家软弱,没有能力和正在土崩瓦解的条件下,既不可能建造出有效的市场机制,也不可能建造出多少现实一些的政治民主。"① 普京加强国家权力的做法实际上是对叶利钦放任自流的校正。

(一)设立联邦区,改革地方长官选举办法,加强垂直权力体系建设

普京把维护国家的统一,加强中央的权威放在了十分重要的地位。叶利钦执政期间,俄国上层权力机关争斗不已,导致中央权力削弱,政令不通。苏联解体后遗症的影响以及改革失误引发的离心力,使民族分裂和地方分离思潮蔓延;许多联邦主体的领导人把自己领导的地区变成了个人的"封地",有些联邦主体宣称是"主权国家",公然违抗总统和中央的指令;国家机构的效能低下,国家机构的权力被削弱了。

普京上任之时,车臣分离主义分子制造了一系列事端,他们入侵达吉斯坦,在莫斯科等城市爆炸居民楼,要建立从黑海到里海的哈里发国家。普京整顿军队,提高军人待遇,鼓舞了士气,对分离主义进行了坚决回击,基本消灭了车臣分离分子和恐怖分子,维护了国家的统一。

为了加强国家的权威,2001年5月12日普京签署命令,把全国按地域原则分成七个联邦区,由总统任命的全权代表(多数来自强力部门)进行治理,以打破官僚与不法企业主间的联盟,

---

① 安德兰尼克·米格拉尼扬:《公民社会与俄罗斯现代化》,第128页。

营造有利于公平竞争的市场经济环境。七个联邦辖区与俄大军区区划相似。从内务部独立出来的武装警察也在七个联邦区总统代表所在地设立分部。另外，中央还向七个联邦区派驻审计代表，以监督和审查各地执行中央预算和财政的情况。地方与中央相抵触的 3000 多项法律被纠正。此举加强了中央对地方的控制，保障了总统各项政策的实施。这些有利于国家统一和强大的措施与人民的愿望与要求是相吻合的。恢复了国家统一的法律空间。

　　普京还改变了联邦委员会（议会上院）的组成，改变了地方行政长官和立法机构的最高领导人兼任联邦委员会议员的惯例，而由他们任命的代表担任上院的议员，恢复了上院作为立法机关的本来面目，维护了分权制原则。

　　中央与地方的关系经过大调整，垂直领导系统得到了加强，但地方的问题并未完全解决，车臣问题仍是俄罗斯政治生活中的一个毒瘤。为了继续解决车臣问题，克服地方政权软、懒、散的局面，打击恐怖主义，2004 年 9 月 13 日，普京提出对本国政权体制进行激进改革的三大倡议：第一，联邦主体最高领导人将由地方立法机关根据联邦总统提名选出，而不是像现在这样由当地公民直选。第二，国家杜马（议会下院）代表将全部根据政党名单按比例选出。第三，成立社会院，以便与公民对话，让公民评议与监督国家决策。

　　普京的倡议得到了落实，首先，联邦主体（共和国、州、边疆区和直辖市）最高领导人由地方立法机关根据联邦总统提名选出，而不是像过去那样由当地公民直选，到 2005 年 12 月又进一步规定，由地方议会选举中获胜的政党提出行政长官候选人，由地方议会审议后提交总统任命。第二，国家杜马（议会下院）代表将全部根据政党名单按比例选出，原来225席由单席位选区直选，另外225席按进入国家杜马的各政党得票比例分配，改革后单席位选区和无党派议员将不复存在。进入杜马的政党的得票率从5%提高到7%，限制了进入杜马的政党数量。在2007年12月选举时又规定只有全国性政党才能参选，政党人数要在5万以上（以前是1万），不允许组建竞选联盟。结果只有统一俄罗斯党、俄罗斯联邦共产党、自由民主党、公正俄罗斯党进入议会，支持普京的政党占了绝对多数。第三，成立"社会院"，2005年7月1日"社会院法"生效，2006年1月1日社会院正式运行。这是一个协调公民、社会、政府的机构，由来自全国性、地区性和跨地区社会团体及非商业组织的126名成员组成，任命、推荐和选举的各占42名，各级政府官员和议员不得参加，任期两年，其主要任务是提出公民倡议、对国家权力机构进行监督、对宪法修正案及有关公民权利法案进行鉴定，目的是与公民进行广泛对话，让公民评议与监督国家机关。第四，鼓励联邦主体合并。俄罗斯联邦国家体制的基本特征是原封不动地继承了过去俄罗斯联邦组成的民族原则和地区原则，即现在的俄罗斯联邦仍由不同层次的民族自治实体——民族共和国、民族自治州和民族自治区以及边疆区、州和直辖市等行政区划组成。但不同实体的权力不同，不是平等的。如民族自治区是设立在边疆区或州之内，它与所在的边疆区或州的关系由俄罗斯联邦法律和民族自治区国家权力机关与相应的边疆区或州国家权力机关签订条约和协议来调节，也就是说民族自治区既受俄罗斯联邦中央管辖，也受所在的边疆区或州管辖，因此它不能与同为联邦主体的边疆区和州处于平等地位。以某个民族为主体建立民族共和国、民族自治州、民族自治区作为行政管辖单位，实际上在人为地强化民族自我意识和增强民族独立自主意识，不利于解决民族矛盾和维护多民族国家统一。俄原有89个联邦主体，其中包括21个共和国、6个边疆区、49个州、1个自治州、2个直辖市、10个自治专区。它们之间人口、资源极不平衡，而且"国中有国"，在联邦主体内又有自治地区。普京鼓励自愿合并。2005年12月1日彼尔姆州和科米彼尔米亚克自治区合并为彼尔姆边疆区。2007年1月1日，泰梅尔（多尔干—涅涅茨）自治区与埃文基自治区并入克拉斯诺亚尔斯克边疆区；科里亚克自治区重新并入堪察加州，设立堪察加边疆区。2008年3月1日，赤塔州和阿加布里亚特自治区合并，设立外贝加尔边疆区。经过合并，到2008年初联邦主体减少到83个。通过这些举措，巩固了俄罗斯的统一和中央对地方权力的制约，有利于社会的稳定与经济的发展，更有利于俄罗斯对外政策方针的执行。

对于联邦政府机构，普京在第一个任期内很长一段时间，基本保持了叶利钦时代的政府，卡西亚诺夫一直担任总理，沃洛申也一直担任总统办公厅主任。2003年10月沃洛申在尤克斯风波时辞职。2004年3月，弗拉德科夫取代卡西亚诺夫成为总理，这样，"叶利钦家族"成员几乎都离开了政治舞台。普京在改组政府的同时，也进行了机构改革，把30个联邦部缩减到17个，同时大幅度提高了公务员的工资。通过这一改组，政府成员基本上都是普京的人了。2007年9月，普京再次改组政府，祖布科夫取代弗拉德科夫成为联邦政府总理，但绝大部分成员的职务没有变化。前政府的两位第一副总理和两位副总理人选不变，并增设一名副总理，财政部部长库德林除保留原职外，还兼任了副总理。普京还提出了裁减工作人员、提高工作效率的任务，但要改变强大的官僚体制传统不是短期内能够做到的。俄罗斯的行政机构改革将是一个不断推进的过程。这一改革有两个基本方向：一是努力提高管理效率，二是打击和防范官僚腐败。改革的难题则是如何消化被裁减的人员，以及如何简化政府职能、减少行政审批权限，同时提高管理效率。

（二）建设符合俄国实际的民主

俄罗斯建立了民主政体的一些基本形式，如：普选制、多党制、三权分立等，但由于民主条件不成熟，公民社会还不够发达，盲目追求民主导致了社会动荡。大多数人已经认识到，俄罗斯不可能在短时间内建成西方国家那种相对发达的民主制。为了避免重蹈民主引发政治动荡的覆辙，就必须对民主自由加以规范。普京利用了宪法赋予总统的权力，在俄罗斯实行可控民主，这实际上是俄罗斯式的新权威主义。

普京首先赢得了强力部门和行政系统的支持，使以总统为核心的国家执行权力体系有效地运转起来了。普京对车臣恐怖主义、寡头干政行为、地方分离主义采取了毫不留情的坚决打击政策，并扶植议会多数党，以影响议会，不允许再出现叶利钦时代那种议会与总统对立的局面。

普京加强了国家对媒体的控制，掌握话语权。2000年，国家增持公共电视台股份，控股达51%，结束了别列佐夫斯基对该台的控制；国家控股的天然气工业公司也利用债权控制了原属"桥"新闻媒介控股公司的独立电视台；2001年，卢克石油公司对属于别列佐夫斯基的另一家电视台TB—6提出经济诉讼，迫使后者倒闭。国家用直接或间接控股方式控制了俄罗斯3家最大的电视台、70%的广播电视和80%的报纸。2001年颁布了《大众传媒法》,规定外资在俄罗斯传媒机构的持股比例不得超过50%,禁止外国公民和公司获得这些机构的控股权。2002年,普京签署总统令,取消了美国"自由欧洲"电台在俄罗斯境内的特权。普京强调:"没有真正自由的和负责任的大众媒体,这样的社会是不能想象的。但是这样的自由和这样的责任应该有必要的法律基础和经济基础,国家有责任建立起这样的基础。"①

普京建立垂直权力体系、议会形成一党独大的局面、加强对媒体的控制等做法,招致了西方国家各方面人士的批评,在2005年国情咨文中,普京回应说:"俄罗斯是按照本国人民的意愿,选择了自己的民主制度的国家。它遵守所有通行的民主规则,走上了民主之路。它将就如何贯彻自由和民主原则作出自己的独立决定,这必须从本国的历史、地缘政治和其他国情出发。作为一个主权国家,俄罗斯能够也将自主地决定民主道路上的一切时间期限,以及推进民主的条件。"②坚决反对西方国家对俄罗斯指手画脚。总统办公厅副主任苏尔科夫根据普京的这一思想提出了"主权民主"这一概念,在俄罗斯社会引起了很大反响。俄罗斯副总理兼国防部长谢尔盖·伊万诺夫说:"俄罗斯目前已经完全恢复了自己对世界形势和人类文明的未来负起全面责任的大国的地位。国家政策发生根本变化和有战略思维的新国家精英的形成在这方面起了重要作用。不过,主要原因还是俄罗斯新的价值观体系终于形成,这决定了俄罗斯社会的世界观基础。""自宣布新俄罗斯诞生之日起,我们首次明确回答了对任何一个国家及其人民来说

---

① 普京:《普京文集(2002—2008)》,第103页。
② 同上书,第187页。

都十分重要的问题：我们是谁？我们向何处去？我们想生活在什么样的社会里？这表明，俄罗斯要自主决定如何在自己的家园安排生活，不需要外人指点。俄罗斯价值观三个新的要素是：主权民主、强大的经济、军事实力。"①他解释说："主权民主是我国国内制度的精髓，它指的是公民有权自己决定本国的政策，可用包括武力在内的任何方式来维护这种权利，使之不受外来的压力。强大的经济是满足我国公民的物质需求和维持他们高质量生活的保证。同时，强大的经济能够保障国家拥有高水平的防御能力。军事实力的基础是武装力量，它是我国保持独立的重要保障。只有在很高的层次上发展先进技术和拥有强大的生产基地，才能保持和增强军事实力。"②

"主权民主"是对普京政治理念内涵的概括，是对西方所宣扬的自由民主价值观、干涉俄罗斯内政的回应，"各民主国家都有自己的民族特点，这是由它们的历史经验和文化遗产的独特性决定的。人民有权在没有任何外来压力的情况下独自做出决定，这恰恰是主要的民主价值之一。正因为如此，我们认为不能允许这样一种国际秩序的存在，即一个力量中心企图称霸世界，把以军事优势和经济优势为基础的游戏规则强加给其他所有国家"。③"主权民主"观念的提出表明新俄罗斯的意识形态已经形成。从戈尔巴乔夫改革起，俄罗斯民众开始迷信民主，并把民主泛化、滥用，导致了国家的无序和解体，俄罗斯人从中意识到，民主的俄罗斯的政治体制应当服从于维护和加强国家主权的要求。在国际上，

---

① Сергей Иванов.. Триада национальных ценностей// Известия 13 июля. 2006.
② Сергей Иванов. Триада национальных ценностей// Известия 13 июля. 2006.
③ Сергей Иванов. Триада национальных ценностей// Известия 13 июля 2006.

美国利用所谓民主推行自己的霸权,明显搞双重标准,他们批评俄罗斯不民主,但对比俄罗斯更不民主的某些国家却赞赏备至,北约不断挤压俄罗斯的战略空间,恶化俄罗斯的周边环境,借此牵制俄罗斯的发展,在这种情况下,俄罗斯有必要强调维护自己的主权。在国家主权面临威胁的情况下,对公民的民主权利和自由的某些限制是俄罗斯民众可以接受的,也符合俄罗斯的传统和民众的长远利益,因为民族国家的生存发展利益是最基本的利益,高于民主制度建设的利益。

普京虽然将"主权民主"作为政府主导的意识形态,但他再三表明俄罗斯接受所有文明都接受的民主原则,主权民主带有过渡性。普京清醒地认识到:"如果公民感觉到自己与国家和政权毫无关系,对政府毫无影响,这样的政权就适得其反。也就是说,政权应该是民主的。"[①]"我相信:只有发达的公民社会才能保障民主自由不受伤害,保障人权和公民权。而最终也只有自由的人才有能力保障经济的增长和国家的繁荣。简言之,这是经济获得成功和经济得到增长的根本条件。"[②] 在行将离任时他骄傲地说:"现在可以坚定地说:人民政治上说话不算数的时代已经一去不复返了。我们现在和将来都要尽最大可能,使我国公民的权利能够通过负责任的和忠诚的国家权力的有效机构充分地得到实现。"[③] 随着俄罗斯市场经济的发展和公民社会的建设、公民意识的提升,俄罗斯的民主形式将填充更切实的内容。

总的来看,普京的可控民主、主权民主,并不是专制集权,

---

① 普京:《普京文集(2002—2008)》,第647页。
② 同上书,第103—104页。
③ 同上书,第674页。

与苏联时期相比，它有了民主的框架和运作程序；与西方相比，它有俄罗斯特色，国家相对高于个人；与叶利钦时期相比，更有秩序、更有凝聚力，得到了俄国民众的认可和接受。但是，对于当今俄罗斯的政治体制，普京并不满意，其可控民主、主权民主也只是现代俄罗斯政治民主化进程的一个阶段。2008年2月8日，普京在关于俄罗斯到2020年发展战略的讲话中，提出了完善政治体制的任务，他说："俄罗斯政治体制的未来取决于当代人的追求，取决于千百万公民渴望个性自由、呼唤社会公正。民主国家应该是公民社会自我组织的有效工具。""我们的工作是寄希望于长远的。这项工作必将继续进行下去——通过教育活动，通过培养公民文化，通过提高捍卫人权的非政府组织和社会院的作用，当然还要通过发展俄罗斯的多党制度。"[①]普京强调："俄罗斯的政治体制应该不仅符合民族的政治文化，而且要与民族的政治文化一起发展。只有这样，政治体制才能既是灵活的，又是稳定的。"[②]这表明俄罗斯未来政体的发展仍将把现代政治的普遍性与俄罗斯的特殊性、与俄罗斯的政治文化传统结合起来，实现有序演进。

三、完善政党体制，建立现代政党制度

著名的政治学者亨廷顿认为："处于现代化之中的政治体系，其稳定取决于其政党的力量，而政党强大与否又要视其制度化群众支持的情况，其力量正好反映了这种支持的规模及制度化的程

---

① 普京：《普京文集（2002—2008）》，第685页。
② 同上书，第686页。

度。那些在实际上已经达到或者可以被认为达到政治高度稳定的处于现代化之中的国家,至少拥有一个强大的政党。"[1]20 世纪 90 年代俄罗斯政党林立的状况是其政治不稳定的反映,也反过来影响了政治的稳定。普京认为,正常的政党制度能够使群众明确方向,为国家准备后备干部队伍。1995 年《俄罗斯联邦社会组织法》规定,3 个以上公民倡议,就可成立政党。2001 年 6 月通过《政党法》,目的是消除"党派众多,实际上无党"的局面,原来政党林立的状况已有很大改变,俄罗斯正在形成三党或四大党的体制。普京认为,"俄罗斯的政治体制的性质在未来将由几个大的政党来决定。为了保持并确立自己的主导地位,他们当然应该顽强地工作。因此,各个政党必须认识到自己对俄罗斯的未来、对国家的统一、对国家的稳定发展所担负的重大责任"。他要求各政党,"政治争论无论多么尖锐,党派之间的矛盾不管多么无法解决,这些争论和矛盾任何时候都不能把国家推到混乱的边缘"。"发表不负责任的蛊惑人心的言论、企图煽动社会分裂、在国内政治斗争中利用外国的帮助和干预,不仅是不道德的,而且也是违法的。那些伎俩有损于我们人民的尊严,也会削弱我们的民主国家。"[2]

《政党法》对政党成立和登记条件提出了严格的法律制约,政党必须在半数以上的联邦主体建立有分支,每个地区只能建立一个地区分支;有不少于 1 万名党员,同时在一半以上的联邦主体的党员人数每个地区不能少于 100 名党员,其余地区分支不能少于 50 名党员;党的领导机构和其他机构必须建立在俄罗斯境

---

[1] 塞缪尔·P.亨廷顿:《变化社会中的政治秩序》,王冠华等译,三联书店 1989 年,第 377 页。

[2] 普京:《普京文集(2002—2008)》,第 685—686 页。

内；政党不能使用国家机关和地方机关的名称，不能用有损于民族和宗教感情的名称，不能使用公民的姓名命名政党的名称。

《政党法》禁止建立极端主义政党和禁止政党从事极端主义活动，禁止建立旨在用暴力手段改变宪法制度原则，破坏俄罗斯联邦的完整性，成立武装组织，煽动社会、种族纠纷的政党；禁止社会组织和团体使用"党"的字眼；禁止使用有损于俄罗斯和外国国旗、国徽和国歌等政党标志以及有损害地方政权、民族和宗教感情的政党标志；禁止按行业、种族、民族和宗教特征建立政党；禁止建立同一职业人员组成的政党；不仅禁止在国家机构和军队建立政党和开展活动，也禁止在国家机构建立政党的分支和开展活动；禁止政党干涉教育机构的教学活动；禁止在俄罗斯建立外国政党或外国政党的分支；禁止国家公职人员利用职务之便为政党利益服务，除各级议员外，公职人员不得在执行公务时执行所在党的决议；政党不能侵犯公民权利和自由；国家不干涉政党和有关人员的活动，也禁止政党干涉国家机构和公职人员的活动；禁止接受外国国家、外国法人和个人的捐赠，禁止接受匿名捐款等。

《政党法》还规定，在实行紧急状态和战时状态的情况下，政党必须遵守有关紧急状态法或战时状态法；某些符合条件的政党的一些财政支出和费用由国家财政拨付；最高法院裁决可以强制取缔政党或政党的分支机构或中止政党或政党的分支机构的活动等。

在该法通过前，俄有近200个政党和政治组织，该法通过后有资格注册为政党的党为数大大减少。

表7　2002年初政党数①（单位：万人）

政党	自称有党员数	在司法部登记的党员数	发放的党证数
自由民主党	60	1.91	47.5
俄共	50	1.93	50
"统一俄罗斯"	25.7	1.96	5
农业党	10	4.15	10
人民党	8.14	3.93	6.4
复兴党	4	—	—
社会民主党	3	1.27	3
"苹果党"	2.65	1.22	—
右翼力量联盟	2	1.46	1
"生活党"	1.5	1.16	—

俄罗斯的政党格局发生了很大变化，原本相互对立的"团结"、"祖国"和"全俄罗斯"三大中派组织，在拥护普京的旗号下联合起来，于2001年12月1日建立了"统一俄罗斯"党，这无疑是普京在政治上的重大胜利。该党发展很快，成员人数增加迅速，从而壮大了普京的政党基础。与中派联合和发展的趋势相反，俄罗斯共产党一路下滑，其内部矛盾重重，在与当局的斗争中提不出吸引民众的纲领，又受到当局的打压，威信不断下降，走上了削弱和分裂的道路。先是以舍宁为首的"列宁派"退出俄共，接着是以谢列兹尼奥夫为首的"温和派"与俄共分裂，最后是以格拉济耶夫为首的29个左派组织建立"祖国"联盟，与俄共分道扬镳。于是，俄共的力量大幅度下降，陷入自1993年重建以来最严重的危机，失去了第一大党的地位。

---

① Безбородов А. Б.（Отв. ред.）История России в новейшее время 1985—2009, Москва：Проспект，2010, С. 220.

2003年12月的杜马选举，充分显示了普京的政党基础已无比强大。作为"政权党"的"统一俄罗斯"党得票位居第一，获得了2280万张选票，得票率达37.57%，而原先的第一大党俄共只获得了760万张选票，得票率仅为12.61%，两者相差三倍。加上"单席位"选区当选的议员，"统一俄罗斯"党共获222个议席，接近议会半数；加上在地方选区选举中所获的席位，最终该党在杜马拥有的席位达到246个。再加上具有官方色彩的"祖国"竞选联盟获得的37席、支持普京的自由民主党的36个席位，拥护普京的议员已超过2/3的议会多数。俄共的得票率比上届减少近一半，丧失议会第一大政党的地位，在杜马中的议员数只有47名，沦为少数派，处于"陪衬"地位。在俄罗斯新政治格局中，俄罗斯自由民主党的力量有所发展，在杜马选举中获得了11.45%的得票率，新组建的"祖国"竞选联盟也获得了9.02%的得票率，它们的支持率与俄共不相上下，但远远低于支持普京的"统一俄罗斯"。反映出的趋势是：左派（俄共为代表）衰落，中派政党兴起，右派失去发言权。

主张发展自由市场经济的右翼力量衰落了，在俄罗斯已经没有了市场，右翼力量联盟、"苹果党"惨遭淘汰，连议会的大门都没有进去。主张走"第三条道路"，既不赞成"共产主义的空想主义"，也不赞成"新自由主义的原教旨主义"的俄罗斯社会民主党也没什么影响。俄罗斯的主流意识实际上成了国家资本主义和民族主义。"统一俄罗斯党"反对"政治激进主义"，主张保持国家稳定、团结和统一，自称是"全民党"，代表俄罗斯全体人民的利益，特别是中间阶级的利益，全面支持总统普京的路线政策，推动市场经济与社会公正相结合。到2006年，统一俄罗斯党有党员104.4万人，在全国各级立法机构中拥有2000多名议员，其中包括246名国家杜马议员、87名联邦委员会（议会上院）议员、40多名党员担任联邦主体的行政长官、500多名党员担任市政机构领导人。日里诺夫斯基领导的俄罗斯自由民主党仍很有市场，该党主张把自由主义与爱国主义结合起来，日里诺夫斯基公开宣扬极端民族主义，主张驱逐外国人，主张由国家集中控制燃料动力综合体、军工综合体，控制大部分财政资源，限制民主，惩罚经济犯罪和寡头势力。

在2004年3月14日举行的总统大选中，普京的得票率为71.2%，远远超过其他5位候选人，居第二位的共产党候选人得票率只有13.8%，独立候选人格拉济耶夫得票率是4.1%，独立候选人袴田得票率是3.9%，自由民主党候选人马雷什金得票率为2%，生活党候选人米罗诺夫得票率仅为0.8%。议会选举和总统大选的结果表明，俄罗斯政治力量对比和政治局势发生了重大变化，普京的权威已凌驾于社会各派政治势力之上，无人可以撼动；政权党控制了议会2/3的"宪法多数"；弗拉德科夫新政府与总统和议会关系很好，俄罗斯的国家权力体系实现了在普京领导下的高度一致。

2007年12月2日，俄罗斯举行了第五届国家杜马选举，这次选举中规定只有全国性政党才能参选，人数要在5万以上，而且不允许组建竞选联盟。11个政党参选（1995年选举时有43个参选，1999年减为26个，2003年12月选举时有23个），有4个政党进入了国家杜马，即："统一俄罗斯党"、俄罗斯共产党、俄罗斯自由民主党和公正俄罗斯党。统一俄罗斯党得票率为64.3%，俄罗斯共产党为11.57%，自由民主党为8.14%，公正俄罗斯党为 7.74%。"统一俄罗斯党"获得全部 450 个议席中的 315 个，取得超过 2/3 以上议席的绝对多数；俄共获 57 个席位，自由民主党获 40 个席位，公正俄罗斯党获 38 个席位。在这些议会政党中，俄共是唯一的反对派，它抨击俄罗斯现行的社会制度，认定资本主义已经在俄罗斯复辟，其奋斗目标是争取人民政权，实现社会公正，坚持平等原则，弘扬爱国主义，实现社会主义。

本次选举进入杜马的"公正俄罗斯"党，成立于 2006 年 10 月，最初由俄罗斯生活党、退休者党和祖国党三个中左翼党派合并而成，2007 年 4 月，俄罗斯人民党并入。人数有 37.6 万人，自称中左翼政党，在 2007 年 3 月地方议会选举中超过俄共，是坚决拥护总统普京的务实反对派。该党以 21 世纪的新的社会主义为理念，要建立以人为本的社会主义，不准备回到带有政治压迫特点的苏联体制。该党不反对市场经济和私人所有制，但主张公正地分配国家财富。公正俄罗斯党的价值观包括：社会公正性，所有人享有平等的权利和自由，几代人的团结，社会安全，家庭平安，爱国主义，国家对自己公民的平安负有责任，公民对国家的效率负责，参与民主。

经过普京的治理，叶利钦时代那种右派总统与左派议会对立的局面彻底改观了，总统与议会间更协调，有利于国家意志的推行和各项方针政策的通过。但政党之间的竞争性也小了，出现了"大党过强，小党太弱"的政治格局，普京和"统一俄罗斯"可以一统天下了。由于当今俄国并未从根本上改变落后于西方发达国家的状况，现代化进程和赶超任务仍未完成，强大的政党和政府有利于保证社会政治环境的稳定和现代化建设的顺利进行。

四、努力营造市场经济环境

普京接手时的俄罗斯经济,"走过了十几年风风雨雨的私有化道路,俄所有制结构和产权结构发生了重大变化,形成了以非国有制为主导的多元化所有制体系为基础的市场经济框架,美国和欧盟于 2002 年夏秋分别承认了俄罗斯的市场经济国家地位。到 2002 年 1 月 1 日,共有 13 万家国有企业实现了私有化,占私有化之前全部国有企业总数的 66%。国有企业成分从 1990 年的 88.6% 下降到 10.7%,私有成分则从当时的 1.2% 上升到 75.8%,集体与其他混合成分从 10.2% 变为 13.4%"。①普京承认俄罗斯的私有化有误,但为了保持社会稳定,并不打算否定前一阶段的成果,但要调整政策,完善市场经济。普京首先搁置了俄罗斯前第一副总理丘拜斯制定的一系列私有化计划,特别是停止了能源、通信等战略行业的私有化。他动用铁腕手段,狠狠打击了私有化中崛起的金融寡头。普京强调要"让国家对经济和社会进程发挥更大的影响力","建立完整的国家调控体系",使俄罗斯经济成为"可控制的市场经济"。在强有力的国家调控机制下,加速以场为导向的改革,减轻了企业的税收负担,促进经济发展。

(一)打击寡头,不允许寡头干政

在普京上任之时,首先面临的一个问题是:"在国家和生意界的关系领域里,是谁给谁制定规则:是寡头为国家和社会制定,从而把自己置于国家之上;还是由国家为所有参与市场关系的人

---

① 莫文:《俄罗斯私有化教训多》,《环球时报》2004 年 8 月 25 日。

制定规则,从而为大家保证公平竞争的基础,这一直是一个关键问题。"① 普京要改变叶利钦时期寡头绑架国家的状况,解决权力私有化的问题。普京加强了与金融寡头、黑手党的斗争,把别列佐夫斯基、古辛斯基和霍多尔科夫斯基等寡头送上法庭,不仅因为他们有违法的经济行为,还因为他们试图干涉政治,对政局施加影响,影响政府的决策。俄罗斯民众早就对寡头不满,憎恨他们窃取国家的财富,让政府为他们服务。在普京的打压下,曾拥有独立电视台的古辛斯基被迫流落西班牙,曾拥有公众电视台的别列佐夫斯基被迫出走英国(2013年3月23日别列佐夫斯基在伦敦附近寓所死亡,警方认为是自杀),拥有尤克斯石油公司的霍多尔科夫斯基被投入牢房(2013年12月被普京赦免出狱)。这三个人中,霍多尔科夫斯基号称俄罗斯首富,身家在280亿美元以上,别列佐夫斯基号称俄罗斯的权力经纪人,古辛斯基则是俄罗斯富翁中的媒体大亨,他的媒体帝国深深影响着俄罗斯的舆情。金钱与政权结合的势力受到了沉重打击。众多寡头都俯首帖耳,愿同现政权合作,不敢再向普京政权"叫板"。2004年以后的总统选举,寡头已经不能在幕后操纵了。

普京对寡头的打击可谓一箭双雕,从经济上看,它为强化政府对战略资源的管理做了铺垫;从政治上看,为普京推行可控民主创造了条件。在叶利钦执政时期,俄国媒体大多被寡头和各种政治力量左右,政府对舆论的影响十分有限。比如新闻界的重量级人物古辛斯基,他的"新闻—桥"集团就囊括了独立电视台、莫斯科回声广播电台,《总结》杂志、《消息报》等一批国内一流

---

① 安德兰尼克·米格拉尼扬:《俄罗斯现代化之路——为何如此曲折》,徐葵等译,新华出版社2002年,第265页。

媒体，具有极大的社会影响；另一位寡头别列佐夫斯基则控制了公众电视台、《独立报》、《生意人报》等另一批重要媒体。普京上任之初，与这些寡头的关系比较好，但是，许多寡头觉得他们对普京的支持并没有得到相应的回报，普京没有满足他们的需要，于是，他们利用所掌握的媒体，批评普京的重要决策。例如，揭露俄军在车臣战争中的阴暗面，甚至公开反对车臣战争和普京进行的联邦体制改革等重大决策，指责普京"压制言论自由"，要"复辟专制制度"，"缺乏战略眼光"。普京剥夺了他们对媒体的控制权，俄罗斯联邦政府直接或间接控制了大部分主流传媒，特别是在电视领域。普京这些打击寡头的行动，增强了他在民众中的威信，处于贫困中的俄国老百姓痛恨这些暴富的寡头，许多人曾要求重新私有化，为了保持社会稳定，普京没有这样做。

逮捕和审判霍多尔科夫斯基，追缴尤科斯石油公司偷漏的高达100多亿美元欠税，从经济上剥夺了控制着国家石油资源的寡头，实现经济资源向国家的集中。2004年12月，国有的俄罗斯石油公司以拍卖方式购得尤科斯石油公司下属的最大子公司——尤甘斯克石油天然气公司，普京终于迈出了对国家重要资源重新国有化的第一步。普京要让自然资源的所得为国家所用，其办法主要是大幅度提高税收：一是每吨原油的出口关税从2004年5月份的35.2美元迅速提至12月份的101美元；二是严格自然资源利用税的征收，2004年1—7月征收自然资源利用税78.85亿美元，占同期联邦中央税收的27.19%。

（二）重新强调国有制和国家对现代化进程的主导作用

普京坚持市场经济导向，长期重用财政部长库德林、经济发展和贸易部长格列夫、紧急情况部长绍伊古,他们三人都是有"改革头脑"者,库德林和格列夫在20世纪90年代后期,对恢复俄罗斯经济、稳定国内金融秩序发挥了突出作用。与叶利钦时期不同,普京强调国家在经济发展中的责任,除制定经济发展战略、规范市场经济秩序外,还把主要战略资源掌握在国家手中,将其所获利润作为增进全民福利的资本。

2000年6月通过《俄罗斯政府长期社会经济政策基本方针》,规定了到2010年的经济发展目标和实现目标的政策措施,提出经济改革的新思路,把市场经济与本国国情结合起来,强化市场秩序,使经济体制对经济增长发挥越来越大的作用。发展创新型经济,优化经济结构,实现经济现代化。2002年3月,俄罗斯政府提出《俄罗斯联邦2010年前及未来科学技术发展纲要》,2008年2月,普京在国务委员会扩大会议上作《关于俄罗斯到2020年的发展战略》的报告,提出了俄罗斯未来10年宏伟的发展规划。普京强调,依靠能源原料发展的版本,只是局部地抓经济的现代化,将导致俄罗斯担当世界原料附庸国的角色,被挤出世界领头人的行列,因此,"唯一现实的选择(准确些说,我们以前就是这么定位的)就是国家的创新发展战略,这一战略要依靠我们的主要竞争优势——这就是发挥人的潜能,最有效地发挥人的知识和才能,不断改善技术和经济成果,以及整个社会的生活"。[①]

为了促进国民经济的发展,普京强调发挥国家的作用,对公共产品部门和天然垄断部门实行国家所有制或国家控股。强调对这些企业进行管理,提高其效益,包括电力网、能源管道网、铁路网、港口、空港、邮政和城市上下水管道网等。2001年夏天,

---

① 普京:《普京文集(2002—2008)》,第677页。

成立国家统一的价格和收费委员会，防止垄断部门自行定价。普京于2004年8月7日签署了"关于确定国有战略企业和战略股份公司"名单的命令，514家国有战略企业和549家战略股份公司榜上有名。列入名单的这些企业和公司只有总统特批才能出售。2005—2007年，国有的俄罗斯石油公司和天然气工业公司，分别收购了私有的尤科斯石油公司和西伯利亚石油公司，涉及资产合计约400亿美元。

努力增加投资，扩大需求。叶利钦时期，为了经济稳定，实行紧缩财政货币、抑制需求的政策。普京的重点是增加供给，扩大投资和需求。为了使企业扩大投资，政府采取了保护产权、降低税率的政策，理顺投资政策与金融政策的关系，使生产领域的投资大幅度增加。政府还注意提高人民的生活，按时发放工资和养老金，扩大市场需求，靠消费和投资保障经济的增长。

建立了有效的财政金融体系。普京进行了税制改革，其出发点是"降低税率，扩大税基"。2000年通过《税法典》，把税种从200多种减为28种，主要税种的税率降低，企业利润税由35%降为30%，增值税从20%降为15%，统一社会税从工资基金的39%下降至35%，个人收入所得税从累进税改为统一税（统一为13%）。税收状况明显好转，2001年头9个月联邦预算收入达到GDP的16.8%，国家财政出现盈余，企业也有能力扩大积累，通胀率和利率逐年下降，经济的宏观与微观环境都有改善。实现无赤字预算，1999年1月重新启动了国债市场。央行和政府主要金融政策是降低通货膨胀率，稳定卢布。

几乎所有经济部门都有国有企业，但是近一万家单一制国有企业中真正效益好的屈指可数。2001年大约400家单一制国有企业进入破产程序。普京要求企业破产透明，引进市场机制，不能为营私舞弊提供方便。他继续推行私有化政策，根据俄政府2003年8月制定的未来3年的私有化计划，有1000多家国有公司被列入私有化名单，俄还对国家控股权少于25%的一些企业进行私有化改制。2004年7月29日，俄政府通过了2005年私有化计划和2007年前的私有化基本方针。根据该计划，全俄9222家国有企业中的1324家将在2005年实行私有化。此外，国家还出售在566家股份公司中所持有的股份，国家在投资通讯公司、俄罗斯航空公司等大型企业中的股份也将出售，但对于一些重要的保证国家安全利益的战略性企业，俄政府将不对其进行私有化。

（三）实现了经济长期快速增长

从俄罗斯经济局势看，普京执政的8年，实现了经济持续增长，1999—2008年，GDP翻了一番，居民收入最近10年稳定增长，卢布币值稳定，居民的生活好转，俄罗斯出现了在新的经济条件下有经商创业能力的企业家，中产阶级也有了很大发展，从2000年占居民的7%，发展到占居民的20%—25%。

在全球经济普遍不景气的大环境下，1999年俄罗斯经济开始好转，当年GDP增长率达到5.4%。2000年的GDP增长率更是达到创纪录的8.3%，这一数字是俄罗斯和苏联几十年来未曾有过的。从1999年到2007年，俄罗斯的GDP累计增长了62.6%，年均增长6.9%，大大高于世界平均4%的增长速度。2007年俄罗斯GDP同比增长率高达8.1%，达到32.99万亿卢布，约合1.35万亿美元，人均GDP接近9500美元。GDP总量首次超过了1989年的水平，是1991年的110%，俄罗斯成为世界上经济增长最快的国家之一。

俄罗斯主体经济部门全面复苏，2007年实现工业产值206130亿卢布，比2000年增加48.9%。俄罗斯通过《土地法》《农用土地法》等一系列法律的出台措施，推动私人农场和股份合作企业公司的建立，农业连续几年取得好收成，每年的谷物产量都超过了7000万吨，年均增长25%左右。苏联时期长期进口粮食，从2002年开始，俄罗斯恢复了十月革命前粮食出口的传统，2006—2007农业年度，俄罗斯的粮食出口量为1300万吨。从2002年起，俄罗斯联邦财政从过去的赤字财政转为盈余，俄罗斯不仅提前偿还了外债，还成为仅次于中国和日本居世界第三位的外汇储备大国，至2007年底，外汇储备已达到4763.91亿美元。俄罗斯资金外流情况得到遏制，2007年流入俄罗斯的资金达到了823亿美元。1999年底证券市场的总市值为600亿美元，而在2007年达到1.33万亿美元，相比1999年证券市场的总市值增长了21倍，普京将其说成是奇迹。按经济总量排名，2007年俄罗斯超过了意大利和法国，在世界上排到了第七位。俄罗斯军事实力增强，加紧研制和部署能突破任何防御体系的新型洲际导弹，建造超级航母和新一代核潜艇，更新战机。

总之，普京在执政的8年多时间里使俄罗斯发生了出乎意料的积极变化，俄罗斯取得了很大进步，重新跻身世界强国之列。普京受到了民众衷心的拥护和爱戴，其支持率长期高于70%。在这一背景下，普京完全可以继续待在总统的宝座上，但他没有这么做，他要带头遵守宪法。普京推荐了年轻能干并与其志同道合的梅德韦杰夫参加2008年的总统竞选，在2008年3月2日举行的总统大选中，德米特里·梅德韦杰夫获得70.28%的选票，居民的政治热情很高，投票率为69.81%，高于2007年12月国家杜马选举63%的投票率。这实际上再次表明了俄罗斯民众对普京的支持和对其政策的认可。

当然，普京在执政的8年时间里也不可能解决所有的问题，俄罗斯仍存在很多没有解决的问题：

一是经济增长质量不高，经济结构扭曲。苏联时期形成的经济结构不合理的问题并没有根本改变，反而在加重。国民经济过度依赖能源出口，出口对国内生产总值增长的贡献率高达70%，而在出口商品中原材料比重过大，原油、天然气和石油制品占出口总额的比重达到了70%左右。俄罗斯似乎满足于打造能源超级大国的地位，没有积极进行经济结构调整。

二是经济命脉由国家控制，能源和军工等支柱产业缺少竞争，国家对企业干预过多，对中小企业支持不够，经济发展缺少灵活性。梅德韦杰夫担任总统后便签署了一项重要法令，促进中小企业的发展，消除中小企业发展的行政障碍，争取到2020年在中小企业工作的人要占就业人数的60%—70%。

三是通货膨胀问题仍很严重，2007年俄罗斯的通胀率再次上升到两位数，达到了11.9%，通货膨胀再度成为俄罗斯新政府不得不面对的首要经济问题。

四是贫富差距拉大。在过去的8年里，俄罗斯亿万富翁的数量从几个增加到了100多个，仅排在美国之后，居世界第二位，这不符合俄罗斯的经济规模和发展水平。按照官方的说法，10%最富有人的收入与10%最贫穷者的收入之间的差距，从2000年的14倍提高到了2007年的17倍。而根据俄罗斯学者的评估，这一差距达到了30倍，在莫斯科更高达41倍。仍有2100多万人生活在贫困线以下,日益扩大的贫富差距严重影响国家的安定。

五是俄罗斯吏治腐败的现象有日益加重的趋势,腐败问题成为制约俄罗斯发展和影响俄罗斯国家形象的重要问题。普京离任前也承认:"今天的国家机器在很大程度上是一个官僚化的、腐败的制度,它没有谋求积极变化的动力,更谈不上有谋求急速发展的动力。"①

---

① 普京:《普京文集(2002—2008)》,第 683 页。

第五章　梅德韦杰夫的全面现代化战略

　　进入21世纪以来，俄罗斯政治精英与苏联时代渐行渐远，一批在苏联时期并不掌权、在戈尔巴乔夫改革以后成长起来的年富力强的新人，在普京的统帅下承担起了领导国家的重任，他们使俄罗斯走上了复兴之路，俄罗斯的强国地位进一步确立，俄罗斯人的民族自信心和自豪感增强，民族凝聚力提高。2008年5月7日，梅德韦杰夫就任总统，这位出生于1965年9月的总统，是俄罗斯王朝结束以来最年轻的国家元首。5月8日，根据总统梅德韦杰夫的提名，普京担任了俄罗斯联邦政府总理，他同时还是"统一俄罗斯"党的主席。俄罗斯迎来了梅普共治、共同推进俄罗斯现代化进程的新时期。此时的俄国已基本建立起了市场经济和民主政治的框架，需要的只是进一步充实其内容，因此，就梅德韦杰夫时期而言，其使命是完善俄国的体制，使其现代化朝着既符合历史潮流又能为俄国各方面所接受的方向发展。

一、梅普共治，推进俄国的现代化

　　普京没有顺应民意修改宪法连任总统，这本身对俄罗斯有积极影响，新总统的选举与就任表明了俄罗斯人对宪法的尊重。普京在梅德韦杰夫就职仪式上说:"我相信,权力的道德性及其责任感——这是获得人们信任的主要保证。其重要性不亚于经验或者取得对社会有利的成果所必须掌握的专业技能。"① 这句话有很深的含义,这是时代对政治家的要求,只有把国家和人民的利益放在至高无上地位的政治家才能得到民众的尊重。

梅德韦杰夫1965年9月14日出生于列宁格勒一个典型的知识分子家庭,他的父母均是大学教师,邻居们对他们的评价是:这是一个非常典型的知识分子家庭,待人彬彬有礼,生活俭朴低调,全家人身上都散发着知识分子气息。梅德韦杰夫聪颖好学,一直是班上品学兼优的学生,从不打架胡闹,他1987年毕业于国立列宁格勒大学(即现在的圣彼得堡大学)法律系,毕业后又继续研究生学业,1990年毕业于该校研究生院,获得法学副博士学位。1990年至1999年,在国立圣彼得堡大学任教,是一名副教授,被认为是很有前途的学者。

梅德韦杰夫与现任总理普京是很好的搭档,他们是俄罗斯政坛上志同道合者,梅德韦杰夫走上政坛是普京欣赏和提携的结果。1990年梅德韦杰夫在国立圣彼得堡大学法律系任教的同时,兼任列宁格勒市苏维埃主席的顾问,圣彼得堡市政府外事委员会专家顾问,直接在普京的领导下工作。普京欣赏梅德韦杰夫的才能,在1999年被任命为政府总理后,把梅德韦杰夫调到莫斯科,担任俄罗斯联邦政府办公厅副主任。普京担任总统后,又把梅德韦杰夫调到了总统办公厅,先后任副主任、第一副主任、主任。同时,普京还让梅德韦杰夫领导俄罗斯最大的能源企业——俄罗斯

---

① 引自2008年5月7日俄罗斯总统网站。

天然气工业股份公司，2005年11月又任命梅德韦杰夫为俄罗斯联邦政府第一副总理，直接负责国家的优先发展项目——解决教育、住房、卫生和农业等问题。可以认为，梅德韦杰夫多年来就是普京的左膀右臂，是普京最信任的人物。人们一直认为普京会选择一个"二线人物"，以便自己掌握实权，但普京选择了"一线人物"中最年轻能干的梅德韦杰夫做自己的继任者。

梅德韦杰夫是普京钦定民选的总统，来自普京的执政团队，是2020年俄罗斯发展战略的主要制定者之一，两人的政治理念基本相同，因此，梅德韦杰夫的使命是继续奉行普京所制定的国家发展战略和方针。但是，就个人的成长经历而言，梅德韦杰夫与普京有很大的不同，如果说普京是在苏联时代成长起来的，梅德韦杰夫则属于俄罗斯的一代新人。普京还时常为苏联的解体而惋惜，梅德韦杰夫则更喜欢现在的俄罗斯。2008年5月7日在克里姆林宫金碧辉煌的安德列大厅，举行了梅德韦杰夫总统的就职仪式，他在就职演说中表示："我未来最重要的任务是继续发展公民自由和经济自由，为那些既为自己的成功负责又为整个国家的辉煌负责的自由公民们，实现自我价值而创建新的、最广阔的机会。""我还要特别强调法律的基础作用，无论是我们的国家还是我们的公民，社会都以法律为基石。我们有义务真诚地尊重法律，克服严重影响当代社会发展的法律虚无主义。"[①] 梅德韦杰夫是法律专家，他会像普京一样履行自己的诺言，努力把俄罗斯建成法治国家。

梅德韦杰夫不是"傀儡"总统，他受过良好的教育，有长期

---

① 引自2008年5月7日俄罗斯总统网站。

从政的经验，如果说普京更强调发挥国家的作用、强调秩序的话，梅德韦杰夫则更关注自由、公正与公民的权利，这是由主客观两方面的原因决定的。从客观上讲，普京执政8年，俄罗斯社会实现了稳定，为社会的进一步现代化创造了良好的条件；从主观方面看，梅德韦杰夫比普京小13岁，他所受的教育和成长环境与普京有很大不同，他是在改革年代受的大学和研究生教育，接触到了许多新的理念与价值观，被认为是"自由派"和"接近西方"的人物，在思想上更偏爱自由的民主思想和自由市场，他认为俄罗斯的国家思想首先应当是自由和公正，其次是公民个人尊严，第三是国民福祉和社会责任。

从权力结构的层面看，梅德韦杰夫与前两任总统面临的局面完全不同：前两任总统在俄罗斯权力结构中处于绝对优势的地位，居于政府和议会之上、可以任意更换政府总理。梅德韦杰夫则不同，他面对的议会是"统一俄罗斯"党占据绝对优势的议会，没有"统一俄罗斯"党的同意，梅德韦杰夫的任何动议都难以变成现实；他任命的普京总理在俄罗斯的威望高于他这个总统，普京同时还是"统一俄罗斯"党的主席，其权力基础雄厚，实际上控制着议会和地方权力机关，在卸任总统职务前，普京就开始采取措施，加强总理的权力。2008年4月28日，普京建议修改2007年6月28日颁布的关于评价俄罗斯联邦主体履行职责的命令，即要求地方行政长官向总统的委员会提交年度报告，普京建议改为向俄罗斯联邦政府提交年度报告，获得通过。这样地方行政长官将不是向梅德韦杰夫总统，而是向普京总理提交报告，由总理对其工作做出评价并向总统报告。这样，总理对地方行政长官的监督与制约权力增强。普京担任总理后，于5月15日在首次内阁会议上提议建立了政府主席团,成员有15人,除总理和7名副总理外,还包括外交部长、国防部长、内务部长、农业部长、经济发展部长、卫生和社会发展部长、地区发展部长,这一新机构的设立,无疑有利于政策的协调和提高效率,同时也扩大了总理的权力,以往的总理基本不管国防与外交。普京政府是20年来俄罗斯最强势的政府。梅德韦杰夫则是弱势总统,他没有叶利钦和普京那么大的权力。俄罗斯强总统、弱议会、弱政府的局面有了明显改变,俄罗斯的政治体制出现了新的变化,(当然这种变化取决于人,而不是法律)"梅普组合"改变了俄国总统权力过大的状况。

第一,改变了原来政府总理的非党派色彩,有"统一俄罗斯"党作为坚强后盾,普京的权力基础深厚,强于以往任何一位总理。"统一俄罗斯"党拉住普京有利于其发展壮大,为了让普京能当上党主席,该党专门修改党章,规定可通过选举产生主席,且无党派人士可在入党后马上竞选党主席一职。在2008年4月15日的"统一俄罗斯"党第九次代表大会上,代表们一致选举普京出任该党下一任主席,任期从2008年5月7日起,为期4年,也就是说普京任该党主席的时间与梅德韦杰夫任总统的时间几乎一样长。第二,由于"统一俄罗斯"党在国家杜马中占有315个席位和联邦委员会(议会上院)的多数席位,事实上形成了议会多数党组阁的局面,党的最高领导人担任了政府总理。第三,俄罗斯是超级总统制体制,但"梅德韦杰夫任总统,普京任总理"的局面改变了这一体制,梅德韦杰夫的权力来源于普京及"统一俄罗斯"党的支持,显然名义上权力很大的总统的实际权力弱于总理。无论是普京,还是梅德韦杰夫都不断重申,俄罗斯需要一个强有力的总统,俄罗斯的总统制不会改变。随着时间的推移,梅德韦杰夫处于行政权力中心的地位会得到巩固，普京也在努力维护新总统的权威，但是，"俄总理职务将首次由技术性角色向实质决策中心转变"也是确定无疑的。总统与总理权力的分权与制衡局面已经形成，俄罗斯出现了总统和总理共治的新现象。

梅德韦杰夫和普京属于同一个团队，两人目标和政治观念基本相同，都具有现代意识，是列宁之后能够流利掌握至少一门外语的国家最高领导人。他们都重视网络和与民众的直接沟通，常常通过网络与民众交流。从任总统时起，普京每年都安排与民众的直接连线，直接回答观众、听众提出的各种问题，任总理后，普京保持了与民众的这种沟通方式。梅德韦杰夫则重视自己的博客、看网友的来信，听取意见和建议，发表自己对某些重大问题的看法。梅普的分工合作将继续推进俄罗斯的发展与进步。

二、金融危机的冲击与俄国现代化问题的突显

2008年9月中旬，普京还乐观地认为：美国和欧洲受累于次贷危机和流动性紧缺，俄罗斯既没有次贷危机，也没有流动性紧缺，而且今后也不会有。但是，事实证明俄罗斯并不能摆脱世界经济体系的影响，从2008年年中到2009年4月，俄罗斯卢布与美元的比价从23∶1降至33∶1；股指从2008年8月1日的1941.73点下降到2009年2月17日的552.03点，下跌幅度达到72%，与此同时美国道琼斯指数仅下跌约30%。在世界大国中，俄罗斯受金融危机的打击最大，2009年美国经济的增长率是－2.7%，日本是－5.4%，德国是－5.3%，英国是－4.4%，法国是－2.4%，意大利是－5.2%，

中国是 8.7%，印度是 5.4%，巴西是 -0.7%。据俄罗斯联邦国家统计局 2010 年 2 月 1 日公布的数据，2009 年俄罗斯国内生产总值为 390161 亿卢布，比 2008 年下降 7.9%。无论是与西方强国相比，还是与新兴国家相比，俄罗斯经济受到的打击都是最严重的。俄罗斯大多数行业均受到全球金融危机的影响。其中，加工业、建筑和酒店餐饮业下降最为明显，降幅分别为 13.9%、16.4% 和 15.4%。农业和采掘业受冲击较小，同比分别下降 1.7% 和 1.9%。

普京执政的 8 年虽然保证了俄罗斯经济的快速增长，但其并未从根本上改变苏联时期形成的经济结构不合理和经济增长方式落后的局面，其支柱产业跟苏联时期相比也没有太大改变，轻工业仍然不发达，还是依赖能源、军工。"目前我国的经济，有着前苏联经济中最为严重的缺陷，那就是在很大程度上对人的需求的漠视。除了少数例外，我们的民族企业，没有创新，不能为人们提供必需的物质产品和技术。他们进行买卖的，不是自己生产的，而是天然原料或者进口商品。俄罗斯生产的产品，目前大部分都属于竞争力非常低的商品。"① 俄罗斯发展的主要是初级的经济，工艺技术发展缓慢。"至于经济发展模式，俄罗斯独立以来一直在努力从资源出口型向以高新技术、人力资本为基础的创新型经济发展模式转变，但并未取得多大进展。目前，在出口商品中，原油、天然气和石油制品占出口总额的比重达到 70% 左右，许多俄罗斯人认为这有损一个大国的尊严。高科技产品出口不仅数量少，而且逐年下降。2004 年俄高新技术产品出口，占世界的比重为 0.13%，这一比例比菲律宾少 67%，比泰国少 78%，比墨西哥

---

① Дмитрий Медведев. Россия, вперёд! http://kremlin.ru/news/5413.

少90%，比马来西亚和中国少92%，比韩国少94%。""目前只有10%的企业有创新积极性，只有5%的企业属于创新型企业，只有5%的产品属于创新型产品。"①

俄罗斯的经济转轨，不能仅局限于计划经济体制向市场经济转轨问题，更应解决经济增长方式、经济发展模式的转变与经济结构调整的问题。金融危机表明，俄国过度依赖资源的发展模式已经难以为继，变危机为发展的契机，成为俄各界的共识。

俄罗斯反危机的关注点主要是保持宏观经济的稳定，控制通货膨胀率和过度失业，俄罗斯政府吸取了1998年金融危机的教训，迅速出台反危机措施。

一是稳定宏观经济，减少联邦政府行政开支，降低企业税，支持内需，创造就业机会。俄反危机预算额不大，只有2.4万亿卢布，按1美元兑换30卢布计算，相当于800亿美元。政府没有大规模进行基础建设投资，而是控制货币发行量，抑制通货膨胀。为减轻国际金融危机对企业的影响，俄政府采取了大规模降低赋税的措施，下调了海关关税、石油出口税等多种税收的税率，2008年11月21日，国家杜马根据普京总理的提议，二读通过了《税法典》修正案，从2009年1月1日起，企业所得税率从24%降为20%，这意味着为企业节省了4000亿卢布（150亿美元）的资金。还允许地方将所得税税率自行再下调4个百分点。小型商业买卖的所得税率将从15%削减为5%。联邦政府的开支平均削减15%，个别部门达到30%。政府创造了100多万个临时就业机会，有200万人接受了国家的各种帮助，俄罗斯的失业率从2009年

---

① 陆南泉：《当今俄罗斯经济现代化的迫切性与面临的主要难题》，《学习时报》2010年8月24日。

第一季度的9.1%回落到11月底的8.1%,2010年联邦预算计划拨款363亿卢布用于支持居民就业,力求把失业人口稳定在220万人。为了保障本国工人就业,控制外来劳务移民。

二是支持银行业,保持金融体系稳定。2008年9月18日,梅德韦杰夫总统宣布,紧急拨款5000亿卢布用以稳定股市。10月7日,梅德韦杰夫总统召开紧急经济会议,要求政府尽快对失常的金融市场形势做出反应,同时宣布,国家将动用储备基金向银行提供期限不低于5年、总额为9500亿卢布的补贴贷款。国家在危机时期向银行提供的贷款超过了2万亿卢布。

三是有重点地支持某些企业和行业。普京宣布,国家要援助1500家大型企业,为它们提供优惠贷款、国家担保,保证国家定购,并在税务重组或税务贷款方面提供帮助,入选的标准是年营业额超过1500万卢布,职工在4000人以上,其中大约有400家为联邦级企业,其余为市级或私营企业,它们的合计产值约占俄国内生产总值的85%以上。政府出资60亿卢布,为俄罗斯出口企业偿付2005—2010年贷款利息支出部分。政府出资25亿卢布为汽车和运输机械制造企业偿付2008—2009年贷款利息支出部分。政府给予农工综合体组织和企业在2008—2009年获得的个别类型的投资和短期贷款部分利息补贴,以及俄央行再融资利率100%的预先补贴。政府在2009年联邦预算中预先支出62亿卢布,支持符合政府预算资金使用规则的小企业,包括农村农户。2009年10月14日,俄政府宣布向4大油气公司提供90亿美元贷款帮助它们偿还外债,它们的开采量占全俄石油开采总量的70%、天然气开采总量的90%。危急关头,向俄罗斯公司提供了直接支持与援助,其总额超过了1万亿卢布。努力发展军事工业,2008

年俄罗斯军售总额达到83.5亿美元，比2007年高出8亿美元，创苏联解体以来俄罗斯年度军售额的新纪录，2009年俄罗斯军售总额达到85亿美元，并且未来几年的前景非常好。

四是扩大对居民的社会支持，提高退休人员和多子女家庭的补贴，保障居民就业和收入提高。提高失业救济金，最高可与平均退休金持平（5000卢布）。2010年2月俄罗斯居民的实际可支配收入与2009年2月份相比增加2.4%，2010年2月俄罗斯一个工人平均标准月工资为19128卢布，高于2009年2月10.3%，实际工资收入上涨2.9%。

五是在政治上实行缓和政策，努力寻求各方支持。梅德韦杰夫在政治上做了一些微调：他表示反对毫无根据地限制非政府组织的活动，向没有达到进入议会门槛的小党提供议员席位。加强了反腐败工作，2009年5月18日，梅德韦杰夫签署总统令，要求政府公职人员申报年收入，俄罗斯初步建立了官员财产申报制度。

六是强调加强国际合作，主动改善与美国的关系，放慢成为世界金融中心之一的诉求。在处理对外事务时更加慎重，努力利用美国新政府调整政策之机，改善了与美国的关系，加强与独联体其他成员国的合作，设法改善与欧盟和日本的关系。

为了克服此次金融危机，俄罗斯消耗了前几年因石油、天然气涨价而建立起来的大部分储备基金，重新出现了财政赤字（2010年财政赤字为17870亿卢布，占GDP的3.9%）。但是，有了应对1998年金融危机经验的俄罗斯，在此次金融危机的应对中措施得当，保持了宏观经济的稳定，金融体系没有受到多大冲击，与经济危机伴生的房价、股价下跌、货币贬值、工人失业增加等消极现象持续的时间不长，2010年实现了经济的稳定和增长。

梅德韦杰夫满怀信心地认为，俄已经走出了经济危机，尽管困难和问题仍然存在，但俄经济已经在稳定地增长。

俄罗斯这次经济危机主要是受外部能源价格大幅度下跌所致，使依靠能源出口的俄罗斯经济倍受打击。但是，俄罗斯经济受到的打击只是局部的，其基本面向好，没有出现银行系统崩溃与卢布大幅度贬值；与世界经济同步复苏，2009年第三季度俄GDP增长1.1%，第四季度增长1.9%，2010年俄经济增长了4%，工业产值增长率为8.3%。这一增长率是在农业遭受罕见旱灾，又遇酷暑和大火的情况下取得的。俄罗斯成功地控制了通货膨胀率，普京承诺不能再让民众承受卢布大幅度贬值之痛，2009年其通货膨胀率只有8.8%，是1991年以来最低的，2010年通货膨胀率也被成功控制在了8.8%以内。俄罗斯政府努力让民众的生活不受经济危机的影响，如果说2009年实际工资减少了3.5%，2010年则增长了4.2%，再次超过了GDP的增幅，居民的实际收入增长超过2%。贫困人口从2009年的13.1%下降至2010年的12.5%。受旱灾和火灾影响，俄罗斯农业发展的良好势头受到冲击。2008年俄罗斯生产谷物10810万吨，在经济危机严重的2009年俄罗斯谷物产量（净重）为9710万吨，仍远远高于2006年（7820万吨）和2007年（8150万吨）的谷物产量。2010年俄罗斯遭受130年来最严重的旱灾，农作物死亡面积占播种面积的30%，谷物产量为6090万吨（净重），比上年减少了37.3%，但仍高于预计的6050万吨。俄政府表示将继续采取各种措施消除灾情影响，支持农业发展，2011年预算将为农业发展拨款2450亿卢布，其目标是实现肉类和乳品的完全自给。俄罗斯政府重视和改善民生，在解决医疗、教育、住房、人口等问题上做了大量工作，2010年房价上涨幅度不大,以房价最贵的莫斯科为例,住宅的美元价格上涨了6%,卢布价格上涨了10%。俄的黄金外汇储备从最高时的近6000亿美元下降至2009年2月的3850亿美元,但此后有所回升,总体情况并不差,从2005年至2009年相应年份的外汇储备数是:1822亿美元、3037亿美元、4788亿美元、4271亿美元、4390亿美元。梅德韦杰夫在2010年11月所作的国情咨文中就儿童问题进行了专门的阐述并提出一系列解决措施,他把这看成是社会发展的中心环节。

俄罗斯成功克服了这次金融危机,到2012年其经济恢复到了危机前的水平。经济危机让俄罗斯各界认识到了俄罗斯经济的弱点和现代化的紧迫性,在克服经济危机的同时,俄罗斯启动了新一轮现代化计划。

三、梅德韦杰夫的全面现代化理念

2009年9月10日,梅德韦杰夫在自己的博客中发表了一篇长文:《前进!俄罗斯!》,提出了新战略的原则,即全面现代化的纲领。与普京不同的是,在强调发展创新经济的同时,梅德韦杰夫更强调国家的现代化要在民主价值和机制的基础上进行。

梅德韦杰夫分析了俄国在政治体制、经济结构、社会、民主、人口及安全领域面临的严峻形势,"低效的经济、半苏联式的社会环境、脆弱的民主、人口负增长趋势和动乱的高加索,所有这些对于像俄罗斯这样的国家来说,都是很大的问题"。他表示俄必须克服经济落后、腐败、官僚家长式作风三大顽疾,他对俄国传统的现代化道路予以否定,表示俄国要走新的现代化之路,"历史上，现代化改造中最为伟大的两个时代是彼得帝国时代和苏联时代。但最后都被没落、屈辱所代替，数百万同胞也为此付出了生命的代价。不是我们在判定我们的祖辈，但是不得不承认，在那样的时代，保障人的生命不是国家的重点。这让人感到很遗憾，但是这是事实。而今天，俄罗斯在历史上第一次有机会向世界和自己证明，我们能在民主道路上发展起来，能够转型到一个更高的现代化水平上来，并且能够通过非暴力的方式得以实现。不靠强迫，靠的是信服。不靠镇压，靠的是开拓每个人的创造潜能。不靠恐吓，靠的是利益。不靠抗衡，靠的是整合个人、社会和国家的利益"。① 梅德韦杰夫提出要全面进行体制性变革，政治上完善民主机制，加强法制建设，经济上改变经济增长方式，纠正经济发展中过分依赖能源的现象。2009年11月12日，梅德韦杰夫发表总统咨文，阐述了实现现代化的具体政策，也是国家未来十年发展的任务与目标。他提出"需要全方位的现代化"的概念，"历史步入21世纪，全方位的现代化再度成为我国所亟需。这将是我国历史上首个以民主价值观和制度为基础的现代化进程。我们将用能够产出独创知识、新物资、新技术，为民谋福祉的智慧型经济，来取代原始的原料型经济。我们将从一切由领袖来殚精竭虑、来拍板的社会变成聪明自由、富于责任感公民荟萃的社会"。"与以往不同，我们将缔造真正的俄罗斯，这将是一个现代化的、面向未来的年轻国家，它将在全球劳动分工中占据应有的一席之地"。②

---

① Дмитрий Медведев. Россия, вперёд! http://kremlin.ru/news/5413.
② Дмитрий Медведев. Послание Федеральному Собранию Российской Федерации. www.kremlin.ru/transcripts/5979.

梅德韦杰夫的现代化思想与俄国传统的现代化理念有很大区别,体现了时代发展的要求,可以概括为以下几方面。

一是强调进行全面的现代化。俄罗斯以往的现代化主要重视的是与增强国家的国防实力相关的经济部门,不重视政治与社会的相应变革。梅德韦杰夫强调:"俄罗斯需要全面的现代化。我们必须彻底改变经济和技术结构,克服落后状态,使国家得到有成效的经济,变得更有竞争力,公民变得更富有。我们需要建立在知识成就之上的经济,即所谓聪明的经济,但聪明的经济只能由聪明的人来建立。我们的社会更加复杂化了,它不是单一的,而是多元的,它的各个集团代表各种生活方式,有各自的喜好和观点,包括政治观点。这样的社会不必企图去指挥它,而是需要与之合作。我们的任务是达到使政治治理的原则适应社会的多元性以及社会在思想上和文化上的多样性。政治应该变得更聪明,更灵活,更现代,而在实际上,当企图借助简单的、我甚至说是愚蠢的行政命令控制趋于复杂的社会进程时,很遗憾,我们经常同其他观点发生冲突。"[1]梅德韦杰夫提出的新型现代化之路,是在考虑个人利益、尊重个人意愿基础上进行的,是"以民主价值观和制度为基础的现代化进程",要去苏联化。他明确表示:"在这里有人谈到回到苏联时期、落入权威主义以及复制我们邻国这样或那样的政治制度经验的危险。我深信,今天的争论充分表明,回到苏联时期的政治制度是不可能的。不仅是由于我们大家在近十年时间里特别积极做的一切,而且还由于一个十分简单的原因:对此,任何人都不想接受,也不会接受,无论是俄罗斯公民,还

---

[1] Стенографический отчёт о заседании Государственного советапо вопросам развития политической системы России. http://www.kremlin.ru/transcripts/6693.

是坐在这里的地方行政长官们。"① 梅德韦杰夫强调,向现代化过渡不只是向创新经济过渡,而且还要解决贪污腐败、减少行政干预、发展良性竞争等问题,否则任何技术现代化与创新经济都是不可能的。

与以往相比,梅德韦杰夫更强调民主。2010年9月10日,在雅罗斯拉夫尔举行的"全球政策论坛"上他发表了题目为"现代国家:民主标准和效率准则"的讲话,阐述了他对民主的深刻见解,"民主是一种需要定期接受考验的社会组织形式。与极权制度不同,民主更容易受到伤害"。"我不止相信民主是一种管理方式,不仅相信民主是一种政治体制形式,我还相信民主在实际运用中能够使我国千百万人和世界数十亿人摆脱屈辱和贫困。"他不同意说俄国没有民主、独裁主义传统仍占统治地位的说法,明确表示:"在俄罗斯存在民主。诚然,这种民主是年轻的、不成熟的、不完善的、经验不足的,但它终究是民主。我们正处在道路的起点。我们在这方面还有许多事情要做。但我们是自由的。"他认为民主的普遍标准有五方面的基本要求:一是从法律上体现人道主义和理想;二是国家拥有保障和继续保持科技高水平发展的能力,促进科学活动,促进创新,最终生产充足的社会财富,使公民能够获得体面的生活水平;三是民主国家有能力保卫本国公民不受犯罪集团的侵犯;四是有高水平的文化、教育、交流手段和信息沟通工具;五是公民们确信自己生活在民主社会。② 梅

---

① Стенографический отчёт о заседании Государственного совета по вопросам развития политической системы России. http://www.kremlin.ru/transcripts/6693.

② Дмитрий Медведев. Современное государство: стандарты демократии и критерии эффективности. http://www.kremlin.ru/transcripts/8887.

德韦杰夫认为民主对俄罗斯有重要意义,因为"我国从前在很多世纪中,在千百年间,走的是非民主的发展道路"。他强调俄国不仅要实行间接的、代议制的民主,也要实行直接民主,人们可以直接表达自己的意志。"只有当公民本身认为自己是自由的,那时才开始有民主。"民主的改善与完善必须由人们自己解决。① 梅德韦杰夫要把俄国建成一个民主自由的国家,摆脱俄国的专制传统。梅德韦杰夫认为,"过去那种由'领袖们'向所谓'普通老百姓'指示应当如何生活和为什么而生活的时代已经结束了。正是在20世纪,在所谓帮助'普通老百姓'的旗号下建立了最恶劣的专政"。②

二是其现代化的核心不再是强国,而是富民。当今俄罗斯在军事技术方面仍是能与美国抗衡的国家,尽管由于经济实力有限,其武器更新的速度和军队的装备水平改进不够快,但也足以令对手生畏。一个国家的发展与强大,毕竟不能只靠国防支撑,近年来俄罗斯移民国外者增多,俄罗斯人口的颓势并未根本改变。俄罗斯要发展壮大,要成为一个有吸引力的国家,必然要让民众过上有尊严的生活。为此,梅德韦杰夫强调国家现代化"其目的最终只有一个,那就是提高俄罗斯人民的生活质量,为公民提供住房、工作和医疗保障,关怀离退休人员,保护儿童,为残障人士提供支持,这些都是各级政府的最直接的职责"。③

---

① Дмитрий Медведев. Современное государство: стандарты демократии и критерии эффективности. http://www.kremlin.ru/transcripts/8887.

② Дмитрий Медведев. Современное государство: стандарты демократии и критерии эффективности. http://www.kremlin.ru/transcripts/8887.

③ Дмитрий Медведев. Россия, вперёд! http://kremlin.ru/news/5413.

三是强调要走渐进式改革之路。梅德韦杰夫推崇进行农奴制改革的亚历山大二世,强调渐进性改革,他说:"拥护不断革命的人要失望了。因为我们不急于革命。匆匆忙忙和轻率鲁莽地对政治进行改革,在我国历史上不止一次地导致了悲剧性的后果。同样地,满足现状的人也要失望了。因为会有变化发生。但是变化是逐步的、深思熟虑的、分阶段性的,同时也是稳定的和连贯的。"[1] 2011年3月3日出席在圣彼得堡举行的"伟大的改革与俄罗斯现代化"的学术会议时,梅德韦杰夫强调:"生活证明不是臆造特殊的道路,也不是苏维埃的试验,而是正常的、人道的制度,是由亚历山大二世选定的,最终历史证明正是他,而不是尼古拉一世或者斯大林是正确的。""我希望,最近的150年让我们明白了,自由总比不自由好。"[2] 梅德韦杰夫在《前进!俄罗斯!》中强调:"在我国政治改革的事业中,匆忙和轻率行事不止一次地带来可悲的后果,"因此,"我们没有权利为了某些抽象的理论冒破坏社会稳定、危害我国公民安全的风险,没有权利为了最高目标而破坏稳定的生活"。[3] 俄罗斯要在现行体制下,经过渐进式的改革之路,改革弊端,促进国家的发展与进步。当然,渐进并不是速度慢,而是在现行体制框架下进行改革。

四是仍把经济现代化作为重点。梅德韦杰夫表示要彻底解决经济结构问题,发展创新型经济,"我们应当开始对整个生产领域实施现代化改革暨技术革新。我坚信,这是事关我国在当今世

---

[1] *Дмитрий Медведев*. Россия, вперёд! http://kremlin.ru/news/5413.

[2] *Дмитрий Медведев выступил на конференции《Великие реформы и модернизация России》*, http://www.kremlin.ru/news/10506.

[3] *Дмитрий Медведев*. Россия, вперёд! http://kremlin.ru/news/5413.

界的生存问题。我希望在不久后的将来，俄罗斯国家的繁荣与安宁将取决于我们在创意、发明市场所取得的成就，取决于国家和社会能否发掘出天才的、富于批判性思维的能人，能否在知识自由和公民积极性的氛围中教育青年一代"。对于俄国而言，走现代化之路，实现技术创新，是实现国家振兴的唯一选择。梅德韦杰夫确定的首要的战略方向是推动医疗器械、治疗手段、制药行业的发展；第二大战略方向是能源问题，如何合理利用自然财富，大幅提高能源利用效率，开发新能源；第三个战略方向是核能发展计划。到2014年俄罗斯将出现新一代反应堆和国内外都有需求的核燃料。在其他领域（首先是医疗方面）也将积极利用核研究成果；第四个战略方向是发展空间技术和远程通信；第五个战略方向是发展战略通信技术。为了实现这五个战略目标，他提出了四个方面的措施：一是对国有经济部门实现现代化，为提高经济绩效不排除"再私有化"，二是为进行世界先进水平的研发创造良好的环境，三是改革立法和国家管理制度，帮助整个经济向创新发展过渡，四是税收制度以及有关强制性保险缴费的立法的现代化。① 可以说，这些措施既发挥了俄国传统产业的优势，也在努力追赶现代经济的新潮流，但要变成现实，并不容易。

五是强调发展公民社会，改变重国家、轻社会的传统。梅德韦杰夫认为，高度发达的公民社会是政治制度保持稳定的基础。公民社会通过自己的各种团体和组织，通过自己的机构控制国家，但同时它又是一个自给自足的自治的整体。只要在公民社会的框架内有着有机的团结，国家政权在任何危机情况下都可依靠公民

---

① *Дмитрий Медведев*. Послание Федеральному Собранию Российской Федерации. www.kremlin.ru/transcripts/5979.

社会这个基础。反过来也是如此。在国家与社会的关系上,梅德韦杰夫改变了俄国重国家、轻社会的传统,他强调:"国家不是发展的目的,而是发展的工具。只有把全社会都纳入到这一进程才能取得正确的积极的成果,只有在这种情况下我们才有成功的机会。""必须明白,国家是个有机体,而不是生产统治思想的机器。国家不能再拧紧螺母。十分明显,过分严厉的秩序、过分的控制往往没有好结果,按现代的说法是,它不能够帮助我们战胜腐败,反而会促成更多的腐败;不能帮助我们提高管理的效能,反而会降低管理的成效。因此,极其重要的是,给予社会自治提供条件。"①

总之,梅德韦杰夫的现代化构想,是基于市场经济理念和现代民主制度价值的,包含了政治、经济、社会、个人的现代化在内的全面的现代化。在现代化理念上,梅德韦杰夫与普京并无实质性差别,他的许多说法,普京也不止一次说过。但在现代化的方法和步骤上,梅德韦杰夫与普京越来越表现出不同,如,普京对国内体制外反对派的态度强硬,梅德韦杰夫则要缓和得多,认为他们只要不破坏国家的法律就有权存在;普京对国有企业持支持的态度,梅德韦杰夫则对此有许多批评。梅德韦杰夫自己也不讳言这种差别,他在 2011 年 5 月 18 日举行的大型记者招待会上谈到这个问题时说:"我所说的我与普京总理在战略上的观点相近或一致,是指我们有相同的教育背景、相近的价值观,我们都希望国家发展,人民幸福。但这不是说我们的策略立场完全一致。我认为,这很好,因为真理总是在问题、立场的碰撞甚至冲突中

---

① Дмитрий Медведев выступил на конференции 《 Великие реформы и модернизация России 》. http://www.kremlin.ru/news/10506.

产生的,这是进步的保证。比如在现代化问题上,普京总理认为,现代化应是平静的、渐进的。而我认为,我们有机会有实力快速实现现代化,只要不损害已取得的成绩。"①

四、梅德韦杰夫推进现代化的举措

以克服金融危机为契机,俄国的全面现代化进程进入了启动实施阶段,现代化已经提上了日程。俄罗斯新一轮的现代化与以往只由国家推动不同,此次是上下结合进行的,国家通过了许多政策措施鼓励创新经济的发展,同时也注意发挥企业的作用,鼓励个人发挥才能。

(一)再次启动私有化计划,减少国家干预,鼓励竞争和创新

梅德韦杰夫批评"国家资本主义",主张大刀阔斧地收缩政府在经济中的作用。他认为,在20世纪90年代苏联解体后的动荡局势下,政府有必要对经济进行强力干预。但过多的干涉也使国家缺少竞争环境,不利于私营部门的发展,加剧了政府官员的腐败。

2008年金融危机后,俄罗斯联邦政府以财政资金直接向国家公司和国有银行注资,更加扩大了国有企业资产。2009年俄固定资产中,国家所有制占40%,其中联邦和联邦主体占22%,地方自治体(相当于市及以下行政单位)占18%。在全国企业中,由于近年建立了大量中小私企,国有企业数量占比降到了8.2%,但在国企就业的人数占全部就业人数比例高达31.5%。无论是国有

---

① Пресс-конференция Президента России. http://www.kremlin.ru/news/11259.

固定资产占比,还是国企就业人数占比,俄罗斯均高于许多市场经济国家。2010年6月18日,梅德韦杰夫在圣彼得堡国际经济论坛上发言时说:"我将战略企业名单缩减到原来的20%。股份制的战略企业从208家减少到41家,联邦国有单一制企业从230家减少到159家。这是我今天签署的这份总统令。"2010年7月26日,俄罗斯财政部表示,将在2011—2013年以出售10家公司国有股权的收入弥补同期联邦预算赤字。计划出售的国有股权包括石油管道运输公司27.1%、俄罗斯石油公司24.16%、对外贸易银行24.5%、储蓄银行9.3%、俄罗斯铁路公司25%减1股、联邦电网公司28.11%、罗斯水电公司9.38%、房产抵押贷款公司49%、俄罗斯农业银行49%,以及现代商船公司25%减1股。预计私有化收入9000亿卢布,约合300亿美元。2010年11月17日,俄罗斯联邦政府批准了联邦财产私有化计划和2011—2013年主要私有化目标,掀起新一轮大规模的国家资产私有化浪潮。国家计划在这三年时间里通过私有化获得约1万亿卢布资金,其中大部分通过出售10家银行和公司的大量股份取得。为改善投资环境,梅德韦杰夫在2011年3月31日责成7月底前免去副总理和部长在17个竞争性领域大型国企的董事职务,副总理、联邦部长、联邦执行机关领导和政府官员在其余公司的董事职务应于10月1日前辞去,这些职位应由独立经理人或代理经理人担任。4月11日,副总理伊戈尔·谢钦率先辞去了俄罗斯石油公司董事会成员和董事会主席的职务。

(二)建立高新技术开发区作为推进现代化的典范

2009年5月,梅德韦杰夫成立了由他亲自挂帅的俄罗斯经济现代化和技术发展委员会,并确定了国家经济现代化与技术革新的优先方向,涉及医疗、信息、航天、电信、节能等领域,在经济上确定了五大领域:能源、核技术、宇航、医疗、信息现代化。2010年2月,在莫斯科郊外的斯科尔科沃建立了创新中心,被看成是俄罗斯版的"硅谷"。2010年3月,俄罗斯总理普京也走上前台,亲自担任政府高技术与创新委员会主席,这个委员会由总理、副总理、财政部长、经济发展部长、教育科学部长、工业贸易部长、通讯部长,以及部分国有公司的负责人构成,掌管大约1.1万亿卢布的创新经济发展开支,同时还对4万亿卢布的国家定购体系拥有改革和支配的权力。普京总理领导的团队具体落实着总统提出的现代化战略,推进斯科尔科沃创新中心的快速发展。

为了保障斯科尔科沃创新中心的发展,2010年5月俄罗斯政府拟定了《斯科尔科沃创新中心法》。2010年9月,《斯科尔科沃创新中心法》获得俄议会两院通过并由俄总统签字生效,诸多优惠政策使斯科尔科沃成为俄罗斯史无前例的创新经济区。入驻斯科尔科沃的企业将享有10年的税收优惠政策。其中,年销售额尚未达到10亿卢布或者累计利润尚未达到3亿卢布的将免交利润税、财产税,最低社会保障税税率也将从原来的36%降低到14%。在创新中心进行科研活动的主体可以免缴增值税。2011年6月,根据总统德米特里·梅德韦杰夫的指示对《税法典》、《斯科尔科沃创新中心法》和其他法律进行了修改,扩大了斯科尔科沃创新中心的公司企业所享受的关税优惠,尽量减少报税程序。

在俄罗斯政府的大力支持下,成立不到一年的斯科尔科沃创新中心开始受到跨国高科技企业的关注。美、英、法、德、意、韩等国知名企业均对斯科尔科沃表现出浓厚兴趣。斯科尔科沃创新中心已经与微软、思科、波音、西门子、诺基亚、飞利浦等诸多国际知名企业就进驻斯科尔科沃、提供投资和技术支持、合作开展科研项目等相关问题签署了合作协议，到2011年6月，已经有69家公司入驻。2011年5月24日，俄英合资秋明—英国石油公司（TNK—BP）和斯科尔科沃基金签署创新项目合作协议，旨在提高技术过程、油气开采加工设施的能效。2011年6月，全球知名IT公司IBM公司计划在俄罗斯创新中心"斯科尔科沃"开设一个研发中心。双方为此签署了一份谅解备忘录。[①]

俄罗斯发展创新型经济的决心是很大的，2010年俄政府向高技术行业和研究机构投入4000多亿卢布。斯科尔科沃创新中心项目究竟能否顺利完成，这里能否成为俄罗斯"新经济政策的最大试验场"，还需观察。

（三）对政治体制进行一系列改革，促进民主体制的完善

梅德韦杰夫推崇更具竞争性和非集中化的政治形式，他比普京更明确地表示要否定斯大林时期的专制，推动俄罗斯开始新一轮政治体制改革，促进民主体制的完善与发展。

在21世纪初普京担任总统期间，为了实现强国目标，激发人们的爱国热情，尽可能模糊对斯大林主义所持的立场，这使得斯大林的名声一度有所恢复，干扰了俄国的进一步现代化进程。从2009年底开始，在重启现代化进程的背景下，俄罗斯政府从言辞和行动上开启了新一轮的"去斯大林化"运动。2009年10

---

① 参见俄新网RUSNEWS.CN圣彼得堡2011年6月18日电。

月30日，也就是"斯大林大清洗遇难者纪念日"，梅德韦杰夫在视频博客中毫不含糊地谴责了"斯大林的罪行"，并称这是"俄罗斯历史上最大的悲剧之一"。2010年4月7日，普京邀请波兰总理图斯克访问卡廷，纪念卡廷惨案70周年，普京称苏联为掩盖卡廷森林大屠杀事件而撒谎，这样的罪行没有任何正当理由，他甚至单膝跪地整理为这些遇难者所献花圈的挽联。2010年4月28日，梅德韦杰夫下令公开俄方掌握的卡廷事件的历史文件，并将其电子文本发布在俄罗斯联邦档案署的官方网站上。这是俄方首次向公众公开卡廷事件的相关材料。过去遭禁的波兰电影《卡廷》也在俄罗斯上映了。在总理普京的支持下，揭露苏联劳改制度的小说《古拉格群岛》被列为中学生读本，到2010年10月已经发行了1万册，索尔仁尼琴的未亡人纳塔利亚建议搞个缩写本，普京表示赞成，他说："十分感谢您，我完全赞成您的看法。这是一本非常需要的书。不研究书中所记录的现实，我们无法全面了解我们的国家。不全面了解我们的国家，思考未来必将困难重重。"① 在2010年5月纪念卫国战争胜利65周年之际，取消了莫斯科市当局在莫斯科街道装饰斯大林肖像的计划。5月7日，梅德韦杰夫在接受《消息报》记者采访时，驳斥了有关"斯大林主义"正在俄罗斯死灰复燃的看法，说斯大林并没有"回到我们的日常生活中"。他郑重表示："如果从国家层面上而言，自新俄罗斯国家产生以来，国家领导人对斯大林的评价非常明确——斯大林对自己的人民曾犯下了大量罪行。虽然他曾做出过许多贡献，虽然

---

① 蓝英年：《苏俄禁书成了中学教科书——〈古拉格群岛〉命运之变迁》，《同舟共进》2011年第8期，第55页。

在他的领导下国家取得了一些成就,但他对本国人民也做出了不可饶恕的事情。""苏联的体制压制权利和自由,不仅对本国人民,其他社会主义阵营国家也是如此。""是人民赢得了卫国战争的胜利,而不是斯大林,甚至也不是担任重要职务的军事指挥官。当然,他们曾发挥了非常重要的作用,但同时是人民以难以置信的力量赢得了战争胜利,众多民众为此献出了他们宝贵的生命。"①

在2009年11月的国情咨文中,梅德韦杰夫提出了进行政治体制改革的建议,修改宪法,把总统任期从4年提高到6年。2010年1月22日,国务会议首次专门讨论了俄罗斯政治制度发展和民主制度问题,参加者除联邦主体领导人外,还邀请了议会内外所有政党代表参加,梅德韦杰夫在此次会议上做了长篇讲话,他认为,"我国的政治制度在运转,它的运转远不理想,但是在运转。"他要求加强政权与人民的联系,"评价地方领导人的工作的主要标准过去是、将来也永远是该地区居民的信任度。这可以称之为支持率,或者其他什么。要让各联邦主体的领导人经常把自己的活动诉诸社会舆论,不要限于办公室。这里,必须同所有政党、大众媒体、各种社会组织和非政府组织建立联系。所有这些联系都是有益的和必要的。应该倾听人们在说什么,在争论什么,当局应随时同人民对话。"② 为了提高公民对政治过程的参与度,梅德韦杰夫对俄罗斯政党制度和选举制度提出了一系列改革建议,"为了实现经济现代化,一定要限制政

---

① Дмитрий Медведев. "Нам не надо стесняться рассказывать правду о войне-ту правду, которую мы выстрадали", www.izvestia.ru/pobeda/article3141617.

② Стенографический отчёт о заседании Государственного совета по вопросам развития политической системы России. http://www.kremlin.ru/transcripts/6693.

治精英的经济利益,改革俄罗斯政治体制。"① 根据梅德韦杰夫的建议,参选国家杜马获得5%但不到7%的政党可得到1—2个席位。从2012年起,新组建政党党员不得少于4万人,在一半以上联邦主体党员数不少于400人。适当时候重新实行地方长官直接选举制,以使国民在本地区治理上掌握更大的话语权。从2009年起政党有权推荐候选人提名给总统竞选联邦主体行政长官。

梅德韦杰夫强调要鼓励政党的发展,他认为,各地区情况各异,人们的选择各不相同,要尊重小党的意见,在国家杜马和地方议会中听取他们的意见,让他们的代表在其中有发言权,他认为一个政党或只有两个政党组成议会是不正常的,不能完全反映民意。国家杜马的选举只按政党名单进行,政党数量变少了,政党的影响明显提高了,所有政党,无论是执政党还是反对党,在组织上变得更强大了。2004年有48个政党,现在只有7个。但地方立法机关至少一半代表是按政党名单选举的,地方议会中政党党团的数量却大大增加了。从2004年的91个,发展到2007年的211个,2009年的248个。2004年统一俄罗斯党在56个联邦主体中拥有党团,到2009年在所有联邦主体中拥有党团;相应地,俄共拥有的党团在2004年是17个,2009年增加到67个;自由民主党拥有的党团在2004年有6个,2009年则达到43个;公正俄罗斯党2006年拥有党团18个,2009年达到50个。其他一些政党也在地方议会中拥有自己的代表。② 总共246000个市级代表机关中差

---

① 2011年5月18日,弗·伊诺泽姆采夫在中央编译局所作的关于俄罗斯的经济发展与现代化的报告,《俄罗斯研究信息》2011年第4期,第17页。

② Стенографический отчёт о заседании Государственного совета по вопросам развития политической системы России. http://www.kremlin.ru/transcripts/6693.

不多一半的代表是统一俄罗斯党的人。这个结果不坏,这事实上反映了目前选民的实际好恶,但在地方自治代表中间,共产党人不超过2%,公正俄罗斯党人只占1%,自由民主党人也只占1%,甚至低于1%。梅德韦杰夫认为这种情形表明政党,首先是反对党,在市一级中的作用薄弱,在那里没有实际上的政治竞争。①

(四)对机构进行改革,遏制腐败

普京奉行的国家资本主义政策,使国家与经济的关系过于紧密,官员对经济的干预过多,实际上阻碍了经济的现代化进程,也是腐败产生的重要原因。普京也强调反腐败,但效果不明显,梅德韦杰夫多次强调要重视国家机构中的腐败问题,把反腐败作为重要任务。

2008年5月19日俄罗斯总统反腐败委员会成立,2008年底,梅德韦杰夫签署了《反腐败法》,明确了反腐败的一些基本原则,规定:"国家公职人员应当申报自己、配偶以及未成年人的财产和收入情况。"2010年春季通过了国家反腐败计划以及国家反腐败战略,确定了反腐败的主要方向。俄明显加大了反腐败的力度,在2009年上半年,"就有4500多起腐败案得到审理,其中被判刑的有来自国家权力机关和地方自治机关的532人,以及护法机关700多名工作人员。很遗憾,这些数字也证明了毒害我们社会的腐败规模有多么大。但仅靠'坐牢'是不能解决问题的。不过,该坐牢的还是要让他们坐牢。"②

---

① Стенографический отчёт о заседании Государственного совета по вопросам развития политической системы России. http://www.kremlin.ru/transcripts/6693.

② Дмитрий Медведев. Послание Федеральному Собранию Российской Федерации, www.kremlin.ru/transcripts/5979.

梅德韦杰夫重视法律环境的建设,他提出对司法体系进行全面改革,增加司法部门预算,提高司法透明度,允许法官终身任职,促进司法独立,以打击腐败,增强人们对法治的信心。2009年底,梅德韦杰夫提出改革国家内务部,精简机构,提高效率。推进司法体制改革,以消除司法腐败。对内务部工作人员的审核更为严格,"民警"改称"警察"。

梅德韦杰夫对俄国人都争当公务员的现状很不满,"2000年底,俄罗斯各级公务员总人数为116.34万人,到了2009年底,这一数字已达167.48万人,仅2009年一年,俄罗斯联邦政府的公务员人数就比2008年增加了2.7%。按人口比例算,俄罗斯目前每1万人中就有118名公务员,这一占比是1999年的两倍。""据俄最新统计,俄居民目前月平均工作工资为2万卢布。但莫斯科市公务员的月平均工资为4.21万卢布,莫斯科州公务员的月平均工资为4.46万卢布。"① 梅德韦杰夫曾多次批评政府机关臃肿,办事效率低下。在2010年夏天森林大火中各级官员表现出的低效与失职让梅德韦杰夫十分不满,他终于下决心严令政府裁员。2010年9月20日,俄罗斯财政部长库德林宣布到2013年底,俄罗斯全国将裁掉超过10万公务员,以达到精简国家机构、节约政府开支、提高工作效率的目的。如果此次裁员计划能够得到顺利实施,那么3年下来,将会为中央政府节约430亿卢布,约合10.4亿美元的开支。

梅德韦杰夫在2010年做出了许多重大的人事变动,莫斯科

---

① 关健斌:《俄罗斯政府的裁员大刀又举起了》,人民网—国际频道,2010年8月2日。

市长因为得不到总统的支持离开坐了 18 年的宝座,巴什基尔、鞑靼斯坦和卡尔梅克共和国的行政首脑也被更换,新上任的领导人得到了民众的肯定。索比亚宁上任后,在治理首都莫斯科的堵车、高房价和低质量的医疗服务方面做了很多工作。在 2010 年 12 月 8 日莫斯科市杜马通过的预算案中,明显增加了道路建设、医疗、地铁和住房等方面的开支。2010 年 1 月,梅德韦杰夫下令成立第八大联邦区,以利于解决高加索问题。为了解决首都的拥堵问题,2011 年 6 月,梅德韦杰夫提议扩大首都的面积。

总之,梅德韦杰夫的全面现代化战略是在总结俄国历史上现代化经验教训的基础上提出的,也是普京 2020 年战略的发展,在俄罗斯有广泛的共识。不管未来形势会发生怎样的变化,也无论谁当总统,俄罗斯都会继续实施政治、经济、社会、文化等各个方面协调发展的全面现代化战略。但要实现这一战略,克服历史的惯性和现实的问题,俄罗斯还有很长的路要走。

第六章　普京重返克里姆林宫，
再次引领俄国的现代化

经过20多年的建设，俄国基本完成了从苏联模式向政治民主化、经济市场化和促进社会发展模式的过渡，俄罗斯的经济实力已经有了很大提高。与1999年相比，2008年俄罗斯的GDP是10年前的1.7倍，人均GDP是10年前的1.9倍。俄罗斯人均收入已经走出了中等发达国家之列而进入了发达国家之列。[①] 但并未解决历史遗留的诸如经济结构不合理、腐败严重等问题，也面临着发展带来的一些新问题。普京第三次入主克里姆林宫，面临的新任务主要是继续进行经济的现代化改造，减弱国家对经济的垄断，发展能促进私人积极性的创新型经济；加强政权与社会的沟通和联系，完善民众与政权互动的渠道，保障国家政权来源于人民并为民众服务；加强国家政权体制自身的建设，使之能够做到分工明确、相互制约与监督，提高行政工作效率，防止政权为自身的利益服务；继续提高俄罗斯的国际影响力，增强俄罗斯对国家社会未来发展的参与和影响能力，使国际秩序朝着民主公正合理的方向发展。走新型现代化之路，是历史的选择，普京与梅

---

① Стратегия-2020: Новая модель роста — новая социальная политика. М.: Издательский дом 《дело》 РАНХиГС, 2013. С.7—8.

德韦杰夫有共同之处，也有区别。他们的现代化战略目标一致，但手段有所不同。

一、普京重返克里姆林宫，继续推进俄国的现代化

在2012年3月4日的总统选举中，普京以63.60%的得票率当选，虽然没有2004年的得票率高，但也远高于第二名久加诺夫，表明普京占有绝对的优势，与2011年12月杜马选举中统一俄罗斯党不到一半的得票率相比，普京显然比推荐他的政党更值得信赖。同过去几次大选相比，此次投票率不高，只比2004年的64.38%高，为65.32%，而2008年和1996年接近70%，2000年为68.64%。这也说明俄罗斯已经不存在道路之争，民众对政治的兴趣减弱。俄罗斯有1.1亿公民有投票权，把选票投给普京的有4550多万人，但许多"城市中产阶级"没有把选票投给普京，许多人不参选是因为别无选择。普京在莫斯科的得票率只有46.95%，在俄罗斯的第二大城市圣彼得堡和第三大城市叶卡捷琳堡，其得票率也低于全国平均水平。这一现实说明普京所面对的已经不是原来那个只求稳定和经济发展的俄罗斯了，人们要求更自由，更受尊重。

普京确实是一个能力很强的政治家，在俄罗斯还没有人能胜过他，但一个人长期当政，令一些人想起苏联时期。随着新俄罗斯的发展与进步，一些人不太愿意接受这一现实。西方国家把俄罗斯这种独特的"二人转"看成是玩弄民主，钻民主的空子，特别是美国，不愿意看到普京再度执掌克里姆林宫。普京此次赢得

大选并不容易。

总统是俄罗斯现行政治体制的核心。总统是国家元首，是俄罗斯联邦宪法和公民权利和自由的保障，还是国家武装力量的最高统帅。总统拥有决定国家的内外政策的基本方向、经国家杜马同意后任命政府总理、主持政府会议、做出政府辞职决定的权力。根据1993年宪法，俄罗斯总统每四年选举一次，连续担任总统不能超过两届。2008年12月30日，总统梅德韦杰夫签署宪法修正案，把俄罗斯联邦总统的任期延长至6年，国家杜马议员的任期延长至5年。因此，2012年总统大选产生的总统将任期6年，至2018年。

1996年5月22日，俄罗斯杜马通过了权力交接的规则，规定即将离职的总统必须在新总统宣誓就职那一天将权力象征的核按钮移交给后者；即将离职的总统和新总统应该就合作问题达成协议；同时还详细规定在选举结果宣布之后至新总统宣誓就职之前的一个月中两人应在哪些领域进行合作等。在法律程序上，俄罗斯实现了最高行政权力平稳有序并有公民参与的和平交接，相对于沙俄和苏联时代，这是很大的进步。

俄罗斯有崇尚"好沙皇"的传统，更崇拜强权，从俄罗斯政治传统来看，普京无疑是俄罗斯理想的领袖，但是，时过境迁，俄罗斯人也在发生变化。自认为得到民众广泛爱戴、人们期盼其归来的普京，没料到事实并非如此。此次普京胜选，是其三次参选总统中最艰难的一次，在庆祝胜利的集会上普京这个硬汉流下了眼泪。这泪水里或许有普京的委屈，他想成为俄国历史上伟大领袖，重振俄罗斯伟大强国的地位，但并不为许多人所理解；这泪水里或许也有对胜利得来不易的感慨，对艰难取胜的喜悦，他终于实现了再次重返克里姆林宫的愿望,又可以大干一场了。

2011年12月5日俄罗斯国家杜马选举结果公布以来,俄罗斯国内出现了苏联解体20年来最大规模的抗议活动。12月10日,从符拉迪沃斯托克到加里宁格勒,抗议集会此起彼伏,最大规模的聚集在莫斯科的博洛特纳亚广场。据莫斯科内务总局统计,参加集会的总人数为2.5万人,而集会组织者表示,他们召集了至少4万人。12月24日,在莫斯科的萨哈罗夫大街有3万人(集会者称有12万人)再次举行了抗议,俄罗斯其他城市也有,只是规模小得多。虽然参加抗议的人士来自不同的政治派别,有各种各样的人,但他们共同的要求是:"诚实的选举"、"普京下台"。2000年以来,由于执政成绩不俗,普京的个人威望一直很高,在担任总统期间,普京的支持率稳步上升,长期保持在70%以上,担任总理后,普京的民意支持率也高于总统梅德韦杰夫。但是,自普京宣布第三次参选总统,并承诺如若获胜,将任命梅德韦杰夫为总理后,其威望迅速下降。在杜马选举前,其支持率为60%—61%,到2011年12月初降至51%,到12月中旬降至42%,普京面临的形势是严峻的。在不到3个月的时间里普京能实现反转,高票当选,主要原因在于:

首先,普京没有对手。在5位总统候选人中,久加诺夫和日里诺夫斯基是老面孔,曾多次参加总统选举,他们有稳定的支持率,但要获得全民大多数人的支持几乎是不可能的,米罗诺夫虽然当过联邦委员会的主席,但其政党基础和政治影响力显然不够,富商普罗霍罗夫年轻且没有政治经验。总统选举与杜马选举不同,在俄罗斯这个"超级总统制"国家里,人们不可能把自己和国家的命运寄托在老朽或不值得信赖的人手中。尽管很多人不喜欢普京重回克里姆林宫，但他们别无选择。

第二，俄罗斯民众认同国家的发展道路和普京的政策。据全俄社会舆论研究中心 2011 年 12 月 22 日举行的社会调查，对于 2011 年的评价，57% 的人认为对于自己和家庭来说是很好的一年（2009 年这一比例是 42%），认为情况有了很大改善的人比 2009 年增加了一倍，从占 20% 升至占 40%。人们对未来充满信心，悲观者是少数，只有 10%，是 2008 年以来最低的。俄罗斯成功克服了经济危机，人们的生活水平在稳步提高，通货膨胀率在下降，2011 年只有 6.1%，是 20 年来最好的，工资和退休金在增长。即使在经济危机的 2009 年，民众的生活也没有大幅度下降，2010 年工人的实际工资增长了 4.6%，居民实际收入增长了 4.1%，高于 GDP 的增幅。在八国集团中，俄罗斯的经济率先实现了增长，2010 年经济增长了 4%，2011 年增长 4.2%。这使得普京有很深的民意基础，求稳怕乱者把票投给了普京。

第三，普京积极进行了竞选活动。与 2004 年谋求连任不同，此次普京积极进行了竞选。鉴于国家杜马选举结果令人失望，促使普京突出自己超党派国家领导人角色，并相应地在竞选中将全俄人民阵线推到首要地位。12 月 7 日，普京建议在全俄人民战线的基础上组建自己的竞选总部，并邀著名导演戈沃鲁欣出任主任。普京不是以"统一俄罗斯党"的代表，而是以全民代表身份参加竞选。2012 年 1 月 12 日普京的总统大选门户网站 www.putin2012.ru 开通，并发表了竞选纲领草案，实际上这是一个全面阐述其执政目标的纲领。普京表示愿意倾听民众的呼声，网民可在"共同改变俄罗斯"专栏向他提出个人建议。从 1 月 16 日开始，普京陆续发表了七篇竞选文章，分别阐述了俄罗斯面临的问题和解决的方案，阐明了普京在政治、经济、社会发展和外交政策、军队建设等方面的政策主张。在对国家未来发展的规划和方针政策选择上，普京显然远胜于其他候选人。同时，普京也在各种场合，包括在与民众的直接连线中，回应人们的诉求，消除了一些人对俄罗斯社会将重演勃列日涅夫"停滞"的担忧，努力塑造一个锐意改革者的形象。

在普京及其竞选班子的积极努力下，从2012年1月开始，普京的支持率开始回升，1月14日全俄舆论研究中心的民意调查显示，普京的支持率升至52%，2月20日升至58.6%，这一趋势保持到了选举日。普京虽然实现了王者归来，但正如一位哲人所讲的"人不能两次踏进同一条河流"，普京所面对的已经不是从前的俄罗斯了，他需要回应时代的挑战。

2012年5月7日，普京重返他曾执政8年、离开4年的克里姆林宫，又开始了他作为俄罗斯联邦总统的政治生涯。实际上普京从未离开过克里姆林宫，俄罗斯这些年的发展变化、政策选择都是与普京的名字联系在一起的，因此，普京的回归不会使俄罗斯的政策发生根本性的转变，其内政外交将保持连续性。但是，普京重返克里姆林宫所面对的是一个不同于前两个任期的俄罗斯，新的情况和形势要求普京改变威权主义政策。随情变化，顺势而为，将是普京未来6年的主调。

苏联剧变20年来，俄罗斯发生了翻天覆地的变化，这一变化是在普京的领导下完成的，但恰恰是这一变化动摇了普京的地位。

首先，俄罗斯公民的自主性和民主意识增强了。城市中产阶级发展起来了，占到了人口的20%—30%，他们厌倦于长期面对同一张面孔，不欢迎普京钻宪法的空子，重新回到克里姆林宫。在普京就职前的5月6日和就职后的6月12日俄罗斯国庆日，俄罗斯又发生了大规模反普京的示威游行，参加者多为年轻人。据抽样调查，6月12日84%的游行参加者参加过以前的抗议活动，只有16%的人是首次参加，游行参加者大多数是年龄在34岁以下的年轻人。① 为了消除民众的不满，普京不得不改变自己。

其次，许多人对2004年以来普京加强中央集权的政策不满。2004年9月别斯兰事件后，普京取消了地方行政长官的直选，提高了政党登记的门槛，把政党进入杜马的得票率从5%提高到了7%，取消了单席位选区，结果使统一俄罗斯党一党独大，行政机构膨胀，官员腐败日益严重。在世界民主化浪潮的冲击下，在解决了物质生活之后，俄罗斯人要求通过改革和完善民主，要求参与社会政治生活。苏联解体20年来，全新的一代人，即现在20—40多岁的年轻人成长起来了，他们在苏联改革年代或苏联剧变后上大学，对苏联时期印象不深，在自由环境下成长。这代人自主性强，反感在被安排好的框架下生活。正是以这些人为中坚，从2011年12月杜马选举以来，掀起了一轮轮抗议浪潮。根据全俄舆论研究中心的调查，参加2月4日博罗特纳亚广场反对派集会者主要是这些人，年龄小于45岁的占71%，受过高等教育的占56%，属于中等富裕程度的占56%，十分富裕的占27%。多数在集会上演讲的是长时间使用网络的人，60%的被调查者每天都上网。58%的参加者参加过12月10日的集会，72%的参加者参加过萨哈罗夫大街的集会。他们主要抗议的是威权主义的政治体

---

① Протестное движение в России: взгляд социологов, http://wciom.ru/index.php?id=195&uid=112874.

制,多年以来,社会中第一次认为"国家向不正确方向发展的观点"占了上风。日益壮大的中产阶级"需要的政权是:高效率工作的法院、警察、国家机关、自由的媒体。与腐败作斗争,改革警察体制,实现经济的现代化,城市中产阶级对这些问题的关注甚至超过商业关系。"①

卸任总统梅德韦杰夫作为统一俄罗斯党的领袖(5月26日"统一俄罗斯党"选举梅德韦杰夫作为党的主席),被任命为政府总理,就个人能力而言,梅德韦杰夫可以胜任自己的工作,但在价值观和理念上,梅德韦杰夫与普京有很大差异,强人普京是否能够长期容忍梅德韦杰夫是人们关注的问题。如果说普京任总理时,梅德韦杰夫这个总统不可能解除普京的职务,但现在的普京总统完全有能力解除总理梅德韦杰夫的职务。俄罗斯现在的政治格局不是普梅组合,而是重回普京时代了。

2012年5月21日,根据普京的总统令,建立了梅德韦杰夫为总理的新政府。同上届政府相比,祖布科夫和谢钦离任,他们的职位由前总统助理德沃尔科维奇和前莫斯科副市长戈洛捷茨填补。留任的五位副总理分别是舒瓦洛夫(第一副总理)、科扎克、罗戈津、赫洛波宁和苏尔科夫,苏尔科夫兼任新政府的办公厅主任。部长总数从上届的19名增加到21名(新成立了远东发展部和公开政府联络部,卫生与社会发展部被划分为两个部门:卫生部和劳动与社会保障部),而各部部长留任的比例只有四分之一。在直接隶属总统的部委中,紧急情况部和内务部更换了部长,前紧急情况部副部长普奇科夫接替了已经担任莫斯科州州长的绍伊

---

① Выборы в России как реализация протестной стратегии, http://www.levada.ru/16-12-2011/.

古,莫斯科内务总局局长科洛科利采夫接替努尔加利耶夫担任内务部部长。财政部部长西卢阿诺夫、体育部长穆特科、工业与贸易部代部长曼图罗夫、司法部部长科诺瓦廖夫、国防部长谢尔久科夫和外交部长拉夫罗夫均留任,联邦统计局由经济发展部管辖改为直接隶属政府。其他各部委都更换了部长,最年轻的部长是1982年出生的尼基福罗夫,他被任命为通信部长,此前他任鞑靼斯坦共和国通信与信息化部长,在推广互联网和信息技术方面拥有成功的经验。从新政府的组成看,将保持政策的连续性。梅德韦杰夫将继续奉行经济社会和政治现代化方针。

在普京任总理期间,政府的权力扩大,他担任总统后,原来政府的一些权力转归总统,联邦金融监管局由隶属政府改为直接隶属总统。普京的密友、前政府副总理伊万诺夫调任总统办公厅主任,负责调整机构和人事,普京还任命了4名总统办公厅副主任、10名总统助理和9名总统顾问(比梅德韦杰夫当总统时增加了4个编制),把原政府中许多干将重新招至自己的麾下。

普京还陆续成立一些委员会,一些最重要的委员会,如经济现代化和创新委员会、经济和社会主要目标实施监督委员会、燃料能源委员会、民族关系委员会等委员会的主席职务,由普京亲自兼任。普京新成立了燃料能源综合体战略发展与生态安全问题的委员会,他亲自领导这一委员会的工作,并任命谢钦为该委员会的责任秘书(5月22日俄罗斯总理梅德韦杰夫任命谢钦为俄罗斯石油公司总裁),除各个石油公司总裁外,这个委员会的成员还包括天然气公司、能源运输公司和电力公司的代表,以及有关专家和政府官员。委员会囊括的人员非常广泛,使这一机构有能力审议从石油产品价格到电力发展计划的任何问题。这样一来,政府内负责该领域的副总理阿尔卡季·德沃尔科维奇的权限会受到相当大的限制。

2012年6月7日，总统普京签署法令，成立隶属于俄罗斯总统的民族关系委员会。该委员会"是隶属于俄罗斯联邦总统的协商和咨询机构，成立该机构的目的是保障联邦国家政府机关、俄罗斯联邦各主体国家机关、地方自治机关、社会团体、科学和其他机构之间在审议涉及落实俄罗斯联邦国家政策问题时的协调工作"。委员会由普京领导，副主席是俄总统办公厅第一副主任维亚切斯拉夫·沃洛金。俄罗斯有190多个民族，说171种语言，这既是俄罗斯的财富，也是俄罗斯社会和文化的复杂之处，如何建立起各民族间相互信任、相互尊重的和睦关系，关系着俄罗斯的稳定。

2012年9月18日，在2013—2015年预算问题上，普京对政府提出了批评，认为政府提出的预算草案没有反映其在竞选时做出的承诺，并没有提出养老金改革方案，也没有拟定出远东地区开发的投资计划。为此，劳动与社会保障部、地区发展部和教育与科学部的三名部长被记过处分。两天后，梅德韦杰夫主持召开了政府预算会议。会议批准了之前的预算草案，并未对其做出重大修改。梅德韦杰夫表示，预算草案的各项指标符合经济状况，预算编制的各项原则得到了执行。同时，预算收入来源得到了进一步明确。财政部部长西卢阿诺夫建议，将国有的俄罗斯石油天然气公司获得的红利收入的95%纳入预算以履行总统的竞选承诺。但这一政策又招致了谢钦的不满，他希望用俄罗斯石油天然气公司的收入扩大整合俄罗斯能源的能力，加强国有公司对能源的控制。

普京是个强势总统，梅德韦杰夫也不愿做个弱势总理，有人猜测梅德韦杰夫将被解职,但从稳定俄罗斯的政局看,普京不会轻易解除梅德韦杰夫的职务,梅德韦杰夫政府的职权削弱却是肯定的。普京重新建立起了"超级总统制",梅普组合时期形成的最高行政权力机关中的相互制约与制衡不复存在了。

二、顺应现代社会的发展,完善政治体制

俄罗斯杜马选举和总统选举表明,继续按旧的威权模式管理国家行不通了;但完全放弃威权也不行,这是普京面临的一个难题。普京一方面要回应新生的中产阶级对政治权利的诉求,另一方面也要维护行政权力对国家的控制,保证国家有序地发展。

如前所述,2004年9月13日,普京提出对本国政权体制进行激进改革的三大倡议:第一,联邦主体(共和国、州、边疆区和直辖市)最高领导人将由地方立法机关根据联邦总统提名选出,而不是像现在那样由当地公民直选。第二,国家杜马(议会下院)代表从225席由单席位选区直选、225席按进入国家杜马的各政党得票比例分配,改为全部根据政党名单按比例选出,单席位选区和无党派议员将不复存在。第三,成立公众院,以便与公民对话,让公民评议与监督国家决策。这些动议很快被杜马确定为法律。这些法案的实行,确实对保证国家的稳定发展起了积极作用,但是,任何政策都不可能一劳永逸地解决问题。民众对"统一俄罗斯党"一党独大和政治缺少竞争性不满,要求进行变革。

2011年12月杜马选举后的形势使普京认识到,应该顺应民众求新求变的要求,给政治生活以活力。2011年12月15日,普

京在与民众直接连线中便开始回应民众的诉求,强调"我们需要扩大国内民主基础,让民众感受到自己能在局部、地区和联邦层次上直接与国家机关联系"。在竞选纲领中,普京提出建立"高效和受人民监督的政权",认为所有的权力机关都是为民众服务的,要建立民众监督机制,预防腐败,特别是在国家采购、道路建设、住房公用事业和执法行为中,他强调:"我们需要重新理解维护社会利益的整个体系,放弃其过分惩罚的倾向。"他建议成立调节公民和政府矛盾的行政法庭,重要的立法和决议都要经过广泛的社会听证,要有公民、商业、社会和工会组织的参与。普京还表示,对互联网不能进行政治监控,要让每个公民都感受到被尊重,都能参与立法建议。

在梅德韦杰夫的主导下,俄罗斯开始了政治改革。2011年12月22日,梅德韦杰夫向联邦议会发表的国情咨文中回应了民众的要求,提出了一系列政治体制改革的设想。社会舆论对梅德韦杰夫这些建议反映良好,普京也在多个场合给予了肯定。2012年1月,梅德韦杰夫向国家杜马提交了对政治体系进行综合改革法案、有关直选地方行政长官的法律草案。2月17日梅德韦杰夫向国家杜马提交了国家杜马议员选举法草案,据此,俄罗斯将恢复单席位选区,全国分为225个选区,以保障公民都有自己的代表。2014年2月24日,普京签署了《俄罗斯联邦议会国家杜马代表选举法》,政党进入议会门槛从7%降至5%,禁止政党组成联盟参选,恢复225个单席位选区,一区一席。新的《政党法》于4月4日起生效,规定,俄罗斯政党至少应该拥有500名党员(此前要求4万人),每个政党应该在全国至少一半的联邦主体建立政党的地区分支机构(此前为至少一半的联邦主体,且每个地区的党员人数不少于 400 人）。到 2013 年 12 月，在司法部注册的政党从原来的 7 个增加到了 73 个，司法部在注册审查过程中如果认为有违法行为，可以即刻停止注册。在 2012 年总统选举中名列第三的普罗霍洛夫倡议成立的"公民纲领党"已于 7 月 31 日登记注册，2012 年 10 月 27 日，该党召开了成立大会，普罗霍罗夫宣布退出商界，专门从事政治活动。4 月 25 日，俄罗斯国家杜马三读最终通过了取消政党参加选举时必须征集签名的法案，根据这项新法案，除总统选举外，政党在任何选举中无需再征集支持自己的选民签名，只有自荐者才需要征集签名。在总统选举中，保留了未进入国家杜马或没有进入三分之一以上联邦主体地方议会的政党必须征集签名的规定，但签名数量从 200 万张减少到 10 万张，总统选举自荐者必须征集的签名数量从 200 万张减少到 30 万张。

恢复了地方行政长官的直选，4 月 25 日，俄罗斯国家杜马三读通过了直接选举州长的法律，年龄在 30 岁以上的俄罗斯公民有权竞选州长，可以由党派提名，也可以以独立候选人身份参选，后者需要征集支持者签名，签名者的数量需达到该州总人口的 0.5%—2%，具体比例由各州自行决定。总统有权与党派提名的候选人以及独立候选人进行磋商，即必须通过总统审查确认，如果总统认为候选人有渎职或违法行为就可以终止其候选人身份。该法案于 2012 年 6 月 1 日生效。俄罗斯的地方行政长官任期 5 年，从 2008 年开始，普京便开始大规模调整联邦主体的行政长官，仅在 2012 年就调换了 21 个，在该法案正式生效前，普京已把绝大多数联邦主体行政长官调换完毕。2012 年 10 月 14 日，俄罗斯在 5 个地区举行了自 2005 年以来的首次地方行政长官直选，共有 6 个政党提名的 17 名候选人争夺 5 个州长职位空缺。

选举结果表明，俄罗斯5个地区（阿穆尔州、布良斯克州、梁赞州、别尔哥罗德州和诺夫哥罗德州）的现任行政长官在第一轮选举中获胜，他们全部是"统一俄罗斯党"候选人。俄罗斯同时还在6个地区举行了议会选举，还举行了加里宁格勒市和斯科州希姆基市的市长选举，在77个地区举行了4000多个地方选举和公投，结果，在立法会选举中"统一俄罗斯党"也取得了领先地位。普京在会见俄罗斯中央选举委员会丘罗夫时说："选举结果没有出乎我的意料。我认为，这还是表明选民打算支持现有政权制度和发展俄罗斯国家性的步骤，因此我感谢选民。""我认为，这是总统选举后第二个巩固俄罗斯国家性和创造近期和中期积极发展条件的重要步骤。"[①] 俄罗斯地方选举情况表明，在普京第三个任期内，地方行政长官基本都是"统一俄罗斯党"的人，政局将是稳定的。

尽管普京改革了地方行政长官的选举办法，再次由民众直选，但其他政党仍没有多大机会。在80个地区的地方议会选举中，有54个政党参选，但统一俄罗斯党都占据了多数议席。在2013年9月8日举行的11个地区地方行政长官直选中，统俄党的候选人在10个地区获得连任。在选举中，普京力图实现公正、透明的选举。一些反对派人士参加了选举，并取得了一定的成绩。如：以网络反腐闻名的体制外反对派领军人物纳瓦利内参加了莫斯科市长的选举，并得到了27%的选票，影响不小。普京的支持者索比亚宁以51.37%的简单多数票成为莫斯科近10年来首位直选市长。普罗霍罗夫领导的公民纲领党候选人、反毒品人士罗伊兹曼以33.25%的选票当选俄罗斯第四大城市叶卡捷琳堡的市长，

---

① http://www.kremlin.ru/news/16642.

备受关注。普京给了反对派一定的空间，但反对派要想成大气候，很难。反对派的存在，也使统俄党不敢懈怠，正如梅德韦杰夫在选举后所说："这令人鼓舞，但这不是放松的理由，而且更没有理由回避问题、回避和民众交流。恰恰相反，我们应该利用获得的权力巩固和发展我们的国家。"

整顿公务员队伍，治理贪污受贿也是普京要做的主要工作。面对贪污受贿向社会各阶层继续蔓延的趋势，普京在竞选纲领中表示，除严厉打击外，更重要的是全社会的参与，通过与各政治党派合作加大对权力机构的监管力度，完善公务员选拔和任用制度，规范公务员行为，形成权力机构的自律机制。普京强调，从税收到海关的工作缺乏透明度和社会监督，造成系统性的腐败，企业往往靠买通税收、执法、审判等机构的官员来提高自己的经济效益。因此，他建议重塑俄罗斯权力执行和审判体系。普京还表示，完全支持总统梅德韦杰夫向杜马提交的有关公布官员财产的法案，"我相信，不仅是官员，大型国有公司的领导人、国立高校的校长、大型国有医疗机构的领导，可能还有国有机关行政人员都应该每年公布自己的收入和财产"。普京承诺，将对超过10亿卢布的政府采购进行社会监督。俄罗斯明显加大了反腐败的力度，2012年3月13日梅德韦杰夫在反腐败会议上表示："如果检查时发现官员的交易开支明显高于个人收入，并且他无法对此做出解释，那么这有可能成为被解雇，或是把其基于不明收入的财产转为国家所有的理由。"2012年4月17日，俄罗斯正式成为经合组织的《反对在国际商务活动中贿赂外国公职人员公约》第39个缔约国。2012年8月，国家杜马四大党团联名提交了有关禁止官员拥有海外资产的法案，根据这项法律草案的规定，对拥有海外资产的俄官员处以500万（约合人民币99万元）至1000万卢布的罚款，判处5年以下有期徒刑，该项法案高票通过。10月26日，俄罗斯国家杜马二读通过了有关监督官员开支情况的法案。该法案的监督对象包括联邦和地方政府各级官员、联邦和地方议员、在中央银行及国有企业等国家机构中担任公职的人员及他们的配偶和未成年子女。该法案规定，上述人员在购买房产、交通工具、土地、有价证券、股份时，若出现单笔交易支出金额超过本人及其配偶在主要工作单位近3年收入总和的情况，则必须申报此项支出的资金来源。如官员拒不申报，将可能被解职；如进行交易的国家公职人员无法出具使用合法收入购买资产的证据，那么其所购资产将根据法院判决没收充公，当事人本人将被视为有违法活动，并视情况追究其刑事责任。有关官员购置价值不符合其收入状况的信息，只能由护法机关、反腐败机构、政党、社会组织和媒体提供，匿名举报不能作为发起腐败调查的依据。被调查官员的支出和收入来源，将公布在有关部门的官方网站上。9月中旬国家杜马终止了"公正俄罗斯"议员团成员古德科夫因查明利用议员地位从事商业活动而被终止议员资格。10月下旬，统俄党议员克内绍夫也因查明是斯洛伐克"因比斯特尔"公司合伙人而被解职。鉴于国防部陷入腐败丑闻，为便于对此进行客观调查，11月6日，普京解除了谢尔久科夫的国防部长职务，绍伊古被任命为新防长。11月8日，俄罗斯内务部宣布，俄罗斯内务部经济安全与反腐败总局工作人员发现APEC峰会筹办过程中有超过9300万卢布经费被侵吞，相关人员正在接受调查。

惩治腐败对全世界都是一个难题，不是说通过一两项法案马上就能够见效。俄罗斯历届政府都很重视反腐工作，2006年普京曾几次撤换贪污腐败的官员，创下一天撤掉 17 名腐败高官的纪录；2007 年年初，普京曾经责令出台一个反腐标准计划，这其中包括官员会见商人场所要安装摄像头，在各个机构内部成立一个专门的反腐部门以及建立公务员的举报网，鼓励群众揭发腐败行为；2009 年起俄罗斯总统和政府网站连续五年公布了普京和梅德韦杰夫个人和家庭财产的状况，各部部长和议员也要进行财产公示；2010 年有 6000 多名俄罗斯官员因为隐瞒自己真实收入受到了纪律处分；2011 年上半年又有包括州长、副州长在内 2800 多名官员因为腐败被免职。但俄罗斯的腐败问题依然严重，2011 年在国际腐败监督组织年度清廉指数中的排名，俄罗斯在 182 个国家中排在第 143 位。据俄罗斯反贪污组织 2011 年 8 月发布的调查报告显示，俄罗斯官员贪腐金额总数已经占到 GDP 的 50%，俄罗斯 80% 以上的官员有腐败行为。俄罗斯的反腐之路依然漫长。2013 年通过了不允许政府官员在海外拥有账户和有价证券，议员不得经商，扩大官员申报收入和财产的范围等一系列法律。2013 年上半年有 692 名官员因贪污受贿被处罚，8 名高官因在申报收入和财产中被发现问题而遭免职。腐败是苏联时期短缺经济条件下长期养成的习惯，也与普京加强国家权力直接相关。普京实行以国家为主导的经济发展战略，扩大国有经济成分，行政权力的膨胀是滋生腐败的温床，解决腐败问题需要进行政治体制改革，减少国家对经济的干预。

普京重视扩大执政的社会基础。在普京的支持下，2011 年建立的支持普京的由社会各界代表组成的竞选组织"全俄人民阵线"于 2013 年 6 月 12 日改组为"人民阵线——为了俄罗斯"，通过了章程，推举普京为领袖，这一组织从临时性的社会组织发展成了经常性的社会组织和全俄社会运动。在未来的议会选举和总统大选中,"人民阵线——为了俄罗斯"将发挥重要作用。此外,在决策中普京也特别注意听取社会各界代表的意见。普京在2013年国情咨文中强调,当代俄罗斯需要广泛的社会辩论,"所有的法案、国家的关键决定、战略计划都应有非商业性组织、其他公民社会机构的参与,事先征求公民的意见"。"我们应当支持公民、社会团体、行业协会、政党、企业界要求参与国家生活这一日益高涨的诉求。"在联邦和地方权力机构中,都要成立公众委员会,以发挥专家们、有时甚至是建设性反对派的作用。为了使公众的参与有法可依,他请求社会院、人权委员会、其他社会和维权组织积极参与制定《社会监督法》草案。社会院应当成为不同职业的社会团体、联合会和协会表达诉求的平台。地方权力是与百姓最息息相关的权力部门,俄罗斯实行地方自治,正在不断完善地方自治,普京"呼吁全俄地方自治理事会、市政建制大会、各州长、两院议员、俄罗斯联邦政府,从各个方面再次认真研究这个问题,把事情办得合情合理,符合时代的要求。"俄政府已向社会敞开公开对话平台,解决公民最为关心的问题。2012年5月7日普京签署的命令要求:使公民对公共和市政服务质量的满意度到2018年前达到90%,2012年9月1日前确定"俄罗斯社会倡议"构想,提出创造技术和组织条件,到2013年4月15日前使公民利用专门的资源在互联网上提出建议;一年内得到不小于10万公民支持的建议,经过两院议员和工商界代表的讨论将纳入政府工作。① 这些举措表明,俄罗斯开始了当局和社会

---

① http://www.kremlin.ru/news.

进行全面互动的新时代。许多人用在互联网上表达自己的看法代替了上街游行，据2012年9月17日《莫斯科新闻报》报道，年轻的莫斯科人学会了通过互联网发泄对官员不作为的不满，越来越多的莫斯科人通过互联网抱怨城市问题。市民们仅2012年就在市政府官方网站"我们的城市"上汇集了4.7万条有关城市设施问题的信息，而2011年这个数字为2.8万。

俄罗斯重视把反对派的行为纳入法制轨道。从普京宣布竞选总统以来，俄罗斯反对派的抗议游行不断，规模空前，2012年5月6日，在普京就职的前一天，俄罗斯举行了号称百万人的大游行。在大城市，普京不受中产阶级的欢迎，举行游行抗议是他们表达不满的主要方式。对此，要树立民主国家形象的普京不可能禁止，但他要用严格的法律进行规范。正是在这一背景下，6月5日，国家杜马通过了一项新法案：游行集会法的修正案。不到12个小时，俄罗斯联邦委员会就批准了该法案，8日，总统普京在圣彼得堡签署了此项新法案，9日，新法案生效（除个别条款以外）。俄罗斯游行集会法是1995年出台的，后经过多次修改。此次修改要点有三：一是大幅度增加游行集会中违规行为的罚款，最高罚款额可达30万卢布（参与者）至60万卢布（组织者）；二是对游行集会的空间、时间及申报程序有严格规定，如不得干扰交通及居民生活，最近一年有违纪行为的人没有申请组织游行集会的资格；三是对游行集会参与者装备的规定，除了按国际通例对扩音喇叭的限制外，还要求参加者不准戴面具、口罩等无法辨认本人面目的东西。在审议和通过这一法律时，450名议员中有388人投票，其中241票赞成，147票反对。"统一俄罗斯党"的238个议员全部投赞成票，俄罗斯联邦共产党的所有92

名议员全投反对票,"俄罗斯自由民主"党 56 个议员 55 人投了反对票,而"公正俄罗斯"64 名议员中有 61 位议员拒绝投票,社会民主阵营的 3 个议员,与"统一俄罗斯党"一同投了赞成票。从中我们可以看到,这一法律显然是不利于反对派的,限制了他们公开抗议当局的行为。

2012 年 6 月 12 日,俄罗斯联邦国庆日,在莫斯科、圣彼得堡、新西伯利亚等大城市爆发规模空前的游行抗议活动,莫斯科有超过 2 万人参加了游行。为了保障此次示威游行活动不出现任何意外和节日期间的社会秩序稳定,俄罗斯全国共出动了约 7 万名警察和 9000 名军人,在首都莫斯科有超过 1.2 万名警察、内卫部队官兵和志愿者来共同维护社会治安。在莫斯科市中心举行的反对派集会期间没有发生意外事件,也没有参加集会的人士被捕,社会秩序和安全得到了全面保障。9 月 15 日,莫斯科和其他一些城市再次举行了大规模的反对派集会,但人数在下降,莫斯科只有 1.4 万人参加(批准的人数是 2.5 万),许多人已经厌倦了这种缺乏新意、提不出切实可行纲领的集会。对于违法者,俄罗斯当局对他们要进行法律制裁,10 月 27 日,莫斯科警察扣留了著名的反对派代表乌达利佐夫、纳瓦利内与亚申,原因是违反社会秩序,他们于 27 日在莫斯科市中心举行了一系列支持政治犯的集会活动。

2012 年 7 月 13 日,俄国家杜马三读通过恢复刑法中诽谤罪条款的修正案:大大提高了对传播虚假信息、损害他人名誉和尊严、诽谤他人行为的罚款力度,罚款额高达 50 万至 500 万卢布。10 月 23 日,国家杜马以 375 票赞成、2 票反对的压倒性多数通过了《叛国罪修正案》,扩大了对"叛国罪"、"间谍罪"、"非法获取国家机密罪"的界定范围，以便更有力地打击一些国际组织和一些国家利用各种幌子在俄罗斯从事间谍活动、试图改变俄罗斯政权性质的活动。新法案规定，如果非法获取国家机密，将被罚款20万—50万卢布，判处4年监禁；如果使用暴力获取机密，将被判处3—8年监禁。

2011年12月国家杜马选举后，俄境内出现大规模抗议活动等混乱局面。普京一方面支持民众通过正常渠道表达自己的声音，一方面尖锐地指出，一些外国势力试图通过他们在俄罗斯的"代理人"，一些非政府组织扰乱大选。2012年7月21日，普京签署一项有关《非营利组织法》的修正案。法案的核心内容是，从国外获得资金并且参与政治活动的非营利组织必须以"外国代理人"的身份进行登记，这些组织将被列入特别名录。作为"外国代理人"的非营利组织及其地方分支机构的年度财务报告必须接受审计，定期向国家登记机关通报其所获国外资助的数额、资金支出和财物使用的目的，以及实际支出和使用的形式和期限，从事的活动及领导机关人员的构成。这些组织出版或发布资料，包括通过大众传媒和互联网，都必须明示这些资料是由履行外国代理人职能的组织出版或发布的。该法律不适用于合法登记的宗教组织、国家社团、国有公司及其建立的非营利组织、行业协会、工商业团体，不适用于国家和市政（包括预算内）机关。科学、文化、艺术、卫生、公民疾病预防和保健、公民社会支持和保护、母亲与儿童保护、残疾人社会支持、倡导健康的生活方式、体育运动、动植物保护、慈善活动、公益和志愿活动，都不属于政治活动。对于普京签署的《非政府组织法》，民众反应平静，多数公民支持这一法律，他们经历过国家的动荡时期，不允许西方国家随意干涉俄内政。2012年9月18日，俄罗斯下令关闭了美国国际发展署驻莫斯科代表处，过去几年该代表处向俄罗斯非政府组织提供了4亿美元资金，支持它们的反政府活动。

以上这些新法案，体现了普京的治国思想和理念，普京意识到俄罗斯应该走变革的道路，但绝不能允许有任何企图削弱国家或分裂社会的行为，不能容忍任何可能造成社会与经济动荡的企图实施，更不能让外国势力影响俄罗斯的内政。俄罗斯的现实表明，普京对俄罗斯的掌控能力依然强大，对其权力进行挑战是十分困难的。2013年12月，普京签署法令，特赦了霍多尔科夫斯基、"暴动小猫"成员等，突显了他的政治自信。

此外，俄罗斯还注意加强社会环境建设。普京特别重视对青少年的历史观教育，培养他们的爱国主义情感。2012年是俄罗斯历史上一系列重大纪念日较为集中的年份，其中包括打败拿破仑入侵的波罗季诺战役200周年、俄罗斯国家建立1150周年、彼得·斯托雷平诞辰150周年、波兰侵略者被赶出莫斯科400周年、斯大林格勒保卫战70周年、苏联成立90周年等等。为此，俄罗斯把2012年定为"俄罗斯历史年"，举办了许多纪念活动。2012年1月9日，总统梅德韦杰夫签署了《关于在俄罗斯全境举办俄罗斯历史年》的总统令，规定："为了引起社会对俄罗斯历史和俄罗斯在世界历史进程中作用的重视，俄总统特命令：1、2012年，在俄罗斯全境举办俄罗斯历史年；2、命俄政府组建俄罗斯历史年的组委会并确定其组成人员名单、确保俄罗斯历史年各项活动计划的制定与实施；3、建议俄各联邦主体的权力执行机关在俄罗斯历史年框架内组织各种必要活动；4、此命令自签署之日起开始实施。"普京也积极推动利用历史教育培养俄罗斯人爱国主义情怀的工作。2012年7月18日，俄罗斯议会上院通过了关于监管网站传播违法信息的网络黑名单法，有传播儿童色情、毒品和诱导自戕等对儿童有害内容的网站将被列入黑名单并被关闭。对煽动战争、制造民族纠纷等内容的网站也将监控。11月1日，俄罗斯官方将首批6个含有儿童色情内容的网站列入"黑名单"。

俄罗斯除了喜欢饮酒，酗酒现象严重外，吸烟问题也很严重，许多中小学生和女士吸烟。俄罗斯现有烟民4400万，其中65%为男性，35%为女性。俄罗斯是继中国之后的全球第二大烟草市场，也是吸烟者占人口比例最大的国家，80%的俄罗斯居民呼吸有烟的空气，每年有将近40万俄罗斯人死于吸烟。俄罗斯每年有40万名10到13岁的中小学生"试烟"，其中几乎三分之一的人成为长期吸烟者。每3个俄罗斯人中就有一人抽烟，平均每天有超过1095名俄罗斯人死于与吸烟有关的疾病。俄罗斯人每年用于吸烟的消费高达6000亿卢布，均摊到国民身上超过4000卢布，仅中小学生一年用于吸烟的消费就达约1.5万卢布。2012年10月18日，俄罗斯政府通过了一项禁止在公共场所吸烟的法案。该法案要求在儿童活动场所、中小学、高校和政府大楼全面禁烟，今后还将禁止在咖啡馆、餐馆、酒吧等场所吸烟。根据这项法律草案，俄罗斯未来将大幅提高香烟销售税，禁止免费赠送香烟和打折出售香烟，不允许在任何平面媒体刊登烟草广告。俄政府拟分阶段实施上述措施，最终实施的期限是2015年1月1日。法案获全票通过，无人反对。① 2013年2月25日，普京签署《反

---

① http://www.government.ru/docs/21183.

吸烟法》，2013年6月1日，该法正式生效。

俄罗斯社会基本形成了社会与政府互动的机制，民众的诉求能够得到回应，变成相应的法律。俄罗斯在依法治国，各项法律日益完善，在相应的法律框架下，俄罗斯在有序地发展和进步。2013年俄罗斯的政治稳定进一步加强，普京执政之初大规模的街头政治活动明显少了，参加反对派组织的游行人数也大不如前。2012年10月成立的反对派协调委员会由于各派领导人争权，意见分歧严重，影响不大。2013年10月19日反对派协调委员会举行全会，40名委员仅10人到会。小雷日科夫等人参加瓦尔代论坛，也希望引起普京的关注，其反对派色彩开始变淡。普京成功地把社会各种力量团结起来，发挥他们建设性作用。"普京的权力比以往更加无可争议，他不但继续掌控国家机器、经济命脉和媒体，而且其保守的民族主义社会意识得到了俄罗斯社会大多数的认同。"2013年12月全俄社会舆论研究中心调查资料表明，普京再次成为2013年年度政治家，其受欢迎的程度大大高于其他政治人物。美国的《福布斯》杂志也把普京评为2013年度全球最具影响力的政治家之首。民调还显示，普京的政治威信比他当选总统时高，世界俄罗斯人大会授予普京"捍卫大国地位奖"。

对于普京的政治民主化，西方国家并不认同，对之有许多批评，但俄罗斯的民众基本还是认同的，如著名历史学家麦德维杰夫就认为，"今天的俄罗斯已经是一个民主国家，尽管其形式不同于大多数欧洲国家。俄罗斯在苏维埃时代并不是一个民主国家。现在，俄罗斯所有表面上的东西都是民主的，各级议会由民众选举产生，联邦政府也为多数民众所认可，有言论和集会的自由，在野党可以通过自己的报刊来宣扬自己的政见等。但是，俄罗斯民主应该是有限度的，国家太大了，必须要有一个强有力的中央政权，还要加强国家的统一"。① 在评价俄罗斯政治民主化进程时，应该有历史的坐标和现实的考量，相对于历史上其他时期，俄罗斯现在无疑是最民主的。考虑到俄罗斯是世界上面积最大、民族宗教问题最复杂的国家，其一定程度的集权也是需要的。

三、调整经济发展思路，为现代化增添动力

在竞选过程中，普京就对俄罗斯的经济发展提出了自己的纲领，其实质与梅德韦杰夫正在做的并无实质性的差别。普京所要面对的主要问题是俄罗斯经济增长乏力，威胁着许多社会目标的实现。

2011年全年俄罗斯GDP增长了4.2%，2012年俄罗斯经济开局良好，第一季度俄罗斯GDP增长了4.9%，第二季度增长了4%，俄罗斯中央银行专家估计为3.5%—4%。② 由于国际经济整体环境欠佳，2012年俄罗斯经济全年的实际增长率为3.4%，2013年俄罗斯经济只增长了1.4%—1.5%，大大低于预期。但俄罗斯经济的基本面问题不大，通货膨胀率为6.1%（2012年是6.6%），俄罗斯财政状况很好，债务占国内生产总值的比重较低，失业率只有5.5%。截至2013年12月31日，俄罗斯粮食产量达9530万吨，

---

① 《走在发展十字路中的俄罗斯——关于俄罗斯转型问题的对话》，《当代世界与社会主义》2013年第6期，第5—6页。

② http://www.forbes.ru/news/166644-tsb-prognoziruet-rost-vvp-rf-na-35-4-v-2012-godu.

储备粮达 3410 万吨，同比增长 15.2%。据俄海关署统计，2013—2014 农业年度俄罗斯粮食出口达 1638.4 万吨，同比增长 17%。根据世界银行的评估，俄罗斯人均 GDP 达 1.27 万美元，已进入高收入国家的行列。俄罗斯人的心态比较平和，多数人认为国家处于正常状态。俄罗斯的能源工业和军事工业保持了良好的发展势头，全年武器出口达 130 亿美元。俄罗斯的国内生产总值已进入世界经济五强。

俄罗斯的经济增长，很大程度上仍依赖于国际能源价格的提高和国家政策的推动。从经济结构上看，俄罗斯仍高度依赖能源原材料行业，石油天然气的收入占其财政收入的一半。从制度层面上看，俄罗斯尚未形成基本的投资激励和创新激励机制，个人创造性作用不足，经济仍是政府主导的市场经济。普京从第一任开始搞了重新国有化，俄罗斯国有经济比重从 30% 反弹到 67%。在 2009 年世界金融危机中，俄罗斯所受的打击最大。据俄罗斯联邦国家统计局公布的数据，2009 年俄罗斯国内生产总值为 390161 亿卢布，比 2008 年下降 7.9%。无论是与西方强国相比，还是与新兴国家相比，俄罗斯经济受到的打击都是最严重的。俄罗斯大多数行业均受到全球金融危机的影响。其中，加工业、建筑和酒店餐饮业下降最为明显，降幅分别为 13.9%、16.4% 和 15.4%。农业和采掘业受冲击较小，同比分别下降 1.7% 和 1.9%。但俄罗斯保持了宏观经济的稳定，银行体系运转正常，农业情况良好，在八国集团中，俄罗斯率先实现了增长，2010 年俄罗斯经济增长了 4%，俄罗斯的外汇储备规模超过 5000 亿美元，居世界第三位。俄罗斯要适应加入 WTO 后的新形势，完善市场经济体制，进行经济结构调整和实现经济的现代化，还有很长的路要走。

普京再次就任总统以来，提出建设俄罗斯"新经济"，重申俄罗斯经济必须摆脱对能源原材料出口的过度依赖，发展高效和低能耗的创新型经济，力争使俄罗斯在未来几年跻身世界前五大经济体。5月7日，普京签署了《关于国家长期经济政策》的命令，要求"提高经济发展速度和保证经济持续发展，增加俄罗斯联邦公民的实际收入，使俄经济达到技术领先地位"。他提出的具体指标是：到2020年新建和更新2500万个提高生产率的就业岗位；增加投资额，到2015年使之增加到相当于国内生产总值的25%，到2018年增加到27%；增加高科技在国内生产总值的比重，到2018年要占国内生产总值的30%；到2018年劳动生产率比2011年提高50%；改善投资环境，到2018年使俄罗斯在世界银行各国营商条件的排名中从2011年的第120名上升到第20名。① 普京认为，俄罗斯社会经济发展落后的主要原因不是由于外界因素，而是内部因素，"目前我们265项科研成果中平均只有一项能得到法律的保护。知识产权买卖所产生的附加值对俄罗斯GDP的贡献不到1%，这非常少。美国的这一指标是12%，德国是7%—8%，我们的邻国芬兰是20%。因此，技术平台理应着眼于具体的成果，着眼于获得专利和许可，实际推广研究成果"。俄罗斯的劳动生产率落后发达国家2至3倍。为了克服这些弱点，俄罗斯正通过提高职业教育质量、创造良好投资环境和发展技术的方式来改变局势。建立了俄罗斯科学基金，政府制定了扶持非原料出口的路线图，但俄罗斯长期存在的体制性障碍，不可能短时间内消除，如俄罗斯获得出口许可需要20多天时间，而美国

---

① Подписан Указ о долгосрочной государственной экономической политике. http://www.kremlin.ru/news/15257.

仅需要 6 天，加拿大、韩国需要 8 天。①

2012 年 6 月 18 日，普京签署命令，宣布成立隶属于总统的俄罗斯经济现代化和创新发展委员会。该委员会主席由普京本人亲自担任，总理梅德韦杰夫担任委员会主席团主席。另外，俄副总理德沃尔科维奇和苏尔科夫、俄经济发展部长别洛乌索夫、俄财政部长西卢安诺夫等近 30 名政府高官和大型企业负责人进入该委员会。根据总统令，经济现代化和创新发展委员会是协调联邦政府和地方政府各部门、社会团体、科技及其他行业组织行动的议事机构。其主要任务包括向俄总统提交有关确定经济现代化和创新发展主要方向和机制的建议，协调政府部门、企业和专家在该领域的行动，确定该领域内国家调控的优先方向、形式及方法等。俄罗斯需要根据现实，从解决现代化问题的需要出发，探索符合俄罗斯经济发展的模式。普京随后任命第一副总理舒瓦洛夫作为总协调人，修订 2020 年前的发展战略。在国民经济学院院长和高等经济学院院长库兹明诺夫的负责下，由专家们制定的《战略——2010：增长的新模式—新的社会政策》于 2013 年正式出台。该报告研究了俄罗斯社会经济面临的紧迫问题和俄罗斯应该采取的战略措施。报告着眼于金融危机后外部条件的改变和俄罗斯社会经济发展目标的改变，认为俄罗斯要改变经济战略，不仅经济增长要有新模式，提高增长的质量，还要有新的社会政策，发展人力资本。②

---

① Послание Президента Федеральному Собранию. http://www.kremlin.ru/news/19819.

② Стратегия-2020: Новая модель роста-новая социальная политика. М.: Издательский дом 《 дело 》 РАНХиГС, 2013.

俄罗斯经济实力比苏联剧变之初增强了许多，俄国内生产总值已经进入世界经济五强，但"按照劳动生产率这种关键性指标，我们还落后主要国家2至3倍的距离。必须加快克服这种落后局面。为此需要大力调动新的发展因素。到底是哪些因素？大家对此也都一清二楚。这就是高质量的职业教育、灵活的劳动力市场、良好的投资环境和现代化工艺技术"。① 发展创新经济，改变依赖原材料的经济结构，完成经济的现代化是普京经济工作的重点。过去几年，梅德韦杰夫在使俄罗斯经济从原料依赖型转向创新型、降低行政壁垒、刺激投资、提高本国工业的竞争力等方面已经做了不少工作，今后这仍将是普京经济改革的主流。普京强调，"我们需要新的经济，有竞争力的工业和基础设施、发达的服务领域，高效的农业。经济应该是以现代化技术为基础的"。他指出的优先方向包括制药、高科技化工、非金属材料、航空工业、通讯信息技术、纳米技术等，以及俄罗斯目前仍处于领先地位的行业，比如核能和航天。俄罗斯将利用税收和关税措施，鼓励投资者投资创新行业。但改变经济结构并非易事，普京还是重视能源工作。2012年9月8日俄罗斯"北溪"第二条管线投入使用，使俄通过"北溪"出口给欧洲的天然气达到每年550亿立方米（第一条管线2011年11月8日运行，输气量为275亿立方米）。俄罗斯还要继续扩大"北溪"管道的运输能力，并再建设一至两条支线并最终通往英国。俄罗斯还要加紧建设"南流"天然气管道，摆脱对第三国的运输依赖。10月22日，俄罗斯宣布，俄罗斯石油公司（国家持有其75%的股份）用550亿美元收购英国BP石油公

---

① Послание Президента Федеральному Собранию. http://www.kremlin.ru/news/19819.

司和 AAR 财团在秋明石油公司各 50% 的股份，俄罗斯石油公司成功控股秋明石油公司。收购完成后，俄罗斯石油公司的石油和天然气产量将超过美国埃克森美孚，成为全球最大上市企业。

结构性改革不是短时间内能完成的，俄罗斯希望能够很快见成效的措施是远东开发。2013 年 4 月 4 日，梅德韦杰夫签署了远东与贝加尔地区的社会经济发展国家计划，该计划包括《2018 年前远东和贝加尔地区经济社会发展》和《2007—2015 年库页岛（萨哈林州）社会经济发展》两个目标纲要和 12 个附属规划，涵盖交通、林业、渔业、农产品加工、矿产和能源开发、环境保护等多个领域，显示了俄罗斯加快开发西伯利亚和远东的迫切性，俄罗斯正采取切实措施促进西伯利亚和远东的发展，改变过去说的多做的少的局面。在国情咨文中普京表示："我们已经通过决定，对远东新投资者实行所得税和一系列其他税的优惠税率。我认为，向整个东西伯利亚包括克拉斯诺亚尔斯克边疆区和哈卡斯共和国推广这个制度很合理。"普京建议在西伯利亚和远东成立专门的超前经济发展区，那里应该保证免除所得税、采矿税和土地与财产税，期限为 5 年。他说："远东和西伯利亚的总体形势十分严峻，特别是在中国积极发展的情况下。没有认真的系统性决定很难谈论某种突破。未来 5—6 年这些地区人口不足问题将相当严峻，因此启动主要经济刺激措施是正确决定。""我相信，俄罗斯转向太平洋，我们所有东部地区的快速发展不仅为我们的经济创造新的机会，开辟新领域，还将为积极外交政策的推行提供更多的手段。"①

---

① Послание Президента Федеральному Собранию. http://www.kremlin.ru/news/19819.

普京还需要改变其国家资本主义政策,把注意力放在促进私人经济发展和竞争环境的培养上。在2000年到2008年担任总统时,普京实行的重新国有化政策带来了很多弊端:人浮于事,效率低下。金融危机发生后,梅德韦杰夫启动了私有化进程,普京对此表示支持,他在竞选纲领中强调,要重视大企业的股份制改造,出售国有资产的目的不仅仅是为了获得预算收入,而首先应该为提高经济的竞争水平,为私人投资创造条件。到2016年,将降低国家在某些原料行业企业的持股比例,国家将退出非原料行业的、不属于自然垄断和军工行业的公司。竞争是创新的根源,只有竞争才能迫使企业寻找更好的技术解决方案,更新产品,减少国有经济的比重,有利于鼓励竞争。普京的目标是在未来几年把俄的经商条件排名从第120位提高到第20位。2012年6月22日,俄罗斯政府批准了2012—2013年和2016年前的大型资产私有化计划,决定,2012—2013年私有化储蓄银行7.58%股份减1股、外贸银行25.5%减1股、俄罗斯铁路公司25%减1股、俄罗斯现代商船公司(Sovcomflot)50%减1股、俄罗斯国有纳米技术公司(Rusnano)10%股份、联合粮食公司100%股份、俄罗斯农机租赁公司(RosAgroLeasing)49%股份减1股。根据法令规定,2016年前国家将完全退出外贸银行、现代商船公司、农机租赁公司、国外石油公司(Zarubezhneft)、俄罗斯水电公司、国际统一电力系统集团公司(InterRAO-UES)、舍列梅季耶沃机场、俄罗斯国际航空公司(Aeroflot)、俄罗斯农业银行和阿尔罗萨钻石公司的资本,国家完全停止参与俄罗斯石油公司资本的计划,把国家在石油管道运输公司、俄罗斯联邦统一电网公司和乌拉尔车辆厂的股份缩减到75%加1股,在俄罗斯联合造船集团公司、联合航空制造集团的股份缩减到50%加1股。①2012年的私有化收入将达到2015亿卢布,超过2011年创纪录的1210亿卢布。"这样,将降低国家在经济竞争行业的存在,为真正的竞争环境、吸引投资发展的企业创造条件。"②至2013年12月1日,俄罗斯国有企业私有化收入达2750亿卢布。政府尽力避免20世纪90年代私有化犯下的错误,根据市场有利的行情出售国有股份。

俄罗斯现代化还有一项重要任务是实现交通的现代化。俄罗斯幅员过于辽阔,道路等基础设施严重滞后,国家将支持大型基础设施建设项目,首先保障同西伯利亚和远东地区的交通与通讯,建设地区道路网。贝阿干线和西伯利亚铁路干线的现代化改造工作正在进行,现在远东的铁路运输量比苏联时最好的1988年的指标提高了75%。正在吸引东南亚和东亚的过境货物经由西伯利亚大干线运往欧洲和其他国家。俄罗斯特别重视"北方海上通道"的建设,这一通道沿巴伦支海、喀拉海、拉普捷海、东西伯利亚海、楚克奇海等海岸行驶,是连接俄罗斯的欧洲和亚洲部分的重要通道。从圣彼得堡到符拉迪沃斯托克,走这条航路是14000公里,而走苏伊士运河是23000公里。北极航道有良好的发展前景,据俄罗斯安全会议秘书帕特鲁舍夫提供的资料,北极航道在2012年的货物运输总额将超过500万吨,专家预测总体上还能再增长10倍。根据开发亚马尔半岛,发展西伯利亚和远东矿藏的规划,北冰洋新的海运系统应该能够保障北极航道的货运总量在2020年前达到6400万吨,2030年前达到8500万吨。2011年11月22日普京宣布:"在最近3年内,将投入210多亿卢布用于建设和改

---

① 俄新网 RUSNEWS.CN 莫斯科 2012年6月22日电。
② http://government.ru/docs/19194.

造北极海洋基础设施。"①

2011年12月俄罗斯加入了WTO，2012年8月22日俄罗斯正式成为WTO第156个成员，这使俄罗斯企业面临全球性的竞争，普京强调，过分的保护主义往往导致停滞、低质量和高价格。加入世贸组织使俄各个领域都面临挑战，要想在全球竞争中取胜，必须拥有高水平的教育和人才，拥有使科技迅速转化为生产的机制，为此，过去几年俄罗斯特别重视对相应机构的投资以保证研发工作的商业化，如纳米集团、风险投资基金等，吸引西方企业进入斯科尔科沃。今后俄罗斯将会更加重视大学、科学院和国家科研中心的建设和发展。加入WTO肯定会推动俄罗斯在与世界的竞争中找到自己的差距与优势，促进俄罗斯经济的现代化，但这不是短时间内能看到效果的。

四、突出国防与军事工业的现代化

普京是个强国主义者，他仍然把发展军事力量看成是强国的重要标志，强军是其强国的重要方面。2012年2月20日，普京在《俄罗斯报》撰文，阐述其国防现代化计划，他强调：未来10年俄罗斯将进行大规模、系统化的武器装备更新。"继续加强战略导弹部队，建设核潜艇舰队，并开始从事研制远程航空兵前景航空系统。"俄军除了要装备400多枚现代化的陆基和海基洲际弹道导弹外，还将装备8艘战略导弹潜艇、20艘多功能潜艇、50多艘舰艇，约100个军用航天器、包括第五代战斗机在内的600

---

① http://www.rg.ru/2011/11/22/shelf-anons.html.

多架现代化飞机、1000多架武装直升机,以及能够装备28个战略导弹团的S-400防空导弹系统,装备38个营的"勇士"防空导弹系统和10个旅的"伊斯坎德尔-M"导弹系统,以及2300多辆新型主战坦克,2000门自行火炮和1.7万辆军车。根据普京确定的目标,到2020年,俄军70%的装备将更新为最新式装备。俄罗斯仍保持着能抗衡美国的军事实力,正在打造全球航天侦察和制导系统,研制陆海空三基战略武器系统。从2013年1月开始,几乎每个季度都有军事演练,搞完了常规力量突击性的演习演练,再搞核力量的突击检查。2013年7月13日至20日,在俄罗斯远东滨海地区、堪察加地区举行了苏联解体以来俄罗斯在远东地区最大规模的军事演习,参演兵力超过16万人,参演坦克和装甲车辆5000辆,战舰70艘。演习既暴露出俄军在后勤保障方面的一些问题,也显示出俄军较强的快速反应和远距离投送能力,有效检验了俄军参演部队的战斗力,显示了俄军改革成果。9月20日至26日,俄罗斯与白俄罗斯在波罗的海和白俄罗斯西部地区举行"西方—2013"军事演习,进行了空降和海上登陆作战、战略轰炸机远程轰炸、模拟发射可携带核弹头的巡航导弹等演练,大约有7万官兵参加了这次演习,战场上的兵力包括白俄罗斯的一支两栖登陆部队、俄罗斯空降兵和特种部队,还有1万名俄罗斯内务部准军事部队及无人驾驶飞机。俄罗斯军事还与中国进行了海上军事演习。这些军事演习表明了俄罗斯发展军事力量的实力与决心。

第三次担任总统和最高统帅的普京在国内视察首先去的城市是下塔吉尔,这里有国家重要的军工企业"乌拉尔车厢厂",普京想解决国防领域的一系列问题。为了实现军队更新武器的计划和振兴俄罗斯的国防工业,俄罗斯已经确定到2020年前投资23万亿卢布,这是史无前例的。2012年8月31日,普京在安全扩大会议上说:"现代化和国防工业卓有成效的工作,这是我们整个国民经济发展的重要资源,正是在国防工业综合体集中了主要的先进技术,提供超过30%的居民需要的工业品:在动力领域、金属加工业、机器制造业、通信及其他部门用的产品。""我们将必须让整个国防工业实现现代化……并采取与20世纪30年代同样强有力且涉及面广泛的现代化跃进(路线)。"①普京希望以军事工业为龙头推动现代化,他认为,军事现代化将是一个重大契机,国防工业是整个工业领域科技进步的火车头,成为国家经济改革的发动机,将拉动冶金、机械制造、化工、电子、信息技术等多种行业的发展。成千上万俄罗斯人的命运都取决于国防工业的状况,包括军人和护法部门的工作人员。俄罗斯现有1353家军工企业,分布在64个联邦主体,雇员大约有200万人,不少人在总统选举中投票支持普京。俄罗斯加强国防现代化,将有力地推动军事工业的发展,在2013年国情咨文中,普京强调:"我们为重新装备三军和军工行业现代化划拨的资金数额前所未有,共达到23万亿卢布。未来10年,国家军工企业接到的订单将使其满负荷运转。它们将更新生产基础,创造优质就业岗位。我国军工行业工作人员约有200万。加上他们的家庭成员人数将近700万。该行业专家将获得稳定的高收入,这将意味着家庭富足。"②2020年前,军工企业将满负荷生产。

俄罗斯振兴国防工业综合体,主要手段是国家向这些企业注

---

① Владимир Путин провёл заседание Совета Безопасности в расширенном составе, http://www.kremlin.ru/news/16328.

② Послание Президента Федеральному Собранию, http://www.kremlin.ru/news/19819.

资,俄罗斯的国防工业综合体将不再为缺乏资金发愁。同时,俄罗斯加大了向国外出口武器的步伐,不断扩大武器出口。俄罗斯武器的传统买主是印度、越南、中国和中东、北非国家,现在他们还把市场扩大到了南美和南非。2012年9月20日,俄罗斯联邦军事技术合作局局长亚历山大·福明在比勒陀利亚举行的非洲航空航天防务展上表示,"俄罗斯国防订单总额已超过400亿美元,其中360亿美元为国防出口公司的订单"。2012年俄罗斯武器的销售量将不少于110亿美元。① 俄罗斯在武器出口总量上位居世界第二,普京希望通过军工行业需要的跃进式发展,积累资金,带动整个经济的现代化进程。普京认为,军事技术合作是一个推进国家利益的有效工具,包括政治利益和经济利益。他说:"这包括对俄国军工产品和相关民用产品的需求不断扩大,国家预算收入大幅增加以及新的工作机会。"② 他在驻外使节会议上要求外交官们,"不要不好意思推销俄罗斯军工产品。我们的对手,如美国、法国、以色列等其他国家早就把这上升到国策的水平,做得执着且有效。"③ 副总理罗戈津说:"未来10年,国家军工企业接到的订单将使其满负荷运转。它们将更新生产基础,创造优质就业岗位。我国军工行业工作人员约有200万。加上他们的家庭成员人数将近700万。该行业专家将获得稳定的高收入,这将意味着家庭富足。"2013年俄罗斯武器出口达创纪录的132亿美元,与2001年相比增加了3倍。根据军工企业的现有产能,俄

---

① 俄新网 RUSNEWS.CN 比勒陀利亚(南非)2012年9月21日电。

② Заседание Комиссии по вопросам военно-технического сотрудничества с иностранными государствами. http://www.kremlin.ru/news/15865.

③ Совещание послов и постоянных представителей России. http://www.kremlin.ru/news/15902.

罗斯武器年出口有望达到峰值 150 亿美元。

在苏联时代，军事工业综合体就是国家的重要支柱，20 世纪 30 年代斯大林工业化的核心是发展国防和军事工业，普京也要学习 20 世纪斯大林的做法，能否成功，令人怀疑。现在已经不同于 20 世纪 40 年代到 70 年代，现代技术革命已经将主要科学优势转向民用领域，民用工业是取代军工业成为世界各主要经济体发展的主要驱动力，也是最伟大的各项科技突破的源泉。与昂贵军用硬件的"一次性"生产相比，普通消费品的批量生产会带来更高的效率和更短的投资回报周期。现在的社会条件与斯大林时期也不同，俄罗斯再也无法通过强迫居民做出巨大牺牲的方法实现工业化和现代化，只能用民主的方法实现这一目标。普京推行军事工业现代化所需的资金靠油气行业的暴利，现在世界经济不景气，美国因乌克兰危机要对俄罗斯进行制裁，一旦油价骤然下跌，普京的目标自然难以实现。俄罗斯劳动力缺乏，从哪里招到一大批技术工人，也是个难题。

俄罗斯要实现经济的现代化，打破国有经济的垄断地位恐怕是必然的选择，就军事工业而言，如果不对大型国防工业综合体进行改革，难以科学地制定武器价格，无法解决极度臃肿的官僚机构和管理阶层，也难以提高效率和生产出高质量的产品，为越南、印度生产的武器在试验过程中事故频发就是很好的证明。不对国有工业企业进行现代管理制度的改革，难以吸引私人投资，尽管政府的方针是尽量吸纳私人资本参与国防工业的现代化改造。

封闭的管理和腐败，是阻碍俄罗斯经济进步的重要因素，这在航天领域已经表现出来。俄罗斯的航空航天技术处于世界领先地位，但近年来却事故频发。2012年8月7日凌晨，由于"微风-M"推进器出现故障，搭载两颗通信卫星的"质子-M"运载火箭最终发射失败，这已经是俄罗斯近三年来第8次失败。"如果将2010年至2012年间发射失败的损失汇总，包括2010年坠入太平洋的3颗'格洛纳斯-M'导航卫星（Glonass-M），丢失'特快列车-AM4'通信卫星、'进步M-12M'货运飞船和'火卫一－土壤'星际站，以及这次的事故，那么总额将约达270亿卢布。"① 普京敦促副总理德米特里·罗戈津和俄罗斯联邦航天署署长弗拉基米尔·波波夫金提出改革方案，推动航天工业改革，重新塑造航天大国形象。

实现经济的现代化，观念更新很重要，需要借鉴世界的先进经验。我们看到，战后日本和德国的迅猛发展，都是摆脱军事工业的结果，如果俄罗斯现在还要重复20世纪30年代发展的老路，强化国家职能，重点发展国防工业，恐怕难有作为。大力发展军事工业，除了进一步加强俄罗斯经济结构的不合理、促进世界的军备竞赛、改善军工部门工作者的生活条件外，不会有太好的社会效果，对促进整个经济的现代化未必起好作用。

五、坚持以人为本，保障民生是现代化的主要目的

尽管俄罗斯经济发展状况不理想，但无论是总统，还是总理都强调不能减轻国家的社会责任，不能不兑现对民众的承诺。俄罗斯联邦宪法保证了政府必须履行社会责任，宪法明确规定，"保

---

① 俄新网 RUSNEWS.CN 莫斯科 2012年8月8日电。

证每个人在患病、致残、丧失供养人、抚养子女和在法律规定的其他情况下按年龄享受社会保障"。"每个人都享有健康保护和医疗服务的权利。国家和市政的医疗保健机构依靠相应的预算资金、保险费及其他收入,免费为公民提供医疗服务。""保障由国家或市属的教育机构以及教育企业提供普及的和免费的学龄前教育、基本普通教育和中等职业教育。"相比同类发展水平的国家,俄罗斯的社会保障水平较高。

保障民生,履行社会国家的职责,让民众从经济发展中得到实惠一直是普京的政策。在经济危机严重的2009年,民众的生活也没有下降,居民的实际收入2008年增长了2.4%,2009年增长了3.1%,2010年增长了5.1%。2007年名义工资平均为13593卢布,2011年增加至23693卢布。俄罗斯的经济2010年增长了4%,2011年增长4.2%,通货膨胀率在下降,2011年只有6.1%,是苏联解体以来最好的。普京的目标是到2020年平均工资增长60%至70%,"这是战胜贫困,增加中产阶级的关键"。2013年俄罗斯经济状况不好,经济增长率低于前一年,但民众的生活和福利并没有受经济下滑的影响,住宅建设增长了12.1%(2012年是5.6%,2011年是6.6%),实际工资增长5.5%,居民的货币收入2011年增长0.5%,2012年增长4.6%,2013年增长3.6%,医疗卫生和教育等部门职工的工资和退休金增长最多。老年人的劳动退休金2013年1月是9790卢布,12月升至10742卢布。2013年俄罗斯呈现人口自然增长,一半地区的出生率超过了死亡率,这是自1991年以来首次出现增长。

俄罗斯政府利用二次分配做好社会事业和居民的社会保障,随着经济和国民收入的增长,俄罗斯政府不断增加对居民特别是弱势群体的现金补贴。普京在竞选中强调,"俄罗斯是一个强国。相比于劳动生产率和人均收入相似的国家而言,我国的社会保障水平比较高。近些年预算中社会领域的支出占全部预算的一半以上。过去四年中,社会支出绝对值增加了50%,占GDP的比例从21%提高到了27%。在2008—2009年的危机中没有一种社会保障躲得过动荡。但在这段时期内,预算部门的工资增加了,养老金和其他社会性支付也扩大了"。[1] 目前居民货币收入总额中来自政府的社会补贴所占比例高达18%,60%的家庭享受国家提供的补贴和优惠。

俄罗斯实行全民免费基本医疗服务,国家和地方两级预算不仅每年增加对医疗保险基金的拨款,还不断增加基本医疗服务清单中的内容,提高基本医疗服务水平。对基本医疗服务清单以外的项目,国家实行专项补贴,俄罗斯不存在因病致贫的现象。苏联解体和经济危机,使国有医院陷入困境,2000年俄罗斯人均医疗费用仅为10美元。进入21世纪以来,随着俄罗斯经济状况好转,情况在发生变化。2005年政府颁布国家"健康"发展规划,确保居民的基本医疗保障,确保公民得到高科技医疗救助。2006年俄罗斯联邦决定在多个联邦区建立15所高科技医疗救助中心,校正脊柱弯曲的整形手术、为失聪病人植入人工耳窝等都是免费的,2011年完成1200人工人造耳窝植入手术,2006—2011年有100万人受益于政府的免费医疗。10年里俄罗斯联邦用于卫生保健的经费提高了5倍多,从2500亿卢布提高到2011年1.7万亿卢布,

---

[1] Строительство справедливости. Социальная политика для России. http://www.putin2012.ru/#article-5.

2012年用于医疗卫生的财政预算达2万亿卢布。2012年10月31日普京在落实2011年至2012年间地区卫生体系现代化改造计划召开的会议上说:"总体而言,2011年和2012年期间,我们为这个项目已额外拨款4600亿卢布,除此之外地方财政还追加了1740亿卢布。合计整个项目的总额为6300亿卢布,略微低于我们往年所实施的卫生体系联邦专项计划7000亿卢布的总额,但数字基本接近。"① 俄罗斯各地区的卫生水平已得到显著提升,俄罗斯遏制住了人口不断下降的势头,婴儿出生率提高,2005年以来,俄罗斯人的人均寿命提高了4岁,这在全世界也是首屈一指的。俄罗斯还要建立107个新型医疗机构,3500多个(3600个)要进行大修,还要为5500多个医疗机构配备全套设施。医生的平均工资要在2018年前再提高一倍。在首都莫斯科,"2011年至2012年为卫生体系的现代化改造投入了1030亿卢布,其中22.4%是莫斯科自筹的"。"莫斯科在2011年完成了四项新医疗工程项目,今年还要完成11个。投入资金对144个医疗机构进行了维修,2012年还要对750个医疗机构进行维修。"②

俄罗斯实行11年义务教育,国家不仅负担义务教育,还要负担起课外教育,预计到2018年参加课外活动的中小学生比例将达到70%—75%,其中50%是免费的。在公立大学中的公费大学生比例不得低于40%,公费大学生的实际比例约为50%,对没有奖学金就无法继续完成学业(成绩好)的大学生,奖学金要达

---

① Совещание о реализации региональных программ модернизации здравоохранения. http://www.kremlin.ru/news/16739.

② Совещание о реализации региональных программ модернизации здравоохранения. http://www.kremlin.ru/news/16739.

到最低生活保障。政府预算支持居民解决住房问题，俄罗斯政府的住宅公共事业促进基金属于国家公司，主要是帮助居民特别是青年家庭提供住宅抵押贷款，以解决其住房问题。政府还以免费或廉租形式向住房困难或多子女家庭提供社会住宅。国家为军人建设住宅的力度逐年加大。俄罗斯的住房问题一直没有成为尖锐的社会问题。

正因为俄罗斯的经济发展战略始终关注民生，保持了社会稳定和民众对现行制度的认同，尽管有人怀念苏联时代大国的辉煌，但没有人再愿意回到那个时代去。

六、努力构建现代多民族国家

俄罗斯是个民族宗教都特别复杂的国家，据 2010 年 10 月人口普查的统计，俄罗斯共有 193 个民族和族群（этническая общность），使用 171 种语言，其中在学校教授的语言就有 89 种，说俄罗斯是世界上民族和宗教最复杂的国家，并不为过。人口超过百万的民族有：俄罗斯族人、鞑靼人、乌克兰人、巴什基尔人、楚瓦什人、车臣人和亚美尼亚人。俄罗斯族是俄罗斯联邦人口最多的民族，其人口数量占全国人口总数的 80%。就民族构成而言，俄罗斯族在俄罗斯联邦所占的比重实际上远远高于爱沙尼亚、拉脱维亚、立陶宛等国内主体民族所占的比重，但很少有人把爱沙尼亚、拉脱维亚、立陶宛等说成是多民族国家，却都公认俄罗斯联邦是多民族国家，这既与俄罗斯存在大量的民族自治区域有关，也与在俄罗斯联邦内少数民族人数众多有关。由于民族众多，各民族间发展不平衡，俄罗斯仍然存在民族问题。如何构建各民族对国家的认同？如何保证各民族间和睦包容的民族关系？仍是俄罗斯政府需要时时注意的问题之一。

俄罗斯继承了苏联按民族划分行政区域的办法，尽管苏联的解体证明这种行政区划存在很大的消极面，但已经形成了这种局面很难改变，因此，俄罗斯仍然保留了民族自治共和国、自治州、自治区的做法，在83个联邦主体中有21个是按民族划分的，仍以主体民族冠名，其行政首脑大多也称总统。但俄罗斯民族的杂居现象也很突出，在2720万非俄罗斯族群中，只有970万人生活在民族自治区内。在民族自治区内，大多数冠名民族并不占多数，只有6个共和国——车臣、印古什、楚瓦什、图瓦、卡巴尔达—巴尔卡尔、北奥塞梯的主体民族占多数，有9个共和国的主体民族人数不超过该共和国总人数的1/3。

在苏联解体前夕，俄罗斯联邦的许多自治共和国也曾参加叶利钦发起的"主权大检阅"，声称本共和国拥有主权。在这一背景下，1992年3月13日，俄罗斯联邦大多数主体在克里姆林宫签署联邦条约，获得了更大的自主权。对于独立态度强硬的车臣，则通过两次战争消除了车臣的分离势力，维护了国家的统一。这两次战争给俄罗斯带来了巨大的人力、物质和精神损失，加上私有化带来的社会不公，国家分裂造成的俄罗斯民族的分裂，人口数量的减少，使俄罗斯面临着严重的民族问题，其中甚至包括俄罗斯族的生存和发展问题。1993年12月12日俄罗斯联邦宪法通过后，新俄罗斯才真正开始了构建多民族统一国家的进程。新宪法确立了各联邦主体权利平等的原则，去掉了原来民族共和国的一些特权，民族自治更多表现为民族文化自治。1996年叶利钦签署了《俄罗斯联邦民族政策构想》和《俄罗斯联邦民族文化自治法》，此后还通过了关于保护人数较少民族的协定，关于俄罗斯国家语言法等，为解决民族问题提供了纲领和原则。

与苏联时期相比，俄罗斯在民族政策上发生了许多新变化。

第一，俄罗斯的法律法规维护国家的统一和培养对统一国家的认同感。《俄罗斯联邦民族政策构想》等文件强调国家的统一和完整，不再有原苏联宪法中民族自决权的内容。"民族自决权"不再包含有政治独立的意味，而被解释为：保证公民和民族文化同一体选择自主文化发展的权利，排除了政治独立的可能性。在俄罗斯议会中也不再像苏联时期那样设有民族院。俄罗斯努力把维护国家统一建立在法律基础上，避免出现苏联那种理论与实际脱节的问题。

第二，把民族关系建立在平等、互利、团结的基础上，淡化民族意识，不再强化民族特征和强化民族差别，不要求公民确定自己的民族归属，废除了1934年开始的在证件上登记居民民族成分的做法，证件只有证明国籍的使命。在《俄罗斯联邦国家民族政策构想》中规定，俄罗斯继续奉行公民平等和民族平等的原则。为了巩固多民族国家的统一，俄罗斯联邦同时实行地方自治，强调联邦主义和地方文化自治相结合，尽管保留了原来以民族冠名的行政区，但其政权组成和运行方式与其他行政区无异。限制因民族歧视而导致的地方民族主义和违反人权的行为，各共和国决定自己的经济、政治和语言文化生活，主体民族的语言也是官方语言，但共和国的国家体制不属于某个民族，共和国是相应区域内所有公民的共和国。民族区域自治更大的意义在于为这些冠名民族提供一种心理上的归属地。不再绝对化地对待民族平等，强调在法律面前公民权利的平等，俄罗斯政治家强调"俄语、俄罗斯族及其文化在俄罗斯国家发展中起着关键的、黏合的作用。应该强调，无论是信仰，还是民族性都不能分裂俄罗斯民族、俄罗斯公民，相反，我们应该创造对每个公民都有平等机会的条件。任何人的权利都不会受到伤害，国家的每个公民权利都是绝对平等的。"①"任何在这个国家生活的人都不应该忘记自己的信仰和民族归属。但是他首先是俄罗斯的公民，应该以此为傲。没有人有权把民族和宗教特征置于国家法律之上。"②

第三，重新界定民族的概念。苏联以往的民族概念源于西方，把所有民族都上升到政治民族（нация）的地位，是不科学的。《俄罗斯联邦国家民族政策构想》在称呼国内各民族时没有用"нация"，而用"народ"、"этнос"等表示民族共同性和血统关系的词语。注意塑造国家民族（公民民族），强调生活在俄罗斯领土上的国民都属俄国民族（российская нация）。

第四，加强对北方原住民和人数较少民族的保护。针对生活在西伯利亚、远东、欧洲北部地区，人数在5万以下的少数民族和原住民，国家给予他们特殊的支持。为他们划定固定的生计区域，从石油、天然气等公司获得补偿，建立寄宿学校，上大学有专门的指标。

第五，民族问题的管理机构发生了重大变化。2000年5月普京将俄罗斯联邦民族事务部改为俄罗斯联邦事务、民族和移民政策事务部，2001年10月16日，普京颁布总统令将该部撤销，其

---

① Заседание Совета по межнациональным отношениям, http://www.kremlin.ru/news/16292.

② Владимир Путин. Россия : национальный вопрос. http://www.ng.ru/politics/2012-01-23/1_national.html.

职能移交俄罗斯联邦内务部、俄罗斯联邦外交部和俄罗斯联邦经济发展与贸易部。2004年9月13日，根据普京总统的命令成立了俄罗斯联邦地区发展部，国家民族政策和民族关系以及保护俄罗斯联邦少数族裔和少数原住民权利的问题是该部的职权范围，意在表明在促进地区发展中解决民族问题。但是，民族问题毕竟不只是地区问题，2012年6月7日，总统普京签署法令，成立隶属于俄罗斯总统的民族关系委员会。该委员会"是隶属于俄罗斯联邦总统的协商和咨询机构，成立该机构的目的是保障联邦国家政府机关、俄罗斯联邦各主体国家机关、地方自治机关、社会团体、科学和其他机构之间在审议涉及落实俄罗斯联邦国家政策问题时的协调工作"。委员会由普京亲自领导，副主席是俄总统办公厅第一副主任维亚切斯拉夫·沃洛金。表明普京对民族问题的重视。2012年底普京正式签署了《俄罗斯联邦2025年前国家民族政策战略》，2013年7月21日，俄罗斯政府批准了《2025年前国家民族政策战略实施计划》。俄罗斯新的民族政策战略强调要巩固多民族国家的统一和领土完整，保障高加索地区的稳定，借助于教育体系、媒体、互联网、社会渠道加强对民众的共同性教育，克服民族歧视和民族偏见。2014年被定为俄罗斯文化年，普京"希望它能成为真正的启蒙运动、重视我们的文化根源及爱国主义、精神及道德问题的一年"。

  在新的民族政策下，俄罗斯联邦基本解决了民族分离、国家分裂的问题，车臣重建工作成效显著，鞑靼斯坦共和国已经发生了巨大变化，国家的认同得到加强。在此，俄罗斯领导人所实行的强化多民族统一国家意识，重塑国家民族的政策取得了成效。

  俄罗斯帝国是靠征服周边异族形成的，其民族关系呈现的是马赛克式的结构,苏联时期曾经想塑造"苏维埃民族"①,实际上没有成功。苏联解体恰恰说明苏联整合民族政策的失败,正是各民族对联盟国家的不认同,导致了苏联的解体。苏联解体初期,俄罗斯的形势一度也很严重,甚至有人预测俄罗斯联邦还会进一步解体,但这种情况并未发生。为了巩固多民族国家的统一,俄罗斯领导人特别重视塑造国家认同感,试图把俄罗斯公民整合成统一的俄罗斯国家民族。俄罗斯第一任总统叶利钦在"谈到国家公民这个词时,一开始用的就是'俄国人(россияне)'。20年过去了,这个产生在彼得时代、18世纪后不再流行的概念,开始被普遍接受。但是,'俄国人(россияне)'还未成为现实,国家的居民并没有被重构。现在,无论是地理意义上,还是政治意义上谈到俄国时,都不是民族意义上的"。②强化国家认同感,重塑国家民族是一项长期的工程。在此,重视对俄罗斯历史发展中的多民族性历史观的培养成了构建国家民族的重点。

2005年10月,总统普京曾经委托俄罗斯联邦地区发展部制定新的俄罗斯联邦民族政策构想,在有关文化、教育、财政等部委的协调配合下,也制定出了一个新的方案。新方案引人注目的是运用了"俄国民族(российская нация)"这一概念,这是在公民意义上而不是种族意义上的民族概念。其核心内容是形成"俄罗斯民族的团结作用下统一的多民族社会",目的是构建公民社会和将俄罗斯各族人民团结为统一的民族。但这一草案引起了自

---

① 苏联时期曾宣布形成了新的历史共同体——"Советский народ",通常被译为"苏联人民",不够确切的,应该译为"苏维埃民族"或苏联人。

② Тренин Д. Post-imperium: евродейская история. М.:РОССПЭН. 2012. С. 96.

由主义媒体和俄罗斯民族地区政治家的不满，未获得通过。根据普京2012年5月7日关于保障民族和睦关系的命令和2012年9月27日俄罗斯联邦民族关系委员会关于起草俄罗斯联邦国家民族政策战略的要求，2012年10月29制定出了"俄罗斯联邦2025年前国家民族政策战略"草案，实施的时间是2013年至2025年，2012年12月19日普京签署生效。俄罗斯新的民族政策艰难出台，从另一个角度也说明了民族问题的复杂性。

当今俄罗斯领导人认同苏联时期塑造"苏维埃民族"的做法。2010年12月27日，在俄罗斯联邦国务委员会与民族项目和人口政策的国家委员会召开的联席会议上，普京在谈到莫斯科发生的民族冲突事件时说，我们应该感到羞愧，"要知道在苏联时期没有这样的民族关系问题。苏维埃政权建立了各民族和教派间和平的基础。在我们曾经生活过的地方没有这样的问题。我和德米特里·阿纳托利耶维奇（梅德韦杰夫总统的名和父称）出生和成长在列宁格勒，在那里长大。我不记得什么时候列宁格勒有过民族主义的表现。在莫斯科、在苏联其他地区也没有这样的事情"。他认为，原因首先在于"苏联政府建立了某种凌驾于民族和宗教关系之上的实体。遗憾的是，它带有意识形态性。这就是社会主义思想，他们甚至想出了某种新的人的共同体——苏联人。我们现在没有这个。我们说'俄国人'、'俄国民族'，但现在还不是现实。我们找不到像苏联所选择的那样的东西。我认为，我们没必要向遥远的过去寻找这种东西，如果有一种能代替过去不错做法的东西，那就是全俄爱国主义。我们只是没有利用它，没有发展这种思想，有时甚至还羞于提起它。这没什么可害羞的，应该为此感到骄傲，应该让每个人都为自己的国家感到自豪,要让他们知道,国家的成功取决于每个人的成功,反之亦然"。① 当然对普京的看法也有不同意见,梅德韦杰夫就认为,苏联时期有些做法是建立在意识形态之上的,对今天的俄罗斯是不适用的,应该吸取苏联的教训,但梅德韦杰夫也承认,"我们确实需要制定出新的办法,尽管在提到新的'苏维埃共同体','苏维埃民族'的时候我们有时会发笑,事实上,这种思想是绝对正确的。问题是这一构成,这样的共同体不是空谈出来的,也不取决于总统或者总书记的意志。这是几十年艰苦地做社会工作的结果。我们可以回想一下,40年前美国还实行种族隔离制度,现在已经完全是一个包容的社会。我们不要不好意思学习。俄国民族(российская нация)的想法绝对是有效的,没必要羞于这么说"。② 在此,现今的俄罗斯领导人从苏联这个多民族国家的解体中看到了其民族政策的失败,应该培养民族的共同情感,培养不同族群公民的国家认同感,塑造俄国国家民族。

俄罗斯领导人特别强调俄国历史的继承性和国家的多民族性。普京强调,"历史上的俄罗斯,不是民族国家,也不是每个人都多少算是移民的美国式熔炉。俄罗斯历史悠久,一直是多民族国家。国内不断进行相互的渗透和融合,各民族在家庭、友谊和工作中互相交叉。几百个民族在这片土地上与俄罗斯族人一起生活"。③ 他在国情咨文中强调:"为了复兴我们的民族意识,我们必须把历史时代放到一起来考虑,澄清一个简单的真理,即俄

---

① http://www.kremlin.ru/transcripts/9913.
② http://www.kremlin.ru/transcripts/9913.
③ Владимир Путин. Россия: национальный вопрос. http://www.ng.ru/politics/2012-01-23/1_national.html.

国的历史不是从1917年或1991年开始的,而是上千年不间断的历史,在这一历史中我们找到了内在的动力和民族发展的意义。""我们应该珍惜先辈留给我们的独一无二的经验,俄罗斯几个世纪以来都是作为多民族国家(从一开始就是这样)来发展的,俄罗斯民族、俄语和俄罗斯文学联结起来的国家——文明,对于我们大家来说都是亲切的,这种亲切感把我们联系在一起,使我们不致迷失在这个多样化的世界上。""对这个世界而言,不管我们属于哪个种族,我们都是统一的民族。我想起了一次与卫国战争老战士的会见,参加者有各个不同民族的:鞑靼、乌克兰人、格鲁吉亚人、俄罗斯族人,其中一个老战士,按民族属性他不是俄罗斯族人,但他说:'对世界而言,我们是一个民族,我们是俄罗斯族人。'"① 进入21世纪以来,普京在振兴经济同时,也注意培养各个不同民族对俄罗斯国家的认同感,实际上在塑造国家民族。

当然,普京在认识到民族宗教问题具有复杂性的同时,更强调要珍惜俄罗斯各地区、各民族的多样性特征,"这不仅是俄罗斯国家性的保证,也是其巨大的优势,其他国家没有这样的种族和语言财富。"② 2013年俄罗斯庆祝宪法颁布20周年,"首要的是强化国家主权和俄罗斯人民统一的权力源泉——多民族且统一的国家。"③

---

① Послание Президента Федеральному Собранию, http://www.kremlin.ru/news/17118.

② Заседание Совета по межнациональным отношениям. http://www.kremlin.ru/news/16292.

③ Участники 《круглого стола》 в Госдуме обсудили проект стратегии государственной национальной политики. http://www.duma.gov.ru/news/273/221158/.

形成现代意义的"俄国民族",建设一个现代的民族国家,需要在俄罗斯真正建立起现代法治、市场经济体制、产权明晰、实现社会团结、有共同的价值观之后,这是一个漫长的过程。

俄罗斯尚未建成民族关系和谐的社会,仍然存在着许多民族问题,其中既有苏联时期遗留的,也有新条件下产生的。

苏联留下的最难处理的遗产是按民族划分国家的行政区,许多学者认为这样做的弊端很大,但既成事实又很难改变,只好保留了按民族划分行政区的做法。现在这种做法带来的问题仍然很多,一些生活在冠名民族不占多数的民族自治区内的大民族感觉不平等,如在巴什基尔共和国生活着一百多个民族,其中俄罗斯族人占36.3%,巴什基尔人占29.8%,鞑靼人占24.1%,但巴什基尔人占据了70%的议会席位,许多鞑靼人和俄罗斯族人移居他处,有许多俄罗斯族人迁出了民族共和国。如何在民族共和国保障非冠名民族的权利,真正做到各民族的平等,还是一个待解决的问题。有议员认为,俄罗斯未来民族政策要强调"俄罗斯不仅是个多民族的国家,还是一个联邦制国家,一部分联邦主体是按照民族原则建立的。民族政策不应与地区政策分开。不应建立不同民族间的墙。要尊重人,尊重生活在我们国家中的每一位公民"。①

俄罗斯仍然存在民族极端主义和排外主义,俄罗斯的民族和谐仍然存在问题。2012年11月2日(也就是民族团结日的前两天)进行的一项民调显示,"半数以上的俄罗斯人(56%)没有感受到民族团结,这首先是现政权的反对者(65%)、俄罗斯共产党

---

① Участники《круглого стола》в Госдуме обсудили проект стратегии государственной национальной политики. http://www.duma.gov.ru/news/273/221158/.

和非议会党派的支持者们（67%—69%），以及中等城市和农村居民（61%—62%）。约四分之一人（23%）认为民族团结真实存在，通常这些是支持普京事业的人（27%）、统俄党的支持者（29%），以及大城市居民（37%）"。① 因民族和宗教问题引发的恐怖主义事件经常发生，2013年12月29日和30日俄罗斯伏尔加格勒州火车站和无轨电车相继发生爆炸，导致34人遇难，近70人受伤。2011年1月20日梅德韦杰夫在接见俄罗斯联邦社会院成员时强调："维护我国的国内和平，民族和宗教和谐，这不仅仅是我们现代化的必要条件，这是维护我们国家目前体制的必要条件。"普京也强调，"应该把挑起种族间和民族间冲突的企图视为对国家统一的挑战，对我们每个人的威胁。我们不允许在俄罗斯出现拥有自己非正式司法管辖的单一民族聚居区，他们生活在国家统一法制和文化圈之外，藐视通行的标准、法律和规则。"② 俄罗斯民族政策的目的之一是民族之间不发生冲突并相互尊重。反对民族主义，"不能允许的一点是建立地区性政党，在民族共和国建立也不行。这会直接导致分裂主义。当然对地区长官的选举也要提这样的要求，那些想要依靠分裂主义等力量的人和团体，应该在民族和司法程序的框架内被立刻清理出选举进程。"③ 正在致力于现代化建设的俄罗斯，将不断加强民主与法治建设，促进民族和谐，坚决打击极端民族主义和极端主义。

---

① http://translate.googleusercontent.com/20121103.

② Послание Президента Федеральному Собранию. http://www.kremlin.ru/news/17118.

③ Владимир Путин. Россия: национальный вопрос. http://www.ng.ru/politics/2012-01-23/1_national.html.

俄罗斯的移民问题也很突出，成为影响民族关系的一个因素。俄罗斯是世界第二大移民国家，俄罗斯的移民多数来自除波罗的海三国之外的原苏联加盟共和国。苏联解体时有2500万俄罗斯族人生活在俄罗斯联邦之外，苏联解体后有大约1000万人返回了俄罗斯。同时也有其他民族的居民因战争、冲突、生计等原因移至俄罗斯，如：纳—卡地区、塔吉克、吉尔吉斯等地的冲突都导致了大批人员迁至俄罗斯。近10年来随着俄罗斯经济的发展，俄移民的性质也发生了变化，回归性移民被经济性移民所代替，许多人为了工作而来到了俄罗斯，2010年达到了500多万人。

移民虽然解决了俄罗斯的劳动力短缺问题，但也带来了一些负面影响，如：与俄罗斯人抢工作、促使工资降低、进行毒品贸易犯罪等。这些移民无选举权，没有相应的政治代表，一些政党为获得选民支持，宣传排外主张，更加强了俄罗斯的种族主义，2010年12月，俄罗斯有近百万青年集会，要求驱赶移民。政府一方面镇压极端民族主义者闹事，一方面也加强了对移民的管理，从2002年起，俄罗斯采取了一系列严格的法律措施控制外来移民，抵制非法移民，鼓励有技术专长的外国移民来俄罗斯工作。

未来俄罗斯的民族政策仍将朝着培养公民社会和塑造俄国民族的方向发展。保障民族和文化的多样性，在民族文化上奉行双重不排他的原则，主体民族文化和少数民族文化将平等、不均衡地向前发展，俄罗斯民族文化构成俄罗斯国家体系基础的作用将得到加强，在民族认同、文化自治等方面奉行自愿原则。俄罗斯政府还将在地区的平衡发展中解决民族地区的发展问题和民族间的和睦问题。新版《俄罗斯联邦2025年前国家民族政策战略》

明确了未来俄罗斯民族政策的目标、原则、任务、实施机制和步骤，这一新政策文件实施的效果如何，还需拭目以待。

七、俄罗斯现代化面临的问题与挑战

俄罗斯是世界上幅员最广的国家，横跨欧亚大陆。近代以来，俄罗斯的现代化道路一直是片面的，追求的只是少数几项与国家军事力量强大相关的指标先进，国家政权长期主导社会的发展。现在，俄罗斯人已经意识到必须改变这种发展战略，鼓励发挥个人的主动性与创造性，实行全面的现代化。但是，积重难返，当今俄罗斯不仅要消除历史遗留的问题，还要解决发展中新出现的问题，同时也要与新兴大国进行竞争，其新型现代化之路面临着许多挑战。

第一，俄罗斯的现代化道路是追赶西方，还是走民族自己之路。尽管普京强调俄罗斯要走自己的路，但在经济上仍被认为是追赶型的现代化之路，这种"现代化使国家沿着边缘化的依赖性的资本主义道路进一步运动，而且表现出的只能是没有任何战略前景的'赶超型'现代化的基本特性。在这条道路上，在开发新技术方面，有机会参与全球竞争，并取得显著成效。但是，一个国家在边缘化的依赖性的资本主义道路上无论花费多少力量，都赶不上西方发达国家"。[①] 在俄国的历史上，不断出现学西方，还是走自己路的争论，现在这种争论并没有停息。

第二，俄罗斯需要改变经济发展模式，改变依赖能源和原材

---

① 弗·尼·舍甫琴科：《现代化之路还是民族之路——关于俄罗斯发展道路的争论》，《当代世界与社会主义》2013年第6期，第13页。

料的发展状况。2013年国际货币基金组织在年度报告中也说,俄罗斯需要改变经济发展模式,不要靠提高石油价格,而要靠有效利用资源,改善投资环境。①但改变现有的经济结构不是一件易事。俄罗斯面临依靠能源的经济增长与摆脱原材料、依靠新兴技术、创新的矛盾。据俄罗斯海关统计,2013年俄罗斯向非独联体国家的出口传统上仍以燃料和能源产品为主,其比重从2012年的73%上升到74.5%。俄罗斯从非独联体国家的商品进口结构中,机械设备所占比重为50.8%(2012年为52.1%),食品及其生产原料占13.4%(13%),化工产品占16.6%(16.1%),纺织品和鞋类占5.8%(5.4%),金属及金属制品占5.7%(5.6%)。俄罗斯要发展,必须增强本国工业的竞争力,大力发展工业。但在资源型经济发展模式下,企业缺少变革的动力和创新的动力。俄罗斯目前的现代化模式实际上仍是自上而下的,如何调动企业的创新意识和投资动力是核心问题,如何进一步完善市场经济体制、提高市场经济制度的质量是关键因素。同时,俄罗斯国内高昂的劳动力成本和低生产率,削弱了俄罗斯工业的竞争力,进口商品填满了商店的货架,挤压了俄罗斯国产商品的空间。

阻碍俄罗斯进行经济结构调整和创新经济发展的还有既得利益集团,正如俄国学者伊诺泽姆采夫所指出的,"在整个20世纪90年代和21世纪头10年,我国涌现出大量与经济有紧密联系的官员,许多地方政府要员和联邦部长通过亲属控制重要经济部门。更可悲的还有,我国的大企业家在整个20世纪90年

---

① России нужна новая модель экономического роста, говорится в обзоре МВФ. http://oko-planet.su/finances/financesnews/215401-rossii-nuzhna-novaya-model-ekonomicheskogo-rosta-govoritsya-v-obzore-mvf.html.

代成功控制大产业，采取的最主要手段是垄断。尽管他们控制的企业运转有效，但不允许有新的竞争进入相关领域。由于缺乏竞争，这些企业没有更新创新的动力"。① 权力经济部门不仅拥有稀缺资源和垄断权，而且拥有对社会经济直接或间接的控制权，因此，在权力介入不发达的市场经济后，必然会阻碍竞争。俄罗斯的工业技术水平落后，经济要脱离依赖资源的状况，还有很长的路要走。

第三，俄罗斯面临现代化资金不足的问题。俄罗斯要实现经济现代化，发展创新经济，离不开投资，但受俄罗斯市场机制、法律不健全及贪污腐败严重等因素影响，外国投资者对俄罗斯的投资热情不是很高，直接投资比例低，资金外流情况严重。为了吸引外资，2011年6月17日，俄罗斯直接投资基金正式宣布成立。2011年俄罗斯利用外资1906亿美元，同比增长了66.1%。其中，直接投资为184亿美元，同比增长了33.3%，证券类投资8亿美元，同比下降了25.1%，其他类投资（主要为长期贷款）为1714亿美元，同比增长了71.7%。由于投资环境差，俄罗斯资本外流的情况一直很严重，"根据保守的估计，改革期间在俄罗斯超过5000亿美国的资本流向国外,这种流动并没有停止。仅在2009年，就有690亿美元"。② 2011年俄罗斯资金外流则达到了842亿美元，创历史最高。受乌克兰危机和俄罗斯归并克里米亚事件的影响，2014年第一季度俄罗斯资金流出500多亿，比2013年全年都高。

---

① 2011年5月18日，弗·伊诺泽姆采夫在中央编译局所作的关于俄罗斯的经济发展与现代化的报告,《俄罗斯研究信息》2011年第4期，第17页。

② 弗·尼·舍甫琴科:《现代化之路还是民族之路——关于俄罗斯发展道路的争论》,《当代世界与社会主义》2013年第6期，第11页。

在西方威胁制裁的情况下，俄罗斯吸引外资会更难。

第四，受到政治体制的制约。俄罗斯虽然建立起了民主的框架，但是俄罗斯的民主与法制都很不健全，很难保证司法的公正，这个问题不解决，经济现代化也无法实现。统治精英对建立良好的制度兴趣不大，权力经济（公权力非法越位参与市场，以及左右市场运行的经济政治体制）阻碍创新。国家资本主义的发展扩大了权力经济，在普京发展国家资本主义政策的背景下，政府官员在40多家国有公司董事会中任职，如：交通部长伊戈尔·列维京（俄罗斯航空公司、舍列梅季耶沃国际机场），第一副总理维克托·祖布科夫（俄罗斯农业银行、联合谷物公司），通信和大众传媒部长伊戈尔·谢戈廖夫（通信投资公司、第一电视台），能源部长谢尔盖·什马特科（俄罗斯水利发电公司、国际统一电力系统公司）等，许多大的私营公司也靠与权力建立的良好关系运行。这种权力经济容易使社会陷入怪圈，经济问题越突出，创新动力越不足，越是希望政府会采取措施加强控制，政府出台调控措施越多，权力越强化，社会问题就越突出。梅德韦杰夫强令政府官员不得在企业中兼职，但要彻底改变权力干预经济的现象很难，这有赖于政治体制改革，有赖于独立司法体系的完善和有力的社会舆论监督。另外，行政人员队伍庞大，机构臃肿，办事手续繁杂的问题一直难以解决。进入21世纪以来，俄罗斯政府公务员人数增加了一倍，在俄罗斯，每4个人中就有1个在公共部门工作，由国家税收支付薪水。

第五，如何让国民适应现代化的要求也是一个难题。受传统的影响，俄罗斯人习惯于依赖国家，自主性和独立性较差。要改变传统心理，激发他们的主动性与创造性，真正实现人的现代化，需走一条漫长的路。普京在国家杜马作2010年政府工作报告时说："现代化改造,换句话说就是循序渐进的高质量发展,我们认为,这首先是对人及其能力、才能的投入,还有创造条件实现自我价值和创意、提高生活质量。我相信,只有基于这一点才能够保障高速增长和真正的技术突破。国家需要10年稳定、平静的发展,避免出现任何剧烈摇摆以及有时带有不合理的自由主义或者社会蛊惑宣传倾向的鲁莽试验。"①

第六,如何处理与外部世界的关系,迎接外部世界的挑战也是一个难题。俄罗斯与西方的关系经常论争不断,俄与原苏联地区其他国家的关系错综复杂。梅德韦杰夫提出与法德建立现代化联盟,这表明它已经认识到实现创新经济只靠国内不行,要实现现代化离不开西方,但是,俄罗斯国内一直有强大的、主张遵循俄罗斯传统的潮流,对西方先进国家排斥和不信任,认为西方有削弱肢解俄罗斯的阴谋。与梅德韦杰夫相比,普京与西方之间互不信任感更强。普京重回克里姆林宫后,不再提与西方的现代化联盟,强调要建立欧亚经济联盟,要面向亚太。乌克兰危机使俄罗斯与西方的关系再次恶化,俄美矛盾尖锐,俄罗斯现代化的外部环境更趋复杂。因此,如何处理俄罗斯与世界、学习西方与立足本国国情的关系,对俄罗斯仍是个挑战。

此外,实现经济的现代化,这并非经济本身的问题,实际上与国家的体制和民众的素质直接相关,俄罗斯学者拉季科夫认为:"构成现代化政策的阻碍因素包括:政府威信太低,主张现代化

---

① В.В. Путин на выступлении в Государственной Думе с отчётом о деятельности Правительства Российской Федерации за 2010 год. http://premier.gov.ru/events/news/14898/print.

的国家领导人支持率下降,对整个国家机构不信任;民众和政府缺乏共同利益,没有能够把所有人团结在一起的共同社会理想;公民和政府机关之间的客户——保护人关系;缺乏现代化精英。只有改变这些要素才能形成现代化必需的潜力。建立有效的社会经济秩序,使创新成为需要,是顺利实施现代化的主要条件之一。"[1]他的看法有一定的道理,俄罗斯要在2020年前完成现代化,届时,高科技和知识型领域在GDP中所占份额要增加50%,高科技产品出口要增加一倍,这不是一件轻松的任务。

---

[1] 伊·弗·拉季科夫,李铁军译:《俄罗斯社会怀疑心态对现代化进程的阻碍》,《当代世界与社会主义》2012年第2期,第109页。

第七章　俄罗斯现代化进程中的
海洋战略*

俄罗斯既是世界最大的陆地国家，也是世界海疆线居于前四位的国家。俄罗斯与12个海相邻：北临北冰洋的巴伦支海、白海、喀拉海、拉普捷夫海、东西伯利亚海和楚科奇海，东濒太平洋的白令海、鄂霍茨克海和日本海，西连大西洋的波罗的海、黑海和亚速海，海疆线长约3.8万公里。俄国是一个有海洋传统的大国，自彼得大帝时代起，他们遵循的就是"没有一支强大的海军，就没有强大的俄罗斯"的原则，俄国不断向海洋强国发展。苏联时期，为了世界革命的需要，也十分重视海洋，到20世纪70年代，苏联成为能与美国抗衡的海上军事强国，其海军具有很强的远洋投放能力，与此同时，苏联的海洋产业（如远洋渔业、远洋运输、海洋科学考察和船舶制造工业等）都很发达，是一个世界海洋强国。苏联解体后，俄罗斯的国力下降，特别是在20世纪90年代，俄罗斯基本丧失了海洋强国地位。2000年普京就任俄罗斯联邦总统以来，俄罗斯步入了恢复和发展的正常轨道，随着俄罗斯实力增强，其海洋大国的雄心再次被激发，通过了一系列有关海洋政

---

* 本章由左凤荣、张新宇合写。

策的法律文件，加强了相应的机制建设，俄罗斯对世界海洋的影响力日益增强。

一、俄罗斯海洋战略的历史回顾

（一）俄国时期

俄罗斯民族国家形成之时，只是一个偏安东欧一隅的内陆小国，从俄国第一位沙皇伊凡四世起，夺取出海口成为历代沙皇对外战争的主要目标。18世纪沙俄走上了争夺世界霸权的道路，从那时起，海域和出海口在俄国的扩张战略中变得尤其重要。

彼得一世和叶卡捷琳娜二世是沙俄海洋扩张史上里程碑式的人物。1700年彼得发动历时21年的北方战争夺取了波罗的海的出海口，实现了几代沙皇的梦想。又在雅库茨克、鄂霍次克和彼得罗巴甫洛夫斯克建立三个港口和基地，将俄海军触角伸向太平洋。在叶卡捷琳娜二世时期，她发动了两次对土耳其的战争，1783年正式把克里米亚并入俄罗斯版图，打通了进入黑海的出海口，获得了由黑海进入爱琴海和地中海的自由贸易权。通过三次瓜分波兰，俄国夺取了从拉脱维亚经立陶宛、白俄罗斯、乌克兰至克里米亚广大地区，巩固了在波罗的海与黑海两个出海口的统治地位。

1856年在克里米亚战败后，俄国将侵略矛头转向东方，侵略中国，侵占了中国大片领土，获得了库页岛和海参崴，打通了通向太平洋的出海口。沙俄还不断向中国东北扩张，中日甲午战争后因三国干涉还辽有功，取得了清朝的信任，在中国修筑铁路，扩张自己的势力，并于 1898 年控制了大连湾和旅顺口，并以此为基地建立了太平洋舰队。然而，沙俄的扩张野心与妄图在太平洋称霸的日本发生了严重的冲突，1905 年俄国在日俄战争中失败，日本全歼俄驻旅顺口太平洋第一分舰队，在对马海峡歼灭了由波罗的海舰队抽调组成的增援舰队，至此，俄罗斯海军力量基本上被摧毁。不久又发生了第一次世界大战和十月革命，在俄国的废墟上建立了苏联。

（二）苏联的近海防御时期

苏联建国之初主要致力于巩固本国的制度，但其一直把推动世界革命作为远大目标，20 世纪 20 年代苏联建立海军时就确立了把具有远洋投放能力作为目标的战略。第二次世界大战后，苏联开始走上国际舞台与美国争夺势力范围。但在 20 世纪 60 年代前，苏联的海军装备水平远不及美国，其海洋战略主要是进行近海防御，防范来自外部的威胁，保护本国的海洋权益。古巴导弹危机后，苏联当局更加注重海军的发展，并提出了"均衡发展理论"，认为只有均衡地发展海上力量，才能应付各种危机和战争，才能维持世界大国应有的国际地位。斯大林和赫鲁晓夫时期为后来苏联称霸海洋奠定了基础。

（三）苏联称霸世界海洋时期

随着苏联实力的增强，苏联的海洋战略发生了从"近海防御"到"远洋进攻"的转变。在追求海洋强国地位的进程中，苏联既重视军事实力的建设，也重视对国际法的制定施加影响。1974 年 6 月开始召开第三次国际海洋法会议，这次会议历时 7 年，最后制定了

《国际海洋法公约》,苏联在这次会议上积极维护自己作为世界海洋强国的权益,在很多问题上与美国联手制约发展中国家。如关于船舶(包括军舰)无害通过12海里领海的问题,苏联和美国一道反对中国的提议:"沿海国家有权制定规章,外国军舰通过其领海时须经核准。"苏联还否认对领海范围内的国际通行海峡行使主权,提出"任何国家均无权妨碍或停止船舶在海峡中通过,或在海峡中从事干涉船舶通过的任何行为"。以保障其军舰可以自由通行一切水域。苏联还竭力阻挠发展中国家提出的200海里专属经济区,企图利用自己远洋捕捞的优势夺取更多的海洋生物资源。[1]

为适应苏联海上霸权的需要,1976年戈尔什科夫海军总司令提出了"国家海上威力理论",他认为,国家的海上威力就是合理地结合起来的、保障对世界大洋进行科学研究、经济开发和保卫国家利益的各种物质手段的总和。[2]在这一理论的指导下,苏联海军的发展达到了顶峰,成为能够在各大洋与美国进行对峙和争夺的世界第二大海军。苏联开始大力发展导弹核潜艇,充分利用核技术提高海军在国家军事战略中的地位。勃列日涅夫推行全球扩张战略,加速国民经济军事化,为"远洋进攻"型海军战略的最终落实提供了极好的机遇。1970年开始建造第一艘航母,到1975年苏联已经建成远洋进攻型海军,可在世界各大洋执行战略任务,苏联成了名副其实的海军强国。[3]苏联海军成为一支以导弹核潜艇、远程航空兵、导弹巡洋舰、导弹驱逐舰及航空母舰为作战力量的远洋进攻型海军。在鼎盛时期,苏联海军"总兵力44.7万人,不仅拥有北方、

---

[1] 赵理海:《海洋法的新发展》,北京大学出版社1984年,第94、99、111—112页。
[2] 杨金森:《海洋强国兴衰史略》,海洋出版社2007年,第199页。
[3] 王生荣:《海权对大国兴衰的历史影响》,海潮出版社2009年,第256页。

黑海、波罗的海、太平洋4大舰队,5艘航母,59艘战略导弹核潜艇、243艘攻击潜艇、1779艘战舰,还掌管31个外国海军基地"。①同时,苏联还建立了一支以大型拖网渔船和加工船为主体的世界上最大的船队,战争需要时,这支船队还可用于军事目的。

苏联超出实力的扩张导致了国内出现严重的政治经济危机,1985年3月戈尔巴乔夫上台后放弃了世界革命的大目标,努力缓和与世界大国的关系,以便全力解决国内问题,苏联的军事战略也随之发生了重大变化,奉行"足够防御"战略,全面收缩成为这一时期的军事战略核心。苏联海军的作战指导思想由"远洋进攻"战略变为"攻势防御战略"。

(四)苏联解体最初几年的衰落期

苏联的解体使俄国300多年扩张所获得的地缘政治成果几乎化为乌有。"俄国在高加索地区的边界退回到了19世纪;在中亚则是退回到了19世纪中叶。更有戏剧性和令人痛苦的是在西部,俄的边界退回到了1600年左右即'雷帝'伊凡四世统治之后不久。高加索的丢失重新唤起了对土耳其影响卷土重来的担心。失去了中亚,使人感到丢掉了这一地区丰富的能源和矿产资源,也对潜在的伊斯兰挑战忧心忡忡。乌克兰的独立则动摇了俄国是泛斯拉夫共同特性的天授旗手这一说法的根本。"②在地缘战略空间大幅压缩的同时,俄罗斯的出海通道也受到钳制。波罗的海三国

---

① 高之国、张海文、贾宁主编:《国际海洋法发展趋势研究》,海洋出版社2007年,第177页。

② 兹比格纽·布热津斯基:《大棋局——美国的首要地位及其地缘战略》,中国国际战略研究所译,上海人民出版社1998年,第117页。

的独立使俄罗斯在波罗的海只剩下了圣彼得堡、维堡（部分为芬兰使用）和加里宁格勒三个港口。在黑海，俄罗斯只剩下诺沃罗西斯克和图阿普谢两个港口。

在地缘政治环境恶化的同时，俄罗斯国内形势不稳，政治纷争严重，经济严重下滑，国家实力下降，海军装备得不到正常的维修和更换，先前那支远洋进攻型海军几乎只能在近岸担负防御任务，俄罗斯的海洋战略处于"休克"中。

（五）1997年以来向世界海洋强国进军

俄罗斯是传统的海洋强国，苏联剧变冲击波下俄罗斯的衰退让许多有识之士为国家的命运担忧，在各方的努力下，1997年1月17日叶利钦颁布了制定俄罗斯联邦世界海洋目标纲要的总统令，俄罗斯开始谋划如何保持和增进俄罗斯海洋强国地位的战略与策略。2000年普京担任总统以来，俄罗斯实现了社会稳定，经济也得到了快速发展，国家实力有了很大提升，为俄罗斯实现其海洋强国的战略目标提供了坚实的基础。随着俄罗斯实力的增强，俄罗斯的海洋战略越来越主动和积极，出台了许多战略性文件，也采取了许多增进本国海洋利益的措施。2001年7月27日俄罗斯联邦总统普京批准的《2020年前俄罗斯联邦海洋学说》声明："俄罗斯只有成为海洋强国，才能成为世界强国。"标志着俄罗斯海洋战略进入了积极拓展海洋利益的新阶段。

二、俄罗斯海洋战略目标

1998年8月10日俄罗斯联邦政府第919号决议正式批准了《俄

罗斯联邦"世界洋"目标纲要》等一系列相关战略文件，此后不断进行修改和补充，2010年8月12日发布最新修订的《建立统一的联邦"世界洋"目标纲要的国家信息体系》《对南极进行考察和科学研究的联邦"世界洋"目标纲要》《开发和利用北极的联邦"世界洋"目标纲要》《俄罗斯在"世界洋"的军事战略利益纲要》，2011年2月15日发布最新修订的《俄罗斯联邦"世界洋"目标纲要》《"世界洋"环境研究纲要》。① 其他有关海洋政策的法律文件还有：《2020年前俄罗斯联邦海洋学说》(2001年7月27日俄罗斯联邦总统批准)、《2010年前俄罗斯海军活动领域的基本政策》(2000年3月4日俄罗斯总统批准)、《俄罗斯联邦政府关于海洋部门的规定》(2001年9月1日俄罗斯联邦政府第662号令)、《俄罗斯联邦海军战略（草案）(1999年11月)》等。2008年下半年金融危机给俄罗斯经济带来了严重影响，但俄罗斯争当海洋大国的雄心并未收敛。2008年9月18日俄罗斯总统梅德韦杰夫批准了《2020年前及更远的未来俄罗斯在北极地区的国家政策原则》(2009年3月30日正式公布)，俄罗斯政府在2010年10月21日举行的会议上批准了《2020年前和更长期的俄罗斯联邦在南极活动的发展战略》，2010年12月普京签署《2030年前俄罗斯联邦海洋工作发展战略》。这些法律文件为俄罗斯海洋活动及国家海洋利益的拓展提供了可靠的法律保障，也是我们认识和了解俄罗斯海洋战略目标的重要依据。

（一）俄罗斯海洋战略的主要目标

俄罗斯海洋战略的总目标是追求世界海洋强国的地位。研究世

---

① http://docs.cntd.ru/document/901715030.

界海洋,利用其资源潜力,发展交通运输线,加强在世界海洋的存在,旨在保持俄罗斯海洋强国的地位、保护海洋疆界和监督人类生存的生态环境。普京签署的《2020年前俄罗斯联邦海洋学说》明确表示:"无论从其疆域和地理特点来看,还是从其在全球和地区国际关系中的地位和作用来看,俄罗斯始终是世界海洋强国。"[1] 俄罗斯在世界海洋战略方面的发展目标是:保护俄罗斯在世界海洋的利益,提高政治稳定性,提高国家在海洋方面的国防能力,保护和发展俄罗斯科技、经济和资源潜力;保障沿海地区居民生活和就业,保障信息通畅和保护居民免遭来自海洋的自然灾害,改善北极地带能源保障;保障和发展俄罗斯在世界海洋的交通线;解决俄罗斯总统批准的《2020年前俄罗斯联邦海洋学说》中提出的问题,解决俄罗斯滨海地区社会经济顺利发展和生态环境的可持续发展的问题。[2]

《2020年前俄罗斯联邦海洋学说》是全面介绍俄罗斯国家海洋政策的纲领性文件,是指导俄罗斯海洋活动的现实工具,有助于巩固俄罗斯国家利益和提升俄罗斯海洋强国的国际威望。该文件规定国家海洋政策的目标是实现和维护俄罗斯联邦在世界大洋上的利益,巩固俄罗斯联邦在主要海洋大国中的地位。"国家海洋政策的主要目标是:捍卫在内海水域、领海及其上方空域、海底和海底地下资源所拥有的主权;在对专属经济区内可再生和不可再生的、海底和海底地下的以及水中自然资源进行勘探、开采和维护时,行使司法管辖权和主权维护权。对上述资源进行管理,

---

[1] Морская доктрина Российской Федерации на период до 2020 года. http://www.scrf.gov.ru/documents/34.html.

[2] О федеральной целевой программе "мировой океан". http://www.ocean-fcp.ru/ukaz.php.

利用水、水流和风力发电，建造人工岛屿、设施和建筑物并加以充分利用，开展海洋科学研究，保护海洋环境；行使对俄罗斯联邦大陆架资源的勘探和开采权，维护对其拥有的主权；行使和保护公海自由，包括航行、飞行、捕捞、科学研究、铺设水下电缆和管道的自由；保卫俄罗斯联邦的领海，保卫和警戒俄罗斯联邦的海上疆界和领海空域。"①

(二) 俄罗斯海洋战略在各个方向的目标

俄罗斯是有漫长海岸线的大国，但是，其海岸线并不是连贯的，其东、南、北三面彼此相隔，这一特点分散了俄罗斯的注意力，其海洋战略必然要分成不同的方向。

1、北极方向

随着北极冰层逐渐融化，北极以其丰富的自然资源、潜在的地缘战略地位、对全球气候变化的重大影响以及巨大的经济和科研价值，正逐步成为世界各国关注的热点地区。对北极的争夺主要在北冰洋沿岸的加拿大、美国、丹麦、挪威和俄罗斯等北极5国之间展开，争夺的焦点主要围绕海上边界和沿岸大陆架的划分以及北极航道控制权展开，其中，俄罗斯的北极政策最为积极。俄罗斯专门组建北极特别委员会，统一协调政策与行动。

北极是俄罗斯目前最为关注的方向，对北极地区的开发和利用是俄罗斯走向大洋、确定其海洋强国地位的重要一环。俄罗斯制定了一系列关于北极的法律文件，北极战略最为完整，这是因为俄罗斯在北极有重大的利益。首先是经济上的利益，现在这一

---

① http://www.scrf.gov.ru/documents/34.html.

地区提供俄罗斯 11% 的国民收入,这里提供超过 90% 的镍和钴,60% 的铜,96% 的假铂。据预测这里的碳氢化合物相当于 50 亿吨燃料;其次是航运,通过北冰洋航线可以把远东与欧洲联通起来;第三是军事安全利益,北极地区与俄罗斯安全关系更密切,这里可以拦截美国发射的洲际导弹和进行先发制人的打击。[①]2010 年 4 月 29 日普京在视察亚历山大地岛时说:"我们的海军基地地处北极地带,远程航空兵巡逻线路通过北极。这里还有经济利益,可进行矿产资源开发。什托克曼凝析气田就在离巴伦支海海岸 300 公里处。这里有北部海路重要的交通设施。"俄罗斯计划沿北部海路修建 10 个紧急情况部站点和水文气象站。[②]

《2020 年前俄罗斯联邦海洋学说》规定,国家北极海洋区域方向上的海洋政策,是由保障俄罗斯舰队自由出入大西洋的重要性、俄专属经济区和大陆架的资源、北方舰队在国防领域里的重要作用,以及北方海上通道对俄罗斯联邦稳定发展的重要性所决定的。该政策希望,俄罗斯有能力重新巩固自己在北极地区的经济存在,同时保持本国在内海、领海水域及其上空、北极海底和大陆架内的权利、保证本国在北极西北专属经济区的主权、保证本国研究和保持位于该地区水底和水面自然资源的权利、管理上述资源的权利、落实和捍卫公海自由原则的权利,包括航行、飞行、捕鱼、科研、铺设电缆和输油管道的权利。俄罗斯在该海域面临的国家长期任务是:以发展经济为目标,首先注重解决社会问题

---

① Конышев В., Сергунин А. Арктика на перекрестье геополитических интересов,"Мировая экономика и международные отношения", 2010, № 9, C. 43-53. http://finanal.ru/009/.

② 俄新网 RUSNEWS.CN 莫斯科 2010 年 4 月 29 日电。

和捍卫俄在北极地区的利益。

随着世界各国对北极地区争端的日益白热化,俄罗斯对北极地区,特别是北极海洋区域资源、交通和环境表现出极大的兴趣,2008年9月18日,梅德韦杰夫正式签署了《2020年前俄罗斯联邦北极地区国家政策原则及远景规划》,2009年3月30日正式对外公布,该计划明确提出2016—2020年将"北极地区作为保障国家社会经济发展的战略资源基地"。[1] 该文件确定了俄罗斯联邦北极战略的优先方向,俄罗斯的北极战略主要着眼于以下几方面的工作:

第一,在国际法准则和相互间协议的基础上,根据俄罗斯联邦国家利益至上的原则,与环北极国家积极协作以划分海洋空间,并解决俄属北极区域外部边界的国际法论证问题;划分北冰洋的海洋空间,保障俄在斯匹次卑尔根群岛的互利存在。俄罗斯明确提出在2011年至2015年完成俄在北极地区的边界确认,确保实现"俄罗斯在北极能源资源开发和运输方面的竞争优势"。[2] 俄罗斯加强"罗蒙诺索夫海岭"大陆架界限考察,以便为向联合国提出北极地区领土主权要求做好准备。2011年7月,俄罗斯"费奥多罗夫"号科考船在一艘核动力破冰船陪伴下,完成了北极海底绘图。这些地图显示,西伯利亚大陆架与北极海底山脊相连,证明北极的部分领土应该属于俄罗斯。2013年8、9月份,俄"地平线"号水文船与北方舰队的MB-56牵引船共同完成了对法兰士约瑟夫地群岛的考察工

---

[1] Основы государственной политики Российской Федерации в Арктике на период до 2020 года и дальнейшую перспективу. http:// www. rg. ru/2009/03/30/arktika-osnovy-dok. html.

[2] Основы государственной политики Российской Федерации в Арктике на период до 2020 года и дальнейшую перспективу. http:// www. rg. ru/2009/03/30/arktika-osnovy-dok. html.

作。北方舰队潜艇特种分队也参与其中,保护船只及考察人员的安全。

第二,加强北极地区国际合作机制的建设。与环北极国家一起加大投入,以建立统一的地区搜索救援体系,预防技术灾难并消除其后果,包括协调救援力量的行动;在双边基础上,以及在北极地区理事会、巴伦支海理事会等地区组织框架内,巩固俄与环北极国家的睦邻友好关系,促进北极地区的经济、科技、文化协作和边防合作,有效开发自然资源,保护自然环境;根据俄所参与的国际条约,在俄罗斯联邦司法管辖范围内,充分利用北方航线开展国际航运,协助组织过境运输,开辟跨极地空中航线。

第三,加大对北极地区资源开发的力度。鼓励俄罗斯国家机关和社会组织积极参与北极地区国际论坛的各项工作,包括开展俄欧伙伴框架下的议会间协作;通过扩大北极地区的基础和实用科学研究,完善俄属北极区域社会经济发展的国家管理体系;改善北极地区原住居民的生活质量及从事生产经营的社会条件;利用先进技术加强俄属北极区域的资源开发。俄罗斯是北极地区唯一从1930年开始定期设立漂流站对高纬度的北极及其环境污染状况进行综合监测的国家。俄罗斯明显加强了对北极的科考工作,2010年10月15日,俄"北极—2010"考察组成功登陆浮冰,"北极—38"漂流科考站建成。2011年11月11日梅德韦杰夫在会见哈巴罗夫斯克边疆区企业工作人员和统一俄罗斯党积极分子时说:"我们必须向北极投资,投入这一研究,这是首要的,有关纲领已经准备了,我本人不止一次召开安全会议研究北极问题,研究北冰洋地区的发展问题。另一方面,我们一定要坚决捍卫我们在这一地区的利益,自然包括安全问题,我可以告诉你们,这些决定不只准备好了,而且通过了。"①2014年4月21日,俄罗斯在北冰洋大陆架普里拉兹洛姆钻井平台开始输油,标志北极开发进入新阶段。该油田储量达7196万吨,计划每年开采600万吨,2014年可采30万吨。

第四,发展俄属北极区域的极地交通系统和渔业综合体基础设施,提升其现代化水平。沿北冰洋海岸延伸的北方海路可以使欧洲到远东的距离缩短40%,使俄罗斯北部地区(季马诺—伯朝拉地区)的原油通过波罗的海石油管道系统销往欧洲的运输成本减少40%。

第五,努力使北极问题的解决局限在北极国家范围内。俄罗斯重视北极理事会,认为这是解决北极问题最有效的机制,同时,反对北约介入北极事务,竭力阻止北极外国家介入北极事务。2010年9月16日拉夫罗夫在会见加拿大外长时说:"我们没有看到,北约为北极带来利益。如我的同事刚才所说的,北极的一些国家在北极理事会和北极五国的框架内确定,所有存在的和可能出现的问题应当以国际法为依据通过政治途径解决,首先是依据《联合国海洋法公约》。"2011年11月11日梅德韦杰夫在会见哈巴罗夫斯克边疆区企业工作人员和统一俄罗斯党积极分子时说:"我们必须继续研究北冰洋和整个北极,因为如果我们不这么做的话,就会有其他国家在那里发号施令。这并不意味着他们是我们的敌人,但是,如果运用国际法律术语的话,北极和北冰洋地区是我们的毗邻地区。这是我们的海岸和海洋空间,无论是从地理的角度看,还是从那里蕴藏的巨大资源角度看都是如此。如果我们不投资,那里就会出现区域外强国。"他还对北极外的国家研究北极感到惊讶。②

---

① Встреча с работниками предприятий Хабаровского края и активом партии 《Единая Россия》. http://www.kremlin.ru/news/13475.

② http://www.kremlin.ru/news/13475.

北极地区对俄罗斯有重要战略意义，俄也拥有在这一地区获得利益的有利条件，近年来，俄罗斯在实施其北极战略时，一方面加大对北极地区的投入。2011年9月22日电 俄罗斯总理普京在出席第二届"北极：对话之地"国际论坛期间声明说，俄政府计划两年内拨款11亿卢布用于极地考察工作。2011年10月14日俄罗斯财政部网站报道称，俄罗斯政府打算在2012年至2013年期间拨款11.3亿卢布，用于南北极地带的考察、环境监测和极地区域基础设施的发展。2011年11月22日，俄总理普京在政府主席团会议期间声明说，俄罗斯政府近3年内将拨款210亿卢布在北极修建和改进海上基础设施；另一方面加强在北极的军事力量。《2020年前俄罗斯联邦北极地区国家政策原则及远景规划》规定："在俄属北极区域建立能在各种军事政治形势下保障军事安全的武装力量常规军队（力量）集团、其他军队、军事组织和机构（首先是边防机构）。"俄国防部长阿纳托利·谢尔久科夫2011年7月初曾透露，俄罗斯为维护本国在北极的利益计划打造两只国防部军事旅。就相关的部署地点他指出，可能在"摩尔曼斯克或阿尔汉格尔斯克，或其他地方"。在成立这些军事旅的时候将借鉴芬兰、挪威和瑞典军队的经验。俄罗斯国防部副部长德米特里·布尔加科夫上将也表示，已经为即将在北极服役的俄士兵们设计了新型防寒保暖制服。2012年2月21日俄罗斯陆军总司令亚历山大·波斯特尼科夫上将在接受俄新社采访时表示，俄罗斯联邦陆军准备在2015年成立第一支北极摩托化步兵旅。①2013年11月，俄罗斯开始在北极部署空天防御部队分部并建设北极导弹袭击早期

---

① http://ria.ru/defense_safety/20120221/571377898.html.

预警系统雷达站。2013年12月10日,普京责成国防部2014年完成北极地区部队组建和基础设施部署工作。

俄罗斯北极战略的特点:

第一,凸显强烈的国家意志,高调宣示主权,并明确提出组建北极部队和使用军事手段保卫北极地区。

第二,通过法律手段谋求领土要求,力图用科学证据说服联合国大陆架界限委员会,使其领土要求合法化。

第三,武力配合法律要求。俄罗斯一方面诉诸法律手段谋求领土要求,另一方面用武力配合其法律诉求。在俄罗斯看来,在国际舞台上,武力是谋求国家利益不可或缺的保障和手段,而国际法恰恰需要国家强大的武力作为后盾。

第四,力图构建北极安全机制,减少北极地区冲突。虽然俄罗斯明确向外界传达了不惜动用武力保护北极利益,但是俄罗斯也明白用武力解决北极领土争端只是最后手段,因此在谋求北极利益的同时希望构建北极安全机制。

2、大西洋区域方向

俄罗斯在该区域方向上海洋政策的制定受北约东扩,北约国家政治、经济、军事压力日益加强,而俄罗斯海洋活动能力急剧下降的影响。《2020年前俄罗斯联邦海洋学说》指出,该方向上国家海洋政策的基础是解决在波罗的海、黑海、亚速海、大西洋和地中海所面临的长期任务。

(1)在波罗的海:地缘政治发生了变化,原来加盟共和国的独立使俄罗斯只剩下了圣彼得堡、维堡(部分为芬兰使用)和加里宁格勒三个港口。而波罗的海三国加入北约的事实更如火上浇油,使俄罗斯的西部安全状况急剧恶化。由于历史宿怨所致,波罗的海国家对俄罗斯一直保持警惕，因此《2020年前俄罗斯联邦海洋学说》指出，要"为同波罗的海地区国家开展稳定的经济合作，合理地共享海洋自然资源创造条件，制订海洋活动各个领域的全面信任措施"。同时，要保证俄罗斯联邦加里宁格勒州的经济和军事安全；为多种海洋舰船的驻泊和使用创造条件，包括动用地区力量，保障俄罗斯联邦主权和针对波罗的海制定的主权法和签署的国际法。在该地区还要解决俄罗斯联邦、沿海相邻国家和隔海相望国家之间海洋空间和大陆架划分的相关问题。

（2）在黑海和亚速海：在这两个海域主要涉及乌克兰和俄罗斯黑海舰队基地问题。因此，"完善俄罗斯联邦黑海舰队在乌克兰领土上履行职能的法律基础，保留塞瓦斯托波尔市作为黑海舰队的主要基地"成为了一项长期任务。除此之外，发展从克拉斯诺达尔边疆区的港口向地中海国家的旅客运输，以及黑海内海的轮渡运输也是一项重要任务。根据俄乌两国2010年4月签署的协议，俄黑海舰队可在2042年前继续驻留克里米亚半岛。2012年2月，俄罗斯还争取到乌克兰同意其改变1997年两国签署的条约（当时规定俄罗斯不可增加黑海舰队在克里米亚半岛的战舰数量，不可对武器装备进行更新），开始更新黑海舰队的船只。2014年3月18日俄罗斯利用乌克兰危机，成功得到克里米亚，今后俄罗斯可以不受限制地建设塞瓦斯托波尔和黑海舰队。2011年8月8日，梅德韦杰夫批准在阿布哈兹建立军事基地，阿布哈兹在俄罗斯的保护下实现独立，大大增加了俄罗斯在黑海地区的地位，俄罗斯可以在阿布哈兹地区修建永久性军港。

（3）在地中海：主要是采取相应对策，使地中海成为军事政治稳定、睦邻友好的地区；除此之外在该地区保持足够的海洋军事力量是重中之重。俄罗斯欲在叙利亚地中海海港塔尔图斯修建军港。2011年12月6日，在叙利亚局势紧张之际，俄罗斯北方舰队所属舰只组成的航母编队起航前往大西洋和地中海巡航，并停靠叙利亚的塔尔图斯港。俄罗斯借此要保证叙利亚局势的改变符合俄罗斯的国家利益。2013年5月，俄罗斯组建了地中海分舰队。

（4）里海方向

确定对俄罗斯联邦有利的里海国际法律制度和利用鱼类、石油和天然气等资源的先后顺序；与沿岸国家共同行动保护海洋环境等。由于里海地区拥有含量丰富、质量上乘的矿产和生物资源，因此最重要的一项长期任务就是确立对俄罗斯联邦有利的里海国际法律制度，以及渔业资源的捕捞、石油和天然气产地的开采制度。积极开展航运业务，更新海航、河海混航商船和捕鱼舰队，而且俄罗斯的船队必须在国际海洋运输市场中占有一席之地。要尽力发展、改造现有海港并使之专业化，同时要加强与沿海国家在保护海洋环境领域的合作。

里海原来只有苏联和伊朗两个国家，它们并未划定界限，由于苏联处于强势，实际上控制着里海。苏联解体后，里海沿岸国变成了五个，俄罗斯开始坚持不划界，但遭到其他国家的反对。1996年11月，在里海沿岸五国外长会议上，俄同意在里海实行45海里管辖区，承认环里海国家对石油开发区域的管辖权，但在里海中央还是保留共有的水域，即"划分海底，水面共享"。随后，俄罗斯与哈萨克斯坦于1998年7月签署了"划分里海北部海底协议"，双方按照中线划界，分底不分水，开启了里海划界的新模式，为推动里海法律地位解决迈出了第一步。在里海法律地位问题上，俄采取分阶段逐步解决的办法，通过双边谈判，逐个解决，以推动"有限划分"原则的落实。2001年俄首先与哈萨克斯坦签署划分里海海底资源的协议,2002年9月23日《俄罗斯联邦和阿塞拜疆共和国关于划分里海海底相邻地段的协议》签订。随后,阿塞拜疆与哈萨克斯坦也就里海海底资源划分达成协议。在俄罗斯的积极推动下,2002年4月里海五国首脑在阿什哈巴德举行首次会议,商讨里海资源归属问题。2003年5月,俄罗斯、哈萨克斯坦和阿塞拜疆已就里海海底边界达成了协议。至此,64%的里海海底被划分,俄罗斯、哈萨克斯坦和阿塞拜疆分别得到了其中27%、19%、18%的海底控制权。而伊朗联合土库曼斯坦一起要求各国按各占20%的份额平均划分里海,态度强硬,里海划分并未最终解决。在里海法律地位公约问题上各国分歧严重,至今没有达成协议。在资源安全利益的争夺上也很激烈,加上美国的介入和插手,使里海问题日益复杂化。

俄罗斯重视这一地区,在追求自己的利益时,以军事实力为后盾,普京称:"我们应该在这里增加自己的存在,而且这种存在应该成为保障俄罗斯在里海的政治、经济和军事利益的重要因素。"里海区舰队是"在所有上述领域里保障我们利益的唯一工具"。[①]

3、太平洋方向

(1)俄罗斯疆域的太平洋地区方向

俄罗斯要恢复大国地位,在亚太地区有所作为就要将太平洋地区放在足够重要的位置。加之俄罗斯远东地区专属经济区和大陆架上有丰富的资源,因此,太平洋方向对于俄罗斯的战略、经济和政治意义重大,而且其地位还在进一步提升。

《2020年前俄罗斯联邦海洋学说》指出,俄罗斯在太平洋方向

---

① 普京:《普京文集》,中国社会科学出版社2002年,第627页。

海洋政策的基础是，解决北方海上通道上的日本海、鄂霍茨克海、白令海、太平洋西北部、北极东部的长期任务。为此首先，在加强俄罗斯联邦海洋活动的基础上，加速俄罗斯远东地区的社会经济发展；并且由于远东地区越来越多地参与亚太地区的劳动分工，需要加强海洋运输的发展；其次，要加紧在联邦专属经济区和大陆架，以及根据达成的协定在东南亚国家的专属经济区和大陆架勘探和开发海洋生物资源和矿产原料；要大力发展沿岸港口的基础设施和远东、特别是萨哈林和千岛群岛的俄罗斯船队；要尽快签署在规定的地区和区域进行海洋军事活动的国家间协议；要加强与亚太国家的积极合作，以保障海洋航行安全，与海盗、毒品交易和走私作斗争，向遇难船只提供援助，进行海上救援；最后，要尽力提高该地区现有运输基础设施的使用率，吸引东南亚和美国的过境货物经由西伯利亚大干线运往欧洲和其他国家，并采取措施，最大限度地开发国家在该地区的货运基础。设立发展千岛群岛的联邦专项计划。

俄罗斯正在逐步增强在该地区的政治、经济和军事影响力，太平洋地区海洋政策的落实可能会成为对俄罗斯影响最深远的一个领域。鉴于俄日间存在领土争端，朝核问题和朝鲜半岛形势复杂，美国加强了在亚太地区的军事存在，俄罗斯也明显加强了在太平洋地区的军事实力，梅德韦杰夫表示，千岛群岛的驻军必须配备现代化的武器，以确保地区安全，因为该领土是俄罗斯不可分割的一部分。2010年11月1日，俄总统梅德韦杰夫视察国后岛。这是俄国家元首首次视察俄日争议岛屿。12月13日，俄罗斯第一副总理舒瓦洛夫视察了择捉岛和国后岛，考察一些社会项目的建设进程。2011年2月4日，俄国防部长谢尔久科夫视察择捉岛、国后岛和色丹岛。此次访问旨在视察驻扎在当地的机枪炮兵师。2011年5月15日,伊万诺夫副总理等5位俄罗斯政府高官访问国后和择捉两岛,反映出俄罗斯在领土问题上寸步不让的姿态。俄罗斯今后要加强这一地区的经济建设和军力部署。2011年5月11日,俄罗斯武装力量总参谋长马卡罗夫就驻扎于国后岛和择捉岛的第18机关枪炮兵师的整编计划发表讲话,称将于今后4年至5年内着手更新武器装备,包括部署"堡垒"岸基导弹系统等。俄罗斯实际上是借北方四岛问题,实现其加强在太平洋地区军事存在的目的,以期在未来东北亚战略格局中占据有利地位。

2011年3月,俄罗斯政府公布了2011年南千岛群岛社会经济发展规划,包括在择捉岛修建新机场、修缮国后岛门捷列沃机场、修复色丹岛上公路、在南库里尔斯克镇建码头、在国后岛建渔业加工厂等,俄罗斯政府计划拨款11.4亿卢布(约合4119万美元)。

在维护太平洋海洋权益时,俄罗斯重视发展太平洋舰队。普京指出,"太平洋舰队不仅在俄罗斯海军,即使在全部俄武装力量之中,也都拥有特殊的地位。其所属战区地幅从非洲东海岸延至美洲西海岸,占据了世界大洋一半多的水域,因此,太平洋舰队是保障俄罗斯在亚太地区国家利益和安全的主要工具"。[1]2011年5月11日,俄武装力量总参谋长马卡罗夫表示,俄方今年下半年将着手加强俄日争议岛屿军备部署,包括装备反舰巡航导弹。从2011年下半年开始,俄罗斯开始着手在国后岛和择捉岛部署现代化武器装备,包括"红宝石"超音速反舰导弹、"堡垒"反导系统"道尔M2"防空导弹以及米-28武装直升机等"撒手锏"。正在法国建造的头两艘"西北风"级直升机航母也可能率先装备太平洋舰队。

---

[1] 转引自:常拉堂等:《评点俄海军发展战略:现实无奈之下积极行动》,《当代海军》2011年5月,http://mil. huanqiu. com/dangdaihaijun/2011—05/1711290. html。

（2）印度洋方向

印度洋地区方向的国家海洋政策要完成以下长期任务：扩大俄罗斯运输船只和渔业捕捞船只的航行；与其他国家共同行动打击海盗；在南极洲进行科学研究；保障俄罗斯联邦海军在印度洋的定期存在等。打击海盗，保障航路的畅通，是俄罗斯在印度洋方向海洋政策的一个重要任务。俄罗斯舰队积极参与亚丁湾护航，打击海盗，保障海路畅通。

俄罗斯通过加强与印度的军事合作，保障自己在印度洋的存在。印度是俄罗斯"特殊的、受优待的战略伙伴"，俄印之间最引人注目的是军事合作，特别是在海军领域的合作。俄罗斯是印度海军军备的主要来源国，1997年俄印签署的第一份合同印度定购了三艘俄罗斯护卫舰；2007年7月14日，俄印又签署了印度海军定制的第二批3艘护卫舰的建造合同，合同金额约达16亿美元。新建造的护卫舰从基本性能上与此前交付印方的护卫舰区别不大，但武器装备有很大变化，装备了最高射程可达300公里的"布拉莫斯"超音速巡航导弹，有两艘正在建造中。2011年12月底，俄罗斯根据2004年俄印签订的合同，共向印度交付了16架米格-29K/KYB型舰载战斗机。2012年俄罗斯将开始按照2010年3月签订的合同向印度供应米格-29K/KYB型舰载战斗机，此外，俄罗斯还将向印度伙伴们移交几架在俄工厂进行现代化改装的米格-29-UPG。

4、南极方向

南极问题为俄罗斯国家大战略问题，隶属于俄罗斯海洋战略，从属于俄罗斯国家发展战略。俄罗斯对南极的介入已经由来已久，从1821年，几乎在帕尔默到达南极的同时，俄国海军上将别林斯高晋率领的"东方"号与"和平"号战舰也来到了南极，至此，直到美苏冷战时期，苏联一直在南极问题上成为了牵制美国的重要力量，苏联对美国南极政策的影响，是冷战时代两极格局下"恐怖平衡"的"良性"结果。苏联在南极问题上采取的同样强硬的态度遏制了美国索求南极主权的政治野心，使得美国无法实施"单边主义"，迫使其转而寻求南极中立化。1961年生效的《南极条约》，规定南极只用于和平目的，目前南极不属于任何一个国家，而是全人类的共同财产。不可否认，苏联南极活动对于南极中立化发挥着重要的推动作用。苏联解体后，俄罗斯由于资金和技术等问题并没有在南极问题上有大的举动，而2010年10月21日俄罗斯政府批准《2020年前和更长期的俄罗斯联邦在南极活动的发展战略》则可谓"一鸣惊人"。《2020年前和更长期的俄罗斯联邦在南极活动的发展战略》由俄罗斯自然资源部提交给政府审议，俄罗斯政府在2010年10月21日举行的会议上批准，2010年11月9日俄罗斯总统签署生效。

俄罗斯的南极战略目标是"确保俄罗斯作为南极研究世界领头国家之一的地位"，保障俄罗斯根据相关国际协定和国家内外政策需要在南极的利益，"保持南极大陆作为和平、稳定和合作的地区，预防可能出现国际紧张局势和全球性的环境气候威胁"。"巩固俄罗斯利用这个南部海洋的水下生物资源的经济潜力，以及对南极的矿物和碳氢化合物以及其他自然资源进行综合研究，提高俄罗斯联邦的国际威信，以促进俄罗斯联邦在南极所进行的政治、社会、科学和保护自然环境的措施的实施。""为实现俄罗斯的南极战略需要解决多方面的任务，保持和促进南极相关协商机制的发展，进行综合性的科学研究，对南极在全球气候变化中的地位与作用进行研究，在对保障捕鱼业经济效应进行研究的基础上对水下生物资源进行评估,对南极大陆及其海域的矿物和碳氢化合物的资源进行科学的地质数学研究,保障俄罗斯联邦包括全球通航卫星系统在内的宇宙活动,保护南极环境,对俄罗斯在这一地区的科考设施进行现代化的改造。"南极事业发展战略已被列入俄罗斯联邦基本预算项目,开发海洋生物资源被列为俄南极科考的优先方向。① 俄罗斯在南极地区水生物资源的开采量占公海捕鱼总量的比重已经从1990年的7.33%下降到了2009年的5.39%。俄罗斯颁布该战略的主要意图就是加强俄罗斯在南极的战略存在,提高对南极资源的利用率,以确保本国的战略利益、战略部署和战略影响力。

俄罗斯联邦南极活动发展的优先任务和措施是:"保持并积极发展'南极条约'体系、发展综合的南极科学研究、评估南极在全球气候领域的作用与地位、在对南极水生物资源储备现状预测进行研究的基础上,在评估南极水生物资源的情况下解决相关任务,以保障渔业经济的有效性并进行南极大陆和南极周围水域矿物和碳氢化合物资源的地质考察;保障俄罗斯联邦在'格洛纳斯'系统涉及的区域上空的航天活动;保护南极环境;对俄罗斯联邦在该地区的考察基础设施进行改进和改造"。其中值得特别指出的是南极在俄罗斯航天事业发展中的重要地位,近些年俄罗斯受北约反导防御系统的胁迫和挤压,正在着力发展空天防御系统,而20世纪90年代初,用来支持远离俄罗斯本土航天活动的科研船队的废弃、设立在南半球国家中的用于保障实施全球监视、通讯和在必要情况下对国产在轨航天器和航天系统的飞行实施控制的军事基地的撤销,导致现代航天器轨道星历表的校正及航天

---

① http://www.rg.ru/2011/03/31/antarktika-site-dok.html.

器的主动控制方面产生了重大的问题。但战略文件中提出的"格洛纳斯"系统的投入使用，会为保障地理坐标确定的准确性，以及解决地球任何区域的空中、海上和地面设施问题提供最直接的帮助；除此之外，借助该系统，还可建立一个广泛的配备专家或自动使用的监督站网络。

俄罗斯分三个阶段实施其南极战略，第一阶段从2010年至2014年，任务是巩固俄取得的在南极取得的地位，发展重点是开发新型越冬设备和建设"进步"南极科考站的冰雪起降跑道，完成第三届极地国际会议框架下开始的工作；第二阶段从2014年至2020年，这一阶段的重点为更新改善南极科考必备的研究、通信和运输等技术条件，实现南极科考技术现代化；对南极研究较少的太平洋扇形地带进行各部门综合研究，维护俄在南极国际科研以及世界科学中的领先地位，增强国家的威望；第三阶段从2020年至2030年，任务是巩固俄在南极科考领域中的世界领先地位。

俄罗斯南极战略的主要特点：

第一，突出强调保持和发展"南极条约"，在此基础上，谋求更多的国家利益。

第二，以现有的俄罗斯南极站为拓展俄罗斯南极利益的主要基地，加大力度进行南极站的建设和改进。

第三，强调发展在科研、资源和能源开发，以及渔业领域的国际合作，重视南极的经济潜力。

第四，强调保护环境，谋求国际社会的认同和共识。

俄罗斯特别重视在南极的科考工作，俄目前在南极有5个永久性的科考站和5个季节性的科考站。2012年2月13日，俄罗斯科学家们在南极钻透了厚度为12355英尺（约合3766米）的冰层抵达冰下的湖面，俄罗斯成为全世界首个接触到冰盖下方湖泊的国家。按规划，南极事业发展战略已被列入俄罗斯联邦基本预算项目，开发海洋生物资源被列为俄目前南极科考的优先发展方向，目的是在未来有关南极科考面积、项目及资源占有等方面可能出现的问题上增强国家竞争意识。

三、俄罗斯海洋战略的主要内涵

海洋战略是一个综合性的概念，其中既包括安全领域、军事领域、经济领域，也包括科研领域、环境领域等。俄罗斯制定海洋战略主要是为了"解决国家的经济发展和保障国家的安全"，研究世界海洋，利用其资源潜力，发展交通运输线，加强在世界海洋的存在，都是为俄罗斯的强国战略服务的。俄罗斯的海洋战略目标明确、内涵丰富、手段灵活。

（一）极端重视海洋的军事安全

2009年5月12日，俄罗斯总统梅德韦杰夫正式批准了《2020年前俄罗斯联邦国家安全战略》明确指出："在中东，白令海，北极、里海和中亚的能源争夺将成为国际政治斗争的焦点。在争夺资源的条件下，不排除动用军事力量解决出现的问题，从而有可能打破俄罗斯边境及其盟国边境的军事力量平衡。因此，俄罗斯要随时做好由能源战争引发的核战争的准备。"2010年2月5日，俄罗斯总统梅德韦杰夫正式批准了《俄罗斯联邦军事学说》向俄军提出以下基本任务："保卫俄罗斯联邦主权、领土完整和不受侵犯；与海盗行为做斗争，保障航运安全；保障俄罗斯联邦在世界大洋经济活动的安全。"随着俄罗斯国力的逐渐复苏，俄罗斯武装力量已经走出苏联解体后的低谷，开始重新勾画全球战略。近年来，俄罗斯海军增加了军事开支，加大研制新型舰艇的力度，在全球和地区事务中的发言权日益增加。在地中海、印度洋、加勒比海、太平洋等海域频繁举行军事演习。

俄罗斯专门制定了《俄罗斯在"世界洋"的军事战略利益》纲要①，这是由俄罗斯24个科研中心、40家科研院所和国防部一起制定的，确定了俄罗斯海洋活动中海军承担的主要任务：监视外国和军事政治集团海上军事力量在国家毗邻海域的活动；查明、预警和防止军事威胁，反击来自海上和大洋方向针对俄罗斯联邦的侵略；保卫俄罗斯联邦的水下边界；为俄罗斯联邦的经济活动和其他类型的海洋活动的安全创造条件；参与提供海洋地理、水文气象、地图绘制、搜索救援保障；确保海上航行的领航安全。该文件认为，直接威胁俄罗斯海洋利益的有：巴伦支海、黑海、里海和亚速海疆界争端，日本和波罗的海国家对俄罗斯提出的领土要求，一些国家想改变北方海路、黑海海峡和斯匹次卑尔根群岛的现状，海军战斗潜力的下降，主要的威胁是美国及其盟友，依靠自己在世界上的海军力量优势，准备武力解决有争议的问题，为此，俄罗斯要努力发展海军力量，使俄罗斯的海军成为国家外交政策的一个有效工具。

俄罗斯在世界洋的军事战略利益包括：确保俄罗斯获得通向世界海洋资源和空间的通路，排除个别国家或军事政治集团对俄罗斯或其盟友的歧视性行动；不允许任何国家或军事政治集团在对俄罗斯联邦实现国家利益具有重要意义的世界洋区域特别是近

---

① Подпрограмма "Военно-стратегические интересы России в Мировом океане". http://docs.cntd.ru/document/901715030.

海取得控制权；在对国家有利的条件下解决目前关于世界海洋使用的政治和国际法问题；集中各国力量和平开发和使用世界海洋；开发和合理使用世界洋的自然资源，为国家的社会经济发展服务；形成海洋（内河）交通线并确保其有效发挥功能；在商品与服务市场上确保参与国际分工的条件对俄罗斯联邦有利；保持开展军事海洋活动必需的科学技术、工业和干部潜力。

在世界海洋上还应对抗俄罗斯国家安全在各个领域所面临的威胁。俄罗斯军事安全在海洋方向上所面临的主要威胁是：主要的海洋强国积极从事军事海洋活动，海军力量对比向不利于俄罗斯联邦的方向变化；主要国家海军集团提高其作战能力，包括打击俄罗斯联邦全境目标的能力；俄罗斯联邦通向世界海洋资源和空间、国际海洋交通线的可能性受到限制，特别是在波罗的海和黑海，受到经济、政治和国际法压制；非法开采国家自然海洋资源的规模在扩大，外国对俄罗斯联邦海上活动的影响急剧增大；涉及里海、亚速海、黑海、巴伦支海、白令海和鄂霍茨克海的法律地位的一系列复杂的国际法问题没有解决，一些周边国家对俄罗斯联邦有领土野心。

现今的俄罗斯领导人特别重视增强海军的实力，2011年3月18日，梅德韦杰夫在俄罗斯国防部部务委员会会议上说，根据俄罗斯军队制定的2010年至2020年武器装备采购计划，俄罗斯将在10年内向军队拨款20万亿卢布（约合6944亿美元）采购武器装备，到2020年，现代化装备将占俄军装备的70%。① "计划在国家（2020年前）武装计划框架内建造8艘'北风之神'级别的核潜艇，它最终将取代目前太平洋舰队和北方舰队使用的导弹

---

① http://www.kremlin.ru/news/10677.

核潜艇。"普京在其总统竞选纲领《强大是俄罗斯国家安全的保障》中再次提出,俄罗斯未来10年的一项最重要任务是恢复海上大国地位,他说:"我们的任务是全面复兴'远洋'海军,首先是北方和远东。世界主要军事强国开始围绕北极积极行动,俄罗斯面临保障我们在这一地区利益的任务。"①

(二)既重视海洋能源资源的开发,也注意保护海洋环境

海洋能源是一项有战略意义的新能源,由于它具有可再生量大、不污染环境等优越性,因而有广阔的开发前景。现在,海洋中蕴藏的各种具有战略意义的矿物和能源被越来越多的开发和利用起来,随着科学技术的发展,其开发成本还会继续下降,未来掌握更多的战略能源将会在国际竞争中占据更加有利和主动的地位,因此,国际社会围绕这些战略资源的开发展开了激烈的竞争,俄罗斯也不甘落后。《2020年前俄罗斯联邦海洋学说》明确规定:"开发世界大洋资源是保持和扩大俄罗斯联邦原料基地、确保俄罗斯联邦经济和生产独立性的必要的和必需的条件。"

《俄罗斯联邦"世界洋"目标纲要》指出目前俄罗斯在海洋自然资源利用领域面临的主要问题:

1)自然资源在保障俄罗斯经济发展方面情况不佳,一些矿产资源种类已经出现赤字;

2)在研究、开发和合理利用世界海洋、俄罗斯大陆架和专属经济区资源方面,出现了国家失去主导权的危险;

3)应当将利用传统的和相对新的自然资源(矿物、能源和

---

① Быть сильными: гарантии национальной безопасности для России. http://www.putin2012.ru/#article-6.

生物资源）作为保障俄罗斯经济持续平衡发展的重要保障条件；

4）争取属于不合理划分的世界海洋沿岸地区的自然资源的使用权。

在专门涉及海洋资源发展的《世界海洋和南北极的矿物资源》分纲要中更加明确了利用海洋资源的重要性，该纲要规定：大陆架的矿产资源是俄罗斯国家财产的重要组成部分。俄罗斯对海洋大陆架矿产资源分布的地理构造和合理性进行了海上地理研究、查找和开发，以达到增加国家矿物能源潜力和确定首批具有战略意义矿产开发前景地区的目的。目前该领域一个最迫切的问题就是俄罗斯联邦海上边界划界、确定海底及大陆架边界问题。《世界海洋和南北极的矿物资源》分纲要指出落实该文件的具体目标包括：

（1）促进海洋矿物资源的工业开发，解决俄罗斯经济保障中各种原料，首先是锰和钴不足的问题，保护不可再生资源；

（2）解决与大陆架矿物资源使用和再加工相关的社会问题，解决位于科拉半岛、乌拉尔和西伯利亚的一些企业涉及的社会问题；

（3）为新的深海开采企业提供补充劳动力；

（4）制定规定滨海等地区经济和其他活动细节的法律基础；

（5）建立促进海洋经济活动发展体系，以达到积极开发沿岸地区经济潜力的目的；

（6）就沿岸地区管理计划的协调和落实制定相关机制，对沿海地区，包括俄罗斯联邦实体参与的地区的环境、资源状况进行监督；

（7）解决根据国际法规定，俄罗斯国家司法管辖权以外的涉及海底矿产资源使用的政治和法律问题。①

---

① O федеральной целевой программе " мировой океан ". http://www.ocean-fcp.ru/ukaz.php.

从 2000 年开始，俄罗斯每年进行 100 次以上海上综合考察，在此基础上评估国家在"世界洋"渔业领域的主要水生物资源的储量；俄罗斯开始萨哈林群岛大陆架的石油开采工作，再次加强在巴伦支海、北部海洋大陆架、亚速海——黑海地区的地质物理勘探工作。在争夺北极潜在丰富资源的多国竞赛中，俄罗斯走在了前列。

在重视开发资源的同时，俄罗斯也重视对环境的监测与保护，努力建立全国统一的海洋环境信息系统，2011 年 2 月 15 日通过的《俄罗斯联邦"世界洋"目标纲要》提出的重要任务是："建设和利用国家统一对水上和水下环境进行监测的地区中心站和沿岸地带综合监测站；保证俄罗斯在北极方向的地缘政治和经济利益；在'进步'科考站的基础上在南极地区建立新的越冬和运输体系；积累有关南极自然环境的信息，为促进全国统一的海洋环境信息系统的尽快建立做准备；增加俄罗斯联邦沿海地区使用国家海洋情况统一信息系统的网点。"[①]《建立统一的联邦"世界洋"目标纲要的国家信息体系》、《"世界洋"环境研究纲要》等文件进一步确定了实施的细则。俄罗斯正在利用俄罗斯联邦国防部，俄罗斯联邦自然资源和环境部，联邦渔业局和俄罗斯科学院、俄罗斯联邦水文气象和环境监测署的基础档案信息"建立统一的世界海洋信息保障系统"，目标是建立统一的新型的现代化的国家海洋环境信息系统网络。

（三）重视占领海洋科技领域的制高点

保护海洋环境、调查海洋资源、船泊现代化、水文地理研究是海洋科学技术领域需要解决的四个核心内容。《俄罗斯联邦"世界洋"目标纲要》将"保持与海洋问题相关的科学技术潜力

---

① http://docs.cntd.ru/document/901715030.

的进一步发展"作为俄罗斯在世界海洋活动的主要方向之一。[①]
《世界海洋资源和空间开发技术的研究》分纲要对俄罗斯海洋科学领域的发展作了具体要求、定位和规划。分纲要指出,关于海洋的现代科学中的任何一个领域(研究水文地理情况和矿产资源合理划分,研究生态系统和生物资源,研究世界海洋对地球气候的影响等)都是一个庞杂的独立的问题。为顺利解决与世界海洋相关的问题,必须具备一定的现代科学技术和设备。

俄罗斯科学院是海洋科学研究的主力。学院设有世界大洋委员会,海洋考察部,海洋学、大气物理学、地理学学部。俄罗斯科学院侧重于海洋基础科学理论研究,拥有希尔绍夫海洋学研究所、远东太平洋海洋研究所、地质所等世界著名科学研究机构。另一个海洋科学研究的重要部门是水文气象和环境监测局。俄罗斯水文气象和环境监测局及其所属研究机构负责与海洋有关的气象观测与研究、海洋环境保护、海洋污染监测、北南极考察等科研工作,为保障海上航行和作业安全,发展海洋经济的有关部门提供服务。该局建立了大量水文气象台和海洋监测站。联邦水文气象和环境监测局下设24个地方局,现有18个与海洋学有关的科研所,如:国立海洋研究所(莫斯科),北南极科学研究所(圣彼得堡)和远东水文气象科学研究所(海参崴)。

俄罗斯在海洋科技领域的主要工作方向有:

(1)保证深海钻井技术和技术能力,创造在水与岩石圈交界地带的极端条件下,在深水和大陆架工作的技术;

(2)在实际规模和时间受限制的情况下,发展研究水文地理

[①] О федеральной целевой программе "мировой океан". http://www.ocean-fcp.ru/ukaz.php.

信息的理论，生产研究水文地理的相关设备；

（3）研究海洋主要距离参数测量的理论和设备，其中包括利用人造卫星和太空站；

（4）生产现代化的水文地理和水文气象设备，以保障海上活动的安全；

（5）建立世界海洋开发度量和定额保障工作系统；

（6）建立减少海啸、飓风、海上地震、海底火山喷发等类型自然灾害后果系统。

（7）研究关于保护人类防止海洋自然灾害和人员技术性紧急状况的相关建议，建立潜在危险海底设施数据库。

俄罗斯重视对海洋的综合研究，水文地理学、海洋学和地理学的研究是解决大洋科学问题的一个重要方向，进行这些研究的一个主要目的是积累关于大洋及其组成部分的知识，如水流、波浪、温度、含盐度、水下地形、海洋环境的地理特征等。这些相关的研究结果将为预测相应的自然现象变化提供依据，同时可为船泊航行计划和水力设施建设的制定，及海上航行安全和优化渔业活动的工作提供建议。勘察世界海洋中的有机资源和矿物资源，寻找海洋资源开发的方法，是俄罗斯在未来可持续发展的重要保障，同时海底重要战略资源的开发，特别是石油和天然气的开采，将会成为陆上资源的有益的和重要的补充。目前，与海洋开发同样重要的就是海洋环境的保护问题，包括北极北冰洋在内的海洋环境的恶化，将对陆上气候、生物资源、航行安全等产生潜在的和切实的威胁和破坏。

（四）重视海洋渔业的发展

海洋渔业是国家海洋战略中的重要组成部分，这一领域受苏联解体的冲击很大。原有大型国营渔业企业被分割、新的小型渔业加工公司剧增,使得捕捞和加工之间原有的合理的分配体系被破坏。此外,海洋渔业还面临管理不善、资金短缺、设备陈旧、技术落后等问题。在转轨期间,由于尚未制定明确的渔业管理规则和相关法律,各企业不顾国家整体利益开发海洋资源,造成了捕捞量和加工量锐减的情况。2000年以来,情况有了很大好转。2007年俄罗斯政府恢复俄罗斯国家渔业委员会的设置,加强对俄罗斯渔业生产的宏观管理。重新修改了俄罗斯渔业法规,对俄捕鱼配额进行了重新分配,加强俄罗斯渔业法制建设。国家也加大了对发展渔业的投入,2008年3月21日时任俄罗斯国家渔业委员会主席克赖尼表示,俄罗斯渔业将在私人和政府合作的基础上发展,根据未来五年的国家渔业发展联邦专项计划,渔业发展的投资额为620亿卢布,其中一半为私人资本投资。在该计划框架内国家将建造渔业资源保护船、科学考察船、建设码头等设施,而私人将从事水产养殖和加工。俄政府计划在俄罗斯摩尔曼斯克、加里宁格勒、符拉迪沃斯托克、堪察加—彼得罗巴甫洛夫斯克、以及南萨哈林市5个地区建立渔业交易所,今后俄罗斯大部分鱼品贸易都将通过渔业交易所进行交易,从而有助于杜绝俄罗斯渔业的非法捕捞。

经过这些年的恢复和发展,俄罗斯渔业已经有了很大发展,2011年11月11日梅德韦杰夫说,俄罗斯的渔业已有了很大改观,现在的总体情况比几年前好,年增长率在7%—10%,在滨海边疆区达到15%。① 2010年俄罗斯渔业部门在2008—2009年形成

---

① http://www.kremlin.ru/news/13475.

的新条件下工作,捕鱼量达到了2000年的水平,超过此前最丰产的年份,比新时期危机最严重的2004年高39%,生产食用鱼制品460万吨,比2009年增长1.5%。生产的鱼、鱼制品和海产品的总量(包括出口)达到160万吨,比2009年高30万吨,也就是提高19.8%。出口鱼产品增长3.8%,达到100万吨。①2012年2月22日俄罗斯联邦副总理祖波夫说:2011年捕鱼量从2010年的420万吨增加到430万吨,到2020年捕鱼量要增加50%,达到605万吨。人均消费鱼产品从目前的22公斤增加到28公斤。本国生产的鱼产品在国内市场上不少于85%。国家要为发展渔业提供优惠贷款。②目前俄罗斯捕捞量约为每年400万吨,居世界第七位。

2007年9月26日,俄罗斯国家渔业委员会主席克赖尼宣布,俄罗斯准备组建俄罗斯国家渔业船队公司,计划在阿尔汉格尔斯克拖网捕鱼队公司的基础上组建国家控股渔业公司。并将由俄罗斯政府担保建造的27艘渔船转交给新成立国家渔业公司进行经营管理。该公司主要任务就是要使俄罗斯国家渔船队重返国际海洋,重振俄罗斯的远洋渔业。根据俄罗斯渔业2020年前发展规划,预计俄罗斯捕鱼船队需要建造493艘渔船。总价值达大约750亿卢布(约30亿美元)。2008年该公司正式开始工作。2010年12月6日,普京在统一俄罗斯党关于远东问题的地区间会议上宣布,政府将继续为渔业船队的现代化改造提供补贴,为此将拨出2.75亿卢布。

---

① Проект программы развития рыбохозяйственного комплекса (выдержки). http://www.fishingsib.ru/articles/view/36812/.

② http://fish.gov.ru/presscentre/smi_review/Pages/009871.aspx.

2011年11月30日俄罗斯渔业委员会拿出了其主持制定的俄罗斯联邦国家纲要：《2012—2020年渔业综合体的发展（草案）》，规定纲领实施分两个阶段：从2012—2014年、2015—2020年，草案分析了俄罗斯现在渔业部门的状况，其存在的基本问题，并提出了未来发展的设想。其目的一是保护、开发和综合利用水生物资源，二是使渔业综合体从原料出口型转向创新型。梅德韦杰夫强调，为发展俄罗斯渔业综合体，需要对该领域物流和销售设施及捕鱼船只进行现代化改造。2013年2月28日，梅德韦杰夫表示，俄罗斯政府将拨款900亿卢布用于落实2020年前国家渔业发展计划。

（五）重视海洋交通通道和海洋航运业

苏联解体使俄罗斯失去了一些具有重要意义的海岸地区，而黑海、波罗的海的大部分港口进入主要大洋的能力有限，因此海上运输在保证经济发展、捍卫国家政治经济利益、展示国家威力等方面更凸显出重要性和急迫性。为保障国家海洋交通运输的顺利进行，俄罗斯制定了相关文件。海洋运输是人类最早利用海洋资源的活动之一。海洋至今是运输的大动脉，海洋运输比陆空运输有优越性：航道天然，不占用土地，开辟航道投资少；运输成本比陆运和空运低；运输量大。海洋运输问题的突破对俄罗斯而言，不仅是海洋经济问题的重要保障，还是保障国家海上安全利益和加强国家海上战略纵深的不可或缺条件。

《俄罗斯在世界海洋的交通运输》分纲要指出俄罗斯目前面临的新的交通运输形势[①]：只保证了俄罗斯向波罗的海和黑海的最

---

① О федеральной целевой программе "мировой океан". http://www.ocean-fcp.ru/ukaz.php.

低限度的出海口，而保证向其他主要海上贸易通道的出口则十分困难；俄罗斯在欧洲和中亚地区的陆上交通干线末端位于其他国家境内，其中包括乌克兰、哈萨克斯坦和波罗的海沿岸国家。这种情况造成的结果是，俄罗斯只能从东北方向进入欧亚地区内部；后苏联空间的西部国家，努力利用本国的地缘政治条件获取政治和其他优势；连接俄罗斯与外部世界的国内和国外交通线路，特别是南部和西部，部分位于冲突地区（外高加索和塔吉克斯坦）、潜在不稳定的地区或不稳定区域；约一半的俄罗斯出口货物通过海上进行转运，这类货物的绝大多数通过波罗的海和黑海的一些港口进行运输。

苏联的解体确实大大恶化了俄罗斯海洋交通运输的条件，《俄罗斯在世界海洋的交通运输》分纲要将"防止被排挤出世界运输线路，以及重新布置本国重要的交通运输线路"作为重要任务。[①] 地缘政治的巨大改变使俄罗斯使用西部、南部、北部海上航路的可能性降低。在这种条件下，远东方向和保持自由出入太平洋区域对俄罗斯具有特殊的意义。俄罗斯自身在远东地区的优势，加之亚太地区经济的迅速发展使该地区成为最具有与外国合作前景的地区之一。与该地区各国的联系对俄罗斯而言变得更加迫切。

为消除俄罗斯海上交通被隔断的威胁，俄罗斯采取的措施包括：

（1）在波罗的海、黑海和科拉半岛发展生态上允许的、有经济价值的新港口体系。

---

① О федеральной целевой программе "мировой океан". http://www.ocean-fcp.ru/ukaz.php.

（2）保障黑海海峡的自由通航。

（3）解决在太平洋建立整合的运输中心的问题。

（4）俄罗斯在全力开辟和充分利用"北方海上通道"（北极航道）。

由于北极航道具有潜在的经济和地缘战略价值，北极国家通过各种手段强化对这一航道的管辖和控制权。在北极争端中，北极航道的利用和管辖问题占据了突出位置。俄罗斯的"北方海上通道"沿巴伦支海、喀拉海、拉普捷海、东西伯利亚海、楚克奇海等海岸行驶，是连接俄罗斯的欧洲和亚洲部分的重要通道。从圣彼得堡到符拉迪沃斯托克，走这条航路是14000公里，而走苏伊士运河是23000公里。① 北极航路使亚洲到欧洲航程缩短三分之一以上，发展北极航道不仅有利于提高俄罗斯在洲际运输领域的竞争能力，而且还有利于保卫俄罗斯在北极地区的利益。北极航道有良好的发展前景，据俄罗斯安全会议秘书帕特鲁舍夫提供的资料，北极航道在2012年的货物运输总额将超过500万吨，专家预测总体上还能再增长10倍。根据开发亚马尔半岛，发展西伯利亚和远东矿藏的规划，北冰洋新的海运系统应该能够保障北极航道的货运总量在2020年前达到6400万吨，2030年前达到8500万吨。② 2011年11月22日普京宣布："在最近3年内，将投入210多亿卢布用于建设和改造北极海洋基础设施。"③

---

① Конышев В. Н., Сергунин А. А. Арктика в международной политике: сотрудничество или сопер-ничество? М.: РИСИ, 2011. С. 54.

② http://www.rg.ru/2011/08/08/patrushev.html.

③ http://www.rg.ru/2011/11/22/shelf-anons.html.

第七章 俄罗斯现代化进程中的海洋战略

俄罗斯幅员辽阔,海岸线漫长,海岸线总长度达3.8万公里。俄罗斯有33个海港,海洋运输业比较发达。俄罗斯重视远洋航运业的发展。俄罗斯船东协会旗下有80家会员公司,其中大型船队公司有:现代商船队集团公司、新罗西斯克航运公司、远东航运公司、滨海航运公司、萨哈林航运公司、摩尔曼斯克航运公司、北方航运公司、俄罗斯石油船队公司、俄罗斯天然气船队公司等,共有400多艘大中型船舶,船队总载重吨位达1200万吨。俄罗斯在不同的海洋方向上都有大型的航运公司。交通部副部长维克多·奥列尔斯基指出:发展与大型国际贸易相关的海港具有客观必然性。

苏联时期海港的最大吞吐量是4.03亿吨,2000年时是1.822亿吨,从2000年至2010年俄罗斯海港的吞吐量增加了2.8倍,达到5.26亿吨。2011年前11个月达到4.894亿吨,比上一年同期增加超过1.5%(2010年同期是4.822亿吨)。① 在港口减少的情况下,俄罗斯的货物吞吐量已经超过了苏联时期,这是一个很大的成绩。

2007年6月20日俄罗斯总统普京签署重组新型的俄罗斯国有航运公司的命令,计划将现有的两家公司俄罗斯现代商船公司和新罗西斯克航运公司合并,组建大型的俄罗斯国有航运公司,争取尽快打入世界油轮运输船队前5强的行列。② 2008年1月完成俄罗斯海运业两大航运公司资产重组,现代商船队集团公司代表国家控股新罗西斯克航运公司(购买了其50.34%的股票)。

---

① 2011年12月22日海洋委员会会议,http://www.morvesti.ru/news/index.php?news=12603.

② Сергей Белов. "Новошип"причалил к "Совкомфлоту". http://www.rg.ru/printable/2007/06/21/novoship.html.

随着俄罗斯经济实力的增强,各大航运公司都在迅速发展。俄罗斯最大的航运公司是现代商船队集团公司,总部位于圣彼得堡市,是世界5大油轮公司之一。现在该公司有53艘船舶,420万吨载重量,平均船龄为4.8年。① 该公司有9艘破冰船,可以为"北方海上通道"的商船护航,尽管其护航费用高于苏伊士运河的通行费,但货船可以缩短航程,节省大约17天时间,还可避免海盗的侵扰。俄第二大航运公司是新罗西斯克航运公司,位于俄罗斯黑海港口新罗西斯克市,该公司有49艘现代船舶,超过450万吨载重量,船队平均船龄为6.6年,船队的市场价值约19亿美元,在建四艘船30万吨载重量。旗下有从事海洋和海岸贸易的17家子公司。俄第三大航运公司是远东航运公司,总部位于俄罗斯远东海参崴市,是俄罗斯最大的散货集装箱远洋船舶运输集团公司。该公司有67艘船舶,90万吨载重量,它有俄罗斯实力强大的破冰船队,能够把货物运送到南极和北极,能够保证在萨哈林大陆架上全年都安全地工作,在冰冻的条件下同样可以保证油轮通航。

随着俄罗斯经济实力的增强,俄罗斯在世界航运领域的地位和作用也会日益增强,特别是随着北部海洋航线的开通,俄罗斯航运大国的地位会更加增强。2011年6月30日,普京在远东谈乌拉尔地区发展时强调:"俄罗斯是北极大国,没有强大的破冰船队我们无法生存,我们必须增加破冰船队,在2012—2020年将建造不少于3艘新一代原子破冰船,并在我们的船厂装备全套保障破冰船进行经常性航行的设施。国家的所有船厂严格保证在北极地带全年工作的稳定性,保证船只沿从太平洋到大西洋的整个

---

① http://www.morflot.su/shipowner.php?id=9.

航线畅通。这是重大的、范围广泛的,国家特别需要的工作。"①今后俄罗斯会更加重视建造破冰船,重视北极航道的建设。

《俄罗斯联邦海洋交通专项纲要》关于 2010—2015 年俄罗斯交通体系发展纲要计划制造和投入使用 41 艘现代化的救援船,现在已经制造了 16 艘,投入使用 10 艘。②

四、俄罗斯实施海洋战略的重要举措

(一)加强海洋管理机制的建设

为实施新的海洋战略,恢复海洋强国地位,俄罗斯加强了国家对海洋工作的管理和协调。在 1998 年颁布的《俄罗斯"世界洋"目标纲要》中就明确:"在俄罗斯联邦世界海洋目标纲要的框架下建立机制是保障实现俄罗斯在世界海洋实现自己的国家利益的重要条件之一。"③《2020 年前俄罗斯联邦海洋学说》④对制定和实施国家海洋政策工作的行政管理问题做了详细规定,对海洋的管理体系包括总统、联邦会议、联邦安全会议、联邦政府海洋委员会和联邦各级执行权力机关。

《2020 年前俄罗斯联邦海洋学说》对各管理机关的职能进行

---

① http://premier.gov.ru/events/news/15751/.
② 2011 年 12 月 22 日海洋委员会会议,http://www.morvesti.ru/news/index.php?news=12603.
③ О федеральной целевой программе "мировой океан". http://www.ocean-fcp.ru/ukaz.php.
④ Морская доктрина Российской Федерации на период до 2020 года. http://www.scrf.gov.ru.

了明确的分配，规定：

俄罗斯联邦总统根据宪法赋予的权力，确定国家近期和未来的海洋政策任务和目标。采取措施保障俄罗斯联邦在世界大洋上的权益、维护和实现个人、社会、国家在海洋中的利益，并指导国家海洋政策的实施。

俄罗斯联邦会议从事有关海洋的立法工作以保障国家海洋政策的落实。

俄罗斯联邦政府通过各相关联邦机构和海洋委员会对国家海洋政策的落实过程进行领导。各相关部门根据职能划分负责所辖范围内的工作，如自然资源部负责海洋资源的勘探、开发、利用和保护工作；水文气象和环境监测局负责海洋环境和气象监测预报以及极地调查研究工作；交通部负责海上航运；农业部承担对海洋渔业的管理工作等；海军舰队、边防局等承担海上安全保卫工作等。

俄罗斯安全会议作为总统直属的宪法规定的机构，负责查明国家安全面临的威胁，确定社会和国家的重大利益所在，制定基本战略方针以保障俄罗斯联邦在世界大洋的安全。

在这一管理体系中，海洋委员会是专门为实施俄罗斯的海洋战略而建立的机构，作为常设协调机构的俄罗斯联邦政府海洋委员会在整个管理体系中起着重要的作用。2001年9月1日第662号政府令是有关海洋委员会的专门命令。规定海洋委员会是联邦政府的常设机构，保障联邦执行权力机关、联邦主体执行权力机关和联邦海洋活动方面的组织，在保障俄罗斯海洋政策国家利益方面协调行动。海洋委员会是军事、安全、海洋、法律、经济、外贸六个委员会之一，委员会设主席、副主席、执行秘书。政府总理是海洋委员会的主席,三位副总理是副主席,成员包括联邦执行权力机关、联邦主体执行权力机关、与研究、开发和利用海洋直接相关的科研机构和其他组织的人员。其最早建立时由18人组成,其成员每年都有变动,从2005年12月起,总理不再担任该委员会的主席,由副总理伊万诺夫担任,海洋委员会由35人组成,以后还会随时调整。副主席有:俄罗斯联邦农业部长,交通部长,海军总司令,工业和能源部长;责任秘书是俄罗斯联邦政府行政局副局长。成员包括:经济发展和贸易部长,外交部长,自然资源部长,教育和科学部长,内务部第一副部长,财政部副部长,紧急情况部部长,国家杜马负责能源、交通、通讯、国防工作的副主席,莫斯科负责交通和道路基础设施的副市长,滨海边疆区行政长官,圣彼得堡市长,阿斯特拉罕州长,摩尔曼斯克州长,阿尔汉格尔斯克州长,联邦安全委员会副秘书、联邦渔业署负责人、船主协会的负责人、科学院副院长,以及国有石油、航运、渔业等大公司的领导人。从其人员构成看,既有来自联邦政府各部门、地方政府部门和海洋工作和研究领域的主要负责人,也有与海洋相关的公司、企业、协会的负责人,反映出该委员会的权威性、管理和协调作用。

海洋委员会的基本任务:

一是协调各部门在完成俄罗斯联邦海洋学说、保障海洋活动、分析国外海洋强国开发和利用海洋潜力的趋势、确定实施和通过俄罗斯联邦海洋领域的新的文件,解决俄罗斯联邦海洋活动中出现的问题,完善国际合作的法律基础,在国际海洋领域,包括北极和南极进行国际谈判中捍卫俄罗斯的利益,完成俄罗斯在海洋活动领域,在建设、现代化改造和修理船舶方面的专项纲要,开发世界海洋的矿物和生物资源，提高俄罗斯海洋活动在解决地缘政治、安全、经济、对外政策和社会等领域的任务，解决研究和开发世界海洋中出现的问题。为保障俄罗斯联邦海洋活动进行的科技综合研究，向大众传媒介绍俄罗斯联邦海洋活动的相关信息。

二是确定海洋政策的目标和任务，以及俄罗斯联邦从全国政策和相应的国际法出发开展海洋活动的纲领。①

俄罗斯联邦政府海洋委员会负责保障执行权力机关、联邦主体执行权力机关和海洋工作方面的单位的协调行动，其工作的目的是保障实现俄罗斯联邦 2020 年前海洋规划的任务，例行审查国家海洋政策方面存在的问题，并拟定解决这些问题的建议。维护俄罗斯在内水、领海、专属经济区和大陆架、南北极的权益，军事政治形势的稳定，国际安全和海洋灾害问题，协调处理俄罗斯的国际权益问题等。

从这几年的实践看，俄罗斯联邦海洋委员会很好地履行了自己的使命，在完成俄罗斯海洋政策方面确实起了很大的作用。

（二）重视海军在实施海洋战略方面的重要作用

海军是国家海上实力的主要组成部分，承担从海洋方向保卫国家和在世界海洋维护国家安全的任务，俄罗斯特别突出强调海军在维护国家海洋安全和海洋利益中的主导作用。《俄罗斯联邦海军战略（草案）》规定了海军的地位和作用，认为，海军是执行国家政策的一个重要工具，是国家海上实力的主要组成部分，其主要使命是：保护俄罗斯在世界大洋上的国家政治、经济、军

---

① http://www.bre.ru/laws/6574.html.

事和外交利益，促进和保持国家的经济发展，捍卫俄罗斯联邦的国际尊严，维护世界的军事政治稳定。

苏联解体使俄罗斯海军的实力大大下降，波罗的海三国虽然没有瓜分波罗的海舰队，但原来配置有序的基地和港口被这三个国家拦腰截断，原属波罗的海舰队的10个主要基地减少了6个，俄罗斯只能把舰队重新安置在加里宁格勒州。黑海舰队被乌克兰分走一部分，且黑海北岸的基地和港口大部分都属于乌克兰。阿塞拜疆、土库曼斯坦、哈萨克斯坦解体时分得了里海舰队的部分舰艇，剩余的部分舰艇只能组成一个战斗舰队编队，该舰队司令部也由巴库迁入阿斯特拉罕重建。只有北方舰队和太平洋舰队被俄罗斯全部继承下来，但也存在严重缩水现象。到普京执政之初，俄罗斯海军舰艇总数减少了37.5%，从428艘减至273艘；用于执行战斗勤务的舰艇数量减少了87%，从210艘减至28艘。北方舰队收缩到挪威海和巴伦支海，波罗的海舰队收缩到波罗的海，甚至是芬兰湾，太平洋主力舰队收缩在日本海和鄂霍次克海。俄罗斯海军从世界海洋的各重要战略区域退出，地中海、印度洋等分舰队被撤销，几乎完全停止了远洋活动。"库尔斯克"核潜艇沉没及其处理过程是海军部队长期训练不足的集中体现，另外，人才流失问题严重，部队士气低落。随着经济实力的增强，俄罗斯开始重振海军，而且目标雄伟，俄罗斯海军的目标是成为具有在四大洋作战能力的远洋海军。

为了实现普京的"海军强国"战略，俄罗斯通过了一系列有关海军建设、发展与使用的法律性文件。1999年11月，俄国防部制定了《俄罗斯联邦海军战略（草案）》，这不仅在俄罗斯海军历史上属于首次，而且在俄军的历史上出台军种战略也是前所未有，这再次证明了俄对海军的重视程度。此后，普京在2000年3月又签发了《2010年前俄罗斯海上军事活动的政策原则》和《俄罗斯联邦海军未来十年发展规划》，作为规划的一部分，俄海军还制订了《俄舰艇建造计划纲要》。2001年7月27日，普京以总统命令的形式推出了《俄罗斯联邦海军建设新构想》。

在上述系列文件中，《俄罗斯联邦海军战略（草案）》有着举足轻重的作用，它关于海军地位和作用的阐述不仅被原封不动地写进了后来发表的《2020年前俄罗斯联邦海洋学说》中，而且从俄海军2000年以来的发展历程中也可以看出，俄海军建设始终是按照"海军战略"规定的任务、使用原则及其建设与发展方针稳步推进的。

根据《俄海军战略（草案）》和《俄海洋战略学说》赋予海军的使命，俄海军担负的主要任务有：第一，遏制敌国从海洋方向对俄罗斯或其盟国使用武力或以武力相威胁，包括参与战略核遏制；第二，查明、预警、防止和抗击针对俄罗斯联邦及其盟国的、来自海上的军事威胁，防止发生武装冲突，并在早期发展阶段制止其升级和蔓延，保卫和警戒国家的水下边境，协助俄罗斯联邦边防局保卫国家边境、专属经济区和大陆架；第三，保障俄罗斯国家机关和其他经济部门在俄毗邻海域的航运安全和生产安全；第四，为俄罗斯国家机关和其他经济部门的海洋勘测、水文气象研究、地图绘制和搜索救援等活动提供保障；第五，确保军用和民用船只的航海安全。

根据2001年7月27日普京签署的《俄罗斯联邦海军建设新构想》，俄海军建设将分三步走。

第一步，2003年前，阻止俄海军力量下滑，使海军力量保持正常状态,为将来海军发展创造条件,并制定海军建设的长期规划;第二步,2003—2007年,努力提高海军在濒临世界大洋水域保护俄罗斯利益和安全的能力,使海军能够维护俄罗斯作为海洋大国的地位,促进国民经济的稳定发展,协助开发和利用世界海洋资源;第三步,2007—2020年,全面更新海军武器装备,建设一支崭新的、强大的现代化海军。目前,俄罗斯正在实施其第三步战略目标,其特点是不断加大对海军的投入,更新海军装备,精简整编,优化海军指挥机构及直属舰队,大力发展潜艇,注重保持核威慑能力。

经过这10多年的发展,俄罗斯的海军实力已经大大增强了。俄罗斯加强了在世界海洋的存在。俄海军于2007年底恢复了在世界大洋的定期巡逻。同年12月,北方舰队的战舰穿过大西洋前出到地中海,并与从塞瓦斯托波尔港口出发的黑海舰队"莫斯科"号导弹巡洋舰会合。俄海军远洋训练和出访也日益频繁,俄重返世界各大洋的态势十分明显。俄、美、法、英海军定期在大西洋举行代号为"弗鲁库斯"的海上联合军事演习,俄印海军定期在印度洋举行代号为"因德拉"的海上联合军事演习,俄土、俄意海军多次在黑海和地中海举行代号为"黑海伙伴"、"黑海和谐"和"尤尼克斯"的联合军事演习。2008年12月10日俄罗斯海军总司令助理、海军新闻处处长伊戈尔·德加洛上校向俄新社记者表示,"俄罗斯海军总司令部计划今后将维持海军力量在世界大洋重要水域的必要存在。"2010年3月30日,北方舰队旗舰"彼得大帝"号战舰从北摩尔斯克出发,目的是访问俄海军在地中海的唯一支撑点:叙利亚的塔尔图斯港。4月9日,黑海舰队旗舰"莫斯科"号导弹巡洋舰离开母港塞瓦斯托波尔,穿越红海访问了阿曼的马斯喀特市,并进入印度洋与印度海军进行了联合演习。俄太平洋舰队的旗舰"瓦良格"号导弹巡洋舰，5月21日离开海参崴对美国的加利福尼亚州进行了为期6天的访问。2010年，俄海军前往世界各大洋进行的远洋训练和访问多达数十次，几乎涉足了包括南中国海在内的世界所有主要海域。

俄罗斯政府加大了对海军的资金投入，根据2010年12月31日通过的新的国家武器纲要，俄罗斯军队将在至2020年前的10年时间里得到国家20万亿卢布（约合6944亿美元）的拨款用于采购武器装备。到2020年，现代化装备将占俄军装备的70%。目前，俄给予海军的拨款不少于国家预算给国防部拨款总额的20%。在2012年总统选举前夕，普京发表的竞选纲领称：俄罗斯军队在未来10年将成为全新的军队，将接收400多枚陆基和海基洲际弹道导弹、8艘战略导弹核潜艇、20艘左右的多功能潜艇、50多艘水面舰船，未来俄罗斯海军的实力不可小视。

俄罗斯特别重视北极利益的军事保障工作。俄在北极的武装力量，包括两个摩托化步兵旅和1个海军陆战旅。与此同时，在《2020年以前及未来俄罗斯联邦在北极的国家政策原则》中，也明确提出加强海岸警卫队及边防军实力，组织对北极海上航道上所有海峡、河流入海口、入海口三角洲的技术监控。为保护北极海上航道上的军事设施及基础设施，近年内可能会在北极圈内部部署两个旅。2016年，国防部计划在佩琴加部署第200独立摩托化步兵旅。目前，其士兵正在接受特殊培训，他们将配备北极作战专用的军备及装置。此外，俄罗斯国防部还打算动用海岸警卫队，对从摩尔曼斯克至楚科奇自治区北部的弗兰格尔岛之间的广阔海域进行定期巡逻。重点是防范非军事威胁，如贩毒、偷渔、非法移民等，并进一步完善北部边界的准入制度。

2012年，服务于北方舰队的北极物资技术支持中心正式宣告成立，它向舰队船只、工程及运输船提供补给，并服务于摩尔曼斯克、阿尔汉格尔斯克州其他部队的设施、供给基地、原料仓库等。工作人员数量超过了1.5万，包括近3000军人和逾1.2万文职及安保人员。中心能够调动北方舰队的逾150艘保障船、近1200辆汽车及特殊装备。2013年10月，以"彼得大帝"号核动力导弹巡洋舰为首舰的10艘军舰，在"亚马尔"、"胜利50周年"、"瓦伊加奇"、"泰梅尔"等核动力破冰船的护航下，穿越了被冰层覆盖的巴伦支海、喀拉海和拉普捷夫海，行程2000海里。舰队抵达新西伯利亚岛的勒拿河三角洲，向利捷利内岛运送了逾40件装备，大型生活设施拼装组件，上千吨物资、财产及油料，并在法兰士约瑟夫地群岛的最北端登陆。俄国防部副部长阿尔卡季·巴欣指出，此次行动是发展北极海上航道、开发极地这一重大任务的组成部分。俄海军总司令奇尔科夫表示，考察团搜集了导航、水文地理的最新信息，对航行指南进行了修正，完成了水文气象观察，视察了群岛上的测量点，研究了非破冰船只在高纬度地区航行的可能性。除在北极地区定期巡航外，俄还开始重建位于科捷利内岛的捷姆普空军基地，它将采用最先进的技术，安-26、安-72、安-74等运输机能终年使用，不管天气条件如何。

俄海军已经开始调整海军部署，建立起欧亚两头并重的海军战略格局。随着世界经济中心由大西洋向亚太地区的转移，世界军事实力的中心也在向亚太地区转移，亚太地区成了未来军事政治矛盾的一个关键环节。2010年7月2日，俄罗斯总统梅德韦杰夫在哈巴罗夫斯克召开的远东社会经济发展会议上强调："必须加强俄罗斯在亚太地区的作用。"2010年6月29—7月8日，俄罗斯在远东举行"东方—2010"战略演习，参加者包括驻扎在西伯利亚军区和远东军区的所有陆军常备部队、空军远程航空兵和前线航空兵部队以及海军的三大主力舰队。"瓦良格"号导弹巡洋舰、"彼得大帝"号重型核动力导弹巡洋舰以及"莫斯科"号导弹巡洋舰均驶入日本海进行演练。在海军陆战队的配合下，三大战舰不仅进行了水雷战攻防演练、反潜作战等常规训练，而且还进行了包括火炮发射、强行登陆在内的实战性演练。这是俄军在远东地区进行的历史上最大规模的军事演习，也是俄海军近20年来最大规模的一次海上练兵，显然是在传达一个信息：俄罗斯在东亚的地位不容忽视。7月4日，梅德韦杰夫在"彼得大帝"号重型核动力导弹巡洋舰上会见了参演的国防部、总参谋部和舰队的将领，并对演习给予了高度评价。梅德韦杰夫对将领们说："我们正在研究亚太地区的问题，演习有助于提高亚太地区保障和平的水平，几天前我参加了讨论与亚太国家合作的会议。现在对我们而言这是一个紧迫的事情。这里是一个发展迅猛的地区。既然我们在这里工作，我们希望保证我国在亚太地区的安全。这一地区的安全威胁虽然没有其他地区那么多，但也存在，对这些威胁我们很清楚，这次演习有助于我们提高解决这一地区安全问题的能力。"

（三）重视与国际社会的合作，取得谅解和支持

俄罗斯注意利用国际法维护自己的权益，重视国际机制的建设。

2010年4月俄罗斯成功地解决了与挪威在巴伦支海和北冰洋

上的海域争端。俄罗斯与挪威的谈判早在1970年便开始了，在其后40年中没有取得建设性的结果。俄罗斯人曾一直坚持苏联政府在1926年确立的"区段原则"。苏联政府依据的则是沙皇在1916年下达的一道敕令。其中表述的原则将国境线作为所谓的区段线，沿经线延长至北极点。挪威人则偏爱"中间分界线"，即西边的斯瓦尔巴群岛和东边的新地岛与法兰士约瑟夫地群岛之间的中线。17.5万平方公里的争议区，现在这片区域被分享了，由此为缔约国挪威和俄罗斯开辟了美好的前景："争议区"估计蕴藏着18亿吨石油和5.87万亿立方米的天然气。此外，那里还有取之不竭的渔业资源，而该资源仅限这两个缔约国利用。

2013年11月，联合国大陆架界限委员会框架内的分委员会承认俄罗斯所提交的证据，证明鄂霍次克海中部面积5.2万平方公里的高地为俄罗斯的大陆架部分，鄂霍次克海完全是俄罗斯的内海。

在北极问题上，俄罗斯重视北极理事会，俄罗斯在理事会的特别代表安东·瓦西里耶夫说："北极理事会的工作完全符合俄罗斯的利益，俄罗斯在北极理事会中的作用，最低，也与其在北极地图上所处的位置相适应。"①北极理事会成立于1996年，其成员有丹麦、冰岛、加拿大、挪威、俄罗斯、美国、芬兰、瑞典，以及六个北方土著民族的联合会。会议每两年开一次，就北极地区的环境问题，开发北极石油、矿产、渔业和航运资源的合作与协调，气候变化对北极的影响进行讨论。2011年5月12日在丹麦格陵兰岛首府努克举行，与会国家外长签署了北极理事会成立15年以来的首个

---

① Арктический совет подписал Нуукскую декларацию. http://rus-shipping.ru/ru/law/news/?id=410.

正式协议《北极搜救协定》,就各成员国承担的北极地区搜救区域和责任进行了规划。这是一个历史性的突破,它是北极理事会第一个具有法律约束力的协议。俄罗斯新闻界认为,这标志着北极理事会进入了一个从说到做的新阶段,对北冰洋的管理走向制度化。"北极国家明确地回答了是否将'为北极而开战'的问题,多年来许多政治家和观察家都在谈论这个问题。答案明确了用外交手段:不会有任何军备竞赛,北极国家将通过现实的、公开的对话解决开发北极的问题。"[①]认为北极理事会是重要的国际组织,在地区发挥重要作用。

2011年11月29日,俄罗斯外交部长谢尔盖·拉夫罗夫与冰岛外长奥苏尔·斯加普希丁松签署《有关北极合作宣言》,拉夫罗夫表示,"今天我们双方交换的北极理事会框架内相关具体项目的计划书是可以实现的。这一点可以在今天签署的文件《有关北极合作宣言》里得到确认"。他在记者招待会上说:"北极理事会成员中没有任何恐慌情绪。我们没看到任何试图在北极采取军事措施的想法。北极理事会成员之间有这样的共识,即这里出现的任何问题都应该在《联合国海洋法公约》以及那些北极理事会作出的决定的基础上解决。"明确表示了俄罗斯反对北约介入北极争端。

目前,在北极沿岸国家激烈争夺北极的斗争中,日益表现出排外的倾向。由于不存在一个专门为保护北极环境制定的国际条约,北极缺乏一个权威的区域性或全球性的国际组织发挥立法作用。根据1982年签署的《联合国海洋法公约》,北极5

[①] Арктический совет перешел от слов к делу. http://www.novopol.ru/-arkticheskiy-sovet-pereshel-ot-slov-k-delu-text101344.html.

国在取得200海里专属经济区的同时，还努力争取对外大陆架的所有权，《国际海洋法公约》第76条对大陆架的定义，对于"在大陆边从测算领海宽度的基线量起超过二百海里"的情形，沿海国可以申请大陆架最远扩大至从测算领海宽度的基线量起的350海里。条件是能证明各自大陆架在地理上与北极海床相连。为延伸各自大陆架，5国近年来加强了对北冰洋海底调查并纷纷向联合国大陆架界线委员会提交相关申请。为了维护自己的权益，北极国家极力阻挠北极外国家插手北极事务。2011年5月，俄罗斯等八国在格陵兰首府努克召开北极理事会外长级会议。会议确定了观察员的职责和权限，以及获得观察员地位的程序。主要的条件是尊重（北极理事会成员国的）领土权利和主权，也就是说，想成为观察员的国家必须首先承认理事会成员国对北极地区拥有主权，而且观察员的权利被限制在只能参与科学研究或对某些项目的财政资助等。这被广泛认为是"阻止中国插手北极"的举动。在阻止中国参与北极的问题上，俄罗斯是重要国家，2011年11月梅德韦杰夫在视察远东时公开说："如果我们不向北极投资，区域外的强国会向那里投资，我告诉你们，让我感到吃惊的是，一些在地球上其他地区的国家，为了不让任何人感到不舒服，我现在不点任何国家的名字，却说：'我们打算研究北极。'他们都准备这么做，而我们更不能不做。"[①]2013年5月15日，北极理事会8国外长签署宣言，赋予中国、印度、意大利、日本、韩国和新加坡观察员国地位。

中国不是北极国家，我们并不要求在北极拥有主权，但是，北极地区存在公共海洋——北冰洋，这应该是世界各国的公共活

[①] http://www.kremlin.ru/news/13475.

动海域。目前与北极直接相关的国际法律文件,除《联合国海洋法公约》外,还有 1925 年生效的《斯匹次卑尔根群岛条约》。中国作为《斯匹次卑尔根群岛条约》的缔约国,有权进出地处北极的群岛地区从事科研等活动。而作为《联合国海洋法公约》缔约国,中国有进入北极公海地区行使包括海洋科学研究在内的公海活动自由。积极推动北极国际化,引导北极问题向合理公正的方向发展,符合中国的利益。

五、俄罗斯海洋战略面临的挑战

俄罗斯海洋战略的总目标是追求世界海洋强国地位,其海洋战略具有战略谋划与落实措施紧密结合,海洋军事安全利益与经济利益相互配合,法律优先与机制建设并举,管辖海域开发与公海利用并重,资源开发与保护环境并行,手段灵活、软硬兼备等特点。俄罗斯已经走出了苏联解体带来的震荡,走上了一条复兴之路,俄罗斯的海洋强国地位会日益加强,未来俄罗斯仍将是能与美国抗衡的海洋强国。但俄罗斯的目标与实力间还存在差距,其海洋战略面临诸多挑战。

(一)经济与科技实力的制约

从 1999 年至 2011 年俄罗斯的国内生产总值增长了 83%,几乎增加了一倍,如果没有危机,2010 年正好增长 1 倍。世界金融危机减缓了俄罗斯的发展进程,2010 年俄罗斯的 GDP 约为 1.46 万亿美元,而美国 2010 年的 GDP 为 14.7 万亿美元,俄罗斯只是美国的 1/10。俄罗斯联邦政府财政虽已摆脱入不敷出的局面，但俄罗斯经济运行受国际能源市场价格变动影响大，多年来基础设施建设欠账多，其宏伟的海洋战略目标受制于经济实力。2011 年"国防订单框架内制造军舰的支出为 1067 亿卢布，但比 2010 年减少 15.7%"。整体上船舶制造领域的产量大幅下降，降幅 16.2%，总额为 2115 亿卢布。俄罗斯海军在数量上已经接近能够执行战斗任务的最低限度。普京认为："有必要立即更新海军的舰队组成。"① 但是，俄罗斯毕竟财力有限，有些力不从心。

俄罗斯海洋战略的实施受制于俄罗斯的整体经济水平，尽管苏联解体已经 10 年了，但俄罗斯仍然没有摆脱苏联依赖能源原材料工业的发展模式。俄罗斯独立以来一直在努力从资源出口型向以高新技术、人力资本为基础的创新型经济发展模式转变，但并未取得多大进展。目前，在出口商品中，原油、天然气和石油制品占出口总额的比重达到 70% 左右，许多俄罗斯人认为这有损一个大国的尊严。高科技产品出口不仅数量少，而且逐年下降。2004 年俄高新技术产品出口，占世界的比重为 0.13%，这一比例比菲律宾少 67%，比泰国少 78%，比墨西哥少 90%，比马来西亚和中国少 92%，比韩国少 94%。

俄罗斯的科技水平不高，许多技术、设备靠进口。其雄心受到技术水平的制约，俄罗斯在争夺北极中最积极，要把北极作为未来的能源基地，但俄罗斯迄今为止的能源开发主要集中在陆地的油气田，而俄属北极地区的石油天然气主要分布在大陆架地区，受技术条件的限制，俄罗斯客观上没有能力挖掘北

---

① 俄新网 RUSNEWS. CN 北德文斯克 2012 年 2 月 2 日电。

极地区的大部分财富。如果不能吸收来自美欧等发达国家的海洋油气勘探和开采技术，单凭俄罗斯自身的积累恐难打出高产、稳产的油气田。

俄罗斯海洋战略雄心大，但保障条件不足。以南极为例，自1997年起，俄罗斯南极考察活动保障船主要是联邦水文和环境监督局所属的"费德罗夫院士"号科考船和联邦水底利用署所属的"亚历山大·卡尔宾斯基"科研船。这都是苏联时期的老船，其性能不足以完成俄罗斯在南极地区的考察任务和保障其安全活动。从2007年起，俄罗斯开始为南极考察设计和建造新型科考船，2012年10月10日"特列什尼科夫院士"号科研考察船投入使用，可以使俄罗斯恢复南极"别林斯高晋"站的年度保障，以及重新启用1989年关闭的南极"俄罗斯"站。但是，这并不能满足需要，1987年建造的"费德罗夫院士"号科考船使用年限到2017年。为完成联邦水底利用署的工作，需要建造新的地质地理船，联邦渔业署也没有专门的船只，需要2艘新型保障南极国有渔业的、配备有捕鱼和大洋考察的科学设备与捕鱼设备的、大吨位破冰级科研船。造船需要一定的周期，俄罗斯短期内难以实现其宏伟的目标。

（二）官僚主义、法制不健全等因素的制约

俄罗斯的管理效率低，机构多，办事手续繁杂，腐败现象严重，法制不健全。2011年，在透明国际公布的"腐败感知度"指数中，俄罗斯在178个国家中排名第143位，与尼日利亚水平相当。在世界银行治理指标的"腐败控制"一项上，在210个国家中排名第182位。在法治国家排名中，俄罗斯一直排在第156位。这些问题有些是苏联时期遗留下来的,有些是转轨过程中新产生的,要解决这些问题,不是一朝一夕的事情。

普京热衷于打造巨型国有企业,确实,在国家的资助下,国有企业的实力增长快速,在与其他国家的竞争中处于有利地位,但国有企业效率不高、官僚主义严重的问题在俄罗斯普遍存在,如何增强企业的活力,发挥私人的积极性,是一个值得研究和重视的问题。

(三)人口状况的制约

根据2010年10月俄罗斯人口普查的统计,俄罗斯境内常住居民142905200人,相对于2002年人口普查统计数据减少约220万人,人口下降1.6%。2010年人口统计显示,俄罗斯女性数量继续大幅超出男性数量。目前,俄罗斯女性数量为7670.02万,占总人口的53.7%;而俄罗斯男性的数量为6620.5万,占总人口的46.3%。近年来,俄罗斯设立"母亲基金",加大对多子女家庭的支持力度,人口状况开始有所缓解。2009年俄人口实现近15年来的首次自然增长,达到1.419亿,其中,乌拉尔联邦区和西伯利亚联邦区实现近19年来的首次增长。尽管如此,俄罗斯的人口危机,劳动力不足仍是其发展的重要制约因素,自然也影响其海洋战略的实施。

(四)国际社会的制约

俄罗斯并没有解决与邻国的海洋争端,俄日之间有北方四岛问题,美国支持日本北方四岛的领土要求;俄美之间有白令海的划界问题,俄罗斯没有批准1990年将白领海有争议的部分划归美国的华盛顿协议；美国不同意俄方独享北方海上航线，不承认俄罗斯对克里米亚的兼并。对于俄罗斯积极的北极战略，北极各国也不认同，北极外的国家更不愿看到北极沿岸国家垄断北极事务。这些因素都制约着俄罗斯的行为。

总之，海洋已经成为新世纪各大国争夺的新的战略制高点，未来谁能更加有效地利用和控制海洋，谁就能在更加复杂的国际环境和竞争中占据有利位置，实现更多的国家利益。俄罗斯是一个海洋大国，现在也可以说是海洋强国，其海洋战略目标是雄伟的，实现海洋战略目标的手段是软硬兼备的。俄罗斯又是中国最大的邻国，两国的合作在加强，但竞争也不可避免，值得我们加强研究。

第八章　新型现代化背景下的俄罗斯外交与中俄关系

苏联虽然解体了，俄罗斯仍然是一个大国，其领土面积居世界第一，人口也超过一亿，俄罗斯继承了苏联的国际法地位，是联合国安理会常任理事国之一，俄罗斯仍然掌握能与美国抗衡的军事力量。"俄罗斯领土占世界的10%，人口占世界的2.4%，俄罗斯具有世界21%的资源，其中天然气占世界的45%、石油占13%、煤占23%，具有相当大的科技潜力（宇航、火箭—导弹技术、信息系统、原子能等）。俄罗斯是当代法律秩序和世界和平的支柱之一。它是联合国安理会和'八国集团'成员，核强国，负责任的国家，实行民主原则、市场经济、法治社会。"① 近年来，俄罗斯的崛起和发展，成为改变国际秩序、影响国际格局的重要因素。

一、大国外交战略与全方位的外交政策

新俄罗斯作为一个新独立国家，一开始在处理外交事务中缺乏经验，没有很好地认识自己的地位和自身的利益，曾奉行向西

---

① Лихачев В. Россия и европейский союз// Международная жизнь №1-2. 2006. C. 69.

方"一边倒"的政策,希望通过发展与西方发达国家的友好关系,使西方国家实行对俄罗斯的"马歇尔计划",帮助俄罗斯尽快实现复兴。在对西方失望之后,俄罗斯才逐步确立起全方位的大国外交战略。

(一)"一边倒"政策行不通

新俄罗斯把加强同美国等西方发达国家的关系放在最重要的地位,俄罗斯国家元首、政府首脑以及重要官员频访美欧等西方国家。从1992年1月底至7月初,叶利钦在不到半年的时间里,就两次出访欧美的一些主要国家,其中,同美国总统布什和加拿大总理分别举行了三次会晤,同英国首相和法国总统进行了两次会谈。俄罗斯同美、英、法、加签署了数十份文件,确定了俄罗斯与西方国家发展关系的新原则,强调双方关系不再是潜在的敌人,而是建立在民主和自由这一共同价值观基础上的伙伴和盟友;双方不再有任何意识形态障碍和政治分歧,并将致力于消除一切冷战状态的残余;将共同努力,实现俄罗斯接近和加入西方政治、经济和安全组织体系的目标。正如叶利钦的顾问们描述的那样:"不愿意分析了解现状导致长时间天真地相信西方国家是利他主义者,相信他们忘记了自身利益,张开双臂迎接俄罗斯人进入'最先进民主大家庭',兄弟般地与俄罗斯分担变革带来的艰难,把我们带往幸福生活。当要求俄罗斯做出让步,放弃这个或那个立场时,俄罗斯就迎合这些要求。俄罗斯甚至做了人家没有要求它做的让步。当时考虑的主要是,无论如何要加强与西方大国的关系,首先是美国。俄罗斯外交亦步亦趋地跟着他们,就像跟着领导们,竭力想以自己的随和、忍让为代价获得西方世界的入场券。"① 俄罗斯政府支持西方对利比亚、伊拉克和南斯拉夫的制裁以及西方国家在波黑和伊拉克设立禁飞区;与原苏联传统盟友进一步拉开距离,尽量撇清同古巴、朝鲜的关系。1992年1月决定中止对古巴的所有援助,转而同古巴在世界市场价格基础上开展双边贸易,9月宣布从古巴撤出原苏联的军事教练旅并结束俄古军事合作关系,还破天荒地批评指责古巴的人权状况和国内政策;俄罗斯外长科济列夫1992年3月访问韩国时,批评朝鲜在核问题上拒绝与国际社会合作,敦促朝鲜接受国际社会的核检查,表示将与韩国一起阻止朝鲜发展核武器,并保证俄罗斯将不再向朝鲜出售进攻性武器,且声称将考虑修改1961年签署的《苏朝友好合作条约》中有关军事结盟条款,不再向朝方提供武器,呼吁朝鲜参加不扩散化学武器公约以及同意接受美国等西方国家对其核设施的补充检查。在涉及苏联与东欧国家的一些历史问题上,俄罗斯领导人也来了个180度的大转弯,1992年10月14日,叶利钦派特使向波兰总统瓦文萨转交了苏共中央政治局1940年3月3日的决议文本,将"卡廷事件"真相公之于世;11月11日,叶利钦出访匈牙利时将原苏共中央政治局有关1956年匈牙利事件的文件交给匈牙利总统,并向事件中的"遇难者"鞠躬致敬;不反对波兰等国加入北约,认为北约东扩不对俄罗斯构成威胁。俄罗斯完全履行了同西方的约定,按时从东欧和波罗的海沿岸三国撤军,并同美国合作解决了乌克兰、哈萨克斯坦和白俄罗斯的核武器问题,使三国成为无核国家。俄罗斯的"一边倒"外交并未达到预期目的,叶利钦曾多次呼吁和请求美国等西方国家向俄

---

① 格·萨塔罗夫等:《叶利钦时代》,高增训等译,东方出版社2002年,第583页。

罗斯提供经济援助,并以俄罗斯改革"决不后退",决不容许共产主义在俄罗斯复活为担保,甚至不惜在核裁军问题上向美国做出重大让步,但西方并未因此慷慨解囊。

1992年1月22日由美国国务院倡议召开的国际援助会议在华盛顿举行,47个国家和7个国际组织参加了此次会议。会议讨论了向独联体成员国提供包括食品、药品、燃料、帐篷在内的紧急人道主义援助的协调工作。老布什在开幕式讲话中宣布,美国政府将向国会提出,在今后两年内增加6.45亿美元援助独联体国家,参加会议各国的专家也将就协调援助问题提出具体的"行动计划"。在1992年2月的一周内,美国即调用C-5和C-141运输机向俄罗斯输送了54架次的食物和药品,到1992年底,65架次飞机和311个地面集装箱运送了美国"沙漠风暴行动"遗留下的价值1.89亿美元的人道主义援助。① 但对俄罗斯的经济改革援助,却迟迟不落实,这使俄罗斯领导人失望至极。在此后约两年的时间里,虽然西方国家在各种不同名目下答应给俄罗斯约800亿美元的经济支持,但实际上到位的资金只有五分之一。与此同时,西方通过严格的签证和海关制度限制俄罗斯人入境,并以限额和各种非关税措施保护他们的市场。② 在欧洲地缘政治上,并未消除冷战的分界线。在1994年8月31日前,俄罗斯实现了从波兰、匈牙利、德国和波罗的海的撤军,由此失去了中、东欧盟友,失去了波罗的海沿岸的海军基地。③ 以美国为首的北约步步进逼,

---

① 徐洪峰:《美国对俄经济外交》,知识产权出版社2008年,第66—67页。

② Торкунов А. В., Мельвиль А. Ю., Наринский И. М. Внешняя политика Российской Федерации 1992—1999. М.: Росспэн. 2000. С. 45—46.

③ Новикова С. В. История . М.: Изд-во АСТ. 2001. С. 707—709.

向东欧各国进行势力渗透,积极准备北约东扩。在战略核武器谈判中,美国也极力谋求自己的优势。由于俄罗斯的让步,美俄在1992年6月16日叶利钦访美时签署了《关于削减战略武器的谅解协议》,为两国的核裁军扫清了障碍,最终签订的《第二阶段削减战略武器条约》也基本上满足了美国的愿望,与《第一阶段削减战略武器条约》相比,美国在核武库削减水平与重组能力上获得了对俄罗斯的优势。在条约中,美国长期以来所关注的俄罗斯战略核力量的支柱SS-18导弹(可携带10个弹头)将被全部销毁,这意味着俄罗斯放弃了长期坚持的与美国的核对等地位,失去核心打击力量的俄罗斯核武库将不得不进行重组,而美国在潜射弹道导弹上占了优势。由于条约没有对库存核弹头进行严格限制,没有规定拆卸下来的弹头必须进行"物理销毁",因而美国可以在需要的情况下对所有拆卸弹头进行重新组装;但俄罗斯迫于经济和技术上的限制无法实现对等重组。[①]"美进俄退"态势日趋明显。这一现实使俄罗斯民众和精英都对政府的外交政策不满,迫使政府不得不调整政策。

1993年4月,俄罗斯正式出台了《俄罗斯联邦对外政策构想》,把追求与维护俄罗斯的国家利益作为外交政策的基本点,决定推行"双头鹰"外交。提出俄罗斯应同那些有助于俄罗斯复兴的国家发展关系,首先是同邻国、同经济强大的西方国家以及各个地区的新兴工业化国家发展关系;强调俄罗斯在独联体地区的"特殊利益",要求重视发展同独联体国家和邻国的关系;承认俄罗斯

[①] 吴大辉:《防范与合作:苏联解体后的俄美核安全关系(1991—2005)》,人民出版社2005年,第138—139页。

同西方国家有一致的利益又存在许多矛盾，甚至对立之处。1993年11月俄罗斯新出台的军事学说宣称放弃不首先使用核武器和反对对无核国家使用核武器的承诺，同时俄罗斯也加大了独联体内部的军事合作，在1993年12月与中亚和南高加索7国相继签署《军事技术合作协定》，推动俄罗斯在这些国家驻军的合法化。尽管俄罗斯仍然把重点放在美国，希望稳定地发展同美国的关系，与美国建立战略伙伴关系，希望在共同价值观和利益的基础上同西方国家建立"伙伴关系"，但是，俄罗斯也开始重视独联体和亚洲。1994年9月中俄建立了建设性伙伴关系。

1994年2月，叶利钦在向议会发表的国情咨文中宣布："俄罗斯对外政策的主要任务是不断促进俄罗斯的民族利益。实现这一任务的主要手段是开放和合作，但是为了捍卫自己的合法利益，俄罗斯有权在必要时采取坚决和强硬的行动。"他强调，对外政策"要始终体现俄罗斯的大国地位"。[①] 俄罗斯的外交政策开始进行调整，特别是在对美政策上，在诸如波黑危机、与近邻国家的关系、北约东扩等问题上，俄罗斯表现了强硬的姿态。但并未彻底改变"亲西方"的方针。在1995年年底举行的杜马选举中，俄共和自由民主党获得了多数选票，叶利钦的支持者遭到失败，令叶利钦不敢懈怠。如果叶利钦不改变向西方"一边倒"的政策，在1996年大选中他将获胜无望。

（二）开始奉行全方位的外交

1996年1月，叶利钦任命激烈批评科济列夫的普里马科夫为

[①] 海运、李静杰：《叶利钦时代的俄罗斯·外交卷》，人民出版社2001年，第85页。

外交部长，科济列夫去职，也标志着向西方"一边倒"的外交政策彻底终结。普里马科夫强调，俄罗斯作为一个大国，"应该有自己的对外政策"，"不能忽视自己的利益"，"不能牺牲在俄罗斯的全部历史中，其中包括在'帝俄'时代以及'苏维埃'时期积累下来的积极的价值观与传统"；"俄罗斯有权关心自己的利益，尤其重要的是安全、稳定和领土完整，创造必要的条件以利于经济和社会进步，防止任何外来势力企图离间俄罗斯与独联体国家之间的关系"。① 在举行的首次记者招待会上谈到俄罗斯外交的基本任务时，普里马科夫指出："第一，创造最好的外部条件以巩固我国的领土完整"；"第二，增强原苏联地区的向心趋向"；"第三，稳定地区性国际局势"；"第四，发展国家间的良好关系，有效制止新的紧张局势策源地的产生，尤其是防止大规模杀伤性武器的扩散"。②

1996年以后，俄罗斯开始调整对外政策，奉行东西方兼顾的双头鹰对外战略。俄罗斯民众也越来越认同俄罗斯是个欧亚国家。位于欧亚大陆交界处的俄罗斯，在历史上当其向东西都看时，发现西方比东方更为先进，西强东弱。与西方国家相比，俄罗斯是一个亚洲色彩浓厚的落后国家，不论在政治还是在经济方面都不占优势。俄罗斯对西方外交往往表现为更重视外交手段的运用，合纵连横、利用矛盾、维持多极均势，显示了俄罗斯外交艺术的高超，为俄罗斯谋取最大利益，使俄罗斯在很短的时间内就成了欧洲的强国；对东方俄罗斯则利用自己的强势，推行军事扩张政策，更多显示的是军事力量的强大并以此为后盾进行开疆拓土。

---

① 叶夫根尼·普里马科夫：《大政治年代》，东方出版社2001年，第187页。
② 同上书，第193页。

因此，历史上俄罗斯的外交政策更多是西向的，与西方国家的外交是其重点。但是，现在情况不同了，当俄罗斯从苏联解体的阵痛中走出来时，需要面对的不仅是仍发达、富裕的欧洲，还有迅速崛起的亚洲。如果俄罗斯想从西方取得更高的要价，离不开对东方的借重，而且亚太地区的经济地位越来越不容俄罗斯忽视。适应俄罗斯地理特点和经济发展的需要，奉行东西方并重的外交政策是俄罗斯的战略选择。正是在这一背景下，1996年4月，叶利钦访问中国，双方确定建立"面向二十一世纪的战略协作伙伴关系"。1997年4月在江泽民访俄期间，中俄领导人发表了《关于世界多极化和建立国际新秩序的联合声明》，中俄战略协作与互信关系得到迅速发展。但由于国力所限，俄罗斯外交成效有限，1997年7月在北约马德里首脑会议上决定接纳波兰、匈牙利和捷克为北约成员国，1998年1月，波罗的海三国与美国签署了伙伴关系宪章，为加入北约做准备。

1999年3月24日，以美国为首的北约开始对南斯拉夫进行空袭，叶利钦发表声明严厉谴责北约的"赤裸裸的侵略行为"。正赴美国访问的普里马科夫中途返航，俄罗斯召回了驻北约的军事代表，并于3—4月举行了一系列大规模军事演习，俄罗斯军队先于北约部队进入科索沃。俄美关系一度紧张起来了。1999年12月31日，普京走进了克里姆林宫，开始了普京时代，俄罗斯外交在强人普京的运作下，大国特色更加突出。

（三）大国外交战略的确定

普京执政后，基本上继承了叶利钦后期所实行的对外政策，从俄罗斯的实际出发，注意发挥俄罗斯的地缘政治优势。此后，俄罗斯的外交大国特色日益突出。在出任俄罗斯总统后的半年时间内，普京先后批准了《俄罗斯联邦国家安全构想》、《俄罗斯联邦军事学说》和《俄罗斯联邦外交政策构想》三个纲领性文件，全面阐述了俄罗斯在新的历史环境下国家安全所面临的威胁和挑战，确定了俄罗斯的大国外交战略。2000年6月28日，普京签署了新的《俄罗斯联邦对外政策构想》，该文件强调俄罗斯是大国，是当今世界有影响的中心，"作为联合国安理会的常任理事国，由于在生活的各个领域拥有相当大的潜力和重要手段，同世界上的主要国家保持着紧密的联系，俄罗斯能够对新型国际秩序的建立发挥重大影响"。《构想》称俄罗斯外交政策的特点在于其平衡性，这是由俄罗斯作为一个欧亚大国的地缘政治地位所决定的。俄罗斯对解决全球性问题的优先方面是"建立国际新秩序"、"加强国际安全"、"国际经济关系"、"人权及国际关系"以及"外交活动的信息保证"。俄罗斯外交关注的优先地区是："发展与独联体所有国家的睦邻关系和战略伙伴关系"；"与欧洲国家的关系是俄罗斯外交政策的传统优先方面"；"俄罗斯准备消除最近与美国关系中出现的困难，维护将近花了10年时间建立起的俄美合作的基础"；"亚洲在俄罗斯外交政策中具有越来越重要的意义，这是因为俄罗斯直接属于这个飞速发展的地区和必须发展西伯利亚和远东的经济"。[①] 2000年7月，普京在国情咨文中说："俄罗斯唯一现实的选择是选择做强国，做强大而自信的国家，做一个不反对国际社会，不反对别的强国，而是与其共存的强国。"[②]

[①] 伊·伊万诺夫：《俄罗斯新外交：对外政策十年》，陈凤翔等译，当代世界出版社2002年，第148—162页。

[②] 《普京文集》，中国社会科学出版社2002年版，第78页。

为了达到这一目标,普京延续了叶利钦第二任期推行的"多极化"战略,积极倡导多极化思想,反对北约东扩,并加大了对独联体和亚洲国家的外交力度。

双头鹰外交变得更加名副其实。俄罗斯著名东方学家奥弗钦尼科夫认为,"俄罗斯远东地区要摆脱停滞局面、实现经济发展,中国的劳动力资源是必需的。我们要抓住邻国经济飞速发展的契机,将西伯利亚这节车厢挂到正在提速的中国列车上。对我们而言,这的确是件好事"。"双头鹰图案出现在俄罗斯国徽上并非偶然,我们应当将目光同时瞄准东西方。目前,中国是世界上发展最为迅速的国家,迟早会成为超级大国。我们应当理智一些,利用中国迅速发展的契机,为俄罗斯谋利,同时不能失去我们在中国所拥有的巨大道德威信。"[1]俄罗斯东西方兼顾的全方位的大国外交战略正式确立,"已经有足够的根据表明,俄罗斯对外政策的形成阶段已经基本结束。俄罗斯国家对外政策的基本原则总体上已经制定完成。这些原则建立在对国家利益有明确认识的基础之上"。[2]

俄罗斯积极参与全球重大安全问题、地区热点问题的解决,力争在国际社会享有与西方国家平等的参与权与发言权。普京正式就任总统后不久,就先后访问了朝鲜和古巴,俄罗斯又与伊朗签署相互关系基础条约,决定继续扩大与伊朗在军事技术和原子能方面的合作。俄罗斯还试图推动联合国取消对伊拉克萨达姆政权的制裁。积极推动俄白联盟,坚决抵制北约东扩,谋求建立符合其大国地位的欧洲安全新机制;积极推进独联体一体化,抵制西方对独联体的渗透,努力维护俄罗斯在其传统势力范围内的主

---

[1] www.rg.ru/2006/08/04/expert.html.
[2] 伊·伊万诺夫:《俄罗斯新外交:对外政策十年》,第2页。

导地位。

针对美国要退出反导条约,发展国家导弹防御系统的情势,普京一方面敦促本国议会于 2000 年 4 月批准了搁置已久的《第二阶段削减进攻性战略武器条约》和《全面禁止核试验条约》,呼吁立即进行俄美第三阶段削减战略武器谈判,并提出双方分别将战略进攻武器数量从当初议定的 2000—2500 枚进一步削减到 1500 枚左右,掌握了军控谈判的主动权;另一方面又提出建立联合反导系统,试图打消美国单独建立国家导弹防御系统以对付"无赖国家"的念头。普京的外交攻势取得了一定成果,德国、法国等西方国家也要求美国慎重行事,并指出美国若修改 1972 年《反导条约》,部署国家导弹防御系统存在很大的危险性,将对世界稳定和欧洲安全造成很大影响。2000 年 7 月,普京第一次访华期间,中俄两国元首发表了《中华人民共和国主席和俄罗斯联邦总统关于反导问题的联合声明》,目的是"巩固全球和地区战略稳定,维护现有军控与裁军条约体系,推动防止大规模杀伤性武器及其运载工具扩散的进程,并无一例外地确保所有国家的安全利益。对当前国际现实的分析表明,以某些国家的所谓导弹威胁作为要求修改'反导条约'的借口是根本站不住脚的"。强调 1972 年反导条约"仍是全球战略稳定与国际安全的基石,维护和严格遵守反导条约是至关重要的"。①

普京从苏联和叶利钦时代的外交中吸取教训,强调外交的实用主义原则,一方面,俄罗斯在制定外交目标时要量力而行,与俄罗斯的实力相符;另一方面,要获取经济实惠,得到实际利益。《俄罗斯对外政策构想》规定:"俄罗斯奉行独立自主和建设性的

---

① 《人民日报》2000 年 7 月 19 日。

外交政策。这一政策是以连续性、可预测性和互利的务实性为基础的。这一政策具有最大程度的透明度，兼顾其他国家的合法利益并旨在寻求共同的解决办法。"① "俄罗斯对外政策的中心任务过去是现在仍然是为深化国内改革创造最佳环境，以便巩固国家，保证国家的经济增长，提高公民生活水平。"② 俄罗斯的新外交战略与俄罗斯国内发展的任务紧密联系在一起。现实主义在俄罗斯外交政策的制定中占据了主导地位。在处理国际关系问题时，意识形态的考虑越来越处于非常次要的位置，俄罗斯人已经认识到，由意识形态决定敌友关系是不稳定的，而本国的国家利益、安全态势、地缘政治处境所决定的关系则是相对稳定的，是长期起作用的因素。这一政策转变合乎逻辑的一个结果是俄罗斯在双边交往中强调追求经济利益，在处理国际事务中注意获取经济利益。2001年1月26日普京在外交部发表讲话指出："在外交部和我国其他涉外机构的工作中，经济外交的比重应该增加……必须建立起这样一种在国外推进和保护我们的经济利益的体系，使之能够保障为俄罗斯经济做出最大的贡献，把我们和世界经济实现一体化的各种途径的风险降低到最小程度。我认为极其重要的是，要让对外政策部门更加注意对最大型的对外经济项目的护驾，注意让它们和国家的利益衔接起来。必须争取在国外为俄罗斯的企业活动创造条件，至少要不比俄罗斯给外国生意界提供的条件差。"③ 促进国内经济发展和为俄罗斯企业走向世界创造有利条件，成为俄罗斯外交的法则。在处理对外事务时首先考虑的是经济利益，

---

① 转引自伊·伊万诺夫：《俄罗斯新外交》，陈凤翔等译，第151页。
② 同上书，第127页。
③ 《普京文集》，第252页。

考虑"外交成本",外交官要懂经济。普京强调,"我们今天对外政策领域所做的一切都服从于一个主要任务,这就是为俄罗斯经济和我们社会的不断发展创造最为有利的条件。对外政策将越来越转向为国内现实需求服务。所以,在对外政策中,这样一些任务所占的比重不断增加,如保护在国外的俄罗斯公民和同胞的利益。积极促进俄罗斯经贸界走向新的国外市场,发展与其他国家的文化、科技和其他联系"。① 拉夫罗夫外长也声明,俄罗斯奉行务实的对外政策,"它主要服从于国内发展的利益,以发展与外部世界的对话与合作为方针。正是按照这种政策,俄罗斯与美国在反对国际恐怖主义的斗争中成为亲近的盟友,与北约关系发生了质的改变,与欧盟发展战略伙伴关系"。②

梅德韦杰夫上任后,基本继承了普京时期为国内经济发展服务的对外政策,2008年7月15日,俄罗斯总统梅德韦杰夫宣布批准了《俄罗斯联邦对外政策构想》,这是继2000年6月28日普京签署《俄罗斯联邦对外政策构想》后的又一个重要对外政策文件,体现了俄罗斯要当世界大国、要参与领导世界的自信与雄心。俄罗斯不再强调冷战结束后国际关系格局的失衡,把多极化格局已经成为现实作为制定对外政策的出发点,其要传达的重要思想在于告诉世人:俄罗斯实力已经恢复了,俄罗斯可以参与领导世界了。《构想》明确宣布:"21世纪初国际关系的演变与俄罗斯实力的增强要求以新的视角看待俄罗斯面临的形势,依据国家在国际事务中力量增强的实际重新审视俄罗斯外交政策的优先方面,提升俄罗斯对世界发展变化的责任,俄罗斯有能力不仅参与

---

① 伊·伊万诺夫:《俄罗斯新外交》,陈凤翔等译,第146页。
② 《Коммерсант》1 апреля 2004.

落实国际议事日程,而且参与这一日程的制定。""已经把国家利益建立在坚实基础上的新俄罗斯,注定在国际事务中充分发挥作用。"① 表明俄罗斯要更加积极地参与国际事务,力求在国际舞台上承担起与自身地位、实力相称的大国责任,为自身的发展谋求一个有利的国际环境。俄罗斯更加积极地参与世界事务,发挥作为一个世界大国的作用,如:积极介入中东问题,反对美国企图用武力解决伊朗核问题,坚决维护俄罗斯在独联体的利益,回击美国和欧洲对独联体事务的干涉,参与制定全球能源政策等,显示了一个大国的影响力。随着俄罗斯实力的增强,俄罗斯不会仅限于参与维护现存的国际秩序,还会在构建未来的国际秩序中提出自己的主张,争取在国际社会有更大的发言权。为了回应西方舆论对俄罗斯的批评与否定,《构想》强调,"要创造条件让世界理解俄罗斯是以社会市场经济和独立外交政策为导向的民主国家,"② 强调俄罗斯文明在世界多样性文明中的地位。

普京回归克里姆林宫后,俄罗斯外交的强势明显,2013年2月15日,俄罗斯公布了新版《俄罗斯联邦对外政策构想》,在对外政策上显得更自信、更积极、更有进取心。俄罗斯认为,"国际关系正处于一个过渡期,其实质在于构建多极化国际体系。这一过程并不轻松,伴随着全球和地区层面上的经济和政治波动增多的现象。"俄罗斯所说的过渡期,包含的一个重要思想是西方发达国家在金融危机的打击下,国际影响力在减弱,新兴国家的力

---

① 《КОНЦЕПЦИЯ ВНЕШНЕЙ ПОЛИТИКИ РОССИЙСКОЙ ФЕДЕРАЦИИ》,www. kremlin. ru/text/docs/2008/07/204108. shtml.

② 《КОНЦЕПЦИЯ ВНЕШНЕЙ ПОЛИТИКИ РОССИЙСКОЙ ФЕДЕРАЦИИ》,www. kremlin. ru/text/docs/2008/07/204108. shtml.

量在上升。世界变革既给俄罗斯带来严峻挑战，同时也提供了新机遇，俄罗斯对外政策的目标是使俄成为"现代世界有影响力和竞争力的中心之一"。普京所确定的新外交政策同梅德韦杰夫有所不同，主要表现在对优先政治伙伴的排序上。普京所确定的外交优先方向位居第一的是包括哈萨克斯坦和白俄罗斯在内的关税同盟国家，以及乌克兰，俄罗斯希望在关税同盟而非与欧盟的自由贸易区中看到乌克兰。居于第二位的是与发展迅速的亚洲国家的关系，首先是与新巨人——中国和印度的关系。普京所确定的第三个优先方向是同拉美和非洲的关系，然后才提到欧洲和美国。

（四）融入世界体系，争取俄罗斯的地位

冷战结束后，经济的全球化进程迅速发展，各国的相互依赖程度进一步加深，为此，普京彻底放弃了游离于世界体系之外，或做现存世界秩序挑战者的做法，强调，"国际关系的转变、对抗的停止、'冷战'后果的逐渐消除以及俄罗斯改革的深化，使国际事务中的合作机会有了显著扩大。发生全球核冲突的危险已降低到最小程度。在军事实力仍对国际关系具有意义的同时，经济、政治、科学技术、生态以及信息因素正在起到越来越大的作用"。[①] "我们不会把世界上的国家分为将要进行合作的和将要进行对抗的两部分。我们的一些竞争者（例如在经济市场上）同时也是我们在解决重要国际问题时的重要伙伴。当代国际关系的性质就是这样，合作与竞争的因素在这种关系中密不可分。"[②] "在当今世界

---

① 《俄罗斯联邦对外政策构想》，转引自伊·伊万诺夫：《俄罗斯新外交》，陈凤翔等译，第149—150页。

② www.kremlin.ru/appears/2006/06/27.

上，任何人都不打算与我们为敌，任何人都不想这么做，任何人也不需要这么做。但我们对任何人也不抱特别的期望。任何人都不会提供帮助。我们需要自己去争得'经济阳光'下的地位。"① 俄罗斯要融入世界，并靠自己的努力争得在世界上的地位。外交部长拉夫罗夫声明："我们希望不要把今天的俄罗斯看成是挑战者，而是平等的合作者。苏联曾经努力防止自己受外来影响。俄罗斯对合作持开放的态度，我们准备采纳对我国国内创造性工作有益的建议。同时，我们自己的政策现在也在对世界的发展发挥直接的影响。"②

俄罗斯积极融入和利用现在的国际体系与机制，普京看重俄罗斯在八国集团中的地位，把这看成是俄罗斯大国地位的重要体现。俄罗斯对外政策构想强调："俄罗斯非常重视参与工业最发达的'八国集团'会晤，认为就当今重要问题的立场进行磋商和协调的机制是捍卫和扩展自己外交利益的一个重要手段。俄罗斯联邦愿意扩大同该集团伙伴的相互协作。"③ 2000 年 7 月 21 日普京参加了在日本冲绳召开的八国峰会，这是普京总统第一次参加八国集团的首脑会议，普京表达了与西方国家合作的愿望。"9·11"事件发生后，由于俄罗斯在国际反恐行动中的合作态度，俄与西方国家的关系急剧升温，在此背景下，在 2002 年加拿大峰会上，俄罗斯才真正成为八国集团的平等成员，参与了所有问题的讨论。俄罗斯把真正成为八国集团的一员看成是最重大的外交成果。俄

---

① 普京:《普京文集（2002—2008）》，第 604 页。

② *Лавров С. В.* Россия и США: между прошлым и будущим, 25 сентября 2006 года. www.mid.ru/brp_4.nsf/sps/ACB3FD1C5ED62B37C32571F500306650.

③ 引自伊·伊万诺夫:《俄罗斯新外交》，第 153 页。

罗斯还于 2006 年主办了"八国峰会"。

俄罗斯对外政策的一个重点是实现俄罗斯经济同世界经济的一体化,"俄罗斯只要处在与其他民主市场国家相隔离和冲突的状态,就不可能成为市场经济和民主大国"。① 为了实现与世界经济的全面接轨,必须加入世界贸易组织。自 1993 年开始,俄罗斯就申请加入世贸组织,直到 2011 年 12 月,俄罗斯才最终完成加入世贸组织的进程。应该说,俄罗斯加入世界贸易组织之路是不平坦的,每前进一步都是在讨价还价的艰难谈判中实现的,也遇到了俄罗斯国内一些人士的反对。普京强调:"加入世贸组织不是绝对的好,也不是绝对的坏。这不是对好的品行的奖励。世贸组织是一种工具。谁善于使用它,谁就会变得更强大。谁不善于或不想使用它、不想学习,宁愿坐在贸易保护主义的配额和税率的栏杆外面,谁就注定失败,在战略上绝对要失败。"② "我们希望俄罗斯经济今后进一步与全球经济接轨,包括在符合我国利益的前提下加入世界贸易组织。全球市场竞争的加剧使得发达国家开始大力扶持本国的生产者及出口商。俄罗斯外交部与政府应该联合起来,寻求更有效的方法刺激本国商品的出口,并有效地维护俄罗斯公司在国外的利益。"③ 为了满足加入世界贸易组织的条件,俄罗斯政府也做了许多工作,《俄罗斯联邦社会经济发展中期纲要(2003—2005)》指出:"应该把提高俄罗斯经济的开放度和俄罗斯加入世界贸易组织首先看作是对其实现经济结构的多样化、降低国内市场上的垄断程度的直接刺激因素。……俄罗斯加入世

---

① 《Независимая газета》, 31 мая 2006.
② 普京:《普京文集(2002—2008)》,第 617—618 页。
③ 同上书,第 124 页。

界贸易组织,一方面可以改善俄罗斯出口商在国外市场上的工作条件,另一方面由于形成了竞争环境和促进现代设备的进口可加快俄罗斯经济的现代化。"① 俄罗斯坚持要在符合自身利益的条件下才能加入世界贸易组织,不轻易向谈判对手让步,在谈判遇到困难时,俄罗斯甚至扬言,宁愿不入世,也不能在损害本国利益的原则问题上让步。2006年3月普京总统在与经济界人士谈俄罗斯加入世界贸易组织的问题时说:"现在我们不存在加入或不加入的问题,关键是以何种条件加入的问题。美国人给我们寄来一份长长的要求清单,我觉得这些条件以前双方都谈妥了,可他们现在又加上点新东西甩给了我们(普京意指美国要求俄罗斯对外国银行在俄开设分行开'绿灯'——引者注)!我们赞成加入世贸组织,但得让俄罗斯和俄罗斯的经济满意才行!"② 俄罗斯原本希望借2006年在圣彼得堡召开八国峰会的东风扫除入世的最后障碍,未能如愿。在俄罗斯入世的双边谈判中,与美国的谈判最重要也最艰难,双方在包括知识产权、美国农产品对俄罗斯出口以及美国公司进入俄罗斯银行和保险业市场等问题上存在分歧。2006年11月10日,俄罗斯和美国就俄加入世贸组织双边协议的所有原则性条件达成一致。11月19日出席亚太经合组织会议的俄罗斯与美国代表在河内签署了俄罗斯加入世界贸易组织的双边协议,扫除了俄罗斯入世的最重要的障碍。

2008年金融危机发生后,梅德韦杰夫强调外交要与国内的现代化战略相适应,俄罗斯外交要"为俄罗斯的现代化、使俄罗斯

---

① 《俄罗斯经济发展规划文件汇编》,世界知识出版社2005年版,第40—41页。
② 《Комсомольская правда》,30 марта 2006.

的经济走上创新发展道路、提高居民的生活水平、整合社会、巩固宪法制度、建设法治国家和民主制度、维护人权和自由,以及保证国家在全球化世界中的竞争力,创造有利的外部条件"。2008年下半年金融危机开始波及俄罗斯,俄罗斯经济依赖能源原材料的弊端明显暴露出来,梅德韦杰夫重提俄罗斯的现代化问题,提出改变俄罗斯经济的落后性质,实现经济的现代化。为此,梅德韦杰夫更强调外交为现代化服务,他在2010年11月30日的国情咨文中特别强调,"我们还需要扩大经济外交,将其成果同现代化的实际利益直接挂钩","俄外交不仅应体现在导弹上,还应体现在老百姓能够理解的具体成就上,诸如在俄罗斯境内成立合资企业、生产质优价廉的产品、增加现代化工业岗位和简化签证制度"。[①] 与现代化战略相联系,俄罗斯外交发生了新的变化。俄不再锋芒毕露,对西方国家的态度缓和,双方关系的重心从政治与军事安全转向了务实的经济合作,双方的共识在增加,俄罗斯总统再次强调了国家的欧洲属性。虽然俄美在独联体仍存在争夺,但也不再针锋相对。梅德韦杰夫的温和外交,一定程度上缓和了俄罗斯与西方国家的关系,加上世界金融危机削弱了西方国家的实力,这些因素促使西方接纳俄罗斯,俄罗斯入世终于尘埃落定。2010年10月1日俄美结束双边谈判。2010年12月7日,欧盟与俄罗斯正式签署协议,支持俄罗斯加入世贸组织。2011年11月10日,世贸组织俄罗斯入世工作组才通过俄罗斯入世协议最终文本。同年12月16日,世贸组织第八次部长级会议正式批准俄罗斯加入世贸组织。

---

① Послание Президента Федеральному Собранию. http://www.kremlin.ru/news/9637.

2012年7月10日,俄罗斯国家杜马(议会下院)以238票赞成、208票反对和1票弃权批准俄入世协议。7月21日,俄罗斯总统普京签署有关批准俄罗斯加入世界贸易组织协议的联邦法案,2012年8月,俄罗斯正式成为世贸组织第156个成员国,这意味着俄罗斯将与世界更紧密地联系起来。今后,俄罗斯这个世界重要的经济体,将迎来自身经济发展和对外经贸合作的新起点,也将对区域乃至整个世界经济产生深远影响。

从新俄罗斯外交政策的发展变化中我们看到,作为一个大国,应该保持外交的独立性,更应该自立自强,寄希望于别人施恩是不可能实现强国目标的。俄罗斯在历史上是大国,虽然苏联解体了,俄罗斯的版图和地缘政治环境都大不如前,但这个有着大国主义传统、坚强不屈人民的国家不会甘居二流地位,其外交会随着国家利益的需要和国际形势的变化不断调整。善于从历史中吸取教训的俄罗斯,会重新崛起,重新成为世界强国。

二、以实现现代化为出发点发展
与各国的关系

2010年5月外交部在向总统梅德韦杰夫提交的《在系统基础上有效利用外交因素推动俄罗斯联邦长期发展的计划》中,确定了为现代化服务的全方位外交方针:"与其他国家和国家联合体发展互利的双边及多边伙伴关系,以实现俄罗斯的现代化及长期发展目标,包括与俄罗斯的主要欧洲伙伴乃至欧盟建立'现代化联盟',利用美国的技术实力、打破该国一直以来对俄转让高技术的限制,与巴西、印度、中国、韩国、新加坡等若干国家结

成技术伙伴或联盟关系。"① 俄罗斯现代化的资金和技术主要依赖于西方发达国家，加强与西方发达国家的经济贸易往来是俄罗斯现代化外交的重点。梅德韦杰夫强调："决定俄罗斯外交政策的不应该是怀旧情绪，而应该是俄罗斯现代化的长期战略目标"。② 在2010年7月召开的俄驻外使节会议上，梅德韦杰夫强调外交要突出寻求能为俄罗斯提供相应技术发展和为国产高科技产品走向地区和国际市场做出更大贡献的国家，首先要与主要国际伙伴德法意等国家和美国建立专门的现代化联盟。2011年10月19日，梅德韦杰夫在会见社会委员会成员时表示，"与全世界的关系都应该建立在相互尊重和承认国家主权的基础上，同时也应该在互利基础上。我们不能在没有其他伙伴国家的帮助下进行现代化改造"。"不应该自欺欺人，'铁幕'对任何人都没有帮助，自主发展的理论把社会体系带入死胡同。""那样的帮助当然是正确的，即它应该是有需求的，应该基于这个领域的平等伙伴关系，包括西方文明世界、东方文明世界以及我们的一体化伙伴。我希望，我们能继续致力于此。"③ 俄罗斯外交发生了新的变化，不再锋芒毕露，对西方国家的态度缓和，双方关系的重心从政治与军事安全转向了务实的经济合作，双方的共识在增加。

俄罗斯首先重视发展与欧盟国家，特别是与法德等国家的关系。俄罗斯一直视欧盟为最主要的伙伴，双方的年贸易额超过4000亿美元，建立俄罗斯与欧盟的现代化伙伴关系，是俄欧关系

---

① http://www.runewsweek.ru/country/34184.
② Дмитрий Медведев. Россия, вперёд! http://kremlin.ru/news/5413.
③ 《俄总统：俄需要其他国家基于伙伴关系协助现代化改造》，http://rusnews.cn/eguoxinwen/eluosi_duiwai/20111019/43182340.html.

发展的重心。俄罗斯经济发展部制定了同欧盟进行合作的"现代化伙伴"计划，欧盟向俄方提出了10条合作原则，包括法治的最高地位、建立多元化有竞争力的经济、巩固科研领域合作、提高直接投资、市场一体化、俄罗斯加入全球贸易体系、促进人员间联系等。这些原则基本被俄接受。在2010年6月举行的第25届欧盟—俄罗斯峰会上，双方领导人围绕俄罗斯现代化进程、俄罗斯加入世贸组织以及互免签证等问题进行了磋商。欧盟领导人也称俄为"战略伙伴"，认为双边关系无需"重启"而应"快进"。在发表的第25次俄罗斯—欧盟峰会联合声明中，双方宣布启动现代化伙伴关系倡议，俄欧将致力于"增加双边贸易和投资、促进世界经济自由化和增强竞争力"，在"平衡的民主和法制基础上共同寻找应对现今挑战的方法"。声明责成相关部门着手制订工作计划，将在各层次对话基础上对现代化伙伴关系倡议的实施进行定期监督并交换意见。2010年12月，欧盟与俄罗斯正式签署了支持俄加入世贸组织的协议。

  2010年11月北约成员国领导人在里斯本召开峰会，批准了北约战略新概念，明确表示，北约希望与俄建立"真正的战略伙伴关系"。11月20日，俄总统梅德韦杰夫参加了此次北约峰会，这也是2008年俄格冲突后，北约和俄罗斯领导人的首次会晤，北约愿与俄讨论欧洲共同反导计划，双方将恢复此前在战区反导系统方面的合作，同时研究在领土反导系统方面合作的可能性。除反导系统外，俄罗斯还同意扩大与北约在阿富汗问题上的合作，包括拓展北约经俄境内的运输通道，加强培训阿富汗禁毒人员等。尽管俄罗斯与欧盟和北约的关系还存在许多问题，但对话与合作、相互照顾对方的利益将是主要趋势。

俄罗斯同样把发展与美国的经济关系提到了重要地位。在俄美以往的交往中,主要集中在政治与安全领域,两国的经贸关系很弱,自1991年苏联解体以来,俄罗斯共引入2658亿美元外资,而美国仅占其中的3%,2009年俄美贸易额只有160亿美元,2012年俄美双边贸易额只有270亿美元。奥巴马上任为俄罗斯提供了改善与西方国家关系的契机。奥巴马改变了布什的"单边主义"政策,强调国际协调与多边合作的重要性,他明确表示:"美国在21世纪面临的主要问题和威胁无法通过一个国家单独解决,甚至无法通过与传统盟友的合作得到解决,而是必须通过与大多数国家和国际组织的合作来解决。"在这一背景下,陷入僵局的俄美关系在奥巴马上任后实现了"重启"。2010年4月8日,俄美两国首脑在布拉格签署的新的削减战略进攻性武器的条约,是现代国际安全体系的基础之一。双方计划在七年时间里削减三分之一,至1550枚,削减数量比2002年莫斯科条约要多一倍。年底,这一协议得到了两国议会的批准。

在2010年6月22—25日对美国进行访问时,梅德韦杰夫与奥巴马谈的主要话题是经济。梅德韦杰夫首先参观了加州的硅谷,会见了数个硅谷公司的代表,表达了俄罗斯与美国公司加强经济合作的强烈愿望。思科公司总裁向梅德韦杰夫承诺,将在未来10年投资10亿美元推动俄罗斯发展创意科技产业。俄美领导人达成协议,俄方同意对美国重新开放禽肉市场;美国则支持俄罗斯解决加入世界贸易组织的技术性问题。奥巴马对俄罗斯决定购买50架波音737客机表示高兴,这项价值40亿美元的订单将为美国创造4.4万个就业机会。值得注意的是,奥巴马和梅德韦杰夫已经是第七次见面,两人会谈长达数小时,两国元首中午竟然到华盛顿附近弗吉尼亚州阿灵顿县的一家快餐厅吃汉堡,共享一份薯条,像亲密的老朋友一样无拘无束。美国总统奥巴马则高调宣称支持俄罗斯加入世贸组织。同年10月,俄美双方确认两国已结束俄加入世贸组织谈判。美国科学家和商人对参与斯科尔科沃项目也表现出了积极性,10月,梅德韦杰夫在莫斯科亲自驾车带加州州长施瓦辛格及其随行企业家参观斯科尔科沃。俄罗斯的天然气管网和石油管道被列入为保障美国安全需要保护的全球设施。俄美关系有了很大改善,在民主人权等价值观方面双方不再争斗,梅德韦杰夫极力向西方表明,俄罗斯在价值观上与西方国家没有实质区别。

但俄美之间的分歧并未消除,分歧仍然存在,在出访美国前一周,梅德韦杰夫在接受美《华尔街日报》专访时表示,马纳斯空军基地"不应该永远存在",北大西洋公约组织在阿富汗的行动结束后,美国应该停止使用这一基地。奥巴马也承认美俄两国在诸如格鲁吉亚等问题上仍存在分歧。2010年12月底,俄罗斯法院二次判决前首富霍多尔科夫斯基有罪后,美国国务卿希拉里·克林顿立即指责俄罗斯用政治干预法律,滥用司法。

在金融危机和重启现代化战略的背景下,一向对西方强硬的普京总理,对西方的态度也开始发生了变化,他不再颂扬斯大林的强国思想,承认斯大林"极权主义政权"的残酷无情,真诚地对卡廷事件的遇难者进行悼念,甚至以单膝跪地的方式整理为这些遇难者所献花圈的挽联,表示希望与欧洲和美国达成贸易和贷款的协议。

加强独联体地区的一体化建设,是俄现代化外交的重要内容。梅德韦杰夫强调,"在与西方国家积极展开合作的同时,我们也要深化与欧亚经济共同体、集体安全条约组织和独联体国家的合作。他们是我们最亲密的战略合作伙伴。我们同他们在经济体现代化、保障区域安全和建立更加公平的世界秩序方面有着共同的使命。我们也应该发展与上海合作组织和金砖四国的全球合作伙伴关系"。①2007年，俄罗斯、白俄罗斯和哈萨克斯坦三国宣布在欧亚经济共同体框架内建立关税同盟。2009年11月27日，俄罗斯、白俄罗斯、哈萨克斯坦三国元首签署了《关税同盟海关法典》，这标志着"俄白哈关税同盟"正式成立。2010年1月1日，三国关税同盟开始运转，2010年7月1日，俄罗斯和哈萨克斯坦关税同盟海关法条约正式生效，根据这一条约，从2010年7月1日至2011年7月1日，俄哈两国之间的通关货物将不再办理海关手续；从2011年7月1日起，俄哈将建立统一经济空间，完全取消双方边境的海关检查站。7月6日，俄白哈三国总统达成协议，《俄白哈三国关税同盟海关法》正式生效。这也意味着俄白哈三国关税同盟正式建立，这是三国实现经济一体化的重要一步。俄罗斯希望以俄白哈三国关税同盟为契机，进一步促进独联体地区的经济一体化，2011年10月普京专门发表文章强调："建设海关同盟与统一经济空间为将来创建欧亚联盟奠定基础，与此同时，逐步扩大关税同盟和统一经济空间的成员国。我们并不会就此停止，而会给自己提出更加雄心勃勃的任务：达到下一阶段更高的一体化水平——迈向欧亚同盟。"②2012年1月1日，三国启动统一经济空间，成立负责三国一体化进程的超国家机构——欧亚经济委员会。欧亚联盟与独联体的一体化同步推进，2011年10月

---

① *Дмитрий Медведев. Россия, вперёд!* http://kremlin.ru/news/5413.
② 《消息报》2011年10月4日。

18日独联体中的8国签署独联体自由贸易协议——独联体多边自由贸易区协定。

梅德韦杰夫强调俄罗斯要搭上亚洲这辆飞速发展的经济快车，借助中国加快西伯利亚和远东地区的开发。2010年中俄贸易总额为554.5亿美元，已接近国际金融危机前水平（2008年为568.3亿美元），较2009年增长43.1%。俄罗斯是第一个实现人民币直接挂牌交易的境外国家。2010年9月梅德韦杰夫对华进行了国事访问，中俄发表了深化战略协作伙伴关系的联合声明，再次表示在涉及国家主权、统一和领土完整等两国核心利益问题上相互支持。中俄能源合作进展顺利，中俄原油管道工程于2010年9月27日竣工，两国元首共同出席了竣工仪式。2011年10月普京与温家宝总理签署《中华人民共和国政府和俄罗斯联邦政府关于经济现代化领域合作备忘录》，中俄两国各具优势，俄罗斯在原子能、航天和航空领域领先，而中国在高速铁路、造船、电力设备生产和新能源等领域远远超过俄罗斯。

俄罗斯正在加强在亚洲的存在，战略重心会慢慢东移，俄罗斯提升了与日本、越南、韩国的关系。俄印关系向来密切，2010年3月普京访印期间，双方签署了有关加强防务、核能和技术合作的一系列协议，其中包括俄向印出售"戈尔什科夫海军上将"号航母和29架用于该航母的米格-29K战斗机的协议，这两笔交易价值近40亿美元。加上核能合作协议，两国签署的协议总值约70亿美元，俄罗斯将帮助印度建造12座核电厂并扩建在建的利用俄罗斯核技术的电厂。2010年10月，双方还举行了代号为"因陀罗2010"的俄印联合反恐演习。

俄日双方虽然在北方四岛问题上分歧很大，俄罗斯表现了强硬的立场，但也表示希望加强与日本的经济合作，将同日方在南千岛群岛联合实施一些经济项目。2013年4月28—30日，安倍带领120人的代表团访问俄罗斯，旨在改善两国关系。俄日决定"建立战略伙伴关系"，恢复2001年以来中断的关于领土争端和签订和平条约的谈判，建立两国领导人的定期互访机制，建立外长、防长的"2+2"会晤机制，成立10亿美元的投资基金。2013年俄日贸易额达到332亿美元。2014年普京将访问日本。普京寻求与日本建立更加密切的关系，这既是为了利用日本开发远东地区，也是为了平衡俄罗斯在亚太地区的力量。

俄罗斯还加强了朝韩双方的合作，计划修建通过朝鲜向韩国供应天然气的管道。2010年11月梅德韦杰夫访问韩国时，俄韩签署了现代化合作备忘录。2013年11月13日普京访问韩国，探讨两国在铁路运输、天然气等领域的合作。俄韩2012年贸易额为250亿美元，2013年两国贸易额达252亿美元。

俄罗斯与越南的关系日益密切。2013年11月12日，普京第三次访问越南，俄罗斯与越南签署16项合作协议，其中包括两国政府间能源和军事合作协议。普京表示："我们打算扩大向越南军队出口的现代化产品的种类"，俄罗斯还为越南军队和舰队培训人员。

在国际金融危机的影响下，美国与欧洲大国经济实力明显下降，在解决伊拉克、阿富汗、伊朗和中东、北非等问题上需要争取俄罗斯支持，共同打击基地组织和其他恐怖威胁，因此，俄罗斯提出的建立现代化联盟的倡议得到了西方强国的响应，双方的关系有了明显的改善。但是，俄罗斯所期望的通过改善与西方强国的关系，吸引西方的资金和先进技术，缩小同西方发达国家的差距并实现跨越式发展,很难真正实现,西方不需要一个强大的俄罗斯。俄罗斯与西方强国间的结构性矛盾仍然存在,双方在北约东扩、在欧洲部署反导系统、俄罗斯的未来发展前景等问题上仍存在很大分歧,特别是普京于2012年重返克里姆林宫,西方对俄罗斯的戒心不会消失,俄罗斯的现代化外交面临更多挑战。

三、俄罗斯现代化外交面临的挑战

尽管俄罗斯社会制度已经发生了变化,俄罗斯也不断向西方示好,但欧美发达国家仍把俄罗斯看成是异类国家,对俄罗斯的防范并未放松,对俄罗斯的崛起和发展心存戒备。普京这个强人重新执掌克里姆林宫的权杖,是西方发达国家不愿看到的,奥巴马迟迟不对普京的当选表示祝贺。普京第三次入主克里姆林宫后,把发展与独联体国家的关系放在首位,大力加强与近邻国家的一体化,组建欧亚联盟,取得了一些成效。普京外交面临的挑战主要来自西方发达国家,主要表现在:

(一)俄罗斯整合原苏联地区的进程与西方存在矛盾

普京第三次重返克里姆林宫后,把外交的重点放在了巩固周边上,他在竞选时表示,"深化后苏联空间一体化是俄罗斯经济和对外政策的关键任务。我们没有更重要的任务,我们的未来取决于此"。他加大重新整合独联体地区的力度,推动俄罗斯与部分独联体国家的一体化进程,是增强俄罗斯政治经济影响力的重要前提,也是俄罗斯与美欧抗衡的重要资本。根据2012年5月7日"落实俄罗斯外交方针的措施"的总统令,俄外交政策将坚持务实、开放和多元化的方针。促进独联体国家全方位协作和一体化进程是俄外交政策的关键方向,俄将利用关税同盟、统一经济空间、集安条约组织和欧亚经济联盟深化欧亚地区一体化进程。①2012年7月9日,普京在驻外使节会议上说:"加深独联体地区的一体化进程是我们对外政策的核心,是战略方针。一体化的推动力是'三驾马车'——俄罗斯、白俄罗斯和哈萨克斯坦,三国组成了关税同盟,并开始形成统一经济区。我们将有计划地推进建立欧亚经济联盟一事,应当有更深层次的经济一体化。即将形成有1.65亿—1.7亿消费者的共同市场,将采取统一的经济立法,保证资本、服务和劳动力的自由流通。"②为了争取乌克兰加入进来,俄罗斯做了大量工作。

普京对苏联解体一直耿耿于怀,但要恢复苏联又是不可能的,他大力倡导建立欧亚联盟,被某些人认为是在恢复苏联。为了消除人们的疑虑,普京强调:"不是要恢复苏联。恢复和复制曾经有过的东西太天真了,在新的、价值观的、政治的和经济的基础上实现一体化是时代的召唤。"俄罗斯要把欧盟的模式移植到原苏联地区,"我坚信,欧亚联盟的建立,有效的一体化,这就是那条可以使其成员在21世纪纷繁复杂的世界中获得应有位置的道路。我们这些国家只有联合起来,才能跻身全球发展和文明进步领导者的行列,才能成功与繁荣"。欧亚联盟只能是更高层次上的联合。俄罗斯与原苏联地区的共和国(除波罗的海三国和格鲁吉亚)

---

① Владимир Путин подписал Указ 《О мерах по реализации внешнеполитического курса Российской Федерации》. http://www.kremlin.ru/news/15256.

② Совещание послов и постоянных представителей России. http://www.kremlin.ru/news/15902.

的政治经济文化联系都很紧密，长期生活在一起的历史使原苏联地区的人民有割不断的联系。如 2011 年 11 月 28 日乌克兰市场与社会调查公司进行的一项社会调查结果就显示，58% 的乌克兰人不认为俄罗斯是外国，约 40% 人持否认态度，2% 的受访者表示对该问题很难做出回答。二分之一乌克兰居民在俄罗斯有亲戚（28% 的人有近亲，21% 的人与远亲保持联系），大约三分之一的受访者在俄罗斯有朋友（15%）或者熟人（15%）。俄罗斯境内有 113 万塔吉克斯坦的工人，2011 年他们的汇款额约为 30 亿美元，几乎占塔吉克斯坦 GDP 的一半。这些为俄罗斯整合独联体地区提供了有利条件。为了使俄罗斯与这些地区的联系不因苏联解体而越离越远，俄罗斯做了很多工作。早在 2005 年，俄总统办公厅就成立了"对外地区间联系和文化联系局"，还在俄罗斯政府支持下建立了负责对外俄语教学推广工作的"俄语世界"基金会，重点推动俄罗斯文化在欧亚国家的传播，以恢复俄罗斯传统文化影响，拉近与地区各国的距离。俄罗斯积极推动独联体集体安全条约组织的发展，希望由俄、哈、白、吉、塔等国组成的独联体集体安全条约组织成为保障西、南和中南部边界及外围安全的战略依托，通过与该组织成员国的联合防御，阻止北约东扩带来的冲击和保障南部边境地区和平与稳定。2012 年 3 月 19 日，欧亚经济共同体国家间委员会（国家元首）会议在莫斯科举行，签署了"关于欧亚经济共同体特权和豁免权公约"等文件，决定成立欧亚经济共同体法院。2011 年 11 月 18 日，俄罗斯、白俄罗斯和哈萨克斯坦总统签署《欧亚经济一体化声明》，2012 年 5 月 29 日，关税同盟成员国领导人在阿斯塔纳举行会议期间重申这一声明，并通过了制定欧亚经济联盟协议草案的方案。协议草案将在2014年4月得到讨论,希望2014年5月1日前完成对条约文本的敲定,然后提交俄罗斯、白俄罗斯和哈萨克斯坦议会通过,然后由新联盟成员国的首脑签署,在2015年1月1日开始生效。也就是在2015年建立起欧亚经济联盟。2014年5月29日,俄白哈签署了《欧亚经济联盟条约》,经三国议会批准后,2015年1月1日生效,届时吉尔吉斯斯坦和亚美尼亚也将加入进来。

与欧盟相比,欧亚联盟似乎更民主。欧亚联盟的最高管理机构是最高理事会,将由联盟成员国的领导人组成,每年至少召开两次会议。另一个领导机构是联盟理事会,成员由俄罗斯、白俄罗斯和哈萨克斯坦的总理担任。该理事会的会议将讨论更为广泛的社会经济问题,每年至少举行四次会议。涉及需要欧亚经济委员会最高理事会执行的动议或者改革措施也可以在联盟理事会上讨论,但欧亚经济委员会将是唯一常设管理机构,负责以决议、命令、建议等形式通过有关联盟活动的决定。欧亚经济联盟的议会机构将是欧亚议会大会,采取一院制,议员由白俄罗斯、哈萨克斯坦、俄罗斯下议院选举出来的人员担任,每位议员都有投票权,大会每年在圣彼得堡召开一次会议。欧亚经济联盟将实行决策投票权平等。

2013年12月24日,欧亚经济委员会最高理事会批准了亚美尼亚参加关税同盟的路线图,吉尔吉斯斯坦加入关税同盟也已经确定下来。亚美尼亚一度在欧盟和俄罗斯之间徘徊,欧盟做了大量工作,双方曾计划在2013年11月签署双边关系协议,但在俄罗斯的大力争取下,亚美尼亚最后还是决定加入关税同盟。2013年9月萨尔基相访问俄罗斯期间对外宣布,亚美尼亚决定加入俄白哈关税同盟,这意味着亚美尼亚政府单方终止了同欧盟方面就签署联系协定近四年的谈判进程。俄罗斯加强与亚美尼亚的关系也是俄罗斯加强在外高加索存在的需要,2013年12月2日普京在访问亚美尼亚时表示,"俄罗斯打算巩固在外高加索地位,俄罗斯不会离开外高加索"。[①] 俄罗斯与亚美尼亚经济关系密切,俄罗斯在亚美尼亚境内投资的公司已达1300多家,涵盖能源、电力、通讯、交通等领域,投资额达到30多亿美元,占该国利用外资的40%。移居和在俄罗斯境内务工的亚美尼亚人超过150万。据欧亚发展银行计算,亚美尼亚加入关税同盟,将为该国未来两年内GDP年增长率带来4—4.5个百分点。

从关税同盟向欧亚经济联盟的转变以及争取让吉尔吉斯斯坦和亚美尼亚加入关税同盟的计划,使欧亚经济一体化具有了特殊的国际意义。2013年12月24日,俄罗斯总统普京在欧亚经济委员会最高理事会会议上表示,随着全球局势的稳定,统一的欧亚市场正在成为俄罗斯、白俄罗斯和哈萨克斯坦三国经济增长的主要源泉之一。不单是外部需求,更重要的是关税同盟的内部需求保障了三国工业、农业、服务业各行各业企业的工作负荷。从2010年到2012年,俄罗斯与关税同盟成员国的贸易额由150亿美元增长到580多亿美元。关税同盟是继欧盟和中国之后,俄罗斯在世界上的第三大市场。

在俄罗斯的支持下,2013年6月吉尔吉斯斯坦议会通过法案,从2014年7月起,废止允许美国在马纳斯空军基地驻军的协议。同时,俄罗斯把驻扎在塔吉克斯坦201军事基地的人数增加了两倍,达到2万人。俄罗斯还加强了集体安全条约组织,于2013

---

① 《普京访问亚美尼亚,力促俄亚利益再融合》,http://news.xinhuanet.com/2013-12/04/c_118415621.htm。

年 10 月在俄车里雅宾斯克举行了 6 国联合军事演习。在与西方国家的争夺中，俄罗斯在独联体地区具有许多优势。

俄罗斯对推进独联体地区的一体化可谓不遗余力，但效果不是很理想。独联体地区与欧盟不同，俄罗斯处于独大的地位，难以让其他国家感觉平等；原苏联地区各国在经济社会转型中差异很大，并不像欧盟那样经济发展水平相近，社会制度相近。这些因素妨碍普京欧亚联盟设想的实现。尽管乌克兰总统亚努科维奇被认为是对俄罗斯友好的，但乌克兰仍不打算加入俄罗斯主导的独联体地区一体化进程。与俄罗斯关系密切、积极支持普京欧亚联盟设想的哈萨克斯坦和白俄罗斯，也对关税联盟内部决策大多由俄罗斯人说了算不满意。塔吉克斯坦经济困难，加入关税联盟可能会成为俄罗斯的负担，摩尔多瓦对加入俄罗斯倡导的一体化组织不积极，乌兹别克斯坦、土库曼斯坦和阿塞拜疆几乎不参加独联体任何一体化进程。普京推动原苏联地区的一体化进程困难很多，不仅有其他共和国的疑虑，还有国际社会的挑战，只有在与俄罗斯的一体化不妨碍成员国的行动自由，又能为他们带来最大利益的情况下，普京的设想才会变成现实。

普京建立欧亚联盟，面临的最主要困难是如何拉住乌克兰，俄罗斯与欧盟在乌克兰竞争激烈，有人认为，没有乌克兰，俄罗斯就无法真正成为欧洲国家，普京所倡导的欧亚联盟也只能是空壳。2013 年俄罗斯在与西方争夺乌克兰的斗争中占得了先机。2013 年 11 月 21 日，乌克兰决定中断与欧盟签署联系国协定的谈判进程，与俄罗斯施加压力有关。普京强调，俄罗斯与乌克兰有着开放的市场，假如乌克兰完全向欧洲敞开大门，那么"我们不能保留与乌克兰当前存在的宽敞大门"。俄罗斯可根据独联体自由贸易区条约6号附件,对从乌克兰进口的商品设立保护性关税。12月19日俄罗斯和乌克兰达成协议,俄罗斯将购买乌克兰发行的总额150亿美元的欧洲债券,俄罗斯对乌克兰供气的价格下调了三分之一。俄罗斯与欧盟争夺乌克兰的胜利,加强了俄罗斯在国际舞台上重新变得强势的形象。但是,乌克兰反对派在西方的支持下抗议亚努科维奇拒绝签署与欧盟的联系国协定,掀起了声势浩大的反对亚努科维奇的斗争,造成严重的流血冲突。2014年2月21日乌克兰政府与反对派达成协议:协议的主要内容包括:在协议签署之后48小时内,通过、签署并颁布一项专门法律以恢复2004年乌克兰宪法;将在10天内成立民族团结政府;在今年9月完成宪法改革,以平衡总统、政府和议会的权力;总统选举将在新宪法生效后立即进行,不得晚于今年12月。但乌克兰局势并没有就此稳定下来,而是发生了戏剧性变化。2月22日,乌克兰议会正在讨论反对派提出的要亚努科维奇下台的提案,亚努科维奇离开基辅,乌克兰议会通过法令,鉴于亚努科维奇自行放弃履行乌克兰总统义务,5月25日提前举行总统选举。随后,亚努科维奇等多名高官被通缉,反对派领导人季莫申科被释放。2月22日,俄外交部在拉夫罗夫与欧洲各国同行电话会谈后发布的公告中说:"拉夫罗夫坚决呼吁德国、波兰和法国,作为积极推动并见证2月21日协议签署的国家,利用自己对反对派的影响力,以便达到让其立即履行协议并抑制肆无忌惮的暴徒。应该停止误导国际社会以及做出目前的独立广场人士似乎代表乌克兰人民利益的样子。"乌克兰事态的发展,使俄罗斯的呼吁无法兑现,亚努科维奇的地区党迅速瓦解,反对派已经夺权。俄罗斯似乎又失去了乌克兰。但俄罗斯并不示弱,克里米亚居民于3月16日举行了关系克里米亚未来的全民公决，结果 96.77% 的选民要求加入俄罗斯。3月18日克里米亚和塞瓦斯托波尔成为俄罗斯两个新联邦主体，俄罗斯利用乌克兰乱局，巩固了自己在黑海和南高加索的战略地位。在5月25日大选中，亿万富翁波罗申科获胜，但乌克兰的局势恐怕短时间内难以稳定，大国在此的博弈也不会停止。

（二）俄罗斯与西方国家的关系不令人满意

在金融危机的打击下，西方发达国家的实力相对削弱，新兴国家在整体性崛起。尽管来自西方发达国家的现代化推动力在减弱，但西方发达国家仍代表着先进和高效。搞好与西方发达国家，特别是与美国的关系，对俄罗斯来说仍是重要的。

俄罗斯重视发展与欧盟的关系。2012年5月31日至6月1日，普京在两天时间出访了白俄罗斯、德国和法国。而后，普京开始对乌兹别克斯坦、中国和哈萨克斯坦进行访问。从他上任之后第一轮所访问的这些国家来看，除了重视和独联体和周围国家的关系，包括重视上合组织和中国的关系之外，他外交上优先考虑的是欧洲国家。普京重视和欧洲国家的关系，力争最大限度地消除、淡化和欧洲国家之间一些政策性分歧。

2012年5月7日，普京在总统令中表示：建立从大西洋至太平洋的统一经济与生活空间是俄外交的战略目标。俄将推动在平等和互利原则基础上与欧盟签署新的战略伙伴关系基础文件，发展与欧盟互利的能源合作，促进统一的欧洲能源体系的建立。①

① Владимир Путин подписал Указ《О мерах по реализации внешнеполитического курса Российской Федерации》. http://www.kremlin.ru/news/15256.

在7月9日驻外使节会议上，普京再次强调："我们将大力发展同欧洲的传统关系。德国、意大利、法国与荷兰同俄罗斯的贸易额占到俄对外贸易额的1/4以上。在6月与欧盟举行的峰会上，重申俄欧战略对话的优先性质。顺便提一下，俄罗斯增加了对国际货币基金组织的缴费，从而参与对欧元区陷入危机的经济体提供经济援助。同时，俄罗斯与欧盟的合作水平目前仍不符合双方的政治和经济潜力。我多次说过，俄罗斯与欧洲本可以提出更为大胆的目标，建立从大西洋到太平洋的规模达数万亿欧元的统一市场，我想强调指出，特别是在世界经济动荡的情况下，生活本身需要走这样一条路。简化签证制度和进而实行免签。"[1]俄将推动在平等和互利原则基础上与欧盟签署新的战略伙伴关系基础文件，发展与欧盟互利的能源合作，促进统一的欧洲能源体系的建立。对普京和俄罗斯来说，欧盟是不可忽视的一环。2012年6月3日在普京第三次出任总统后召开的第一次欧盟峰会上，普京的主张并未被欧盟接受。普京在峰会结束后的记者会上，对欧盟在俄欧双边关系框架协定谈判、欧盟第三份能源"新政"、互免签证等问题上的立场表示不满。普京认为，欧盟在同俄罗斯就签署双边关系框架协定的谈判中提出的要求超越了俄方入世时所承诺的义务，俄暂时不会接受这些要求；俄欧互免签证将导致大量非法移民及犯罪分子通过俄罗斯进入欧盟的说法言过其实，欧盟目前针对俄罗斯人的签证制度给俄公民和商人前往欧盟国家制造了不少障碍。尽管欧盟把俄罗斯定义为战略伙伴，但又不愿看到俄罗斯过于强大。而有着强烈大国意识的俄罗斯对欧盟遏制其发展

---

[1] Совещание послов и постоянных представителей России. http://www.kremlin.ru/news/15902.

的企图也处处提防。由于价值观存在差异，加上在经济、技术和社会发展水平方面存在差距，双方要建立真正的伙伴关系任重道远。2013年6月3—4日在叶卡捷琳堡举行的俄欧峰会，并没有取得多少实际成果，双方的分歧依旧。在乌克兰问题上的对抗，更加剧了俄欧间的紧张关系。

欧盟在俄罗斯的对外关系中占有重要地位，俄罗斯与欧盟双边贸易占俄对外贸易总额的50%，2012年俄欧贸易额逆势而上，达到创纪录的4103亿美元（俄罗斯对外贸易总额约为8400亿美元）。但俄欧之间贸易争端不断，欧盟对从俄罗斯进口牲畜、汽车、木材时面临的限制感到不满，而欧盟法律禁止能源供应商控制输配网络，威胁俄罗斯对欧洲一条输气管道的控制（俄罗斯天然气出口商俄天然气工业股份公司在北溪管道上拥有51%的股权）。俄罗斯与德国保持着紧密的经济关系，2013年两国双边贸易额达760亿美元，仅次于中俄贸易额，与俄荷贸易额持平。欧盟1/3的油气资源和近1/4的煤和石油制品的需求由俄罗斯满足。尽管俄欧间的矛盾与分歧也不少，但总体来看，俄欧关系要好于俄美关系。

俄美两国在根本战略目标上仍存在分歧。美国没有也不可能放弃领导世界的战略目标，其超级大国的地位在相当长时期内也不会改变；俄罗斯大国战略也未改变，对于美国的霸权主义和干涉他国的行径，经常提出批评。

俄罗斯对美国加强军事同盟的做法不满，认为北约是冷战时代的残余。北约东扩是对俄罗斯安全的威胁。俄罗斯一直致力于建立大西洋两岸共同的防御体系，反对把俄罗斯排斥在外，但美国仍不断挤压俄罗斯的战略空间，在原苏联地区扩大自己的影响，坚持北约东扩、设立新的军事设施和在欧洲建立反导系统,这些都严重损害俄罗斯的利益。普京通过加大发展军事力量的力度,增强突破反导系统的能力与美国保持战略力量上的平衡。普京强调,"我们将遵循自身的利益和目的,而不是他人的指示。只有俄罗斯强大和立足稳健的时候,才会受到尊重"。根据2012年5月7日的总统令,俄将继续落实武器更新计划,至2020年,俄军现代化武器份额不少于70%,战略核遏制力量、航空航天防御武器、通讯、侦察、指挥以及电子对抗武器将是俄军武器发展的重点。进一步加强海军实力,扩大在北极和远东地区的海上军事力量。

2012年普京重返克里姆林宫以来,俄美摩擦不断,梅德韦杰夫时期"重启"的成果化为乌有。普京就职后计划参加的主要外交活动之一本应是在美国召开的G8峰会,5月14日,普京突然宣布,由于要组建新政府,本人无法参加5月18—19日在戴维营举行的G8峰会,由总理梅德韦杰夫代为出席。在对待叙利亚、伊朗等问题上,俄罗斯与美国分歧更大,俄罗斯明确反对用武力解决问题,更不能让利比亚的悲剧在叙利亚重演。美国借其他问题不断向俄罗斯施压,2012年有两件事特别突出地影响了俄美关系:一个是有关马格尼茨基事件的议案,另一个是逮捕涉嫌向俄罗斯出口高技术品的俄罗斯公民。

2009年11月16日,被指控帮助公司逃税而遭关押一年的律师马格尼茨基死于"水手寂静"看守所,美国方面认为这是严重违反人权的行为,美国国会于2011年4月拟定所谓"马格尼茨基名单",制裁涉嫌马格尼茨基死亡和其他在俄罗斯侵犯人权的人,这份名单包括法官、检察官、特工部门、护法机关、监狱机关的高官和其他官员。2011年6月26日,美国国会参议院外交事务委员会通过表决,一致通过了有关马格尼茨基事件的议案。根据议案,美方将禁止与马格尼茨基死亡有关的60名俄方人员进入美国并冻结这些人在美国的资产。2012年11月中旬,美国参议院以92∶4的压倒性多数通过该法案,12月6日在众议院以365∶43通过,12月14日美国总统奥巴马签署了该法案。2012年10月22日,俄罗斯外交部副部长谢尔盖·利亚布科夫表示要采取相应的措施回应美国的做法。12月10日和12月26日,俄罗斯国家杜马和联邦委员会通过"反马格尼茨基法案",禁止美国公民收养俄罗斯儿童。12月28日普京签署了该法案。

2012年10月3日,俄方获悉美国联邦调查局以涉嫌非法向俄罗斯出口高技术,逮捕了8人(涉案人员一共11人,有3人被通缉)。8名被捕者中有4人拥有美国和俄罗斯护照,俄罗斯外交部承认他们是俄罗斯公民,并承诺帮助他们。他们是:亚历山大·菲申科、亚历山大·波索比洛夫、维多利亚·克列巴诺娃和阿纳斯塔西娅·佳特洛娃,他们被指控向俄罗斯出口受到政府严格控制的微电子技术元件,这些微电子技术估计被出口到俄罗斯情报和军事机构。俄罗斯外交部对美国逼迫这些被捕的俄罗斯公民与司法部门进行交易,否则将对他们处以超长刑期表示了强烈的不满。

2012年6月,在墨西哥洛斯卡沃斯召开的二十国集团峰会前夕,普京在墨西哥报纸El Universal上撰文谈对摆脱危机的看法,他着重批评了美国的财政政策。他强调,欧元区的债务达到国内生产总值的80%,而美国达到104%。"我们希望了解,美国将如何解决他们面临的问题和挑战——高额的国债——15万亿。"他还批评美国的《杰克逊—瓦尼克修正案》阻碍了俄美两国的贸易。"我们同美国的贸易额只有 320 亿美元。这么一点儿,我觉得就跟零一样。我们同中国的贸易额是 830 亿美元。"普京还强调,美国通过《马格尼茨基法案》限制俄罗斯官员入境美国,将导致两国关系恶化,俄罗斯也将限制美国人入境俄罗斯。在反导计划方面,美国至今拒绝接受俄罗斯的建议。普京认为,问题的解决不取决于奥巴马是否能够连任。"美国建立自己的反导系统已经不是第一年,我还没看到什么能改变他们的行动。"他表示,俄罗斯建议由俄、美、欧三方"平等的"参与共同建设反导系统。"这意味着,三方能够共同评估威胁,共同管理系统并就其使用进行决策。这是改变全球安全状况的最根本的方式。"① 峰会期间,普京与奥巴马举行了会晤,但双方未能解决两国关系间最复杂的问题,包括反导问题。俄罗斯反对美国建立欧洲反导系统,认为这是指向俄罗斯战略核遏制力量。

2013 年因斯诺登事件,俄美关系再度陷入僵局。7 月,美国"棱镜门"事件的爆料者斯诺登跑到了莫斯科,俄罗斯顶住美国要求引渡的巨大压力,于 8 月宣布为斯诺登提供一年的临时避难。尽管俄罗斯没有邀请斯诺登,但俄不顾美国的反对,名正言顺地收留了他,再一次证明俄罗斯能够不理睬美国、为捍卫自己的利益做出决定。美国对此大为恼火,8 月 6 日晚,美国总统奥巴马先后宣布:他将照常出席即将在俄罗斯圣彼得堡举行的 G20 峰会,但取消原定的在 G20 峰会期间顺访莫斯科并与俄罗斯总统普京举行双边首脑会晤的计划。在 G20 峰会上,普京抨击美国关于即将在叙利亚动武的声明,还在《纽约时报》发文批评美国迷信

---

① 转引自刘乾:《G20 峰会:俄罗斯的立场和观点》,http://rusnews.cn/xinwentoushi/20120622/43477881.html。

武力的倾向。在普京的建议下，美国同意在叙利亚同意销毁化学武器的情况下，放弃轰炸叙利亚。但就如何解决叙利亚问题，俄美的分歧依旧。

在欧洲反导问题上，俄美分歧依旧。2013年伊朗核问题取得很大进展，11月伊核问题举行了六方会谈并达成协议，北约没有理由再在欧洲部署导弹防御系统，但北约坚称，欧洲反导系统的计划不会改变。

2014年2月7日，在索契冬奥会的开幕式上，美国总统奥巴马、英国首相卡梅伦、法国总统奥朗德和德国总理默克尔集体缺席，奥巴马宣布，"繁忙的日程安排"使他无法参加俄罗斯城市索契主办的冬奥会开幕式。代替总统参加冬奥会开幕式的将是几位美国官员和前奥运选手。这将是本世纪八次冬奥会和夏奥会开幕式中级别最低的美国代表团，无疑表明俄美关系已经跌落到何等程度。俄美关系难以取得突破性进展，很大程度上是因为两国经济关系无足轻重，2013年俄罗斯与美国的贸易额下降1.6%，只有277亿美元。按计划2014年6月4日至5日将在俄罗斯举行八国集团峰会，普京和奥巴马应该举行会谈，但因乌克兰危机，西方七国集体制裁俄罗斯，并将俄罗斯赶出了八国峰会，G8变成了G7。俄美这种冷淡的关系恐怕短期内不会发生根本改变。

（三）俄罗斯与西方存在根本性分歧

2013年12月12日，普京在向联邦会议做国情咨文时重申，当今国际局势变幻莫测，在这种条件下，"俄罗斯的历史责任增强，俄罗斯不仅是全球和地区稳定的主要保证之一，还是坚持不懈捍卫价值观立场的一个国家，其中包括在国际关系方面"。"我们向来为自己的祖国而自豪。但我们不追求什么超级大国的称号，因为这被理解为谋求世界或地区的霸权，我们不侵犯任何他人利益，不向任何人强加自己的庇护，也不训导任何人如何去生活。但我们要努力成为捍卫国际法的领导者，敦促尊重国家主权、独立和民族的独特性。对于俄罗斯这样一个有着伟大的历史和文化、各民族在一个统一国家里过着共同、固有的生活方面有着多个世纪经验的国家，这也是绝对客观和可以理解的。""我们也知道，世界有越来越多的人支持我们保护传统价值观的立场，这些传统价值数千年来一直是文明和各民族精神和道德的基础：看重传统家庭和真正人生的价值观，其中也包括宗教生活、物质与精神生活，以及人道主义和世界多样性价值观。"普京把他所坚持的传统价值说成是保守主义，"保守主义的意义不在于它阻碍前进或向上，而在于它阻碍倒退和下滑，阻碍回到蒙昧混沌和原始状态"。① 从普京的政策宣示中我们看到，俄罗斯一方面坚决捍卫自己的国家利益，另一方面也要参与国际议事日程的制定，承担一个大国的责任。这种有作为的外交与美国要当世界领袖的目标自然会产生矛盾。

在价值观上，俄罗斯与欧美国家还存在很大分歧，从普京以上表态看，俄罗斯要用其坚持的传统价值观与美国所倡导的自由主义价值观一争高下。俄罗斯强烈反对把自己的价值观强加于人的做法，但也没有忽视价值观的作用。普京强调发挥国家软实力的作用，也注意发挥东正教会的影响。

在国际安全领域，俄罗斯与西方国家存在深刻矛盾。普京强

---

① Послание Президента Федеральному Собранию. http://www.kremlin.ru/news/19819.

第八章　新型现代化背景下的俄罗斯外交与中俄关系

调:"国际社会仍远未建立起全面的不可分割的安全体系的基础。大家口头上似乎都表示赞同,但实际上多数伙伴却只竭力保障自己的安全。忘了,在这个时代,一切都彼此相连。多数挑战和威胁具有跨国性质。面临的威胁人所共知:大规模杀伤性武器的扩散、恐怖主义、宗教极端主义、贩毒、环境污染、食品和淡水匮乏。"①在国际社会的共同威胁面前,国际社会需要加强合作。俄罗斯反对西方输出"导弹轰炸式民主",干涉其他国家的国内冲突,强调不能让利比亚的悲剧在叙利亚重演。"我相信,应当竭尽全力迫使冲突双方制定以政治途径和平解决所有争议的方案。""必须立足于谈判来巩固国际生活的集体原则,通过和平途径寻找妥协。这关系到所有的痛点,包括伊朗和朝鲜的核计划问题,包括阿富汗和其他地区和次地区的问题。"②普京认为不应该用武力手段解决国际问题,在叙利亚事件中俄罗斯所发挥的作用,证明可以用政治手段解决问题。"我们重申,希望与美国建立富有建设性的、可预见的和互利的合作模式,以最近几年取得的积极进展为依托。鉴于俄罗斯和美国是两个最大的核国家,许多全球和地区性问题的解决都取决于我们,在复杂的国际形势下,两国之间经常进行互信对话更有意义。"③但让美国把俄罗斯当成平等的对话伙伴,尊重俄罗斯的利益与诉求,还是比较难的。美国在乌克兰的行为充分说明了美俄的对抗态势。

---

① Совещание послов и постоянных представителей России. http://www.kremlin.ru/news/15902.

② Совещание послов и постоянных представителей России. http://www.kremlin.ru/news/15902.

③ Совещание послов и постоянных представителей России. http://www.kremlin.ru/news/15902.

金融危机和西方势力的相对衰弱，或许给了俄罗斯很好的机会。普京认为，"目前还没有能够消除经济危机的可靠方案。前景越来越令人不安。欧元区的债务纠纷和衰退，只是整个世界经济尚未解决的结构性问题的冰山一角。在传统的经济引擎（如美国、欧盟、日本）日渐疲弱的情况下，缺乏新的发展模式导致全球发展停顿。争夺资源的斗争愈演愈烈，引发原材料和能源市场的异常动荡。世界发展的多样性，发达经济体中由于危机而加剧的国内社会经济乱局和问题，正在削弱西方的主导地位。这已经是事实"。[1]但是，来自非洲和亚洲能源供应的扩大，美国的页岩气革命，使俄罗斯的能源供应国的重要性也在下降，需要俄罗斯谨慎应对。

四、中俄关系迎来新机遇，实现快速发展

中俄两国都是世界大国，又互为最大的邻国，中俄关系的稳定和发展，不仅关乎两国人民的利益，也影响着世界局势的发展。苏联解体后，中苏关系顺利过渡到中俄关系，两国关系发展顺利，不断跃上新台阶，特别是2001年7月《中俄睦邻友好合作条约》的签署，确立了"世代友好，永不为敌"的双边关系，两国向世人宣布要做好邻居、好朋友、好伙伴。中俄这两大邻国的关系不断跃上新台阶，两国互利合作和战略协作的关系不断发展，成为冷战后大国关系的典范。习近平主席把履新后出访的第一站选在俄罗斯，这是深思熟虑做出的决定，也是2013年令世界瞩目的重大事件之一。在14个月的时间里，中俄两国最高领导人会晤有七次之多，

---

[1] Совещание послов и постоянных представителей России. http://www.kremlin.ru/news/15902.

除习主席访俄、出席冬奥会开幕式和普京访华举行的两国最高领导人会晤外,他们还在多边外交场合四次见面和会谈:在金砖五国峰会上,中俄两国领导人与印度、巴西、南非领导人一起规划金砖国家未来合作之策;在上海合作组织峰会上,两国领导人举行会谈,共同谋划上合组织的未来;在圣彼得堡G20峰会上,两国领导人商谈了促进世界经济繁荣发展的问题;在巴厘岛APEC峰会上,两国领导人进行了友好会谈,中俄将加强协调和配合,共同维护亚太安全稳定和发展繁荣。2013年中俄两国在多个领域的合作出现新突破,取得了丰硕成果,中俄关系再次达到前所未有的高水平。

(一)中俄关系的发展历程

在叶利钦任总统期间,中俄关系上了三个台阶:1992年12月两国宣布互视对方为友好国家;1994年9月两国间建立了建设性伙伴关系;1996年4月两国间建立了"面向21世纪的战略协作伙伴关系"。中俄关系开始了平稳发展的新时期,中俄关系的发展模式是在吸取此前42年两国关系正反两方面经验的基础上建立起来的,因而是最符合两国利益和需要的,也是最具生命力的。此后两国关系顺利发展的实践也证明了这种建立在和平共处五项原则基础上的,不结盟、不对抗、不针对第三国,既进行战略协作,也进行友好竞争的新关系,符合两国的根本利益。

苏联解体后,新俄罗斯奉行了亲西方的外交政策,但没有忽视与中国这个邻居的关系。1992年12月,叶利钦总统访华,中俄两国领导人签署了《关于中俄相互关系基础的联合声明》,强调:"中华人民共和国和俄罗斯联邦相互视为友好国家。他们将按照联合国宪章,本着互相尊重主权和领土完整、互不侵犯、互不干涉内政、平等互利、和平共处等原则及其他公认的国际法准则，发展睦邻友好和互利合作关系。双方强调，各国人民自由选择其国内发展道路的权利应得到尊重，社会制度和意识形态的差异不应妨碍国家关系的正常发展。"表明两国关系完全超越了意识形态，尊重彼此的选择，同时，声明还强调："双方不参加任何针对对方的军事政治同盟；不同第三国缔结任何损害另一方国家主权和安全利益的条约或协定；任何一方均不得允许第三国利用其领土损害另一方国家主权和安全利益。"表明了两国关系的非同盟性。这一声明奠定了中俄关系发展的基础，确定了发展两国关系的方针，中俄关系顺利完成了从中苏关系向中俄关系的转变，揭开了两国关系史上新的一页。

1994年，在江泽民访俄期间，中俄关系的定位上升到面向21世纪的建设性伙伴关系。1996年4月，叶利钦总统再次访华，中俄两国领导人发表《中俄联合声明》，同时签署了十几项合作文件。声明强调中俄将"决心发展平等信任的、面向21世纪的战略协作伙伴关系"。认为"签署在边境地区加强军事领域信任的协定具有重大意义，决心采取切实有效的措施落实该协定，把两国边界建设成为一条睦邻友好、和平安宁的边界。双方表示，将继续努力尽快制定在边境地区相互裁减军事力量的协定。裁减后保留的部队将只具有防御性质"。1997年4月江泽民访俄期间，中俄领导人发表了《关于世界多极化和建立国际新秩序的联合声明》，中俄战略协作与互信关系得到迅速发展。

2000年普京当选总统后，基本上继承了叶利钦时代的对华政策，双方的战略协作关系发展顺利，2000年7月普京成功地对中国进行了访问。为了进一步促进两国关系的发展，2001年7月中俄签署睦邻友好合作条约，规定了中俄在 21 世纪战略协作的方向，但中俄关系并没有像条约规定的那样顺利发展，正如俄罗斯科学院远东所副所长米赫耶夫所说："和过去一样，莫斯科仍旧把中国看作是重要但是距莫斯科遥远的邻居，这种失误从叶利钦时代就已开始，到普京时代仍在延续。在反导条约问题上，俄罗斯将中国牵扯进了与美国的矛盾当中，但却没有及时地向中国通报自己立场先行软化的信息。中国公司应邀参加斯拉夫石油公司的拍卖招标，但最后被排挤出局。还有安加尔斯克——大庆石油管道路线问题：中国原打算把从俄罗斯进口石油作为自己石油安全保障的重要一环。中国人认为，普京曾向胡锦涛做出过向中国修建管道的承诺。但现在俄罗斯的立场却偏向了日本。所有这一切显示，普京的政策没有顾及中国在世界上全新的地位。中国是东亚经济的主要龙头之一，是世界经济中的主要组成部分。普京和俄罗斯外交界都忽略了这一点，这已经给我们带来不良影响。我们更多关注的是中国的人口扩张威胁。实际上，从战略层面讲，并不存在这样的威胁。真正的威胁在于，我们将错失良机，我们身边将迅速崛起一个新兴的全球经济大国与政治大国，而我们却仍在按老一套与他打交道，还天真地认为一切都好。"①

2004 年以来，中国在俄罗斯外交战略中的地位上升，两国能源合作遭遇挫折的消极后果被成功化解，中俄关系步入了快速发展的轨道。2004 年 10 月，中俄两国元首签署了《中华人民共和国和俄罗斯联邦关于中俄国界东段边界的补充协定》，双方充分考虑了两国的地方利益，就额尔古纳河上游阿巴该图洲与黑龙江

---

① 《Время новостей》，10 марта. 2004.

中游黑瞎子岛的两个地段的边界达成最后协议，这标志着中俄边界线走向全部确定。2005年7月1日，在中国国家主席胡锦涛访问俄罗斯期间，同俄罗斯联邦总统普京签署了《中华人民共和国和俄罗斯联邦关于21世纪国际秩序的联合声明》，该文件完整地阐述了两国政府对当前国际形势的看法以及对重大国际和地区问题的立场和主张，表明双方将进一步提高两国战略协作水平，就国际事务及时沟通、交换看法、协调立场和加强合作，共同促进世界的和平、稳定与繁荣，为建立国际新秩序做出重大贡献。2006年3月，普京对中国进行了成功访问，双方在各个领域，特别是能源领域的合作方面取得了实质性进展，中俄联合公报声明："中俄在能源领域的合作是两国战略协作伙伴关系的重要组成部分，正在向高水平发展，对进一步深化双边经济合作具有重要意义。"① 两国的睦邻关系进一步向深度和广度发展，标志着在发展中俄伙伴关系方面又迈出了重要的一步。俄罗斯学者认为，"在北京达成的能源合作协议是俄中经贸合作取得质的进展的重要内容之一，引起了世界的关注。双方商定继续积极推动从俄罗斯向中国输送原油和天然气的管道项目，主张两国公司投资开发石油和天然气资源并发展俄罗斯与中国的燃料动力潜力，赞成采取互利合作的其他方式，其中包括发展电力工业、石油和天然气加工业、石油和天然气化学工业、机械制造业。显而易见，落实这些大型的长期项目不仅有助于两国经济的增长，而且会成为全球能源安全体系的重要组成部分"。② 2006年6月27日在驻外使节会议上，

---

① 《人民日报》2006年3月22日。
② Костантин В. В. Москва—Пекин. Новые горизонты сотрудничества. // Международная жизнь № 4 2006. С. 7.

普京指出:"俄罗斯与中华人民共和国的友好关系是全方位的。与此同时,我们认为主要的任务是,不能满足于已经取得的成果,要采取各种新的措施来扩大俄中伙伴关系的领域。十分重要的是,我们双方的伙伴关系在速度上和内容上都要考虑到俄罗斯和中国快速发展的情况,考虑到我们两国在本地区和世界上地位的变化。我们今后仍将在双边战略协作方面向前发展,在国际舞台上协调我们的行动。"①

2008年5月梅德韦杰夫就任总统后,于同月23—24日访问了中国。在与胡锦涛的会谈中,两国元首高度评价中俄战略协作伙伴关系的建立和发展,一致同意继续推动中俄战略协作伙伴关系更好地向前发展。会谈后,两国元首签署了《中华人民共和国和俄罗斯联邦关于重大国际问题的联合声明》,并出席了一系列合作文件的签字仪式,涉及能源、航空、林业、旅游等多个领域的双边合作。在汶川地震发生后,俄罗斯迅速向中国提供了援助,梅德韦杰夫还邀请中国地震灾区一些中小学生到俄罗斯疗养。2010年9月27—28日,梅德韦杰夫再次率团访问中国,并参观了世博会。在《中俄关于全面深化战略协作伙伴关系的联合声明》中,强调增进中俄战略互信,强调在涉及国家主权、统一和领土完整等两国核心利益问题上相互支持是中俄战略协作的重要内容。双方还签署了《中俄两国元首关于第二次世界大战结束65周年联合声明》,强调"中俄坚决谴责篡改二战历史、美化纳粹和军国主义分子及其帮凶、抹黑解放者的图谋"。在欧洲舆论不利于俄罗斯的背景下,中国给了俄罗斯以很大支持。

---

① www.kremlin.ru/appears/2006/06/30/.

梅德韦杰夫在推动中俄能源合作和地区合作方面做了许多工作。2009年9月23日中俄两国正式批准了《中华人民共和国东北地区与俄罗斯远东及东西伯利亚地区合作规划纲要（2009—2018年）》，该《规划纲要》的内容包括中俄口岸及边境基础设施的建设与改造，中俄在运输、劳务、旅游、人文、环保等领域的合作，还包括建立合作园区等。这一《规划纲要》还具体确定了《中华人民共和国东北地区与俄罗斯远东及东西伯利亚地区合作重点项目目录》，共列有205个重要合作项目。如果这一规划能够落实到实处，必将促进两国相邻地区的发展，使这一地区的人民得到实惠。梅德韦杰夫总统重视远东的开发与中俄的地区合作，2010年5月他在哈巴罗夫斯克会议上提出了使俄罗斯东部地区与亚太地区真正一体化的任务，称中国是俄"最重要和最有经济合作前途的伙伴"。

中俄解决了两国之间多年悬而未决的问题；中俄之间政治、经济、文化等方面的交流都很活跃，在一些利益不重合的问题上，两国能够互相理解、互相尊重，共同推动两国友好合作关系的发展，使中俄关系进入了历史上最好的发展时期。俄中之间不存在根本利益的分歧，在许多重大的国际和地区问题上，两国立场相同或相近。

（二）中国在俄罗斯对外战略中的地位上升

2013年2月15日，俄罗斯公布了普京总统批准的新版《俄罗斯联邦对外政策构想》。这是根据普京总统2012年5月7日签署的《关于实施对外政策方针的命令》而制定的对外政策文件，也是2000年以来俄罗斯制定的第三个对外政策构想。新版俄罗斯联邦对外政策构想体现了普京独立自主的外交路线,保持了务实、透明、多元、可预测和在不冲突情况下捍卫国家利益和恢复大国地位的基本原则,同时也根据国际形势的变化做出了一些重要调整,例如更加强调经济外交、加快独联体一体化进程和增强"软实力"的作用等。新《构想》具有普京重新执政的浓厚色彩,在对外政策上显得更自信、更积极、更有进取心。俄罗斯对国际局势的基本估计是:"国际关系正处于一个过渡期,其实质在于构建多极化国际体系。这一过程并不轻松,伴随着全球和地区层面上的经济和政治波动增多的现象。"世界变革既为俄罗斯带来严峻挑战,同时也提供了新机遇,俄罗斯对外政策的目标是使俄成为"现代世界有影响力和竞争力的中心之一。"[①] 2000年以来,俄罗斯走出了苏联解体所带来的动荡和不稳定,开始不断完善以经济市场化和政治民主化为目标的新体制,取得了不小的成效。国力的增强,为俄罗斯重新崛起为一个大国和对世界施加重要影响提供了前提条件。

普京所确定的新外交学说同两年前时任总统的梅德韦杰夫向外交官们阐释的有所不同,主要表现在对优先政治伙伴的排序上。2010年7月,梅德韦杰夫发表了重要讲话,呼吁外交政策为俄罗斯的现代化和民主化服务,他所确定的俄罗斯外交的优先方向是发展与西方发达国家的关系,因为西方能为俄罗斯提供经济现代化所需的技术、先进的管理经验和大量资本。梅德韦杰夫当时提到的现代化伙伴有德国、法国、意大利、欧盟以及美国。在普京前两届总统任期内一直是优先方向的独联体

[①] Концепция внешней политики Российской Федерации. http://www.mid.ru/brp_4.nsf/newsline/6D84DDEDEDBF7DA644257B160051BF7F.

国家却被梅德韦杰夫排在了第三,位居亚洲国家之后。① 普京所确定的外交优先方向有很大不同,位居第一的是包括哈萨克斯坦和白俄罗斯在内的关税同盟国家,以及乌克兰,俄罗斯竭力把乌克兰拉入关税同盟,不希望乌克兰加入欧盟。居于第二位的是与发展迅速的亚洲国家的关系,首先是与新巨人——中国和印度的关系。

其实,不管俄罗斯的外交优先方向是独联体国家还是西方,中国都是俄罗斯越来越重视的国家。梅德韦杰夫担任总统时就强调,俄罗斯要搭上亚洲这辆飞速发展的经济快车,借助中国加快西伯利亚和远东地区的开发。俄罗斯是第一个实现人民币直接挂牌交易的中国境外国家。2008年5月梅德韦杰夫任总统后,把中国作为除独联体国家之外出访的第一个国家。中国经济的迅速发展,中俄贸易额的逐年上升,对于俄罗斯的经济发展十分重要。2009年以来,在国际金融危机的背景下,中国在俄罗斯外交中的地位提高了,俄罗斯精英阶层认识到与迅速发展的中国发展密切的政治经济合作有助于俄罗斯的经济发展和国际影响力的增强。2009年中俄能源合作取得重大进展,中俄原油管道工程于2010年9月27日竣工,梅德韦杰夫访华并与胡锦涛主席共同出席了竣工仪式。针对国内有些人对中国国力增强的担忧,普京更加明确地表示,"我相信,中国经济的增长绝对不是威胁,而是一种拥有巨大合作潜力的挑战。我们应该更积极地建立新的合作关系,结合两国的技术和生产能力,开动脑筋,将中国的潜力用于西伯利亚和远东的经济崛起"。"俄罗斯需要一个繁荣稳定的中国,而

---

① Выступление на совещании с российскими послами и постоянными представителями в международных организациях. http://www.kremlin.ru/transcripts/8325.

中国也需要一个强大成功的俄罗斯。"①

普京第三次入主克里姆林宫后，十分重视发展对华关系。2012年7月9日普京在驻外使节会议上说："俄罗斯将继续加强在亚太地区的阵地。当然，全球危机没有绕过亚太地区，但总的来说，这一地区继续提升着自己的经济实力，在很大程度上保持着活力，正逐渐成为全球发展的新中心。我们参与亚太地区积极的一体化进程将会对俄罗斯西伯利亚和远东的社会经济发展产生影响。同中国之间的战略与务实协作具有最重要的意义。我们准备深化同中国伙伴之间各种形式的合作，包括在国际议题方面协调行动"。②新版《俄罗斯联邦对外政策构想》重申，"俄罗斯希望积极参与亚太地区的一体化进程，利用其能力来实施西伯利亚和远东的经济振兴计划，以集体的方式在亚太地区建立透明和平等的安全与合作体系"。"发展与中国和印度的友好关系是俄罗斯对外政策最重要的方向"。俄中将"继续发展全面、平等、信任的伙伴关系和战略协作"。"俄中两国对国际政治关键问题的原则性态度相吻合，这是地区乃至全球稳定的一个基本组成部分。俄罗斯将以此为基础，发展与中国在不同方向的外交协作，包括寻找应对新的挑战和威胁的答案，解决尖锐的地区和全球问题，在联合国安理会、二十国集团、'金砖国家'合作机制、东亚峰会、上合组织和其他多边机构中开展合作"。③普京在振兴俄罗斯经济

---

① Путин В. В. Россия и меняющийся мир.《Московские новости》, 27 февраля 2012.

② Совещание послов и постоянных представителей России. http://www.kremlin.ru/news/15902.

③ Концепция внешней политики Российской Федерации. http://www.mid.ru/brp_4.nsf/newsline/6D84DDEDEDBF7DA644257B160051BF7F.

和建立欧亚联盟的过程中需要借助中国的力量,在国际事务上也希望两国一道遏制某些国家破坏现有国际法和联合国核心地位、随意对别国进行武力干涉和侵略的行径。"中俄已进入互为重要发展机遇,互为重要合作伙伴的新阶段。"

(三)中俄关系已达到前所未有的高水平

中国同样重视发展与俄罗斯的关系,把发展中俄关系作为中国外交的重要方向。中国外交布局强调"大国是关键,周边是首要,发展中国家是基础",俄罗斯既是大国,又是中国最大的邻国,同样面临着现代化的任务,中俄战略协作和睦邻友好关系的发展,对中国的改革开放事业十分重要。2013年3月22—23日,习近平主席精心安排,把俄罗斯作为履新后出访的第一站,显示两国关系具有特殊的重要性。中俄两国元首发表《中华人民共和国和俄罗斯联邦关于合作共赢、深化全面战略协作伙伴关系的联合声明》,宣布:"中俄关系已达到前所未有的高水平,为大国间和谐共处树立了典范,为促进地区乃至世界和平与安全发挥着重要的稳定作用。进一步发展中俄关系符合两国和两国人民的根本利益。""双方将恪守《中俄睦邻友好合作条约》的原则和精神,把平等信任、相互支持、共同繁荣、世代友好的全面战略协作伙伴关系提升至新阶段,将此作为本国外交的优先方向。双方支持对方自主选择发展道路和社会政治制度的权利,在涉及对方主权、领土完整、安全等核心利益问题上相互坚定支持。"① 习近平主席访俄不仅扩大了两国在能源、科技、军技、人文等领域的合作,

---

① 《中俄合作共赢、深化全面战略协作伙伴关系联合声明》,《解放军报》2013年3月23日。

还进一步增强了双方的政治互信,全面提升了中俄战略协作伙伴关系,具有重要意义。以习近平主席访问俄罗斯为契机,中俄关系再创新高,2013年是中俄关系取得丰硕成果的一年。中俄关系发展的现实表明,中俄是重要的合作伙伴,这一伙伴关系对于两国的经济社会发展是十分重要的。

首先,中俄两国的战略协作增强,共同推进国际关系的民主化。习近平主席和普京总统年龄相近,都是务实的领导人,两人建立了良好的个人关系。在10月7日巴厘岛APEC峰会期间,习近平为普京庆祝61岁生日,给普京留下了深刻印象。在12月19日一年一度的大型记者招待会上,普京在回答中国央视记者提问时还专门补充说,"我与你们的主席一起庆祝了自己的生日。这是我一生中第一次和另一个国家的元首一起庆祝自己的生日,而且这个人还是中国国家主席!"① 领导人之间良好的个人关系显然有利于两国关系的发展。

在世界上存在的各种伙伴关系中,中俄是最切实的伙伴;在世界大国关系中,中俄关系是大国和谐相处、合作共赢的典范。中俄两国强调,应通过和平手段和政治对话解决包括叙利亚、朝鲜半岛核问题、伊朗核问题在内的热点难点问题,反对绕过联合国安理会动辄对别国使用武力或以武力相威胁,反对颠覆别国合法政权。双方支持上海合作组织、金砖国家、二十国集团等机制发挥积极作用,扩大新兴市场国家和发展中国家在国际事务中的代表性和发言权,推动建立公正合理的国际秩序。巩固《联合国宪章》等公认的国际法准则,尊重各国人民自主

---

① Пресс-конференция Владимира Путина. http://www.kremlin.ru/news/19859.

选择的发展道路,加强联合国在国际事务中的主导作用,通过政治外交手段和平解决国际和地区争端。"遵循平等互信、包容互鉴、合作共赢的原则,携手促进和平与稳定,推动共同发展与繁荣,建设公正、民主、和谐的世界秩序。"中俄两国在国际舞台上密切合作,中方支持俄方提出的将叙利亚化学武器交由国际社会监管并销毁的建议,推动了叙利亚化学武器问题的解决;在解决伊朗核问题上,中俄两国也密切合作,使这一问题的解决取得了阶段性成果;中俄两国军舰还共同为运送撤出叙利亚化学武器的舰只护航。

中俄的政治互信体现在密切的军事合作上。习近平主席史无前例地成为参观俄军指挥中心的首位外国元首。中俄军技合作在增强,俄罗斯是中国获取现代化军事装备的重要国家,在习主席访俄期间,双方就加强军事技术合作签署一系列协议,根据这些协议,俄罗斯将向中国出售24架苏-35战机、4艘"阿穆尔级"潜艇等武器装备。中俄除了在上海合作组织框架下举行的反恐军事演习外,还单独举行军事演习。2012年4月中俄两国海军在中国海域举行了军事演习。2013年7月5—12日,中俄两国海军又在日本海彼得大帝湾举行了"海上联合—2013"中俄联合军演,参演的部队包括:中国海军北海舰队和南海舰队,包括4艘驱逐舰、2艘护卫舰和1艘综合补给舰,随舰直升机3架、1个特战分队;俄海军太平洋舰队,俄方出动了包括俄罗斯太平洋舰队旗舰"瓦良格"号巡洋舰在内的各型水面舰艇11艘、潜艇1艘、固定翼飞机3架、舰载直升机2架和1个特战分队。从政治层面讲,演习促进了中俄全面战略协作伙伴关系务实性发展;从军事层面讲,既提高了双方的实战能力,又提高了共同应对海上安全威胁的能力。按照两国海军领导人达成的共识,联演将步入常态化、机制化的轨道。随着两国海军务实合作的进一步发展,未来双方将从战略、战役、战术、技术各个层面拓展深化演练内容,全面提升两国海军海上联合行动的能力。2013年7月27—8月15日,中俄两军在俄罗斯车里雅宾斯克州切巴尔库尔训练场举行了"和平使命—2013"联合反恐军事演习。2014年5月20—26日,中俄两国海军在东海举行了联合军演。联合军演是衡量中俄政治关系的重要标志,是两国政治关系的最高表现形式,这些军事演习取得圆满成功,其中重要的原因就是两国领导人达成高度战略互信。加强军事合作将进一步增强中俄政治互信,增强中俄应对共同威胁的能力。在东海局势紧张,美国高调重返亚太的背景下,中俄间的军事合作有利于平衡亚太地区的战略力量。

第二,莫斯科及全俄东正教大牧首访华,中俄文化交流深入发展。近年来,俄罗斯东正教在俄罗斯社会和外交中的地位与作用增强,俄罗斯政府一直推动中国政府给予东正教相应的地位。2013年5月俄东正教大牧首基里尔首次访华,5月10日习近平主席在人民大会堂与基里尔宗主教会晤时称,"您是第一位作为莫斯科和全俄宗主教以及俄罗斯的最高宗教领袖访问我们国家的人。这是中俄关系高水平和高质量的突出表现"。基里尔同中国境内东正教徒与教会代表会面,14日在哈尔滨圣母守护大教堂举行了祷告礼拜,15日在上海圣母大教堂举行了圣礼仪,这也是该东正教教堂1965年以来首次举行东正教祭祀礼拜活动。基里尔认为,"我们有着共同的精神文明基础——俄罗斯东正教和中国文明,因为俄罗斯、中国和其他东正教国家不破坏生存的道德基础,相反努力培养自己人民的崇高道德理想。我认为,这将成为我们与你们在双边及国际领域合作的一个非常重要的基础"。①2013年俄罗斯联邦总理梅德韦杰夫访华,两国总理对《中俄人文合作行动计划》的落实情况表示满意,强调人文交流是中俄关系发展的战略领域,支持进一步深化两国人文交流。2012年和2013年两国互办了旅游年,2013年前9个月有30余万中国游客访问莫斯科,较2012年同期增长37%至40%。2014年和2015年两国将互办青年友好交流年。中俄两国政府鼓励高校间开展直接合作,建立同类高校联盟,支持高水平人才联合培养,不断扩大两国教育领域人员往来规模,计划到2020年前实现中俄10万人留学计划。

第三,中俄经贸合作深化,提出构建牢固的中俄能源战略合作关系。2012年中俄贸易额达到881.6亿美元,较上一年增长11.2%。但受俄罗斯2013年经济不景气和国际市场能源资源类产品价格下降的影响,"2013年1—9月,中俄双边货物进出口额为499.3亿美元,下降13.3%。其中,俄罗斯对中国出口121.7亿美元,下降40.3%,占俄罗斯出口总额的5.8%,降低1.5个百分点;俄罗斯自中国进口377.6亿美元,增长1.4%,占俄罗斯进口总额的18.0%,提高0.2个百分点。"②中俄贸易受制于俄罗斯整体经济状况,据中国海关统计,2013年中俄贸易额比去年增加1.1%,为892.1亿美元。中国对俄罗斯的出口增加12.6%,达到495.9亿美元;中国对俄罗斯商品的进口比2012年减少10.3%,达到396.2亿美元。中国是俄罗斯最大的贸易伙伴,为俄罗斯第六大出口市场,第一大进口来源地。

---

① 《俄大牧首:遵守传统价值观将俄中团结在一起》,http://rusnews.cn/ezhongguanxi/ezhong_wenjiao/20130513/43765772.html.

② http://countryreport.mofcom.gov.cn/new/view110209.asp?news_id=36750.

俄罗斯深受苏联时期所留下的经济结构不合理之苦，尽管俄罗斯早就提出改变经济结构不合理的现状，结果不尽如人意。俄罗斯的财政收入主要靠出口能源和资源类产品所获得，对华贸易也不例外，能源领域的合作是中俄经贸关系的重点。受国际金融危机和页岩气革命的影响，普京借助能源战略实现强国目标的前景不乐观，在西方需求下降的背景下，中国需求的上升为俄罗斯提供了新机遇。2012年6月在普京访华期间，两国签署了有关核能和俄罗斯对华电力出口等多项协议，其中包括中俄两国政府《关于在中国合作建设田湾核电站3、4号机组的议定书》（草签）、《中华人民共和国工业和信息化部与俄罗斯联邦工业和贸易部关于加强工业领域合作的谅解备忘录》，以及中国国家电网同俄罗斯统一电力系统国际公司扩大电力合作的谅解备忘录、中国国家开发银行与俄罗斯对外经济与开发银行关于俄罗斯伊尔库茨克州泰舍特铝厂项目14.3亿美元贷款协议、中关村科技园区管理委员会与俄罗斯联邦非营利组织新技术研发与产业化中心发展基金会合作的框架协议等。两国的产业合作将扩大到民用航空制造业、原料深加工、基础设施建设等方面，中俄两国有望联手生产大飞机。普京表示，"我们愿意在民用航空制造业、航天业和其他高技术行业积极推动大型的合作项目，同时在俄中工业园、工业集中区和经济特区等领域开展合作。我认为，我们还要讨论两国成立真正的科技联盟，包括建立连接两国企业、科学、设计和工程中心的生产与创新链，共同开发其他国家的市场等"。①

以习近平主席访俄为契机，中俄两国领导人确定要构建牢固

---

① 普京：《俄罗斯与中国：合作新天地》，《人民日报》2012年6月5日。

的中俄能源战略合作关系,中俄能源合作取得重大进展。俄罗斯头号石油巨头俄罗斯石油公司2013年3月22日与中石油签署了一项协议,将把对华石油出口量提升至三倍,中国将因此成为俄罗斯原油最大进口国。俄罗斯石油公司将获得来自中国国家开发银行一笔20亿美元的25年期贷款。根据2009年中俄双方签订协议,俄罗斯石油公司目前每年向中国供应1500万吨石油,约占中国年度原油进口总量的8%。根据最新协议,2013年俄罗斯石油公司将增加约80万吨石油供应,以后逐年增加。3月22日,俄罗斯天然气工业公司也与中石油签署了一份备忘录,将从俄罗斯远东地区的气田向中国提供天然气。根据备忘录的设想,从2018年开始,俄罗斯将通过管线每年向中国提供380亿立方米天然气。俄罗斯对中国提供的天然气最终将达每年600亿立方米。在2014年5月21日普京访华之际,《中俄东线供气购销合同》正式签署。此外,中石油将与俄罗斯石油公司合作开发八个陆上区块和三个离岸项目。2013年6月21日,在俄罗斯总统普京和中国国务院副总理张高丽共同出席的第十七届圣彼得堡国际经济论坛能源圆桌会议上,周吉平和俄罗斯石油公司总裁谢钦签署俄向中国增供原油长期贸易合同,与俄第二大天然气生产商诺瓦泰克公司签署收购亚马尔LNG项目20%股份框架协议。中俄在上游油气开发、工程技术、贸易与金融等领域开展的全方位合作,对密切两国在能源与经济领域合作具有重要意义,是两国建立平等信任、相互支持、共同繁荣、世代友好的全面战略协作伙伴关系的重要体现。

2013年12月11日,俄罗斯国家杜马批准了俄中扩大原油贸易领域合作协议,12月18日,俄罗斯联邦委员会(议会上院)

批准了俄中扩大原油贸易领域合作协议,俄罗斯总统弗拉基米尔·普京签署法律,批准对华供油的政府间协议。这份合同是独一无二的,俄罗斯石油公司计划对华供应约3.6亿吨石油,总价值约达2700亿美元。根据增供合同,俄罗斯将在目前中俄原油管道(东线)1500万吨/年输油量的基础上逐年对华增供原油,到2018年达到3000万吨/年,增供合同期25年,可延长5年;通过中哈原油管道(西线)于2014年1月1日开始增供原油700万吨/年,合同期5年,可延长5年(2013年12月24日,俄罗斯与哈萨克斯坦两国总统普京和纳扎尔巴耶夫签署了关于过境哈萨克斯坦对华输油领域合作的政府间协议。根据俄哈签署的协议,俄罗斯过境哈萨克斯坦对华供油规模将达700万吨,将来还可增至1000万吨)。俄方还承诺在中俄合资天津炼油厂建成投产后,每年向其供应910万吨原油。未来中国石油进口俄罗斯原油量将达到每年4610万吨。这份增供合同是中国对外原油贸易中最大单笔合同,对保障国家能源安全、促进中国经济发展将发挥重要作用。

2013年11月,俄罗斯联邦政府监督外国投资委员会批准了中国石油天然气集团公司购买亚马尔液化天然气公司20%股份。亚马尔液化天然气项目的主要股东是俄罗斯最大的私人天然气生产商诺瓦泰克公司。目前诺瓦泰克公司拥有80%股份,还有20%属于法国道达尔石油公司(Total)。亚马尔LNG项目位于俄罗斯亚马尔—涅涅茨自治区,已探明天然气储量超过1万亿立方米,拟建设LNG产能1650万吨/年。协议签署后,中国石油将与合作伙伴开展上下游一体化合作,此外,中国石油参与该项目对进入北极地区油气资源勘探开发,开辟北极航道具有重要意义。

2012年,受益于中俄500千伏输电线路投入使用,两国电力贸易量极大提高。2011年,俄罗斯向中国出口电力12.4亿千瓦时,到2012年时电力供应量翻了一番,增加到26.3亿千瓦时。2013年,俄罗斯统一电力系统国际公司的全资子公司"东方能源公司"宣布2013年将对华电力出口量增至33.5亿千瓦时。此外,统一电力系统公司还计划在阿穆尔州建设燃煤电站,用以对华电力出口。此前,俄总统普京还责成政府在2013年12月30日前制定在阿穆尔河(黑龙江)支流建设新的水电站计划。俄政府将向俄罗斯水电公司划拨500亿卢布用于在哈巴罗夫斯克边区、阿穆尔州和萨哈林州建设新的电站。①

两国煤炭贸易量也显著增加。2010年,俄罗斯向中国出口1080万吨,并在政府层面达成以下共识:即在未来五年内将供应量增加到每年1500万吨。到2012年,供应量就达到了1920万吨。2013年上半年俄罗斯已向中国出口1300万吨,初期目标是全年1500万吨。中国的良好合作意愿以及中方对俄矿产开采和配套基础设施的投资规模不断扩大,双方有条件在不久的将来把俄罗斯对中国的煤炭年出口量提升到3000万吨。

2014年习近平主席参加索契冬奥会的开幕式,并与普京举行了会谈,"中方欢迎俄罗斯方面参与丝绸之路经济带和海上丝绸之路建设,使之成为两国全面战略协作伙伴关系发展的新平台"。俄方则表示,"积极响应中方建设丝绸之路经济带和海上丝绸之路的倡议,愿将俄方跨欧亚铁路与'一带一路'对接,创造出更大效益"。这一共识的取得,表明中俄两国已在这一具有高度互

---

① http://www.mofcom.gov.cn/article/i/jyjl/m/201310/20131000350487.shtml.

补性和广大发展空间的地区,为未来长远合作的推进迈开了十分关键的一步。

(四)中俄关系迎来新的发展机遇

中俄战略协作伙伴关系的顺利发展,引起了国际社会的关注,有些国家甚至担心中俄建立军事政治同盟,这是误解。中俄的战略合作是对冷战同盟思维的一种否定,是新型的大国关系,不结盟、不对抗、不针对第三国,中俄发展紧密的合作关系是从两国的国家利益出发的,中俄稳定的关系也有利于地区稳定。冷战结束以来,中俄关系发展总体是顺利的,但也曾存在政治热经济冷的现象,目前两国的贸易额与中国和其他国家之间的贸易额相比,也是比较低的,这与俄罗斯经济不够发展相关。随着俄罗斯经济走上健康发展的轨道,俄罗斯市场经济环境的改善,中俄关系会得到更大发展。俄罗斯实现现代化,大力开发西伯利亚和远东地区,为中俄关系发展提供了新的机遇。

开发西伯利亚和远东地区,是俄罗斯增强国家实力,实现强国目标的重要战略依托,也是俄罗斯加强在亚太地区存在的必然要求。从2010年以来,俄罗斯加大了对东西伯利亚和远东的开发力度。2010年7月20日,俄罗斯政府正式批准了《俄罗斯联邦远东及贝加尔地区2025年前发展战略》,加强同亚太地区的交流与合作也被列为俄东部开发战略的重要内容。2012年7月9日,普京在驻外使节会议上表示:"俄罗斯将继续加强在亚太地区的阵地。当然,全球危机没有绕过亚太地区,但总的来说,这一地区仍在继续提升自己的经济实力,在很大程度上保持着活力,正逐渐成为全球发展的新中心。我们参与亚太地区积极的一体化进程将会对俄罗斯西伯利亚和远东的社会经济发展产生影响。"①在俄欧竞争激烈、俄美关系难以得到根本改善的背景下,俄罗斯把与亚洲国家的经济交往看成是振兴俄罗斯的重要条件,在开发西伯利亚和远东的问题上,要更多倚重中国等亚洲国家。经济实力不断上升的亚太地区正成为俄罗斯外交越来越重要的着力点,从亚太地区获得宝贵的投资和市场,以推动俄西伯利亚和远东地区的发展,扩大俄罗斯在亚太地区的影响力。俄罗斯有识之士认为,中国经济的增长不是威胁,而是一种拥有巨大务实合作潜力的挑战,是俄罗斯"经济之帆"乘上"中国风"的机遇。俄罗斯应更积极地与中国建立新的合作关系,利用两国的技术和生产能力,将"中国的潜力"用于俄罗斯西伯利亚和远东的"经济崛起"。

2012年4月11日,普京在政府工作报告中强调:"远东和东西伯利亚的发展应该受到格外的重视,这是极其重要的地缘政治任务。应该使西伯利亚和远东地区生产总值比俄罗斯全国 GDP 增速更快,而且这种趋势至少要保持 10—15 年。"② 5月21日,普京签署总统令,组成俄罗斯新一届政府,新设立了俄罗斯联邦远东发展部,由总统驻远东联邦区全权代表维克托·伊沙耶夫兼任该部部长,此举表明俄罗斯新政府更加重视远东的开发。2013年2月18日,梅德韦杰夫在政府工作会议上表示:"应当出现新

---

① Совещание послов и постоянных представителей России, http://www.kremlin.ru/news/15902.

② *Путин В. В.* На выступлении в Государственной Думе с отчётом о деятельности Правительства Российской Федерации за 2011 год. http://premier.gov.ru/events/news/18671/multiscripts.html. 2012-04-12.

的增长点。对我们来说这是显而易见的——远东、西伯利亚、俄罗斯南部、加里宁格勒州,当然,也不要忘记我们这个大国的其他部分。"① 2月底,远东发展部制定出了2025年前远东和后贝加尔地区社会经济发展计划草案,确定了2018年前需要重点发展的项目。俄罗斯总理要求俄罗斯财政部、经济发展部、工业与贸易部、地区发展部,以及各地方政府制定关于刺激吸引投资和组建新工厂的建议、关于向吸引投资取得优异成果的联邦主体提供补贴的建议、关于取消联邦部门各地方机关对企业经营活动干预过多的建议、关于建立国家支持工业园发展机制的法律修订建议等。从中可以看到,俄罗斯要促进远东发展的心情特别急迫,吸引外资的力度会日益加大。2013年4月4日,俄总理梅德韦杰夫签署了远东与贝加尔地区的社会经济发展国家计划,该计划包括《2018年前远东和贝加尔地区经济社会发展》和《2007—2015年库页岛(萨哈林州)社会经济发展》两个目标纲要和12个附属规划,涵盖交通、林业、渔业、农产品加工、矿产和能源开发、环境保护等多个领域,显示了俄罗斯加快开发西伯利亚和远东的迫切性,俄罗斯正采取切实措施促进西伯利亚和远东的发展,改变过去说得多做得少的局面。远东地区对外资的各项优惠政策也正在制定之中。可以预料,政局相对稳定、法律日益完善、已经正式加入世界贸易组织的俄罗斯,将成为投资有利可图之地。2013年10月22日中俄两国总理宣布:"双方认为应积极实施《中国东北地区与俄罗斯远东及东西伯利亚地区合作规划纲要(2009—2018年)》,并制定首批优先合作项目清单,予以重点

---

① Заседание Правительства. http://www.government.ru/docs/22849/.

推进。""双方确认将尽快开工建设同江—下列宁斯阔耶跨境铁路桥,加快推进黑河—布拉戈维申斯克公路大桥项目。""双方将共同努力发展过境铁路运输和多种方式联合运输。"① 2014年1月,梅德韦杰夫总理正式宣布,将在远东西伯利亚建立以向亚太出口为重点的经济发展特区,坚决贯彻普京总统关于把远东西伯利亚作为俄罗斯21世纪经济发展的优先重点的指令;并将于2020年之前在该地区安排投资950亿美元;力争在2014年3月之前提交有关设立12个沿海经济特区的方案。据俄罗斯海关署远东局统计,2013年中国与俄远东联邦区贸易额为111.9亿美元,同比增长13.6%,占远东外贸总额的28.1%,为远东联邦区第一大贸易伙伴,日本(107.8亿美元,占比27%)、韩国(与远东贸易额96.5亿美元,占比24.2%)分列第二、三位。中俄之间、亚洲地区和俄罗斯远东西伯利亚地区之间存在着高度的经济互补性,也存在着巨大的经济合作潜能,把握好这一机遇,推进中俄务实合作,对中俄双方无疑都是有利的。

俄罗斯的重点是把其亚洲部分作为未来亚太资源供应中心和交通枢纽。俄罗斯远东和西伯利亚是当今世界上仅有的尚未充分开发的自然资源宝库,其自然资源储量不仅极其丰富,而且品种繁多、潜力巨大。不仅有丰富的油气资源,也有丰富的矿产资源、电力资源、林业资源、渔业资源和农业资源。俄罗斯一直希望成为联系欧亚两大洲的桥梁。2010年俄罗斯完成了赤塔至哈巴罗夫斯克公路的建设,远东在俄罗斯历史上首次被纳入国家公路网。贝阿干线和西伯利亚铁路干线的现代化改造工作正在进行,俄罗

---

① 《中俄总理第十八次定期会晤联合公报》,http://news.xinhuanet.com/politics/2013-10/22/c_117827120.htm。

斯总理梅德韦杰夫要求俄罗斯铁路公司会同交通部、经济发展部共同制定投资扩大贝阿铁路和西伯利亚大铁路运输能力的计划。据估计，为此需要耗资9000亿至1万亿卢布。俄罗斯政府希望通过扩大这两条铁路的运力，将中国和亚太国家的商品运送至欧洲。现在远东的铁路运输量比苏联最好的1988年的指标提高了75%，贝阿铁路的运输能力为每年1200万吨。俄方希望，投资建设复线可以将运力提高数倍，到2030年达到1亿吨。

实现东北亚地区国家间的过境往返运输。2013年12月17日，俄罗斯铁路公司开通了经过俄中铁路边境口岸马哈利诺（俄罗斯）—珲春（中国）的定期铁路线，实现了从中国经扎鲁比诺港然后通过船只向日本、韩国和其他亚太地区国家的过境运输。据专家评估，在第一阶段每年的运输规模约达200万吨，然后计划增至800万吨（包括450万吨出口货物和350万吨进口货物），未来计划将运输规模增加至1500万吨。

中国的货物从东北通过俄罗斯铁路和港口向中国南方运输也是有利可图的。2013年12月18日，绥芬河—格罗杰科沃—纳霍德卡—东方港方向的铁路运输开通，俄罗斯铁路公司发出首列从中国通过俄罗斯远东铁路干线前往向中国南部港口和韩国过境的集装箱运输列车，货物在纳霍德卡转为海运，俄罗斯铁路公司为集装箱运输列车设置了专门的运行路线。这一交通通道是通过大连港传统线路的替代选择，大连港目前已负担过重。

在中俄战略互信增强和俄罗斯加大远东开发的背景下，中俄间搁置多年的跨境公路铁路桥建设开始加快进行了。2013年6月犹太自治州政府与黑龙江省政府、远东和贝加尔湖地区发展基金会领导签署了跨阿穆尔河铁路桥的建设协议。铁路桥将在下列宁斯科耶镇与同江市之间的边境地区铺设,2014年2月26日,中俄同江—下列宁斯阔耶铁路界河桥奠基,该铁路年过货能力为2100万吨,可以把中国东北铁路网与西伯利亚铁路网连通,形成新的国际货运通道。犹太自治州基姆坎铁矿和苏塔拉铁矿的原料,通过奥布卢奇耶区正在建设的联合工厂进行加工,然后通过这条铁路桥直接运至中国。

俄罗斯的"北方海上通道"(亦称北极航道)也有利于中国与欧洲间的贸易往来。俄罗斯的"北方海上通道"沿巴伦支海、喀拉海、拉普捷夫海、东西伯利亚海、楚克奇海等海岸行驶,是连接俄罗斯的欧洲和亚洲部分的重要通道。从圣彼得堡到符拉迪沃斯托克,走这条航路是14000公里,而走苏伊士运河是23000公里。从日本横滨到荷兰鹿特丹,经苏伊士运河需要一个月,而"北方海上通道"只需要15天。北极航道有良好的发展前景。根据开发亚马尔半岛,发展西伯利亚和远东矿藏的规划,北冰洋新的海运系统应该能够保障北极航道的货运总量在2020年前达到6400万吨,2030年前达到8500万吨。

中俄在能源领域签署了世纪大单,这些项目要落实,离不开对西伯利亚和远东地区能源的勘探开发,未来两国在这一地区的合作会加强,中国企业对这一地区的投资也会逐年增多。除能源领域外,两国在农业、渔业、木材加工、基础设施建设、跨界河流的治理、环境保护等方面,合作的潜力也是巨大的。在共同应对外部挑战,加强东北亚安全合作机制建设等方面,更是大有可为。

在太平洋海域,中俄两国都有重要的港口;在海洋安全领域,中俄不仅仅都涉及尚未解决的海洋国土问题,而且都面临着美国强大的海军压力和日本海军势力;在经济方面,随着世界经济中心的东移,俄罗斯也加紧开发西伯利亚和远东地区;在军事上俄罗斯加强了在太平洋舰队的实力,切实保障俄罗斯在太平洋地区各类利益的维护和拓展。对中国而言,太平洋地区是中国的经济源头,中国的一系列沿海开放城市和特区都位于这一地区,是改革开放以来拉动中国经济发展的龙头,这一地区经济的发展趋势和走向对中国很重要。中俄两国在太平洋地区的经贸发展前景是比较广阔的,俄罗斯经济的发展有利于中俄贸易额的增加。同时,俄罗斯远东渔业的发展,也给中俄合作提供了更大的空间。

总之,中俄的战略协作伙伴关系是世界上最成熟、最有战略内涵的一对大国关系,这种战略伙伴关系是对冷战同盟思维的一种否定,也是新型大国关系的典范。中俄战略伙伴关系的深化有利于地区稳定和世界和平,有利于遏制强权政治和促进国际关系的民主化,中俄关系的前景值得期待。

首先,中俄战略协作伙伴关系将进一步加强。中俄两国在许多重大国际问题上看法一致,在朝核问题、中东地区局势等问题上,两国的看法和主张基本一致,在国际舞台上经常采取一致行动。正如普京所说:"俄罗斯与中国在所有这些问题上的立场几乎是一致的,都是建立在责任、忠于基本的国际法价值观等原则,以及无条件互相尊重对方国家利益的基础上的。因此,我们容易找到共同语言,制定共同的战术和战略,促进国际社会建设性应对最棘手和迫切的问题。这些问题涉及中东和北非、叙利亚和阿富汗局势、朝鲜半岛问题和伊朗核计划。""俄罗斯与中国的战略伙伴关系是巩固地区和国际安全的重要因素。"[1] 俄罗斯外长拉夫罗夫也强调,"俄中两国核心利益一致,两国对当今世界正在发生

---

[1] 普京:《俄罗斯与中国:合作新天地》,《人民日报》2012年6月5日。

的深刻变化以及应如何应对新挑战持相近立场"。"俄中都支持国际关系多极化,主张建立更加公正、民主的全球政治和经济制度,主张强化联合国在解决国际热点问题上的协调和核心作用。"① 中俄战略协作伙伴关系是世界大国关系中最为密切的一对关系,无论在世界范围内,还是在地区范围内,中俄关系的影响都在增大,这种趋势会保持下去。

其次,中俄两国在对方外交中的地位仍会上升。中国一直特别重视发展与俄罗斯的关系,认为一个繁荣强大的俄罗斯,符合中国利益,也有利于亚太与世界的和平稳定。俄罗斯学者强调,"可以和应该把中国的崛起看成是21世纪俄罗斯东部地区发展的强劲的欢乐序曲"。"与中国这个迅速致富的邻国发展关系,俄罗斯可以得到很多好处,这是加快与中国全面发展合作的充足理由。""与中国的睦邻关系增加了俄罗斯在世界上的分量,也许俄罗斯从中得到的好处比中国多,当然人们对此有争议。"② 俄罗斯感谢中国对其兼并克里米亚的理解,俄罗斯为了化解美国、欧盟对其的压力,会更积极地发展对华关系。在东北亚,中国是俄罗斯亚太战略的重要支点,借中国进入亚太地区是俄罗斯亚太战略的重要环节。俄中两国在亚太地区的合作前景广阔,不仅限于在东西伯利亚和远东的经济合作,还有在政治与安全领域的合作,中俄应该共同推动东北亚安全合作机制的建设。

第三,中俄关系是正常的大国关系,两国有战略协作,但不是盟友,两国之间也存在矛盾和竞争。正如普京在竞选纲领中所

---

① http://www.mid.ru/brp_4.nsf/0/636789480938FB8D44257A12001E03D2.

② Салицкий А. И. Китай и БРИКС: обновление глобальной повестки, http://www.arms-expo.ru/049051124049057048057053.html.

说:"俄中两国在第三国的商业利益远非所有时候都相符,两国现行贸易结构不完全令我国满意,两国相互投资水平低。我们将仔细关注中国移民流。"①随着中俄两国的发展,竞争因素或将上升,需要认真研究。

中俄关系发展的历史证明,和则两利,斗则两伤。中俄关系已提升至全面战略协作伙伴关系的新阶段,两国不断深化和扩大务实合作,在油气、核能、电力、高铁、宽体客机、金融等领域的合作都取得了重大进展。中俄睦邻友好关系得来不易,长期友好相处符合两国和两国人民的根本利益,应该倍加珍惜,相信中俄关系的发展前景广阔。

---

① Путин В. В. Россия и меняющийся мир. // Московские новости. 27 февраля 2012.

结　束　语

　　从人类社会的发展历程来看，现代化最重要的内容是政治和社会的现代化，马克思和恩格斯号召进行革命，建立无产阶级政权，代替资产阶级旧社会的，"将是这样一个联合体，在那里，每个人的自由发展是一切人自由发展的条件"。① 他们所倡导的巴黎公社原则，一个是国家消亡，即国家不再是一个阶级压迫另一个阶级的机关；另一个是所有公职人员普选产生。实际上他们所说的国家消亡的概念与现在所讲的国家向现代化转型实质是相同的。恩格斯在《社会主义从空想到科学的发展》中说："当国家终于真正成为整个社会的代表时，它就使自己成为多余的了。当不再有需要加以镇压的社会阶级的时候……就不再有什么需要镇压了，也就不再需要国家这种特殊的镇压力量了……那时，国家政权对社会关系的干预在各个领域中将先后成为多余的事情而自行停止下来。那时，对人的统治将由对物的管理和对生产过程的领导所代替。"② 国家不再是镇压机关，而是维持社会秩序的机构，是服务于全民的代表机构。现代政治学的权威学者在谈到政治现代化时认为，政治现代化大致包括三方面的内容："第一，政治现代化涉及到权威合理化，并以单一的、世俗的、全国的政治权

---

① 《马克思恩格斯选集》第1卷，人民出版社1995年，第294页。
② 《马克思恩格斯文集》第3卷，人民出版社2009年，第445页。

威来取代传统的、宗教的、家庭的和种族的等等五花八门的政治权威。这一变化意味着,政府是人的产物而不是自然或上帝的产物,秩序井然的社会必须有一个明确的来源于人的最高权威……国家的权力集中或积聚在举国公认的全国性立法机关手里。""第二,政治现代化包括划分新的政治职能并创制专业化的结构来执行这些职能……官位和权力的分配更多地根据实绩,选贤任能,摈弃阿谀奉承,使庸碌之辈无进身之阶。""第三,政治现代化意味着增加社会上所有的集团参政的程度……在所有现代国家里,公民是直接参与政府事务并受其影响的。因此,权威的合理化、结构的离异化及大众参政化就构成了现代政体和传统政体的分水岭。"① 列宁在《国家与革命》中推崇巴黎公社的原则,但在苏联的政治实践中,传统的政治体制并没有发生实质性的改变,始终没有落实民众的权利,民众对掌握权力的人没有任何制约和监督,这成为苏联各项政策不得人心和民众抛弃苏共的重要根源。

俄国的现代化转型,新型现代化之路的实质,是与国家主导的传统告别,具体到目前的俄罗斯,实质仍是"去苏联化",即摆脱传统的政治经济发展模式,改变传统的经济结构,发挥市场的作用,完善民主制度,提高民众的社会参与,改善与西方的关系,开辟一条不同于苏联时代的、新的现代化道路。

在谈到政治与经济的关系时,我们常常说经济基础决定上层建筑,但在考察俄国现代化之路时,我们看到,正是由于个人专权与专制,使俄罗斯的经济难以实现自由发展,限制了人的主动性与创造力,也使俄罗斯的历次改革都以失败告终,改革者均没

---

① 塞缪尔·P.亨廷顿:《变化社会中的政治秩序》,王冠华等译,三联书店1989年,第32页。

有好下场。从俄国的历史发展看,民主和国民的自由对于一个国家正常的发展是特别重要的,试想,如果尼古拉二世听从大臣的劝告,实行民主,建立责任内阁,可能俄国不会参战,十月革命也可能不会发生;如果新经济政策时期能够建立起民主制度,就不会有斯大林的专权和新经济政策的夭折;如果苏联宪法中的民主条款能够落实,苏联也不会搞破坏生产力的全盘农业集体化,也不会有败坏苏共威信的大清洗,也可能不会有促进苏联垮台的阿富汗战争。当今俄罗斯从体制上摆脱了传统的专制制度,建立起了多党制、权力分立、多种所有制并存的体制框架,使俄罗斯有了矛盾的调节和化解机制,俄罗斯不大可能再发生革命或者动乱,可以走渐进式现代化之路。因此,俄国现代化能否成功,很大程度上取决于俄国政治和经济民主的发展。

随着人类的文明与进步,能否满足人的各种需要、能否促进人的全面发展,成为衡量一个社会、一种发展模式成功与否的重要尺度,正如俄国历史学家麦德维杰夫所说:"时至今日,我们才开始懂得,衡量社会主义进步性的主要标准既不是劳动生产率,也不是生产规模,而是社会主义所能给予的现实的人道主义、人的发展条件和机会、人的生活水平和质量。朝理解这一真理走得最近的苏共领导人是戈尔巴乔夫,在他的大量讲话当中,这方面零零散散的思想俯拾皆是,但它们却不知为何淹没在无数其他无关宏旨的言论之中。"[①] 苏联正是在与西方的竞赛中失去了道义的优势,最终被民众所抛弃的。因此,现代化的核心应该是提高民众的幸福度,现代化应该与个人的生活水平、受尊重程度相联系。

---

① 罗伊·麦德维杰夫:《俄罗斯向何处去——俄罗斯能搞社会主义吗?》,第234页。

从俄国历史上看,无论是彼得大帝,还是斯大林时期的现代化,以及戈尔巴乔夫、叶利钦时期大破大立的制度变革,都没有使俄国真正走上现代化道路。普京时期提出了俄国现代化应在学习西方的同时,与俄国本国的特点和传统相结合,实现了国家社会稳定、经济增长、国民生活福利的改善以及国际地位的提升,但世界金融危机暴露了俄罗斯经济的脆弱性,俄罗斯人再次感受到了国际社会的压力,其紧迫感和危机感增强了。俄国精英达成的共识是:俄国的现代化不能急于求成,俄国已经不起激烈的变革,要吸取历史的教训,走渐进发展之路。经过历史的曲折发展,俄国人对现代化的认识更全面和深入了。

俄国的历史表明,现代化是个漫长的历史过程,需要社会各个环节的共同进步,急于求成,只重视几项指标往往不会有好结果。俄国作为一个后起国家,其现代化带有深厚的"赶超"特色,无论其成功的经验,还是失败的教训,都是人类社会的共同财富,值得我们继续关注和研究。

在国家现代化的历程中,如何处理好各方面的关系也十分重要。如果没有一个稳定的周边环境,肯定会制约国家的发展,因此,处理好与近邻国家的关系,是俄罗斯外交最重要的方面。俄罗斯的近邻国家,主要是苏联的加盟共和国,它们曾长期在一个国家中生活,有的近邻国家对俄罗斯依赖程度很高,也有的与俄罗斯有严重分歧,存在领土、宗教、民族的纠纷,普京正在搞的关税同盟和欧亚经济联盟也面临着不少挑战。作为一个后起国家,面临的一个重要难题,是如何处理与发达国家的关系。新俄罗斯努力要成为西方国家平等的伙伴,但这一进程并不顺利。俄欧免签证谈判进展不大、北约坚持在东欧部署反导系统等都说明美国等发达国家对俄罗斯存有很强戒心,与西方发达国家关系不睦,肯定会制约俄罗斯的现代化进程。在俄罗斯现代化过程中如何争取发达国家的合作,是俄罗斯外交面对的重要挑战。中国的崛起和发展,对俄罗斯的现代化起着积极的作用。近年来中俄战略协作伙伴关系在各方面都取得了长足发展,使两国都从中获利,今后这一进程还会持续下去。

参 考 文 献

М. Е. Главацкого. (*Под ред.*) Россия, которую мы не знали, 1939—1993, Союз можно было сохранить, Белая книга: Документы и факты о политике М. С. Горбачева по реформированию и сохранению многонационального государства. 2-е изд., перераб. и доп. -М., АСТ: АСТМОСКВА, 2007.

Хрестоматия по отечественной истории (1946—1995). М., 1996.

В Политбюро ЦК КПСС... По записям Анатолия Черняева, Вадима Медведева, Георгия Шахназарова (1985—1991), 2-е изд., исправ. и доп. М., Горбачев - Фонд, 2008.

《苏联共产党第二十七次代表大会主要文件汇编》, 苏群编译, 人民出版社 1986 年。

《苏共中央二月全会文件汇编（1990年2月5-7日）》, 世界知识出版社 1990 年。

沈志华总主编:《苏联历史档案选编》第 24、30、31 卷, 社会科学文献出版社 2002 年。

苏群译:《戈尔巴乔夫言论选集（1984—1986 年）》, 人民出版社 1987 年。

普京:《普京文集（2002—2008）》, 张树华等译, 中国社会科学出版社 2008 年。

《俄罗斯经济发展规划文件汇编》, 世界知识出版社 2005 年。

Афанасьев В. Г., Смирнов Г. И. (*под. общ. ред.*) Урок дает истории, Москва: Политиздат, 1989.

Байбаков С. А., Вдовин А. И., Корецкий В. А. (*под. ред.*) Российское государство и общество, XX век, Москва: Издательство МГУ, 1999.

Барсенков А.С. Реформы Горбачева и судьба союзного государства, 1985—1991, Москва: МГУ, 2001.

Барсенков А. С., Вдовин А. И. История России, 1938—2002, Москва: Аспект

Пресс, 2003.

Белоусов Р. Экономическаая история России. XX век. книга V. Москва: ИздАТ, 2006.

Безбородов А. Б. (*Отв. ред.*) История России в новейшее время 1985—2009, Москва: Проспект, 2010.

Вишневский А.Г. Серп и рубль: Консервативная модернизация в СССР, Москва: ОГИ, 1998.

Волкогонов Д. А. Семь вождей, кн. 2, Москва: Фирма издательство АСТ, 1999.

Гайдар Е. Т. Гибель империи, Уроки для современной России, 2-е изд, Москва: РОССПЭН, 2007.

Геллер М, *Некрич А.* История россии (1917—1995), Москва: МИК, Агар, 1996.

Горбачев М. С. Избранные речи и статьи Т 6. М.: Политиздат, 1989.

Дмитренко В. П. (*отв. ред.*) История России, XX век, Москва: АСТ - ЛПД, 1998.

Дмитрий Медведев. Россия, вперёд! http://kremlin.ru/news/5413.

Дмитрий Медведев. Послание Федеральному Собранию Российской Федерации, www.kremlin.ru/transcripts/5979.

Дмитрий Медведев. Современное государство: стандарты демократии и критерии эффективности, http://www.kremlin.ru/transcripts/8887.

Евгений Примаков Годы в большой политике, М. 1999.

Зубов А. Б. (*под. ред.*) История России, XX век, 1894—1939, Москва: Астрель, АСТ., 2009.

Зубов А. Б. (*под. ред.*) История России, XX век, 1939—2007, Москва: Астрель, АСТ, 2009.

Киселев А. Ф., *Щагин Э. М.* (*под. ред.*) Новейшая история отечества, XX век, Учеб. для студенды вузов, Т. 1., Москва: Гуманит. изд. центр ВЛАДОС, 1998.

Киселев А. Ф., *Щагин Э. М.* (*под. ред.*) Хрестоматия по отечественной истории（1914—1945）, Москва：Гуманитарный издательский центр ВЛАДОС, 1996.

Козлов В. А. Массовые беспорядки в СССР при Хрущеве и Брежневе（1953-начало 1980-х гг.）, 3-е изд., испр. идоп., Москва：РОССПЭН, 2010.

Кудров В. Крах советской модели экономики, Москва：Московский общественный научный фонд, 2000.

Лейбович О. Л. Реформы и модернизация в 1953—1964 гг., Пермь, 1993.

Оников Л. А. КПСС：анатомия распада, Взгляд изнудри аппарата ЦК, Москва：Республика, 1996.

Павлов И. В. Сталинизм：становление механизма власти, Новосибирск, 1993.

Пихои Р. Г.（под. общ. ред.）Отечественная история：Учебник, М.：Изд-во РАГС, 2005.

Севостьянов Г. Н.（отв. ред.）Трагедия великой державы：национальный вопрос и распад советского союза, Москва：Изд-во（Социально-политическая мысль）, 2005.

Симонов Н. С. Военно-промышленный комплекс СССР в 1920—1950-е годы: темпы экономического роста, структура, организация производства и управление, Москва：РОССПЭН, 1996.

Согрии В. В. Политическая история современной России（1985—2001: от Горбачёва до Путина）. М. 2001.

Согрин В. В. 1985—2005：три превращения современной России. // Отечественная история, 2005, № 3.

Стратегия-2020：Новая модель роста-новая социальная политика. М.：Издательский дом《дело》РАНХиГС, 2013.

Суть модернизации 30-х годов. http：//www. vuzlib. net/beta3/html/1/23151/23235/.

Тимошина Т. М. Экономческая история России, Москва, 2000.

Филиппов А. В. Новейшая история России（1945—2006 гг.）, www.

prosv. ru/umk/istoriya/index. htm/.

Чураков Д. О. Модернизация экономики СССР в 1930- е гг. http://old. portal-slovo. ru/rus/ history/49/62/11895/.

Шишкин В. А. Власть, политика, экономика: Послереволюционная Россия (1917—1928), С-Петербург, 1997.

阿贝尔·阿甘别吉扬:《苏联改革内幕》,常玉田等译,中国对外经济贸易出版社 1990 年。

阿·切尔尼亚耶夫:《在戈尔巴乔夫身边六年》,徐葵等译,世界知识出版社 2001 年。

阿纳托利·丘拜斯主编:《俄罗斯式的私有化》,乔木森等译,新华出版社 2004 年。

阿尔弗雷德·科赫:《出卖苏维埃帝国》,裴因等译,新华出版社 2000 年。

安德兰尼克·米格拉尼扬:《俄罗斯现代化与公民社会》,徐葵等译,新华出版社 2003 年。

安德兰尼克·米格拉尼扬:《俄罗斯现代化之路——为何如此曲折》,徐葵等译,新华出版社 2002 年。

安德烈·格拉乔夫:《戈尔巴乔夫之谜》,述弢译,中央编译出版社 2005 年。

W. 布鲁斯:《社会主义所有制和政治制度》,胡文健等译,青海人民出版社 1989 年。

Б.Б.卡芬加乌兹、H. И. 巴甫连科主编:《彼得一世的改革》,郭奇格等译,商务印书馆 1997 年。

保罗·肯尼迪:《大国的兴衰》,王保存等译,求实出版社 1988 年。

鲍里斯·叶利钦:《总统笔记》,李垂发等译,东方出版社 1995 年。

彼得·施魏策尔:《里根政府是怎样搞垮苏联的》,殷雄译,新华出版社 2001 年。

陈之骅主编:《勃列日涅夫时期的苏联》,中国社会科学出版社 1998 年。

大卫·科兹,弗雷德·威尔:《来自上层的革命——苏联体制的终结》,曹荣湘等译,中国人民大学出版社 2002 年。

费·丘耶夫:《同莫洛夫的一百四十次谈话》,王南枝等译,新华出版社

1992年。

弗拉季斯拉夫·伊诺泽姆采夫主编:《民主与现代化:有关21世纪挑战的争论》,徐向梅等译,中央编译出版社2011年。

泽齐娜等:《俄罗斯文化史》,刘文飞等译,上海译文出版社2005年。

格·阿·阿尔巴托夫:《苏联政治内幕:知情者的见证》,徐葵等译,新华出版社1998年。

克留奇科夫:《个人档案(1941—1994)——苏联克格勃主席弗·亚·克留奇科夫狱中自述》,何希泉等译,东方出版社2000年。

格·萨塔罗夫等著:《叶利钦时代》,高增训等译,东方出版社2002年。

拉伊夫:《独裁下的嬗变与危机:俄罗斯帝国二百年剖析》,蒋学祯等译,学林出版社1996年。

赖莎·戈尔巴乔娃:《我的希望——赖莎·戈尔巴乔娃回忆录》,王攀、黄鹂译,中国工人出版社2000年。

刘祖熙:《改革和革命——俄国现代化研究(1861—1917)》,北京大学出版社2001年。

鲁·格·皮霍亚:《苏联政权史(1945—1991)》,徐锦栋等译,东方出版社2006年。

陆南泉:《苏联经济体制改革史论》,人民出版社2007年。

陆南泉、姜长斌、徐葵、李静杰主编:《苏联兴亡史论》,人民出版社2004年第2版。

陆南泉、姜长斌主编:《苏联剧变深层次原因研究》,中国社会科学出版社1999年版。

罗曼·罗兰:《莫斯科日记》,夏伯铭译,上海人民出版社1995年。

罗伊·麦德维杰夫:《俄罗斯往何处去——俄罗斯能搞资本主义吗?》,关贵海等译,新华出版社2000年。

罗伊·麦德维杰夫:《苏联的最后一年》,王晓玉等译,社会科学文献出版社2005年。

罗伊·麦德维杰夫:《普京时代——世纪之交的俄罗斯》,王桂香等译,世界知识出版社2001年。

列昂尼德·姆列钦:《权力的公式——从叶利钦到普京》,徐葵等译,新华出版社和中国财政经济出版社2000年。

李中海主编:《普京八年:俄罗斯复兴之路(2000—2008)经济卷》,经济管理出版社2008年。

马龙闪:《苏联文化体制沿革史》,中国社会科学出版社1996年。

米·谢·戈尔巴乔夫:《改革与新思维》,岑鼎山等译,世界知识出版社1988年。

米·谢·戈尔巴乔夫:《戈尔巴乔夫回忆录》,述弢等译,社会科学文献出版社2003年。

尼·雷日科夫:《大动荡的十年》,王攀等译,中央编译出版社1998年。

尼·伊·雷日科夫:《大国悲剧——苏联解体的前因后果》,徐昌翰等译,新华出版社2008年。

尼古拉·雷日科夫著:《背叛的历史——苏联改革秘录》,高洪山等译,吉林人民出版社1993年。

尼基塔·赫鲁晓夫:《赫鲁晓夫回忆录》(选译本),述弢译,社会科学文献出版社2005年。

尼基塔·谢·赫鲁晓夫:《赫鲁晓夫回忆录》(全译本),述弢等译,社科文献出版社2006年。

沈志华主编:《一个大国的崛起与崩溃》,社会科学文献出版社2009年。

孙成木等:《俄国通史简编》下,人民出版社1986年。

小杰克·F.马特洛克:《苏联解体亲历记》上卷,吴乃华等译,世界知识出版社1996年。

陶惠芬:《俄国近代改革史》,中国社会科学出版社2007年。

托多尔·日夫科夫:《日夫科夫回忆录》,吴锡俊等译,新华出版社1999年。

瓦·巴卡京:《摆脱克格勃——克格勃最后一任主席回忆录》,非琴译,新华出版社1998年。

瓦·博尔金:《戈尔巴乔夫沉浮录》,李永全等译,中央编译出版社1996年。

瓦列里·季什科夫:《苏联及其解体后的族性、民族主义及冲突——炽热的头脑》,姜德顺译,中央民族大学出版社2009年。

维克多·安德里亚诺夫、亚历山大·切尔尼亚克:《叶利钦传》(下),周荣广等译,辽宁人民出版社2001年。

沃尔特·莫斯:《俄国史(1855—1996)》,张冰译,海南出版社2008年。

谢瓦尔德纳泽等:《苏联外交反思》,宋以敏选编,世界知识出版社1989年。

亚·维·菲利波夫:《俄罗斯现代史（1945—2006）》，吴恩远等译，中国社会科学出版社2009年。

亚·尼·雅科夫列夫:《一杯苦酒——俄罗斯的布尔什维主义和改革运动》，徐葵等译，新华出版社1999年。

伊·伊万诺夫:《俄罗斯新外交》，陈凤翔等译，当代世界出版社2002年。

戴维·霍夫曼:《寡头：新俄罗斯的财富与权力》，冯乃祥等译，中国社会科学出版社2004年。

叶·库·利加乔夫:《警示》，钱乃成等译，当代世界出版社2001年。

叶夫根尼·普里马科夫:《大政治年代》，焦广田等译，东方出版社2001年。

叶利钦:《午夜日记——叶利钦自传》，曹缦西等译，译林出版社2001年。